THRIVE
: The Third Metric

110퍼센트로 일하면 더 좋은 결과를 얻을 수 있을까?
성공하기 위해 지나친 업무와 과도한 스트레스에 시달리고
사람들 간의 소통이 사라진 삶이 행복할 수 있을까?
성공의 꼭대기에 올라선 사람들이 지금 이순간 쓰러지고
넘어지는 이유가 무엇일까? 돈과 권력은 다리가 둘뿐인 의자와
다를 바가 없다. 그런 의자에 앉으면 결국 넘어지기 마련이다.
'더 많이, 더 빨리, 더 열심히'라는 성공의 철칙은 무너졌다.
이제 성공의 좌표를 재설정하라! 몸과 마음, 정신과 영혼의
위대한 성장으로 이끄는 성공의 새로운 메커니즘을
제시한 21세기 필독 성공지침서.

KB131698

제3의 성공

제3의 성공

THRIVE

THE THIRD METRIC

아리아나 허핑턴

강주헌 옮김

김영사

제3의 성공

지은이_ 아리아나 허핑턴
옮긴이_ 강주헌

1판 1쇄 발행_ 2014. 3. 3.
1판 3쇄 발행_ 2018. 8. 27.

발행처_ 김영사
발행인_ 고세규

등록번호_ 제406-2003-036호
등록일자_ 1979. 5. 17.

경기도 파주시 문발로 197(문발동) 우편번호 10881
마케팅부 031) 955-3100, 편집부 031) 955-3200, 팩시밀리 031) 955-3111

이 책의 한국어판 저작권은 에릭양 에이전시를 통한
Inkwell Management 사와의 독점계약으로 김영사에 있습니다.
저작권법에 의하여 한국 내에서 보호를 받는 저작물이므로 무단전재와 무단복제를 금합니다.

값은 뒤표지에 있습니다.
ISBN 978-89-349-6679-1 03320

홈페이지_ www.gimmyoung.com
이메일_ bestbook@gimmyoung.com

좋은 독자가 좋은 책을 만듭니다.
김영사는 독자 여러분의 의견에 항상 귀 기울이고 있습니다.

사랑하는 어머니 엘리에게 이 책을 바친다.
지혜와 경이로움과 베풂의 삶을 살았던 어머니가 없었더라면
나는 이 책을 쓰지 못했을 것이다.

차 례

T   H   R   I   V   E

다른 성공이 있다

2007년 4월 6일, 나는 피를 흥건히 흘린 채 홈오피스의 바닥에 쓰러져 있었다. 책상에서 일어서려다 책상 모서리에 머리를 부딪쳤고 눈가가 찢어졌으며, 광대뼈가 부러졌다. 과로와 수면 부족으로 실신한 것이었다. 그 후 나는 과로 이외에 다른 의학적 문제가 있는지 알아보려고 이 의사 저 의사를 찾아다니며 MRI와 CT로 뇌를 촬영했고, 심장 초음파 검사까지 받았다. 건강에 별다른 문제는 없었지만, 병원 대기실은 내가 어떤 삶을 살고 있는지에 대해 많은 생각을 하게 해준 고마운 공간이었다.

2005년 〈허핑턴포스트〉를 창간했고, 2년 만에 믿기지 않는 속도로 성장하고 있었다. 나는 여러 잡지의 표지를 장식한 인물이 되었고, 〈타임〉은 나를 세계에서 가장 영향력 있는 100인 중 한 명으로 선정하기도 했다. 하지만 과로에 지쳐 실신한 사건이 있은 후, 이런 의문을 갖지 않을 수 없었다. 이런 삶이 정말 성공이란 것일까? 내가 원하는 삶이 정말 이런 것일까? 나는 하루도 쉬지 않고 하루에 18시간을 일하며, 사업을 확대하고 보도 범위를 넓히며 투자자들을 끌어오려고 애썼다. 그러나 그 대가로 내 삶은 엉망진창이 되었다. 성공을 판단하는 전통적인 기준, 즉 돈과 권력에서 보면 나는 분명히 성공한 사람이었다. 그러나 성공을 온당하게 정의하면, 성공한 삶을 사는 게 아니었다. 결국 나는 근본적인 변화가 필요하다는 걸 알았지만, 실천에 옮기지 못했다.

실신은 과거에도 있었던 경고 신호였다. 내 삶을 돌이켜보면, 일찌감치 그 경고를 받아들여 정신을 차려야 했을 때가 수차례 있었지만, 나는 그 경고를 무시했다. 하지만 이번에는 달랐다. 삶을 살아가는 방식을 대대적으로 뜯어고쳤다. 예컨대 삶을 순리대로 살아가는 일상의 습관을 받아들였다. 그 결과는 나에게 숨 돌릴 시간과 더 깊고 넓은 균형감을 안겨준 한층 충만한 삶이었다.

2013년 스미스 칼리지 졸업식 축사를 의뢰받고 원고를 준비하던 여러 주 동안, 나는 일과 삶에 관련해서 얻은 교훈들을 정리하였다. 그 과정에서 이 책까지 구상하게 되었다. 대학생 두 딸을 둔 어머니였던 까닭에 나는 졸업식 축사를 중요하게 생각했다. 졸업식은 대학의 문을 나서는 학생들에게 무척 중요한 시간이다. 4년 혹은 5년이나 6년 동안 쉬지 않고 배우고 성장한 후, 학교에서 배운 모든 지식을 행동에 옮기며 앞으로 나아가야 하는 성인의 삶을 시작하기 직전에 잠깐 마음을 가다듬는 시간이다. 졸업식은 그들의 삶에서 다시없을 중요한 시간이므로, 15분 남짓한 시간에 나는 졸업생들의 마음을 사로잡을 수 있어야 했다. 졸업식에 걸맞은 멋진 축사, 새로운 시작을 앞둔 졸업생들에게 피가 되고 살이 되는 유익한 말을 해야만 했다.

나는 졸업하는 여대생들에게 이렇게 말했다.

"전통적으로 졸업식에서 축사하는 분들은 대체로 졸업생들에게 저 밖에 나가 성공의 사다리를 올라가는 법에 대해 말씀하셨을 겁니다. 하지만 저는 여러분에게 성공을 다시 정의해보라고 권하고 싶습니다. 여러분이 앞으로 맞이할 세계에서는 성공을 재정의할 필요가 있기 때문입니다. 성공을 어떻게 정의하느냐는 여러분 각자의 몫입니다. 여러분은 스미스 칼리지에서 배웠습니다. 그것만으로도 여러분이 원하는 위치에 있을 자격이 충분합니다. 여러분은 어떤 분야에서든 일할 수 있고, 그 분야의 정상에 오를 수 있습니다. 하지만 저는 여러분에게 세상의 정상에 오르는 데 만족하지 말고 세상을 변화시키라고 말씀드리고 싶습니다."

내 축사에 졸업생들이 보여준 반응에서 많은 이들이 성공을 재정의하고 싶은 열망을 가지고 있으며, 성공이 궁극적으로는 '바람직한 삶'을 뜻한다는 걸 확신할 수 있었다.

'바람직한 삶은 어떤 것인가?'라는 질문은 먼 옛날 고대 그리스의 철학자들이 제기했던 질문이었다. 그러나 언젠가부터 우리는 그 질문을 잊어버린 채 얼마나 많은 돈을 벌 수 있고, 얼마나 큰 집을 살 수 있으며, 얼마나 높이 성공의 사다리를 올라갈 수 있느냐에만 관심을 쏟았다. 물론 이런 질문이 잘못된 것이라는 뜻은 아니다. 특히 여성이 남성에 비해 여전히 차별받는 시대에는 당연히 가질 수 있는 질문들이다. 그러나 내가 힘들게 깨달은 바에 따르면, 그런 질문들은 성공한 삶을 만들어가는 데 유일하게 중요한 질문들이 아니다.

시간이 흐르면서 우리 사회가 생각하는 성공의 개념이 돈과 권력으로 축소되고 말았다. 요즘 성공과 돈과 권력이 많은 사람의 마음에서 실질적으로 동의어가 되었다는 것은 부인할 수 없는 사실이다.

이런 개념의 성공은 단기적으로는 도움이 될 수 있다. 적어도 도움이 되는 것처럼 보인다. 그러나 장기적으로 보면, 돈과 권력은 다리가 둘뿐인 의자와 다를 바가 없다. 그런 의자에 앉으면 잠깐은 균형을 유지할 수 있지만 결국 넘어지기 마련이다. 이런 이유에서, 눈부시게 성공한 사람들이 지금 이 순간에도 쓰러지고 넘어지고 있다.

따라서 나는 스미스 칼리지 졸업생들에게 기존의 성공 개념으로는 충분하지 않다고 역설했다. 돈과 권력이 기준인 기존의 성공 개념은 더 이상 지속될 수 없고, 우리 자신과 사회를 위해서라도 더 이상 지속되어서는 안 된다. 우리가 진정으로 원하는 삶, 물질적으로 만족스런 삶을 넘어 진정으로 바람직한 삶을 살기 위해서는 제3의 기준이 필요하다. 돈과 권력이라는 두 가지 기준을 넘어 성공을 평가하는 제3의 기준이 필요하다. 그 기준은 웰빙과 지혜, 경이로움과 베풂이라는 네 개의 기둥으로 이루어진다. 나는 이 책에서 이 네 가지 기둥에 대해 하나씩 살펴보려고 한다.

첫째는 웰빙이다. 성공이 무엇인지 재정의하지 않더라도 우리가 건강과 웰빙을 위해 지불하는 대가는 계속 증가할 것이다. 실신에서 깨어나 두 눈을 떴을 때 나는 이런 새로운 삶이 차이트가

이스트(Zeitgeist), 즉 시대정신에 꼭 맞아떨어진다는 걸 깨달았다. 과거에 나는 누구와 대화하더라도 결국에는 지금 우리 모두가 부딪치는 딜레마에 빠지고 말았다. 지나친 업무와 과로에 의한 스트레스에 짓눌려 지냈고, 소셜 미디어를 통해 가상공간에서는 끝없는 소통을 하지만 정작 우리 자신이나 주변 사람들과 얼굴을 맞댄 대화에는 소홀하지 않았던가. 우리에게 재충전의 시간을 허락하는 여백과 여유, 휴식과 침묵이 나 자신의 삶에서나, 내가 아는 많은 사람의 삶에서 거의 사라지고 없었다.

내 관찰에 따르면, 진정으로 삶을 즐기며 나날이 번창하는 사람들은 웰빙과 지혜, 경이로움과 베풂의 여유를 지닌 사람들이었다. 이런 이유에서 '제3의 기준'이 탄생했다. 진정으로 성공한 삶을 살기 위해서는 또 하나의 다리, 세 번째 다리가 필요하다. 내가 살아가야 할 삶의 길과 우선순위를 재정의하자, 지금 전 세계에서 진행되는 각성의 분위기를 분명히 읽을 수 있었다. 우리는 지금 새로운 시대에 접어들고 있다. 성공을 판단하는 기준도 바뀌고 있다.

이런 변화가 이제라도 시작되어 천만다행이다. 특히 여성에게 그렇다. 많은 자료에서 확인되듯이, 성공이란 달콤한 약속에 자신을 희생한 대가가 남성보다 여성에게 훨씬 더 크기 때문이다. 직장에서 스트레스를 받는 여성은 심장병에 걸릴 확률이 거의 40퍼센트나 높고[1], 당뇨병에 걸릴 확률은 60퍼센트나 높다.[2] 지난 30년 동안 여성은 직업의 세계에 상당한 진출을 이루었지만, 그 대가로 자체 평가한 스트레스 지수는 18퍼센트나 올라갔다.[3]

사회생활을 이제야 시작한 사람, 심지어 아직 시작조차 않은 사람도 이와 똑같은 영향을 받고 있는 듯하다. 미국 심리학회의 보고에 따르면, 밀레니엄 세대(베이비붐 세대의 자녀 세대—옮긴이)의 스트레스 지수가 가장 높다. 젊은 세대가 베이비붐 세대와 67세 이상의 고령층보다 더 큰 스트레스에 시달리고 있다는 뜻이다.[4]

서구의 직장 문화는 세계 각지로 수출되었지만, 조직원들에게 스트레스와 수면 부족과 과로를 강요하는 문화이다. 나 자신도 실신해서 쓰러졌을 때 똑같은 문제에 직면해 있었다. 스트레스가 우리 건강을 해치더라도, 우리가 직장에서 승진하려고 치열하게 경쟁할 때 피할 수 없는 수면 부족은 결국 우리의 창의력과 생산성 및 의사결정력에 부정적인 영향을 미친다. '엑손 발데즈'호의 좌초, 우주왕복선 '챌린저'호의 폭발, 체르노빌과 스리마일 섬의 핵 사고는 모두 수면 부족이 부분적인 원인이었다.[5]

2013년 겨울 메트로 노스에서 일어난 끔찍한 탈선 사고의 원인이 기관사 윌리엄 록펠러의 졸음운전으로 밝혀지자, 운송산업은 수면 부족의 위험에 관심을 갖기 시작했다.[6] 미국에서 가장 큰 철도화물회사의 기관사인 존 폴 라이트가 말했듯이, "철도 노동자에게 가장 큰 문제는 돈이 아니라 피로다. 우리는 먹고살기에 충분한 돈을 받는다. 하지만 그 돈을 벌려면 장시간을 일해야 하기 때문에 높은 이혼율과 자가 치료와 스트레스는 말할 것도 없고 몸과 정신이 멍든다."[7]

미국인과[8] 영국인의[9] 30퍼센트 이상이 충분한 수면을 취하지 못하는 실정이다. 이 때문에 의사결정력과 인지기능이 떨어진다.

우리 성격과 가치관과 관련된 자질들까지 수면 부족의 부정적인 영향을 받는다. 월터리드 육군연구소의 보고서에 따르면, 수면 부족은 정서지능과 자존감, 자기확신과 자립심, 타인과의 공감 능력, 인간관계의 질, 긍정적인 사고력과 충동 조절 능력을 떨어뜨린다. 그 보고서가 분명히 지적하고 있듯이, 수면 부족으로 증가하는 것은 '마술적 사고(magical thinking)'와 미신에 대한 의존이 전부이다.[10] 따라서 미래를 점치는 데 관심 있는 사람이라면 밤늦게까지 불을 밝히고 지쳐 쓰러질 때까지 일해야겠지만, 정상적인 사람이라면 진정으로 가치 있는 것을 다시 정의하고, 밤늦게까지 혹은 새벽까지 일하고 피곤에 지쳐 돌아다니는 사람을 칭찬하기보다는 나무라는 직장 문화를 만들어가야 한다.

성공을 재정의할 때, 금융자본을 구축하고 관리하는 데만 초점을 맞춰서는 안 된다. 인적자본을 보호하고 양성하기 위해서 할 수 있는 모든 일을 해야 한다. 내 어머니는 이런 점에서 전문가였다. 지금도 기억에 생생하지만, 내가 열두 살이었을 때 그리스에서 무척 성공한 사업가가 우리 집에 저녁식사를 하러 왔다. 그는 피로에 지친 모습이었다. 그러나 저녁식사를 하려고 우리와 식탁에 마주 앉자, 그는 사업이 원활하게 진행된다며, 새로운 박물관을 건설하는 입찰을 따냈을 때는 전율마저 느꼈다고 자랑을 늘어놓았다. 어머니는 시큰둥한 표정으로 "당신 사업이 잘되든 말든 나한테는 상관없어요"라며 "당신 몸은 전혀 돌보지 않는 것 같군요. 당신에게는 사업이 더 중요하겠지만, 당신에게 가장 중요한 자본은 바로 당신 자신이에요. 건강이라는 은행계좌에서 지금은 꺼낼 수 있는 게 많겠지만, 계속 꺼내 쓰기만 해서는 안 돼요. 건강이란 계좌에 지금이라도 재충전하지 않으면 당신 건강도 무너지고 말 겁니다"라고 말했다. 어머니의 지적은 정확했다. 그로부터 얼마 지나지 않아, 그 사업가는 급작스럽게 병원에 입원해서 응급 혈관성형술을 받았다.

웰빙을 성공의 기준에 포함할 때, 기대할 수 있는 변화는 우리와 시간의 관계이다. 우리가 원하는 것을 할 시간이 충분하지 않아 스트레스에 더욱 시달린다는 뜻에서 '시간 기근(time famine)'이란 개념까지 생겨난 지경이다.[11] 우리가 시계를 볼 때마다 느끼는 것이지만, 모든 일이 우리 생각보다 항상 느리게 진행되는 듯하다. 나는 개인적으로 시간과 무척 긴장된 관계를 유지해왔다. 닥터 수스로 널리 알려진 시어도어 수스 가이즐(Theodor Seuss Geisel)은 우리의 이런 심정을 아름다운 시로 표현해주었다. "어떻게 이처럼 빨리 시간이 흘러갔지? 오후가 되기도 전에 밤이네. 6월이 되기 전에 12월이네. 맙소사, 시간이 순식간에 흘러갔네. 어떻게 이처럼 빨리 시간이 흘러갔을까?"[12]

귀에 익은 소리이지 않은가?

끝없이 '시간 기근'에 시달리는 삶을 살아갈 때 우리는 제3의 기준에서 핵심적인 기둥 중 하나인 '경이로움'을 경험할 기회를 상실하게 된다. 경이로움은 우주의 신비로움만이 아니라, 우리 삶을 채워주는 일상적인 사건들과 작은 기적들에서 얻는 즐거움을 뜻한다.

내 어머니의 타고난 또 하나의 능력은 주변 세계에서 항상 경이로움을 찾아내는 것이었다. 설거지를 할 때나 바닷가에서 갈매기들에게 먹이를 줄 때나, 심지어 과로에 지친 사업가를 질책할 때에도 어머니는 삶에 대한 경이로움을 놓치지 않았다. 내가 불평을 쏟아내거나 일이 잘못되어 속상해할 때마다 어머니는 언제나 이렇게 충고해주었다. "애야, 생각하는 방법을 조금만 바꿔보아라. 그럼 무엇이든 네 뜻대로 끌어갈 수 있을 게다. 무섭고 나쁜 영화를 되풀이할 필요가 있겠니."

웰빙과 경이로움! 이 둘은 제3의 기준을 만들어가는 데 반드시 필요한 요소이다. 하지만 성공을 재정의하는 데 없어서는 안 될 것이 또 하나 있다. 바로 지혜이다.

주변 세상을 둘러보면 정치계와 사업계 및 언론계에서 똑똑하지만 잘못된 결정을 내리는 지도자들이 자주 눈에 띈다. 그들이 지능지수가 떨어지기 때문에 잘못된 결정을 내리는 것은 아니다. 그들에게 부족한 것은 지혜이다. 우리 내면의 지혜를 적절하게 활용하는 것만큼 어려운 일은 없다. 왜냐하면 내면의 지혜를 활용하려면 주변 어디에나 존재하는 도구들, 예컨대 전자 장치와 휴대폰과 소셜 미디어를 완전히 끊고 자기 자신과 교감해야 하기 때문이다.

솔직히 말해서, 나도 자연스럽게 이런 삶의 필요성을 깨달은 것은 아니다. 세상을 떠나기 전, 어머니는 내가 아이들과 얘기를 나누면서 이메일을 확인하는 걸 보고는 화를 냈다. 어머니는 그리스인의 억양이 뚜렷한 말투로 "나는 멀티태스킹하는 사람이 정말 싫더라"라고 투덜거렸다. 어머니가 생전 마지막으로 나를 나무랐던 말이었고, 나를 한없이 부끄럽게 만든 말이었다. 달리 말하면, 피상적으로 세상과 소통한다며 정작 우리는 가장 가까운 사람들, 심지어 자기 자신을 멀리하고 등지고 있었다. 지혜는 멀리 있는 게 아니라 우리 자신을 비롯한 가장 가까운 사람들과의 관계에 있다는 뜻이다.

내가 인간에 대해서 확신하는 두 가지 근본적인 진리가 있다. 하나는 우리 모두의 내면에 지혜와 힘과 화합하는 능력이 집약된 중심 공간이 있다는 것이다. 이는 세상의 모든 철학과 모든 종교가 어떤 형식으로든 인정하는 진리이다. 예컨대 그리스도교에서는 "하나님 나라는 바로 너희 안에 있다"라고 가르치고,[13] 아르키메데스는 "나에게 설 자리를 달라. 그럼 세상을 움직여 보이겠다"라고 말하지 않았던가.[14]

다른 하나는 우리 모두가 그 공간에서 점점 멀어지고 있다는 것이다. 이런 현상은 삶의 본질이다. 우리가 올바른 길에 있을 때보다 올바른 길에서 벗어나 있을 때가 더 많은 게 사실인 듯하다.

문제는 우리가 지혜와 힘과 화합하는 능력이 집약된 중심 공간으로 얼마나 신속하게 되돌아갈 수 있느냐이다. 그 신성한 공간에서 우리 삶은 투쟁에서 배려로 바뀌고, 온갖 장애와 난관이 우리를 가로막고 실망시키더라도 상대를 신뢰하고 믿는 마음을 상실하지 않는다. 이제는 전설이 된 스탠퍼드 대학교 졸업식 축사에서 스티브 잡스가 말했듯이, "우리는 미래를 내다보며 점을 이을 수는 없습니다. 우리는 오직 과거를 돌이켜보며 점을 이을 수 있을 뿐입니다. 따라서 우리는 지금 잇는 점들이 미래의 어떤 시점에 서로 연결될 거라는 믿음을 가져야 합니다. 우리는 자신의 내면과 운명, 삶과 카르마 등 무엇이든 믿어야 합니다. 이런 접근법은 나를 결코 실망시키지 않았고 제 삶에서 모든 변화를 이루어냈습니다."[15]

우리 삶에는 어떤 목적이 있다. 그 목적이 때로는 감춰져 보이지 않으며, 우리 삶을 크게 변화시킨 전환점이나 비통한 사건은 그 자체를 경험하는 순간부터 훗날 돌이켜볼 때에야 그 의미를 온전히 깨닫게 된다. 따라서 시인 루미가 표현했듯이, 모든 것이 우리를 위해 준비된 것이라 생각하며 삶을 살아가는 편이 더 낫다.[16]

그럼 그 지혜의 공간에 주기적으로 되돌아가는 능력은 어디에서 오는 것일까? 많은 다른 능력이 그렇듯이, 우리가 그 능력을 우리 삶에서 얼마나 자주 사용하고 얼마나 중요하게 생각하느냐에 달려 있다. 과로해서 극도로 피로하면 우리는 지혜를 끌어내기가 무척 힘들다. 리먼 브라더스의 최고재무책임자였지만 파산하기 수개월 전에 회사를 떠난 에린 캘런(Erin Callan)은 〈뉴욕타임스〉에 기고한 칼럼에서 개인적으로 경험한 과로에 따른 극도의 피로를 언급하며, "일이 항상 먼저였다. 가족과 친구와 결혼생활은 뒷전이었다. 그 결과로 결혼생활은 수년 만에 파경을 맞고 말았다"라고 했다.[17]

에린 캘런은 나중에야 과거를 돌이켜보며, 과로가 비생산적이고 역효과를 낳는다는 걸 깨닫고 "지금 생각해보면, 그렇게 나 자신을 혹사하지 않았더라도 비슷한 지위에 오를 수 있었을 것이고 개인적으로도 더 나은 삶을 살아갈 수 있었을 것이라고 확신한다"라고 말했다. 피곤에 지칠 정도로 일했지만, 그 결과는 그녀 자신에게만 좋지 않았던 것이 아니다. 그녀가 몸담았던 리먼 브라더스에게도 좋지 않았다. 그녀가 떠난 후에 공중 분해되지 않았던가. 여하튼 리더의 역할은 빙산 전체를 보는 것이다. 빙산이 조직에 타격을 가하기 전에 빙산의 존재를 알아내는 것이다. 그러나 과로에 시달리고 기력이 소진되면, 위험이나 기회를 미리 파악하기가 훨씬 힘들다. 이제부터라도 삶의 방식과 일하는 방식을 하루라도 빨리 바꾸고 싶다면, 그 지혜의 공간으로 돌아가는 연습을 해야 할 것이다.

웰빙과 지혜와 경이로움 이외에, 성공을 판단하는 제3의 기준을 떠받치는 마지막 기둥은 우리가 할 수 있는 일에 최선을 다하려는 적극적인 마음으로, 감정이입과 측은지심에서 비롯된다.

미국 건국의 아버지들은 독립선언문에 행복추구권을 언급할 정도로 행복의 추구를 중요하게 생각했다. 그러나 그들이 행복추구권을 '양도할 수 없는 권리'로 해석했다고, 우리가 온갖 방법으로 즐거움을 추구할 수 있다는 뜻은 아니었다. 오히려 행복은 선행을 베풂으로써 얻는 흐뭇한 만족감에서 비롯된다. 또 공동체에서 유익한 존재가 되어 공동체의 이익에 기여할 때 행복을 만끽할 수 있다.

감정이입과 봉사가 우리 자신에게 행복감을 더해준다는 증거를 명백히 보여주는 과학적 자료는 얼마든지 있다. 이런 이유에서, 성공을 평가하는 제3의 기준을 이루는 네 기둥은 선순환되며 상승효과를 일으킨다.

운이 좋은 사람은 지나치게 늦기 전에 '결정타'를 맞는다. 내 경우에 결정타는 2007년 과로로 인한 실신이었다. 〈뉴욕타임스〉에 음식에 관련된 글을 정기적으로 기고하던 마크 비트먼(Mark Bittman)은 항공기 좌석에 설치된 전화를 통해서까지 강박적으로 이메일을 확인했지만, "나는 마크 비트먼입니다. 나는 테크놀로지 중독자입니다"라고 고백한 순간이 결정타였다.[18] 《느린 것이 아름답다》의 저자, 칼 오너리(Carl Honoré)는 시간을 절약하려고 두 살배기 어린 아들을 위한 '1분 잠자리 이야기'를 생각하던 중에 깨달음을 얻는 결정타를 맞았다.[19] 의료보험회사 애트나의 최고경영자, 마크 베르톨리니(Mark Bertolini)에게 결정타는 목이 부러지는 스키 사고였다. 그 사고로 베르톨리니는 요가와 명상을 알게 되었고 건강까지 회복할 수 있었다.[20] 호프랩의 사장, 패트 크리슨(Pat Christen)의 경우에는 테크놀로지에 대한 의존 때문에 "아이들의 눈을 똑바로 쳐다본 적이 없었다"라는 걸 깨달은 순간이 결정타였다.[21] 제저벨(Jezebel) 웹사이트를 만든 애너 홈스(Anna Holmes)의 경우, 결정타는 그녀 자신과 맺은 약속을 지키려면 가혹한 대가를 치러야 한다는 걸 깨달은 순간이었다. "110퍼센트로 일하면 좋은 결과를 얻고, 더 열심히 일하면 더 많은 걸 얻을 수 있다는 걸 알고 있었다. 하지만 그런 성공은 나에게는 악영향을 미쳤다. 나는 잠시도 느긋하게 쉬지 못했다. …… 스트레스는 끝없이 쌓여갔다. …… 12시간 내내 10분 간격으로 포스팅해야 했고, 포스팅을 시작하기 전에 2시간 30분을 일하고, 이튿날을 준비하기 위해 밤늦게까지 일해야 했다." 그녀는 결국 제저벨을 떠나기로 마음먹었다. "그 후에도 압박감에서 벗어나는 데 1년 이상이 걸렸다. …… 1년이 지난 후에야 인터넷에서 일어나는 일보다 나 자신에게 집중할 수 있었다."[22]

나는 최후의 결정타를 맞은 후로, 항상 뭔가에 끈을 잇고 있는 삶을 멀리하고 우리 자신으로 되돌아가는 삶의 필요성을 역설하는 전도사가 되었다. 이런 삶은 미국판 〈허핑턴포스트〉에서 '라이프스타일'이란 꼭지를 끌어가는 편집 철학이다. 여기에서 우리는 자신을 소중히 생각하며 중심을 잃지 않는 균형 있는 삶을 살아가는 동시에 세상을 긍정적인 방향으로 바꿔갈 수 있는 방법들을 알리고 있다. 〈허핑턴포스트〉는 이제 세계 전역으로 확산되고 있기 때문에 우리는 이런 편집 방향을 캐나다와 영국, 프랑스와 이탈리아, 스페인과 독일, 일본과 브라질과 한국 등 모든 국제판에도 포함하려 노력하고 있다.

어제 일어난 일처럼 생생하게 기억하는 사건 하나가 있다. 내가 스물세 살에 쓴 첫 책 《여성(The Female Woman)》이 뜻밖에 세계적인 베스트셀러가 된 덕분에 여기저기로 홍보 여행을 다닐 때였다. 당시 나는 유럽의 한 평범한 호텔 객실에 앉아 있었다. 그 객실은 아름다운 정물화처럼 보였다. 책상에는 노란 장미꽃이 있었고, 침대에는 스위스 초콜릿이 놓여 있었다. 얼음통에 담긴 프랑스산 샴페인도 눈에 띄었다. 얼음이 서서히 녹으면서 쪼개지는 소리가 객실의 침묵을 방해하는 유일한 소리였다. 내 머릿속에서 들

려오는 목소리가 훨씬 더 컸다. "이것이 전부입니까?(Is That All
There Is?)" 똑같은 노랫말을 되풀이하는 고장난 음반처럼, 페기 리
(Peggy Lee, 1920~2002)가 제기한 유명한 질문이 내 머릿속에 끝없
이 반복되며, 내가 책의 성공으로 기대하던 즐거움을 빼앗아갔다.
"이것이 전부입니까?" 이 질문에서 이것이 '삶'을 가리킨다면, 삶
이란 무엇일까? 삶의 목적이 정말로 돈을 벌고 남에게 인정받는
게 전부일까? 내 내면의 어딘가에서 "천만에!"라는 우렁찬 목소
리가 들려왔다. 나로 하여금 돈벌이가 되는 강연을 조금씩 그러나
단호히 멀리하고 '여성다운 여성'이란 주제와 관련한 글을 쓰는
데 집중하게 만든 대답이었다. 그날 이후로 나는 긴 여정의 첫걸
음을 떼었다.

우리 문화가 성공이라 정의한 좁은 울타리 안에서 아등바등하
며 살고 싶지 않다는 깨달음 이후로 내 여정은 결코 쉽지 않았다.
선에 비유하자면 직선의 길을 걷지 못하고, 때로는 먼 길을 돌아
가야 했으며 때로는 소용돌이에 휩쓸려 많은 실패를 겪어야 했다.
한마디로 내가 가장 원하던 삶에서 오히려 멀어지는 듯했다.

내가 제3의 기준이 무엇인지도 모를 때, 제3의 기준에 따라 살
았던 어머니를 두었던 나처럼 운 좋은 사람에게도 돈과 권력이라
는 전통적인 두 가지 기준은 거역하기 힘든 유혹이었다. 이런 이
유에서 이 책은 나에게 일종의 귀향을 뜻한다.

1980년대 뉴욕에 살게 된 이후로 나는 돈과 권력이란 두 가지
기준을 상당히 성취했지만 여전히 더 많은 것을 바라는 사람들과
점심식사나 저녁식사를 함께했다. 왕족이 없는 미국인들은 돈과

권력을 가진 사람들을 왕족처럼 떠받들었다. 이제는 출생으로 왕족이 되는 게 아니라 누구라도 뚜렷한 성공을 거두면 왕족이 될 수 있다. 따라서 우리는 그런 왕관을 쓸 수 있는 온갖 방법을 꿈꾼다. 출생 신분은 보잘것없더라도 우리도 아메리칸 드림을 이루어낼 수 있다는 기대감은 어린 시절부터 끊임없이 주입되었다. 이제 아메리칸 드림은 세계 전역으로 확대되어, 주택과 자동차, 요트와 제트기 등 온갖 성인용 장난감을 소유하는 물질적 풍요로 정의되는 실정이다.

그러나 21세기에 들어 두 번째 10년을 맞이한 지금은 많은 것이 달라졌다. 물론 아직도 성공을 돈과 권력이라 생각하는 사람들이 많다. 바람직한 삶과 인간관계와 개인적인 행복을 희생하더라도 단조롭고 고된 일을 그만둘 수 없다고 생각하는 사람들이다. 또한 승진과 수백만 달러의 연봉이 더 나은 삶을 보장할 것이라는 기대감에 현재의 불만을 억누르고 살아가는 사람들도 많다. 그러나 서구 경제권에서나 신생 경제권에서나, 현재와 같은 삶은 막다른 지경에 이르렀고 그들이 잘못된 꿈을 추구하고 있다는 걸 인정하는 사람들이 하루하루 늘어나고 있다. 성공을 지금처럼 정의해서는 어떤 해법도 찾아낼 수 없다는 걸 깨달은 것이다. 거트루드 스타인(Gertrude Stein, 1874~1946)이 언젠가 오클랜드에 대해 말했듯이 "거기에는 그것이 없기" 때문이다.[23]

과학적인 연구 보고서와 건강에 관련된 통계자료에서도, 우리가 지금까지 살아왔던 삶의 방식이 이제는 바람직하지 않다는 게 꾸준히 확인되고 있다. 우리가 우선시하는 것과 소중하게 생각하는 것이 달라지고 있다는 뜻이다. 초과근무를 거부하는 직원들이 점점 증가하는 추세이다. 그들은 세상의 기준에 따른 성공만을 지향하지 않고 여유롭고 충만한 삶을 원하며, 삶의 의미를 재평가하고 있다.

의학계가 최근에 발표한 보고서에서 확인되었듯이, 스트레스와 심신 피로가 증가하면 개인적인 건강만이 아니라 의료보험제도에도 심각한 영향을 미친다. 카네기 멜론 대학교의 연구진은 1983년부터 2009년 사이에 모든 연령층에서 스트레스 지수가 10~30퍼센트가량 증가했다는 걸 밝혀냈다.[24] 스트레스 지수가 높아지면 당뇨병과[25] 심장병과[26] 비만에[27] 걸릴 가능성도 높아진다. 미국 질병통제예방센터의 발표에 따르면, 미국인이 의료비로 지불하는 비용의 75퍼센트가 그런 만성질환의 치료비이다.[28] 하버드 의과대학 매사추세츠 종합병원의 벤슨헨리 심신의학 연구소는 병원에서 행해지는 진료의 60~90퍼센트가 스트레스와 관련된 질병에 해당된다고 추정할 정도이다.[29] 영국에서는 수년 전부터 스트레스가 질병 원인의 1위를 차지했다.[30] 영국 보건복지 정보센터의 팀 스트로건(Tim Straughan) 대표는 "스트레스와 불안은 종합병원보다 일반 개업의의 진료로 해결되는 질병이라 생각할 수 있다. 하지만 통계자료에 따르면, 스트레스나 불안에 시달리는 환자가 입원하는 사례가 영국에서만 연간 수천 건씩 증가하고 있다"라고 말했다.[31]

우리를 짓누르는 스트레스는 자식에게도 영향을 미친다. 실제로 스트레스가 자식에게, 심지어 태아에게 미치는 영향은 이미 미국 소아과학회 학회지에 발표된 적이 있다.[32] 저명한 칼럼니스트 니컬러스 크리스토프(Nicolas Kristof)도 〈뉴욕타임스〉에 기고한 글에서, "주변 사람들에게 적대적이고 무관심한 환경은 유아에게는 물론이고 태아에게도 부정적인 영향을 준다. 코르티솔 같은 스트레스 호르몬들이 인체의 신진대사나 뇌의 형성을 방해할 수 있기 때문이다. 결국 아이들의 건강이 때로는 영구히 약해진다. 오랜 시간이 지나 성인이 된 후에는 심장병과 비만, 당뇨병 등 온갖 질병에 시달릴 가능성이 높다. 게다가 학교생활에 적응하지 못하고, 참을성이 없고 성격이 조급하며, 법을 위반할 가능성도 높다"라고 말했다.[33]

스트레스가 우리 삶에서 누적되는 이유 중 하나는 우리 자신을 돌보는 시간이 절대적으로 부족하기 때문이다. 우리는 성공한 삶이란 환상을 좇아 눈코 뜰 새 없이 바삐 돌아다닌다. 그런 성공의 겉모습과 진정으로 충만한 삶의 차이가 항상 뚜렷이 드러나는 것도 아니다. 그러나 시간이 지난 후에 과거를 돌이켜보면 둘의 차이는 한층 명확해진다. 죽은 사람을 생각해보면 된다. 죽은 사람을 찬양하는 송덕문이 성공에 대한 일반적인 정의와 사뭇 다르다는 걸 눈치챈 적이 없는가?

어떤 의미에서, 송덕문이 바로 제3의 기준이다. 그러나 제3의 기준에 따른 삶을 사는 것도 어렵지는 않지만, 제3의 기준을 도외시한 삶을 살기는 무척 쉽다. 피로에 지치도록 일하기는 쉽다. 업무에 충실하겠다며, 진정으로 우리를 지탱해주는 사람들과의 활동들을 잊고 살기는 쉽다. 바쁘게 살아가며 그럭저럭 성공을 거두더라도 우리 삶에서 진정으로 중요한 것을 놓치기 십상이다. 결국 세상을 떠나고, 송덕문이 읊어진다. 송덕문은 망자의 삶에 대한 최초의 공식적인 평가라 할 수 있다. 달리 말하면, 우리가 남긴 유산을 평가하는 기초적인 자료이다. 사람들이 그를 어떻게 기억하고, 다른 사람들의 생각에 그가 어떻게 살았는지에 대한 평가이다. 송덕문에서 듣기 힘든 말들은 우리에게 많은 생각을 하게 해 준다. 예컨대 다음과 같은 송덕문을 들어본 적이 있는가?

"망자의 삶에서 더없는 업적은 수석 부회장을 지낸 것입니다."
"망자께서 회장으로 재임하는 동안 시장점유율이 크게 증가했습니다."
"망자께서는 쉬지 않고 일했습니다. 점심식사조차 책상에서 해결했습니다. 그것도 매일."
"망자께서는 숫자를 한 번이라도 더 점검하겠다는 생각에 귀여운 아들이 출전한 리틀리그조차 관람한 적이 없었습니다."
"진정한 친구는 없었지만 페이스북 친구는 600명이 넘었습니다. 또 망자께서는 매일 모든 이메일에 빠짐없이 답장하며 밤을 지새우셨습니다."
"망자께서는 파워포인트 프레젠테이션을 항상 꼼꼼하게 준비하셨습니다."

이런 식으로 망자를 추도하는 글은 없다. 송덕문에서는 항상 다른 것들에 대해 언급한다. 예컨대 망자가 우리에게 무엇을 주었고, 우리와 어떻게 교감했으며, 가족과 친구에게 어떤 의미를 지닌 존재였는지에 대해 말한다. 또 그가 베푼 작은 친절들과 평생 동안 지켰던 열정, 심지어 우리를 웃게 만들었던 사소한 사건까지 언급된다.

그런데 왜 우리는 이 땅에서의 제한된 삶을, 송덕문에서는 언급되지도 않는 것들에 매몰되어 사는 것일까?

〈뉴욕타임스〉의 칼럼니스트, 데이비드 브룩스(David Brooks)는 이렇게 말했다. "송덕문은 이력서가 아니다. 송덕문에서는 망자의 배려와 지혜, 진실성과 용기가 언급된다. 송덕문에서는 그런 내면에서 비롯된 작은 도덕적 판단들이 언급된다."[34]

그런데도 우리는 이력서에나 쓰일 것들, 다시 말해서 심장이 박동을 멈추는 순간 의미를 완전히 상실하는 것들에 지나치게 많은 시간과 노력과 에너지를 소비한다. 위키피디아에 눈부신 이력을 남기고 죽은 사람들의 경우, 위키피디아에서는 그들이 남긴 업적과 성취가 그들의 삶과 동일시되겠지만, 송덕문은 그들이 평범한 사람으로 살아갈 때 무엇을 하였는지에 주목한다. 스티브 잡스를 예로 들어보자. 대중에게 알려진 스티브 잡스는 창조적인 사람이었다. 세상의 판도를 바꿔놓은 놀라운 것을 창조해낸 사람이었다. 그러나 그의 누이, 모나 심슨이 오빠의 추도사에서 강조한 것은 창조적 능력이 아니었다.

물론 모나 심슨은 스티브 잡스의 일과 일에 대한 윤리관에 대해 말했다. 하지만 잡스의 열정을 설명하려는 의도로 일을 언급했을 뿐이었다. 모나 심슨은 "오빠는 자신이 사랑하는 일을 했습니다"라고 말했다. 스티브 잡스의 마음을 정말로 움직인 것은 사랑이었다며, 그녀는 "사랑은 오빠에게 최고의 덕목이었으며, 신들 중의 신이었습니다"라고 덧붙였다.

"리드(잡스의 아들)가 태어났을 때 오빠는 끝없이 자랑을 늘어놓으며 그칠 줄을 몰랐습니다. 오빠는 아이들 하나하나에게 애정 표현을 아끼지 않은 아버지였습니다. 리사의 남자친구 문제로 고민했고, 에린의 여행과 치마길이를 걱정했으며, 이브가 좋아하는 말들이 안전한지 우려한 아버지였습니다."

그리고 모나 심슨은 여기에 감동적인 장면까지 덧붙였다. "리드의 졸업식에 참석한 우리 모두가 영원히 잊지 못할 장면이 있었습니다. 오빠와 리드가 함께 느리게 춤을 추던 장면입니다."[35]

모나 심슨은 오빠의 추도사에서, 스티브 잡스가 단순히 아이폰을 발명한 사람이 아니라 그 이상의 존재였다는 걸 분명하게 보여주었다. 스티브 잡스는 우리가 테크놀로지에 파묻혀 너무나 쉽게 간과하는 것의 진정한 가치를 알고 있었던 사람이었다. 당신이 우리 삶에서 떼어놓을 수 없는 대단한 발명품을 만들었더라도 당신 주변 사람들의 마음에 가장 중요한 것은 당신이 그들의 삶에 심어준 기억이다.

프랑스 소설가, 마르그리트 유르스나르(Marguerite Yourcenar)는 1951년에 발표한 소설 《하드리아누스 황제의 회상록》에서 자신의 죽음에 대해 묵상하던 로마 황제 하드리아누스를 묘사하며 "이 소설을 쓸 때 내가 황제였느냐 아니었냐는 그다지 중요한 것 같지 않았다"라고 말했다.[36] 토머스 제퍼슨의 묘비명에는 "미국 독립선언서의 아버지…… 버지니아 대학교의 창립자"라고 쓰여 있을 뿐, 그가 대통령이었다는 사실은 전혀 언급되지 않았다.[37]

하루하루를 마지막 날인 것처럼 살아야 한다는 옛 격언의 정확한 의미는, 죽음이 임박할 때까지 기다리지 말고 정말로 중요한 것을 우선적으로 처리하라는 뜻이다. 스마트폰으로 받은 편지함을 시시때때로 확인하는 사람이라면 누구나 인정하겠지만 바쁘게 사는 건 쉬워도 자신이 정말로 살아 있다는 걸 의식한 적은 거의 없을 것이다.

제3의 기준을 받아들인 삶은 송덕문을 마음속에 그리며 사는 삶이다. 미국 코미디언, 조지 칼린(George Carlin)은 "누군가가 송덕문을 읽는 자리에 내가 참석해 있다는 걸 알게 되면 항상 안심이 된다"라고 말했다.[38] 누구도 자신의 송덕문이 읽혀지는 자리에 있을 수 없겠지만, 우리는 하루도 빠짐없이 매 순간 우리 자신의 송덕문을 실제로 쓰고 있다. 문제는 훗날 우리의 송덕문을 쓸 사람에게 얼마나 많은 쓸거리를 남기느냐이다.

2013년 여름, 암으로 60세에 사망한 제인 로터라는 시애틀 여인의 부고가 입소문을 타고 널리 알려졌다. 부고를 쓴 사람은 바로 제인 로터 자신이었다. 그녀는 "간과 복부로 전이된 자궁내막암 3기로 죽어가는 것의 몇 안 되는 장점이라면 내 부고를 직접 쓸 시간이 있다는 것이다"라고 말했다. 부고에서 그녀는 자신의 삶을 아름답고 생생하게 설명한 후에 성공의 진정한 의미가 무엇인지 우리에게 말해주었다. "사랑하는 남편 밥, 사랑하는 딸 테사와 사랑하는 아들 라일리, 그리고 사랑하는 친구들과 가족들. 여러분 모두가 나에게는 너무도 소중한 사람들이었습니다. 여러분 하나하나를 알고 사랑했던 것이 내 삶에서는 성공이었습니다."[39]

나는 내세가 존재한다고 믿지만, 내세를 믿든 믿지 않든 간에 우리 자신의 삶과 우리가 사랑하는 사람들의 삶에 충실히 함께한다면 우리가 죽은 후에 읽혀질 송덕문을 쓰는 것만이 아니라 우리의 사후 세계를 실질적으로 만들어갈 수 있다. 이는 돈으로 환산할 수 없는 소중한 교훈이다. 우리가 건강이란 행운을 누리고, 목적과 의미를 지닌 삶을 힘차고 자유롭게 만들어가는 동안에는 의심할 필요가 조금도 없는 교훈이다. 우리 한 명 한 명이 최고의 송덕문에 부끄럽지 않은 삶을 만들어갈 시간적 여유가 아직 있다는 것은 반가운 소식이 아닐 수 없다.

이 책은 무엇을 해야 하는지 아는 것에 그치지 않고 실제로 실천하는 삶을 사는 데 도움을 주기 위한 목적에서 쓰였다. 나 자신도 잘 알고 있지만, 아는 것을 실천한다는 게 쉬운 일은 아니다. 몸에 밴 습관을 바꾸기는 정말 어렵다. 몸에 밴 많은 습관이 문화적 규범의 산물이기 때문에 습관을 바꾸기가 더더욱 어렵다. 성공을 재정의할 때에도 똑같은 어려움에 부딪치기 마련이다. 제3의 기준을 일상의 일부로 삼으려 할 때에도 똑같은 어려움에 부딪칠 것이다. 따라서 내가 제3의 기준을 떠받치는 네 가지 기둥을 구체화하기 위해 기울인 노력들과, 그 과정에서 터득한 교훈들이 이 책에는 담겨 있다. 또한 지금처럼 살아가는 삶의 방식은 바람직하지 않고, 과학적으로 입증된 다른 방식, 즉 우리 건강과 행복에 즉각적으로 상당한 영향을 미치는 방식으로도 살아갈 수 있다는 주장을 여전히 의심하는 독자들에게 확신을 심어주려는 뜻에서 학술연구와 과학적 증거 및 최근의 자료까지 덧붙였다. 끝으로 이 책에 실용성을 더하기 위해서 누구나 자신의 삶에 쉽게 적용할 수 있는 많은 기법과 방법 및 일상의 습관까지 소개했다. 이 모든 것이 하루하루 충만한 삶을 살며 우리 자신과 우리가 사랑하는 사람들과 공동체와 교감하려는 중요한 목적을 위해 쓰였다.

웰빙

1

Well-Being

"오랫동안 나에게는 삶, 진정한 삶이 곧 시작될 것처럼 보였습니다. 하지만 그 앞에는 언제나 장애물이 있었습니다. 먼저 처리해야 할 일이 있었고, 미처 끝내지 못한 일이나 참고 견뎌야 할 인고의 시간, 혹은 갚아야 할 빚이 있었습니다. 그 후에는 진정한 삶이 시작되리라 믿었습니다. 하지만 결국 나는 깨달았습니다. 그 장애물들이 내 삶이라는 것을."

알프레드 디 수자[1]

THRIVE

THE THIRD METRIC

⋮ 새로운 청사진_삶의 구조를 쇄신할 시간 ⋮

"지나친 것이 성공의 첩경이다"라는 말이 있다. 적어도 좋은 것이 있다면, 그것은 많을수록 더 좋아야 마땅하다. 따라서 1주일에 80시간을 일하면 40시간을 일하는 것보다 당연히 더 좋아야 한다. 요즘에 괜찮은 직업의 기본 조건은 24/7, 즉 하루 24시간 연중무휴여야 하는 것으로 여겨진다. 달리 말하면, 잠을 덜 자고 끊임없이 멀티태스킹을 해야 직업 세계에서 정상까지 고속으로 승진할 수 있다는 뜻이다. 내 말이 맞지 않는가?

하지만 이런 생각을 재검토해야 할 때가 되었다. 이런 식으로 생각하고 살아가며 우리는 감당하기 힘든 대가를 치르고 있기 때문에, 이런 삶을 계속 유지한다는 건 거의 불가능하다. 우리가 지금 살아가는 방식, 즉 삶의 구조는 하루라도 빨리 수정되고 바뀌어야 한다. 우리가 진정으로 소중하게 생각하는 것이 지금과 같은 삶의 방식에서는 도외시되기 때문이다. 따라서 그 둘을 일치시키는 새로운 청사진이 화급하게 필요하다. 플라톤이 쓴 《소크라테스의 변명》에서, 소크라테스는 아테네 사람들에게 각자의 영혼을 소중히 돌봐야 하는 중요성을 일깨워주는 것이 자신의 역할이라고 말한다. 시간이 많이 흘렀지만, 우리에게 자신과 교감하라는 소크라테스의 가르침은 우리가 진정으로 충만한 삶을 살아갈 수 있는 유일한 방법이다.

일을 해야 한다는 이유로 삶, 결국 영혼을 잊고 살아가는 사람들이 무수히 많다. 이런 현상은 '웰빙'을 다룬 이 장, 결국에는 이 책 자체가 쓰인 이유이다. 나는 아테네에서 자란 덕분에 고전 강의에서 "반성하지 않는 삶은 살 가치가 없다"라는 소크라테스의 가르침을 배웠다.[2] 그리스인들에게 철학은 결코 학문의 전유물이 아니었다. 그들에게 철학은 삶의 방식, 즉 삶을 살아가는 데 필요한 일상의 기술이었다. 내 어머니는 대학의 문턱도 넘어본 적이 없었지만, 아테네의 작은 부엌에서 그리스 철학의 원리와 가르침을 내 여동생 아가피와 나에게 토론식으로 가르치며, 우리가 뭔가를 결정하고 선택하는 데 많은 도움을 주었다.

죽을 정도까지는 아니지만 녹초가 되도록 우리 자신을 혹사하며, 과로해서 극도로 피곤할 때까지 일하는 것을 명예훈장으로 여기는 현재의 성공 개념은 남성이 지배하는 직장 문화에서 남성이 만들어낸 것이다. 하지만 이런 성공 개념은 여성에게 적합하지 않다. 엄격하게 말하면, 남성에게도 적합하지 않은 성공 개념이다. 성공의 의미가 재정의되어야 한다면, 또 돈과 권력 이외에 제3의 기준까지 성공의 정의에 포함되어야 한다면, 그 과정에서는 여성이 앞장서야 할 것이다. 그렇게 하면, 남성도 성공하기 위해서는 심장병과 스트레스를 감수해야 한다는 기존 관념에서 해방되어 직장과 가정 모두에서 진정한 즐거움을 누릴 수 있을 것이다.

성공의 개념을 바꾸려는 시도는 세 번째 여성혁명이다. 첫 번째 여성혁명은 100년 이상 전에 여성 참정권론자들에 의해 시작되었다. 수전 B. 앤서니, 에멀린 팽크허스트, 엘리자베스 스탠턴을 비롯한 용기 있는 여성들이 투표권을 얻기 위해 투쟁했다. 두 번째 여성혁명은 베티 프리단과 글로리아 스타이넘이 우리 사회에서 여성의 역할을 확대하고, 모든 의사결정이 이루어진 권력의 회랑까지 차별받지 않고 접근할 권리를 얻기 위해서 투쟁하던 때부터 시작되었다.

두 번째 여성혁명은 지금도 여전히 진행 중이지만, 세 번째 혁명을 시작하기 위해서 두 번째 혁명이 끝나기를 마냥 기다릴 수는 없다.

그 이유는 자명하다. 스트레스와 수면 부족과 과로를 선동하는 직장 문화에 여성이 뛰어든 이후로 남성보다 여성이 훨씬 큰 대가를 치르고 있기 때문이다. 대단한 학력을 소지하고 중책을 맡은 많은 유능한 여성이 충분히 승진할 수 있는데도 결국 직장을 그만두는 이유가 여기에 있다. 여성이 이처럼 개인적인 희생을 감수할 수밖에 없는 이유를 하나씩 따져보자. 프롤로그에서 이미 언급했지만 무척 중요한 문제이기 때문에 다시 한 번 언급한다. 스트레스를 상대적으로 덜 받는 동료들에 비해서, 스트레스가 심한 업종에서 일하는 여성은 심장병에 걸릴 확률이 거의 40퍼센트나 높고,[3] 제2형 당뇨병에 걸릴 확률은 60퍼센트나 높다(그런데 남성의 경우에는 존재하지 않는 직업병이다).[4] 심장발작을 일으키고 1년 내에 사망할 확률은 여성이 남성보다 거의 두 배나 높다. 스트레스를 상대적으로 덜 받는 직종의 여성에 비해서 스트레스가 심한 업종에서 근무하는 여성은 알코올중독자가 될 가능성도 높다. 중책에 따른 스트레스와 압박감은 35세와 60세 사이의 여성에게 섭식장애를 유발하는 요인이 될 수도 있다.[5]

대부분의 경우, 중책을 맡은 여성이 겪는 문제에 대한 논의는 이력과 양육을 관리할 때, 즉 "모든 것을 한꺼번에 가질 때" 겪는 어려움에 집중된다. 직장이 현재와 같은 구조를 유지하는 한 많은 여성이 건강과 웰빙과 행복을 희생하는 대가를 치러야 하기 때문에 정상에 오르고도 그곳에 오랫동안 머무를 수 없다는 현실과 직면하게 된다. 중요한 직책을 맡은 여성이 그 자리를 그만둘 때마다, "집에 머물며 엄마로서의 역할에 충실할 것인가 아니면 독자적인 전문직업여성의 길을 계속 걸을 것인가"라는 이분법에 따라 토론이 벌어질 뿐이다. 그러나 정상에 오르거나 정상을 코앞에 둔 여성이 회사를 떠나는 이유는 자식 때문만은 아니다. 물론 회사를 떠난 후에 자식의 양육에 전념하는 여성이 없는 것은 아니지만, 여성이 회사를 그만두는 많은 이유 중에는 남성에게도 해당되는 이유가 적지 않다.

《차이가 중요하다: 포용을 통해 근속률과 생산성과 수익성을 향상하는 법》을 쓴 캐롤라인 터너(Caroline Turner)는 정상에 오른

여성 중 한 명이었다.[6] 조직의 계층적 사다리를 성공적으로 올라 갔지만 그녀는 조직을 떠나기로 마음먹었다. 자식들은 이미 성장 해서 그들 때문에 조직 생활을 떠날 이유는 없었다. 그녀는 "일을 계속하는 데 필요한 열정이 사라졌다"라고 그 이유를 설명했다. 그녀는 조직을 떠났지만 새로운 사람을 얼마든지 만날 수 있다는 걸 깨달았다며, "성공한 여성 경영자였던 까닭인지 내 주변에는 많은 친구가 있다는 걸 인식하기 시작했다. 그리고 내가 조직을 떠난 진정한 이유가 무엇인지 깊이 생각하기 시작했다"라고 덧붙 였다.

캐롤라인 터너는 여러 연구 보고서를 통해서, 여성이 직장을 떠날 때 가장 자주 언급되는 이유가 어린 자식의 양육과 늙은 부 모의 봉양이라는 걸 알게 되었다. 그러나 두 가지 이유 다음으로 자주 언급되는 동기는 일에서 얻는 즐거움이나 열정이 사라졌다 는 것이었다. 터너는 "여성이 자신의 일을 진정으로 좋아하지 않 으면 일과 가족 모두에 대한 책임을 적절하게 조절할 의욕이나 능 력을 상실하기 쉽다"라며 "여성이 자신의 일에 충실히 몰입한다 면, 두 역할을 교묘하게 조절하는 곡예도 보람 있을 수 있다"라고 결론지었다.

따라서 외부인의 눈에는 직장을 그만두고 자식을 양육하겠다 는 선택이 간단하게 보일 수 있지만 실제로는 상당히 복잡하다. 자식은 결코 가볍게 생각할 수 없는 선택 사항이다. 자식과 함께 보내는 시간도 얼마든지 의미 있고 흥미진진할 수 있다. 직장이란 대안이 의미를 상실하거나 흥미가 떨어지면, 자식의 양육을 선택할 여성이 적지 않을 것이다. 자식을 가진 여성의 43퍼센트가 언젠가 직장을 그만둘 거라는 조사 결과도 있을 정도이다. 물론 그들의 75퍼센트가 훗날 직장에 복귀할 의향을 갖고 있지만, 40퍼센트만이 전일제로 복귀하겠다는 의향을 밝혔다.[7] 캐롤라인 터너가 말했듯이, 직장에서 일하는 여성들에게는 무엇보다 가치 있는 존재라는 자기인식이 중요하다. 대다수의 직장에서는 성공을 위해서 스트레스와 과로를 요구하는 남성적인 업무 방식에 더 많은 가치가 부여된다. 월스트리트를 예로 들어보자. 로젠 팔미에리(Roseann Palmieri)는 월스트리트에서 25년 동안 일한 끝에 메릴린치의 관리이사가 되었다. 그런데 2010년 그녀는 "이제 중역이 되었다. 그런대로 성공을 거두었다. 인맥도 상당히 구축했다. 고난을 이겨내고 꾸준히 승진해서 이제는 결정권도 가졌다. 지금도 많은 시간과 노력을 여기에 투자하고 있지만 별다른 감흥이 느껴지지 않는다. 뭔가를 이루어내기는 했지만 내 마음이 채워지지는 않는다"라는 걸 불현듯 깨달았다.[8]

> 여러분이 지닌 은행계좌나 여러분이 품은 큰 꿈이 여러분 자신은 아닙니다. 여러분은 죽은 뒤에 남겨지는 큼직한 배에 덮이는 차가운 진흙덩어리도 아닙니다. 여러분은 살아서 걸어다니는 인격 장애인도 아닙니다. 여러분은 영혼입니다. 여러분은 사랑입니다. _앤 라모트[9]

폴렛 라이트(Paulette Light)는 하버드 대학교에서 교육학 석사학위를 받고, 펜실베이니아 대학교의 와튼 스쿨에서 MBA를 받은 후에 경영 컨설턴트로서 성공적인 경력을 쌓아갔다. 딸을 출산하고 10주 후에 그녀는 업무에 복귀했지만 지칠 대로 지친 데다 불안하고 초조했다. 회사는 그녀를 지키려는 욕심에 융통성을 발휘하며 "어떻게든 일을 해내기만 하면 된다"라고 말했지만, 그것이 문제였다. 일을 해내려면 모든 것을 일에 투자해야만 했다.[10]

결국 그녀는 사직서를 제출했고, 세 아이를 더 낳았다. 그러나 기업계를 떠났다고 능력까지 사라진 것은 아니었다. 결코 그런 것은 아니었다. 그 이후, 때가 되자 그녀는 유대교 회당의 도움을 받아 유치원을 설립했고, 어머니들의 삶에 조금이라도 도움을 주려고 맘스탬프닷컴(momstamp.com)이란 인터넷 신생 기업을 창업했다. 게다가 그녀는 기업계에는 입구와 출구만이 있는 게 아니라고 확신하며, 대안의 길을 선택한 사람들의 능력과 재능을 활용할 수 있는 방법을 찾아 업무 환경을 조사하기 시작했다. 건강한 경제라면 자본의 효율적인 분배만이 아니라, 재능까지 효율적으로 관리할 수 있어야 한다. 남녀를 불문하고 개인적인 삶까지 희생하며 기업을 위해 자신을 혹사하지는 않겠다는 사람들이 점점 증가하고 있는 현실을 고려하면, 직원들의 재능을 잃지 않으려면 직원들이 인간답게 일할 수 있는 환경을 만들어가는 것이 무엇보다 중요하다.

기업은 유능한 직원에게 프로젝트를 제시하며 마감시간까지 끝내라고 요구한다. 이처럼 프로젝트를 중심으로 운영되는 세계를 기업 너머까지 확대하는 것이 유능한 직원을 잃지 않는 한 방법이다. 폴렛 라이트는 "유능한 어머니들을 회사에 돌아오게 하

려면, 사무실에 나와 얼굴을 맞대고 1주일의 업무량을 채우라고
말해서는 안 된다. 일거리를 주고 언제까지 끝내 달라고 부탁하기
만 하면 된다"라고 말했다.[11]

어린 자식을 둔 여성만이 대안의 길을 찾는 것은 아니다. 케이
트 시한(Kate Sheehan)은 대학을 졸업한 후 홍보업계에 입문해서
승승장구했고, 27세에는 대형 금융회사 최고경영자의 연설 원고
작성자가 되었다. 하루 12시간을 근무하며 6년을 보낸 후, 그녀는
자신의 진로를 다시 생각하기 시작했다. 그녀에게 변화를 도모하
게 만든 것은 대답이 아니라 질문이었다. 그녀의 표현을 빌리면,
"나를 변화시킨 것은 '내가 원하는 게 무엇일까?'라는 의문이 아
니라 '나는 어떤 삶을 살고 싶은 것일까?'라는 의문이었다."[12] 그
런 질문에 대한 대답에서 그녀는 변화가 필요하다는 걸 깨달았다.

> "나는 다른 사람보다 춤을 잘 추려고 노력하는 게 아니다. 나 자신보다
> 춤을 잘 추려고 노력할 뿐이다."　　　　　　　　_미하일 바리시니코프[13]

따라서 케이트 시한은 케이프 코드로 이주해서 홍보 컨설팅 사
업을 시작했다. "케이프 코드를 선택한 것이 다행이었다. 나는 그
곳의 아름다운 경치만이 아니라 그런 경치를 만들어낸 주변 사람
들에게도 많은 영감을 받았다. 나는 '독립한 것이 나 자신을 위해
서도 훨씬 좋을 거야'라고 확신할 수 있었다. 자연환경에서 영감
을 받는 기분이었다. 어린 시절을 보낸 바다가 가까이에 있다는
생각만으로 영감이 샘솟는 듯했다. 감정적으로나 정신적으로, 또

육체적으로도 창의력을 마음껏 발휘할 여유가 생겼다."

그러나 케이트 시한은 이렇게 말하며 안타까워했다. "내가 선택한 길을 따르고 싶어 하는 여성이 많다. 하지만 그들은 15년이나 20년 후에나 그렇게 할 것이다. 하지만 나는 15년 후에 건강이 악화되고 진정으로 나에게 의미 있다고 느껴지는 삶을 살아가지 못한 사람이 되고 싶지 않았다."

〈포브스우먼〉이 2012년에 실시한 조사에서 놀라운 결과가 밝혀졌다. 경제적으로 여유가 있다면, 일하는 여성의 84퍼센트가 집에서 지내며 아이들을 키우겠다고 대답한 것이다. 여성이 일에서 얻는 성취감 못지않게, 귀여운 자식을 향한 사랑도 중요하게 생각한다는 뜻이다.[14]

: 탈진(burnout)_우리 문명의 질병 :

벨기에의 철학자, 파스칼 샤보(Pascal Chabot)는 과도한 업무로 인한 탈진을 '문명의 질병'이라 칭했다. 탈진이 우리 시대의 징후인 것은 분명하다. 샤보는 "탈진은 시스템에 적응하지 못하거나, 반대로 시스템에 완벽하게 일체화되어 업무의 한계를 어디에 두어야 할지 모르는 사람들에게 영향을 미치는 개인적인 장애만이 아니라, 성과와 이윤 등을 지나치게 중시하는 우리 사회를 거울처럼 반영하는 장애이기도 하다"라고 진단했다.[15]

한편 스톡홀름 카롤린스카 연구소의 마리 오스베리(Marie

Asberg)는 탈진을, 우리가 중요하다고 생각하지 않는 것들을 포기하는 순서를 나타낸 '피로 깔때기(Exhaustion Funnel)'라는 모형으로 설명했다.[16] 또한 마크 윌리엄스(Mark Williams)와 대니 펜맨(Danny Penman)은《8주, 나를 비우는 시간》에서 "탈진 상태에 빠질 때 우리가 가장 먼저 포기하는 것은 우리에게 가장 중요한 자양분을 주지만 선택적으로 보이는 것"이라며 "그 결과로 일을 비롯한 스트레스 요인들만이 남게 된다. 우리는 기력이 완전히 고갈되지만 기운을 다시 채워주고 북돋워주는 것은 전혀 남지 않는다. 결국 극도의 피로감만이 남게 된다"라고 결론지었다.[17]

> "소설가이자 설교자로서 내가 사람들에게 전하려고 애쓰는 모든 것의 본질을 짤막하게 요약해 달라는 요청을 받는다면, 나는 이런 식으로 말해주고 싶다. 당신의 삶에 귀를 기울이십시오. 당신의 삶을 무한히 미스터리한 것이라 생각하십시오. 지루하고 따분해서 그로 인해 고통스럽더라도, 흥분되고 신 나는 일이 있을 때처럼 당신의 길을 만지고 맛보고 냄새를 맡으며 그 안에 감추어진 신성한 본질을 찾아내려 노력하십시오. 결국에는 모든 순간이 중요한 순간이고, 삶 자체가 은총이기 때문입니다."
> _프레더릭 뷰크너[18]

돈과 권력을 기준으로 삼는 성공에 대한 현재의 정의에서 비롯되는 또 하나의 유해한 결과는 중독의 만연이다. 미국에서만 2,200만 명이 넘는 사람이 불법적인 약물에 의존하고 있으며,[19] 1,200만 명 이상이 의사의 처방도 없이 진통제를 사용하고 있는 실정이다.[20] 게다가 수면제의 도움을 받지 않고는 잠을 자지 못하는 사람도 거의 900만 명에 이른다.[21] 1988년 이후로, 항우울제를 복용하는 성인의 비율이 400퍼센트나 증가했다.[22]

탈진, 스트레스와 우울증이 어느덧 세계적인 유행병이 되었다. 2013년 여름에는 런던에서, 가을에는 뮌헨에서 제3의 기준을 주제로 강연회를 개최했을 때 분명히 확인했듯이, 성공의 재정의는 전 세계적인 과제가 되었다. 영국의 경우에도 1991년 이후로 항우울제 처방이 495퍼센트나 증가했다.[23] 유럽 대륙의 경우에도 1995년부터 2009년까지 항우울제 복용이 매년 거의 20퍼센트씩 증가했다. 스트레스가 건강에 미치는 영향에 대한 보고서도 세계 전역에서 꾸준히 증가하는 추세이다. 덴마크에서 발표된 한 연구 보고서에 따르면,[24] 업무와 관련된 압박이 '상당히 높다'고 고백한 여성들은 심장병에 걸릴 위험이 25퍼센트가량 높았다. 영국 심장 재단에서 일하는 간호사, 준 데이비슨(June Davison)은 "업무에서 압박감을 느낀다는 것은 직원이 스트레스를 받아 건강에 좋지 않은 나쁜 습관을 받아들여 심장에 문제를 일으킬 위험이 커질 수 있다는 뜻이다"라고 경고했다.

독일에서는 근로자의 40퍼센트 이상이 업무를 이유로 지난 2년 동안 스트레스가 더해졌다고 대답했다. 독일은 2011년에만 심리적 질환으로 5,900만 근로일수를 상실했는데, 지난 15년 동안 80퍼센트가 증가한 수치이다.[25] 우르줄라 폰 데어 라이엔(Ursula von der Leyen) 독일 국방장관은 노동부 장관으로 재직하던 때, 탈진에 의한 사회적 비용이 연간 100억 유로에 달한다고 추정하며 "유능한 일꾼이 탈진한 이유로 40대 중반에 은퇴한다면 국가적으로 막대한 손해이다. 하지만 이런 사례가 이제는 예외적인 현상이 아니라, 당장이라도 해결책을 모색해야 할 추세가 되었다"라고 말했다.[26]

중국의 경우, 2012년의 조사에 따르면 근로자의 75퍼센트가 전해에 비해 스트레스 지수가 높아졌다고 대답했다(전 세계의 평균은 48퍼센트).[27]

하버드 의과대학에서 발표한 연구 보고서에 따르면,[28] 놀랍게도 96퍼센트에 달하는 리더가 탈진을 경험한 적이 있다고 대답했다. 예컨대 2013년 내부자거래로 기소되어 결국 12억 달러의 과태료를 납부했던, 헤지펀드[29] SAC 캐피털의 최고경영자였던 스티븐 코헨(Steven Cohen)은 매일 평균 1,000건의 이메일을 받기 때문에 내부자거래에 대한 경고를 놓칠 수밖에 없었다며 정당방위를 주장했다.[30] 매일 봇물처럼 쏟아지는 업무량은 반드시 대가를 요구하는 법이다. 예컨대 안토니오 오르타 오소리우(Antonio Horta Osório)는 2011년 1월에 로이즈 뱅킹그룹의 최고경영자로 취임했지만 1년도 지나지 않아 2개월간의 휴가를 떠났고, 로이즈 뱅킹그룹의 빈프리트 비쇼프(Winfried Bischoff) 회장은 그 이유를 "과로와 수면 부족"이라고 설명했다.[31] 휴가에서 돌아온 후, 오르타 오소리우는 "이제야 깨달았지만 조금이라도 천천히 일했어야 했다"라고 말했다.[32] 또 2013년 10월에는 바클레이스 은행의 회계감사부 책임자 헥터 산츠(Hector Sants)가 휴가를 떠났고, 다시 1개월 후에는 탈진과 스트레스를 진단받고 바클레이스를 완전히 떠났다.[33]

'스트레스'라는 단어는 오스트리아 태생의 캐나다 생리학자 한스 셀리에(Hans Selye)가 1936년 처음 사용했다.[34] 면역학자 에스더 스턴버그(Esther Sternberg)는 《공간이 마음을 살린다: 행복한 공간을 위한 심리학》에서 스트레스를 "외부의 요구에 대한 몸의 불특정한 반응"이라 정의하며 다음과 같이 덧붙였다.

고대 로마인들이 비슷한 뜻을 지닌 단어를 사용하기는 했다. '바싹 죄다', '스치며 지나가다', '건드리다', '상처를 입히다' 등의 뜻을 지녔던 stringere였다. 이 단어는 14세기에 영어로 유입된 후에도 여전히 주변 환경에 대한 신체적 곤경을 가리키는 뜻으로 사용되었다. 그러나 19세기쯤에는 환경이 몸에 미치는 영향만이 아니라 그 영향에 대한 몸의 반응까지 겸비한 뜻을 띠기 시작했다. 1934년 생리학자 월터 캐넌(Walter B. Cannon)이 동물들이 그런 환경적 스트레스 요인에 반응하며 아드레날린을 분비한다는 사실을 밝혀냈다. 물리적 환경이 몸의 반응을 유발할 수 있다는 것을 최초로 입증한 연구였다. 셀리에는 캐넌의 연구를 한층 더 발전시켜, 많은 다른 호르몬이 스트레스에 반응해서 분비되며, 그 호르몬들이 몸에 지속적으로 영향을 미칠 수 있다는 걸 입증해냈다.

우리 몸에서 스트레스를 유발하는 요인들은 마음가짐과 밀접한 관계가 있다. 스트레스는 안착할 사건을 찾아 끝없이 떠돌아다니는 듯하다. 때로는 지극히 사소하고 무의미한 사건에 안착하기도 한다. 사랑하는 사람의 죽음, 질병, 건강의 상실 등과 같이 진정으로 중요한 사건이 우리 삶에 침범한 후에야 우리는 그 사건이 사소하고 대수롭지 않다는 걸 깨닫게 된다. 요컨대 관심을 기울일 필요도 없었고 스트레스를 받을 필요도 없었던 것에 마음고생을 심하게 했다는 걸 깨닫는다.

> 스트레스를 이겨낼 수 있는 가장 확실한 무기는 다른 방향으로 생각할 수 있는 인간의 능력이다.
> _윌리엄 제임스[35]

우리 가족이 워싱턴으로 이주한 직후가 아직도 내 기억에 생생하다. 나는 새 집을 꾸며야 했고, 두 아이를 새 학교에 보내야 했고, 얼마 전에 보낸 원고에 대한 편집자의 질문에도 답장을 보내야 했다. 게다가 생일 파티까지 준비해야 했다. 그처럼 바쁜 와중에도 조지타운 대학병원에 정기 건강검진을 받으러 갔다. 병원에 도착해서 나는 무성의하게 검진을 받았다. 심지어 간호사가 혈압을 재는 동안에 해야 할 일의 목록을 정리했을 정도였다. 의사가 들어왔다가 나갔고 다시 들어왔다. 그때 의사가 심각한 말을 할 것 같다는 불길한 예감이 들었다. 의사는 '혹'이란 단어를 썼고, "최대한 빨리 제거하는 편"이 낫다고 말했다.

최악이라 말할 때가 최선이라고 생각하는 내 철학이 결국 큰 문제에 부딪친 것이었다. 나는 그 혹의 존재를 일찍이 알고 있었지만 무해한 낭종에 불과할 것이라고 섣불리 추측했다. 전에도 그런 적이 있었고, 전혀 문제가 없었기 때문이다. 그러나 이번에는 달랐다. 의사는 '조직검사'와 '수술'이란 단어까지 언급하며, 흡 인기로는 그 혹을 제거할 수 없다고 말했다. 나는 눈앞이 깜깜해지는 기분이었다. 그래서 진찰대에 누워서 설명을 들어도 괜찮겠느냐고 물었다. 의사는 "수술 후에 조직검사 결과가 나오려면"며칠이 걸리고, 환자가 직접 진찰실을 방문해서 검사 결과를 확인하고 여러 대안을 함께 상의하기를 바란다고 말했다. 나는 짙은 안개에 휩싸인 기분이었지만, 나를 짓누르던 마감시간이 순식간에 잊혔고 우선순위가 다시 정해졌다.

수술을 받고 1주일 후에 검사 결과가 나왔다. 다행히 혹은 양성이었지만, '만약'을 생각하며 온갖 상상을 떠올렸던 지난 1주일은 우리 삶에서 부인할 수 없는 진리—큰 위기가 닥치면 조금 전까지도 무척 중요하게 여겨지던 작은 위기들은 쉽게 잊힌다는 진리—를 절실하게 깨닫게 해준 시간이었다. 진정으로 중요한 문제가 닥치는 순간, 사소한 걱정거리들과 하찮은 문젯거리는 순식간에 잊히기 마련이다. 우리가 영원할 거라고 생각하는 것들의 대부분이 덧없는 것임을 깨닫게 해주고, 우리가 당연하게 여기는 것의 가치를 다시 생각하게 만드는 진리이다.

이상하게도 우리는 개인적으로 위기를 맞은 후에야 건강에 관심을 기울인다. 구글 차이나의 사장을 지낸 리카이푸(李開復)는 2013년 가을에 암을 진단받았다. 리카이푸는 시나 웨이보(중국 소셜 미디어 네트워크)의 5,000만 명에 달하는 팔로워에게 생활방식을 바꾸기로 결심했다고 전하며, "예전에는 누가 잠을 덜 자는가를 두고 다른 사람들과 경쟁하는 우둔한 짓을 저질렀습니다. 또 '죽을 때까지 싸운다'를 개인적인 신조로 삼기도 했습니다. …… 어쩌면 30년이란 시간을 상실할 수도 있는 상황에 직면하고서야 내 삶을 돌이켜보며 다시 생각하게 되었습니다. 지금까지 그런 삶을 고집한 것이 큰 실수였던 것 같습니다"라고 말했다. 그가 새롭게 마련한 계획은 "충분히 수면을 취하고 식습관을 조절하며 운동을 다시 시작한다"라는 것이었다.[36]

> 그리고 매일 세상은 당신의 손을 잡아당기며 "이것이 중요한 거야! 이것이 중요하다고! 이것이 중요하다고 말했잖아! 이것만 신경 쓰면 돼! 이것만! 이것만!"이라고 소리칠 것이다.
> 하지만 날이면 날마다 손을 가슴에 얹고 "아니야, 정말 중요한 것은 이것이야!"라고 말할 수 있느냐는 전적으로 당신의 몫이다. _이안 토머스[37]

: 건강한 직원, 건강한 핵심 가치 :

요즘 서구 기업들을 유심히 관찰해보면, 완전히 다른 방향을 지향하며 경쟁하는 두 세계가 존재하는 듯하다. 하나는 탈진이란 장애를 뚜렷하게 보여주는 세계이다. 달리 말하면, 분기별 수익보고서에 집착하고 단기적 수익을 극대화하며 성장 예측치를 초과 달성하려는 기업 문화를 여전히 고집하는 세계이다. 다른 하나는 업무에 따른 스트레스가 직원들의 웰빙 및 기업의 핵심 가치에 악영향을 미칠 수 있다는 개연성을 인정하는 세계이다.

기업이 지향하는 핵심 가치의 장기적인 건전성과 직원의 건강은 서로 밀접한 관계가 있기 때문에, 이 둘을 별개로 다루면 직원 개개인과 기업 자체가 호된 대가를 치르게 된다는 증거가 꾸준히 제시되고 있다. 개인적으로는 직원들의 건강과 행복이 위협받고, 기업의 입장에서는 금전적인 손해를 보기도 하지만 유능한 직원을 잃게 되고 생산성마저 떨어진다. 그러나 그 역도 성립한다. 다시 말하면, 개인에게 좋은 것은 기업과 국가에게도 좋은 것이다.[38] 병든 후에 치료하는 것보다 평소에 건강을 관리하고 지키는 편이 훨씬 낫다는 뜻이기도 하다.

매년 스위스 다보스에서 개최되는 세계경제포럼(World Economic Forum)은 현재 우리에게 닥친 경제적 문제들을 해결할 대책을 찾으려는 노력과도 관계가 있지만, 세계의 저명한 기업인과 정치인이 어떤 생각을 하고 있는지 가늠해볼 수 있는 일종의 풍향계이기도 하다. 2013년과 2014년의 모임에서 마음챙김 리더십(mindful leadership)과 명상, 신경과학적 성과들 및 '삶의 방식에 대한 재고' 등을 다룬 다양한 프로그램에서 짐작할 수 있듯이, 현재의 실세들도 주변의 위기들을 해결하는 우리 능력과 우리가 살아가는 방식 간에 밀접한 관계가 있다는 걸 인정하기 시작한 듯하다. 요컨대 우리 몸과 정신 및 영혼을 보살피는 삶이 중요함을 인정하기 시작했다는 뜻이다. 2014년 1월의 회의에서 나는 '건강이 재산이다'라는 제목의 전체 프로그램의 사회를 보았다. 여기에서 건강은 개인의 건강만이 아니라 기업과 국가의 건강까지 포함하는 개념이었다.

여러 연구 보고서에 따르면, 미국 근로자들은 건강관리를 위해 실제로 지불하는 비용보다 질병으로 인한 결근과 휴가의 형태로 200~300퍼센트나 많은 간접비용을 지불하고 있는 실정이다.[39] 영국의 경우에도 스트레스로 인해 상실되는 근로일수가 매년 1억 500만 일에 달한다.[40] 하버드 경영대학원의 마이클 포터(Michael Porter) 교수가 기업들에게 "건강관리에 공격적으로 접근하고 만성 질환을 예방하기 위한 적극적인 관리에 나서야 한다"라고 권고한 이유도 여기에 있다.[41] 재정적으로 힘든 시기에는 직원들의 건강관리 혜택을 삼가던 전통적인 경영 방식에 이의를 제기하는 건전한 목소리가 점점 커져가고 있다.

스타벅스의 최고경영자, 하워드 슐츠(Howard Schultz)는 수익률이 떨어지는 해에는 어김없이 투자자들에게 건강관리 혜택을 삭감하라는 압력을 받았다.[42] 그러나 슐츠는 그런 압력에 굴복하지 않았다. 슐츠는 트럭 운전자이던 아버지가 얼음판에서 넘어져서 고관절과 발목이 부러졌는데도 제대로 치료받지 못하고 산재보상이나 해직수당조차 받지 못한 채 해고당하는 과정을 지켜보며 성장한 사람이었다. 그는 스타벅스를 창업한 초기부터, 1주일에 20시간밖에 일하지 않는 시간제 근무자들에게까지 건강관리 혜택을 확대하는 정책을 강력하게 추진했다.[43] 1980년대 말에는 전례가 없던 파격적인 정책이었다. 20년 후 스타벅스가 재정적으로 가장 힘든 시기를 맞았을 때도 슐츠는 건강관리 혜택을 삭감하라는 투자자들의 요구를 단호히 거부하며 꿋꿋하게 버티었다. 슐츠는 종업원 복지제도를 '덤으로 더 주는 선택적 혜택이 아니라 핵심 전략'으로 삼았고 "직원들을 가족처럼 대하면 직원들이 회사에 충성하며 회사를 위해 자신의 모든 것을 쏟아 부을 것"이라 믿었다. 이런 원칙에 기반을 두고 스타벅스는 직원들에게 스톡옵션을 제공하는 빈스톡(Beanstock)을 시작했고, 그 결과로 스타벅스 직원들은 주주가 되었다.

직원들에게 건강관리 혜택을 제공함으로써 얻는 이점을 아직 깨닫지 못한 기업들이 무수히 많다. 스탠퍼드 경영대학원의 제프리 페퍼(Jeffrey Pfeffer) 교수는 "직원들에게 관심을 쏟지 않는 현상에서 미국이 다른 국가들보다 더 많은 의료비를 쓰면서도 결과는 점점 악화되는 이유가 부분적으로 설명된다"라며 "미국에는 법으로 정해진 유급휴가나 질병으로 인한 휴가가 없다. 반면에 강제해고와 과로와 스트레스는 만성적인 현상이다. 따라서 조직에서 일하는 것 자체가 건강을 해치는 요인이다. …… 직원들을 관대하게 대하지 않으면 기업도 성공할 가능성이 없다는 걸 이제라도 기업이 깨닫기를 바란다"라고 덧붙였다.[44]

미국의 대표적인 슈퍼마켓 체인, 세이프웨이(Safeway)는 직원 건강의 중요성을 깨달은 기업 중 하나이다. 세이프웨이의 전 최고경영자, 스티브 버드(Steve Burd)는 2005년 세이프웨이의 의료비용이 10억 달러에 달했고 매년 1억 달러씩 증가할 것이라며 다음과 같이 말했다. "하지만 의료비용의 70퍼센트가 행동 습관에서 비롯된다는 걸 알아냈다. 따라서 20만 명에 달하는 직원들의 행동 습성을 긍정적인 방향으로 바꿀 수 있다면 의료비용을 획기적으로 줄일 수 있을 것이라 생각했다."[45]

따라서 세이프웨이는 체중을 줄이고 혈압과 콜레스테롤 수치를 관리하는 직원들에게 인센티브를 주었고, 행동 습관을 근거로 기본적인 의료보험료를 깎아주었다. 다시 버드의 설명을 들어보자. "예컨대 확실한 비흡연자에게는 의료보험료를 깎아주었다. 콜레스테롤이나 혈압을 잘 관리하는 직원들도 의료보험료를 깎아주었다. 따라서 행동 습관이 일종의 현금이 되어, 직원들에게 생활 습관을 바꿔야겠다는 동기부여가 되었다." 그 결과는 대성공이었다. 버드는 "직원들에게 건강해야 한다는 자극을 주고 동기를 부여하면 직원들의 생산성이 증가해서, 결국 기업의 경쟁력도 향상된다"라며 "직원들의 건강이 좋아진다고 나쁠 것은 전혀 없다. 돈을 버는 행위와 세상에 도움이 되는 행위는 상호배타적인 것이 아니다"라고 결론지었다.[46]

에스더 스턴버그는 이렇게 말했다. "치유는 움직이는 것이다. 몸은 끊임없이 수정되고 교정된다. 그런 것이 삶이고 생명이다. 바위는 꼼짝 않고 그 자리를 지키며 결국 모래나 흙, 즉 자연의 영향을 받는 것으로 변한다. 그러나 살아 있는 생명체는 분자적 차원에서, 세포적 차원에서, 더 나아가 감정적 차원에서 온갖 공격을 이겨내고 끊임없이 교정된다. 따라서 교정 과정이 훼손 과정을 이겨내지 못할 때 질병이 생긴다."[47]

대다수의 기업에서, 또 우리 삶에서도 교정 과정이 훼손 과정을 능가하지 못하는 게 현실이다. 그러나 웰빙을 위한 많은 방법이 있다. 이제부터 그 방법을 하나씩 살펴보기로 하자.

⋮ 명상_이제는 깨달음을 위한 수단만이 아니다 ⋮

우리가 더 건강하고 더 행복하게 살아갈 수 있는 가장 좋은 방법, 또 언제라도 쉽게 적용할 수 있는 방법이 마음챙김(mindfulness)과 명상(meditation)이다. 웰빙과 관련된 모든 요소가 명상 수련을 통해 한층 강화된다. 실제로 많은 연구에서, 정신집중과 명상이 제3의 기준을 떠받치는 다른 세 기둥, 즉 지혜와 경이로움과 베풂에 긍정적인 효과를 미친다는 게 확인되었다.

솔직히 말해서 나는 마음챙김에 대해 처음 들었을 때 어리둥절했다. 내 마음은 이미 빈틈없이 꽉 차서, 오히려 마음을 비우고 조금은 여유로워져야 한다고 생각했다. 나는 마음이 잡동사니 서랍과 비슷한 것이라 생각했다. 달리 말하면, 이런저런 물건들을 잔뜩 쑤셔 넣으면서도 막히지 않기를 바라는 공간과 같은 것이었다. 하지만 마음챙김에 대한 존 카밧진(Jon Kabat-Zinn)의 책을 읽고 나서야 그 뜻을 명확하게 깨달았다. 카밧진은 "아시아 언어들에서는 mind를 뜻하는 단어와 heart를 뜻하는 단어가 같다. 따라서 mindfulness라는 단어를 하나의 개념, 특히 하나의 존재 방식으로 이해하려면, heartfulness라는 뜻까지 마음속으로 고려해야 한다"라고 말했다.[48]

달리 말하면, 마음챙김은 우리 마음에만 관련된 단어가 아니라 우리 존재 전체와도 관련된 단어이다. 우리가 전적으로 정신을 앞세운다면 세상이 각박하게 변할 것이고, 우리가 전적으로 마음을 우선시한다면 세상이 혼란해질 수 있다. 결국 정신과 마음, 둘 모두 스트레스로 이어진다. 그러나 마음이 감정이입을 유도하고, 정신이 주의력을 집중해서 우리를 인도한다면 우리는 조화로운 존재가 된다. 마음챙김을 통해서, 나는 정신없이 바쁜 상황에서도 현재의 순간에 완전히 몰입하는 데 도움이 되는 습관을 익힐 수 있었다.

당신의 삶에서 최고의 순간은 언제였는가? …… 누군가를 기다리던 순간이나 자동차를 운전해서 어딘가로 가고 있었던 때, 혹은 주차장을 대각선으로 가로질러 걷다가 바닥에 똑똑 떨어진 타르가 그려낸 모양과 기름얼룩을 보고 감탄하던 때일 수도 있다. 내 경우에는 자동차를 몰고 하얀 미늘판에 내리쬐는 햇살에 비명을 지르는 듯한 어떤 집 앞을 지나다가, 자동차 앞 유리에 어른거리는 나무 그늘 속으로 뛰어들었을 때였다.
_니컬슨 베이커[49]

마크 윌리엄스와 대니 펜맨은 마음챙김을 쉽고 신속하게 훈련할 수 있는 다양한 방법들을 소개했다. '습관 깨기'가 대표적인 예이다. 양치질, 모닝커피, 샤워 등 하루도 빠짐없이 행하는 습관 하나를 선택하고, 그 일을 하는 동안 당신이 또 어떤 행동을 하는지 유심히 살펴보라. 정확히 말하면, 습관을 깨는 방법이 아니라 습관을 찾아내는 것이다. 요컨대 우리가 무의식적으로 행하는 행동을 찾아내서, 관심을 기울여 주목해야 할 대상의 목록에 올려놓자는 뜻이다. 윌리엄스와 펜맨은 "이 방법은 다른 식으로 생각하기 위한 것이 아니라, 하루에 '깨어 있는 시간'을 더 자주 갖기 위한 것이다. …… 이 방법을 시행하는 동안 마음이 딴 곳을 향하고 있다는 기분이 들면, 마음이 어디로 향하는지 살펴보고 천천히 현재의 순간으로 다시 끌고 오면 된다"라고 말했다.[50]

나는 마음을 현재의 순간으로 부드럽게 다시 끌고 오는 모습을 상상하면 기분마저 좋아진다. 마음이 딴 곳을 향했다고 자신을 나무라며 자책할 필요는 없다. 아장아장 걷는 아기를 돌보는 사람은 멀티태스킹하는 사람과 다를 바가 없기 때문에 그들의 마음이 딴 데로 향하는 건 당연한 현상이다. 특히 명상은 오래전부터 내 삶에서 중요한 부분을 차지했다. 나는 열세 살이었을 때 어머니에게 명상하는 법을 배웠다. 그 이후로도 명상의 이점을 알고 있었지만, 명상은 '해야 하는 것'이란 생각 때문에 명상을 위한 시간을 내기가 여간 어렵지 않았다. 나는 다른 일에 할애할 시간적인 여유가 거의 없었다. 그런데 어느 날, 한 친구가 "명상은 우리가 하는 게 아니라 저절로 행해지는 것"이라 말했다. 나는 그 말에서 큰 깨달음을 얻었다. 명상에서 내가 할 일은 아무것도 하지 않는 것이다. 굳이 시간을 내어 명상할 필요가 없다는 글을 쓰는 것만으로도 마음이 편안해진다.

> 그대여, 다이아몬드 목걸이를 찾아
> 이 방 저 방을 헤매는구려
> 이미 그대의 목에 걸려 있는데   _루미[51]

나는 명상이 아주 짧은 시간에 행해질 수 있다는 걸 깨달았다.

심지어 분주하게 움직이는 동안에도 명상은 행해질 수 있다. 우리는 능동적으로 공기를 호흡하는 것이라 생각하겠지만 실제로는 우리 자신도 모르게 호흡하고 있을 뿐이다. 우리는 뭔가를 선택할 때마다 순간적으로 호흡의 등락이 있지만, 그런 변화를 의식하지는 못한다. 반면에 내가 뭔가와 '교감'하는 때를 의식하는 이유는 의도적으로 깊은 숨을 들이마시고 숨을 길게 내쉬기 때문이다. 따라서 어떤 의미에서 마음챙김이라는 엔진은 잠시도 쉬지 않고 가동되고 있다고 말할 수 있다. 결국 마음챙김의 이점을 얻기 위해서는 현재에 충실하며, 현재에 정신을 집중하기만 하면 된다.

우리의 호흡은 그 자체로 신성한 것이다. 나는 강연할 때 강연장에 모인 사람들에게 10초 동안 호흡의 등락에 집중해보라고 요구한다. 그럼, 조금 전까지 웅성대며 혼란스럽던 방이 순식간에 조용해지고, 사람들의 주의력이 높아지며 정적감과 신성함까지 감돈다. 맥박마저 느껴질 정도이다.

많은 형태의 명상이 있다. 그러나 어떤 방법의 명상을 선택하든 간에 한 번의 호흡으로도 가능하다는 점을 기억해야 한다. 결국 명상은 잠깐 동안의 정신집중으로도 충분하다.

내 여동생, 아가피는 천성적으로 영적인 것에 적합한 사람이었다. 아가피는 내 영적 지도자 노릇을 하며 적절한 책과 사람을 보내주었고, 나를 영성의 길로 조금씩 인도했다. 심지어 내가 책 홍보를 위해 미시간 캘러머주의 한 호텔에 묵었을 때는 새벽 5시에 전화를 걸어 깨우고는 힘든 책 홍보를 다시 시작하기 전에 명상할 시간을 가지라고 독촉하기도 했다.

성인이 된 후, 나에게 명상은 거의 모든 것의 치료법으로 여겨졌다. 어머니는 우리 자매에게 명상을 하면 학교 숙제를 더 빨리 끝낼 수 있고 성적까지 좋아질 거라는 확신을 주었다. 일이 우리 뜻대로 진행되지 않아도 우리 자매는 명상을 통해 마음을 안정시키면 당혹감을 조금이나마 떨쳐낼 수 있다는 걸 경험했다. 이제는 과학적으로도 명상의 이점이 입증되었다. 오히려 내 어머니는 명상의 이점을 덜 말한 편이었다. 어느덧 과학이 과거의 지혜를 따라잡았지만, 명상의 이점들은 더욱 명백하게 드러나고 있을 뿐이다.

명상과 마음챙김이 실질적으로 우리 삶의 모든 부분, 즉 우리 몸과 마음, 육체적 건강과 감정적이고 영적인 안녕에 영향을 미친다는 과학적 연구 결과는 헤아릴 수 없이 많다. 명상이 젊음의 샘은 분명히 아니지만, 기능은 상당히 비슷하다. 하루가 다르게 새로운 이점이 발견되는 명상의 모든 이점을 고려하면, 명상을 기적의 영약(靈藥)이라 칭해도 과언이 아니다.

먼저, 명상과 육체적 건강의 관계에 대해 살펴보자. 명상이 우리 건강에 미치는 긍정적 영향은 아무리 과장해도 지나치지 않을 정도이며, 최근에는 명상의 의학적 효과까지 연구되기 시작했다. 허버트 벤슨(Herbert Benson)과 윌리엄 프록터(William Proctor)는 《이완 혁명》에서 "마음이 몸을 치유할 수 있다는 게 과학적으로—다양한 약물과 의학적 처치를 평가하는 데 사용되는 환원주의적인 방법으로—입증되었다"라고 말했다.[52] 게다가 두 저자는 심신과학이 의학계에서 수술과 약물과 더불어 제3의 주된 치료법으로 고려되어야 한다고 권고하기도 했다. 그들은 명상이 구역질과 당뇨병, 천식과 피부 반응, 궤양과 기침, 울혈성 심부전, 현기증과 수술 후의 부기, 불안증 등에 긍정적인 영향을 줄 수 있다며 "어떤 건강 상태에나 스트레스 요인이 존재하기 때문에, 실질적으로 모든 질병, 즉 모든 건강상의 문제는 심신접근법으로 개선될 수 있다고 말해도 과언이 아니다"라고 결론지었다.[53]

명상은 어떤 상황에서나 의료용 도구로 쓰이는 스위스 군용 칼과 비슷하다. 미국 국립보건원이 지원한 한 연구에 따르면, 명상을 습관적으로 한 사람은 그렇지 않은 사람의 경우에 비해서 사망률이 23퍼센트나 낮고, 심혈관계 질환으로 사망할 가능성도 30퍼센트나 낮으며, 암 사망률도 상당히 낮다.[54] 마크 윌리엄스와 대니 펜맨도 "이런 결과는 부작용도 없는 완전히 새로운 종류의 약물을 발견한 것과 마찬가지이다"라고 평가했다.[55] 또 다른 연구에서도 명상이 독감 예방주사 수준까지 항체 수치를 증가시켜[56] 독감의 증상과 기간을 줄여주는 것으로 확인되었고,[57] 웨이크 포레스트 대학교의 연구진은 명상이 통증을 완화시키는 효과가 있음을 밝혀냈다.[58]

어떻게 명상에 이렇게 많은 이점이 있는 것일까? 명상이 우리에게 단순히 고통과 스트레스를 잊게 해주는 것은 아니다. 명상은 문자 그대로 유전자적 차원에서 우리를 변화시킨다. 하버드 의과대학 매사추세츠 종합병원과 베스 이스라엘 디커너스 메디컬 센터, 하버드 의과대학의 연구진이 밝혀낸 바에 따르면, 명상과 요가와 호흡 수련에서 비롯되는 평온한 상태, 즉 이완 반응(relaxation response)은 우리 면역체계의 기능을 향상시키고 염증을 줄임으로써 관절염부터 고혈압과 당뇨병까지 무척 다양한 질병에 관련된 유전자들에 실제로 영향을 미친다.[59] 따라서 명상이 연간 의료비의 감소와 상관관계가 있다는 주장도 놀랍지만은 않다.[60]

명상은 우리 뇌까지 물리적으로 바꿔놓을 수 있다. 한 연구 보고서에 따르면, 명상이 전두엽 피질 지역의 두께를 늘릴 수 있으며, 나이가 들어감에 따라 그 두께가 얇아지는 속도를 늦추고 감각처리와 감정처리 등과 같은 인지 기능의 저하도 늦출 수 있다.[61] 위스콘신 대학교의 정신의학과 교수로 명상이 뇌에 미치는 영향에 대한 권위자인 리처드 데이비드슨(Richard Davidson)은 자기공명영상장치(MRI)를 이용해서 티베트 승려들의 뇌활동을 연구했다.[62] 데이비드슨의 표현을 빌리면, "인간의 가소성과 변형가능성"을 처음으로 밝힌 연구였다.[63] 그는 명상을 정신 훈련이라 정의하며, "훈련된 정신 혹은 뇌는 그렇지 않은 뇌와 물리적으로 다르다는 것을 밝혀냈다"라고 덧붙였다.[64] 뇌가 변하면 세상을 바라보는 관점도 달라진다. 프랑스인으로 불교 신자이자 분자유전학자인 마티외 리카르(Mattieu Ricard)는 "명상은 망고나무 아래에서 더없는 행복을 맛보는 방법만이 아니라, 우리 뇌를 완전히 바꾸어서 우리 자신까지 바꿔놓는다"라고 말했다.[65]

당연한 말이겠지만, 명상은 주변에서 일어나는 사건에 대해 우리가 반응하는 태도까지 바꿔놓는다. 물론 스트레스 지수를 떨어뜨리고, 결정을 내릴 때 지혜를 활용하는 능력을 키워준다. 리카르는 "폭풍우가 치는 바다에서 항해술을 배울 필요는 없다. 명상을 위해 격리된 공간을 찾아가지만 세상을 회피하기 위한 것이 아니라, 어떤 상황이든 이겨낼 수 있는 힘과 능력을 키울 때까지 방해거리를 피하는 데 목적이 있다. 첫날부터 무하마드 알리와 싸울 필요는 없지 않은가"라고 말했다.[66]

힘과 평정심 및 지혜의 크기는 실제로 측정 가능하다. 그런 객관적인 자료를 바탕으로 마티외 리카르는 "세계에서 가장 행복한 사람"이란 별명을 얻었다. 리처드 데이비드슨은 리카르의 머리에 250개 이상의 감지기를 부착해서 뇌파를 살펴보았다. 놀랍게도 리카르는 신경과학 문헌에서 그때까지 보고된 적이 없는 감마파 (고주파 뇌파) 지수를 보여주었다. 행복지수가 이례적으로 높고, 부정적으로 생각하고 느끼는 경향이 지극히 낮다는 증거였다.[67] 리카르의 설명에 따르면, "즐거움은 상황에 무척 좌우된다. …… 즐거움은 기본적으로 다른 사람에게 전달되지 않는다. …… 행복은 하나의 존재 방식으로, 슬픔을 비롯해서 온갖 감정 상태에 영향을 미치는 삶의 우여곡절을 처리하는 능력을 우리에게 주는 존재 방식이다."[68]

> 인간은 시골이나 바닷가에서 혹은 산속에서 피정할 곳을 찾는다. ……
> 걱정을 떨쳐내고 평온을 구하기에는 자신의 마음속보다 나은 곳은 없
> 다. …… 그러므로 끊임없이 자신의 내면에서 피정을 구하며 새롭게
> 태어나라.
> _마르쿠스 아우렐리우스[69]

명상은 심리 상태에도 큰 영향을 미칠 수 있다. 캘리포니아 대

학교 로스앤젤레스 캠퍼스의 연구진이 밝혀낸 바에 따르면 마음 챙김과 명상은 노인층의 고독감을 낮추는 데 도움이 되고,[70] 미시 간 대학교의 연구진은 퇴역 군인들에게 마음챙김 훈련을 시행함으로써 외상후스트레스장애 수치를 낮출 수 있었다고 발표했다.[71] 명상은 임신한 여성들과[72] 10대들의[73] 우울증을 치료하는 데도 효과적인 것으로 밝혀졌다. 명상은 부정적인 감정을 줄이는 데 그치지 않고 긍정적인 감정을 북돋워주는 역할도 한다. 노스캐롤라이나 대학교의 바버라 프레드릭슨(Barbara Fredrickson) 교수는 "명상을 통해 사랑과 기쁨, 감사하는 마음과 만족감, 희망과 자긍심, 흥미와 재미 등 긍정적인 감정"을 향상시킬 수 있을 뿐만 아니라 "세심한 주의력과 자기수용, 타인과의 긍정적인 관계, 육체적 건강 등 개인적인 역량까지 향상시킬 수 있다"라는 걸 밝혀냈다.[74] 또 케임브리지 대학교에서는 우울증 병력을 지닌 환자들, 정확히 말해서 세 번 이상 우울증을 경험한 환자들에게 마음챙김을 통한 인지치료를 받게 한 결과, 재발 가능성을 78퍼센트에서 36퍼센트로 크게 낮출 수 있었다.[75]

명상은 기적의 특효약일 수 있지만 주기적으로 재충전할 필요가 있다. 명상의 모든 이점을 얻기 위해서는 그것을 일상생활의 한 부분으로 받아들여야 한다. 행복과 웰빙은 일부에게만 허락된 마법의 자질이 아니다. 리처드 데이비드슨은 "행복은 자질이 아니라, 테니스처럼 연습해서 키워갈 수 있는 능력이다. …… 테니스 라켓을 잡는다고 훌륭한 테니스 선수가 되는 것은 아니잖은가. 훌륭한 테니스 선수가 되려면 연습과 훈련이 필요하다"라며[76] "연습과 훈련을 통해 웰빙의 수준도 끌어올릴 수 있다. 과학적으로 증명된 것이다. 바이올린을 연주하는 법을 배우고, 골프를 치는 법을 배우는 것과 다르지 않다. 연습하면 누구나 지금보다 훨씬 나은 웰빙을 누릴 수 있다"라고 말했다.[77] 정말이다! 명상을 습관화해서 웰빙의 수준을 높이는 것이 바이올린을 멋지게 연주하거나 프로 골퍼가 되는 것보다 훨씬 쉽다. 데이비드슨은 5만 회의 명상을 행한 명상가들에게도 놀랐지만, "요즘 시대에도 마음만 먹으면 누구나 해낼 수 있는 수준, 즉 하루에 20분씩 3주 동안 명상을 시행한 사람들에게서도 놀라운 결과"를 확인할 수 있었다.[78]

명상은 내면에 집중해야 하기 때문에 혼자 행하는 행위이지만, 다른 사람들과 교감하는 능력만이 아니라 다른 사람들을 배려하고 아끼는 마음까지 키워준다. 하버드 대학교와 노스이스턴 대학교의 과학자들은 명상을 연구한 결과, "명상하는 사람은 규범적으로 금지하는 경우에도 고통받는 사람을 기꺼이 돕고, 도덕적으로 행동하는 경향을 띤다"라는 결론을 얻어냈다.[79]

명상을 통해 우리는 창의력까지 키울 수 있다. 영화감독으로 오랫동안 명상을 수련한 데이비드 린치(David Lynch)는 《데이비드 린치의 빨간 방: 컬트의 제왕이 들려주는 창조와 직관의 비밀》에서 "아이디어는 물고기와 같다. 작은 물고기를 잡고자 한다면 얕은 물에서 머물러도 된다. 그러나 큰 물고기를 잡으려면 깊은 곳으로 들어가야 한다. 깊은 곳에 있는 물고기는 더 힘세고 더 순수하다. 그놈들은 덩치가 크고 심원하며 아주 아름답다"라고 말했다.[80]

스티브 잡스도 평생 명상을 행한 사람답게 명상과 창의력 간의 관계를 인정하며, "가만히 앉아서 내면을 들여다보면 우리는 마음이 불안하고 산란하다는 것을 알게 됩니다. 그것을 잠재우려고 애쓰면 더욱더 산란해질 뿐이죠. 하지만 시간이 흐르면 마음속 불안의 파도는 점차 잦아들고, 그러다 보면 미묘한 무언가를 감지할 수 있는 여백이 생겨납니다. 바로 이때 우리의 직관이 깨어나기 시작하고 세상을 좀 더 명료하게 바라보며 현재에 보다 충실하게 됩니다. 마음에 평온이 찾아오고 현재의 순간이 한없이 확장되는 게 느껴집니다. 또 전보다 훨씬 많은 것을 보는 밝은 눈이 생겨납니다"라고 말했다.[81]

명상은 정신을 집중하는 데도 도움을 주지만, 요즘처럼 테크놀로지의 포로가 된 삶에서 흔히 경험하는 현상인 흐트러진 주의력을 다시 집중하는 데도 도움이 된다. 에모리 대학교의 신경과학자, 주세페 파뇨니(Giuseppe Pagnoni)는, 무엇인가에 집중하던 중에 방해를 받는 경우 명상을 습관적으로 하는 사람이 그렇지 않은 사람보다 조금 전까지 집중하던 것으로 더 빨리 돌아간다는 사실을 밝혀낸 후,[82] "명상을 규칙적으로 수련하면 생각을 방해하는 요인들을 억제하는 능력을 키울 수 있다"라고 결론지었다.[83] 따라서 하루 일과가 생각을 방해하는 시끄럽고 짜증나는 장애물의 연속으로 여겨지는 사람들에게는 명상이 특효약이라 할 수 있다.

마음챙김과 명상을 채택하는 기업과 기관이 세계 전역에서 점점 늘어나는 것도 놀라운 일은 아니다. 예컨대 영국의 중앙은행과 잉글랜드 은행은 전 직원에게 명상 시간을 제공할 뿐만 아니라,

자기 비용으로 6주 과정의 명상 훈련에 등록하는 걸 허용할 정도이다.[84] 군대에서도 명상을 도입했다. 예컨대 미국 해병대는 자체적으로 정신건강훈련 프로그램을 운영하고 있으며,[85] 데이비드 린치 재단의 '참전용사 복지 작전'은 퇴역군인과 현역군인 및 그들의 가족에게 명상 프로그램을 제공함으로써 외상후스트레스 장애와 우울증 징후를 크게 줄이는 효과를 거두었다.[86]

명상은 현실에서 도피하려는 뉴에이지 세대의 한 수단이 아니다. 명상은 이제 그 자체로 가치를 지닌 행위, 다시 말하면 한층 생산적이고 적극적으로, 또 스트레스에서 조금이라도 벗어나 더욱 건강하게 세상에 동참하는 걸 도와주는 행위로 여겨진다. 자신을 명상가라고 스스로 밝히는 유명 인사들도 하루가 다르게 늘어나고 있다. 포드 자동차의 빌 포드 회장,[87] 링크드인의 제프 와이너 최고경영자,[88] 애트나의 마크 베르톨리니 최고경영자,[89] 세일즈포스닷컴의 마크 베니오프 최고경영자,[90] 트위터의 공동 창업자 에반 윌리엄스,[91] ABC방송국의 뉴스 진행자 조지 스테파노폴러스,[92] 〈뉴욕타임스〉 칼럼니스트이며 NBC의 앵커인 앤드루 로스 소킨,[93] 코미디언 제리 사인펠드,[94] 영화감독 케네스 브래너[95] 등이 대표적인 예이다. 또한 오프라 윈프리가 디팩 초프라와 함께 기획한 21일 과정의 명상경험 프로그램에는 200개 국가 이상에서 거의 200만 명이 참가했다.[96] 루퍼트 머독은 2013년 4월 자신의 트위터에 "초월적 명상을 배우려고 노력 중. 처음 시작하기는 그다지 쉽지 않지만 모든 것을 향상시킬 수 있다고 모두가 추천함!"이란 글을 올렸다.[97] 데이비드 린치 재단의 사무총장이며, 기업의 리더들에게 명상법을 가르친 밥 로스(Bob Roth)는 최근에 나에게 이렇게 말했다. "벌써 40년 동안 명상을 하고 있습니다. 작년부터 명상에 대한 인식이 크게 달라졌습니다."[98]

미국 텔레비전 드라마 〈걸스〉의 제작자이자 주연 배우인 리나 더넘(Lena Dunham)은 강박장애를 진단받은 9세부터 명상을 시작했다. 그녀는 "누구보다 초월적 명상이 필요한 신경과민 환자들인 유대인 여성의 피"를 물려받은 때문이라고 농담하지만, 그녀의 세계가 정신없이 빙글빙글 돌아가는 기분일 때 명상은 마음을 진정시키는 효과가 있다며 "명상은 내게 생각을 가다듬게 해주고, 행복하고 유기적인 기분을 안겨주며, 세상의 내외적인 어떤 도전에도 맞설 수 있게 해준다"라고 말한다.[99]

시스코의 최고기술책임자인 파드마스리 워리어(Padmasree Warrior)는 명상을 '뇌와 영혼의 재시동'이라 일컫는다. 그녀는 매일 밤 명상하고, 토요일에는 페이스북이나 트위터 등 인터넷 도구와 떨어져 지낸다. 그녀는 시스코에서 기술부장을 지낼 때는 2만 2,000명의 직원을 명상으로 인도하기도 했다.[100]

명상만큼 간단하면서도 강력한 효과를 지닌 훈련법은 어디에도 없을 듯하다. 명상은 우리 개인에게만이 아니라 조직 전체를 위해서도 중요한 도구이다. 마티외 리카르는 "감염성 질병들은 정복했지만 아직 우리에게는 생활방식과 노화라는 만성 질환이 남았다. 몸과 마음과 영혼을 돌보는 인간의 웰빙을 중심에 두고 최적의 삶을 살아가는 방식의 건강관리에 초점을 맞춘다면 우리는 하루하루를 건강하게 살아갈 수 있다"라고 말했다.[101]

명상과 마음챙김을 아직도 이국적인 수련법이라 생각하는 사람이 있다면, 기도와 묵상이란 서구 세계의 전통이나 고대 그리스와 로마의 스토아 철학도 동양의 명상법과 똑같은 목적을 지향한다고 말해주고 싶다. 도교 철학에 따르면, "휴식이 움직임보다 앞서고, 무위(無爲)가 유위(有爲)에 앞선다."[102] 기독교의 가르침에서도 궁극적으로는 마음챙김과 다를 바가 없는 기도가 강조된다.

6세기의 베네딕트 성자는 '거룩한 독서(Lectio Divina)'라는 전통을 확립하며 독서와 명상, 기도와 묵상을 강조했다.[103]

퀘이커교도의 신앙체계는 마음챙김이란 원칙을 중심으로 이루어진다. 그들은 하느님의 빛이 모두의 내면에 있다고 믿으며, '만남'이라 일컬어지는 그들의 예배는 침묵을 중심으로 행해진다. 리더도 없고 목회자도 없다. 구성원들이 얼굴을 마주보고 둥그렇게 앉는다. 공동체정신을 강조하고 계급의 부재를 강조하는 모습이다. 신앙의 차이를 불문하고 모두에게 개방된 '만남'은 침묵으로 시작되고, 누군가 자발적으로 발언할 때까지 침묵은 계속된다. 그러나 침묵은 만남에서 중간의 휴식, 즉 종적인 개념이 아니라 주된 개념이다. 침묵을 통해 모든 참석자가 내면의 빛에 다가가고, 공동체 전체의 침묵을 통해 마음의 평온을 얻는다.[104] 사우스웨일스 대학교의 리처드 앨런(Richard Allen) 교수는 "예배를 위한 만남에서 실제로 무엇을 하는지 말해 달라고 다그치면 십중팔구 많은 퀘이커교도가 기다린다고 대답할 것이다. 일상의 자아를 초월하는 무엇인가가 그들의 마음속 깊은 곳을 만져주기를 기다린다는 것이다. 때로는 '하느님의 조용한 목소리를 듣는 시간'이라 대답

하는 퀘이커교도도 적지 않을 것이다"라고 정리했다.[105]

1970년대에 트라피스트회 수사, 배질 페닝턴은 중심으로 들어 간다는 뜻에서 '향심기도(centering prayer)'라는 수련법을 개발했 다. 향심기도는 네 단계로 이루어진다.[106]

1. 편안히 앉아 눈을 감고 긴장을 푼다. 침묵하며 하느님을 향한 사랑과 믿음을 되새긴다.
2. 하느님이 당신 안에 현존하고 활동한다고 진정으로 믿는 마음 을 가장 잘 표현해주는 신성한 단어를 선택한다. 예컨대 '예 수', '주님', '하느님', '구세주', '하느님 아버지', '신성한 하 느님', '샬롬', '성령', '사랑' 등과 같은 단어를 선택하면 된다.
3. 그 단어가 하느님이 내 안에 현존하고 활동한다고 진정으로 믿는 마음을 상징해주는 자리 잡기를 조용히 기다린다.
4. 생각, 느낌, 직관, 이미지, 연상 등 무엇인가가 인식되며 마음 이 흐트러질 때마다, 당신이 선택한 신성한 단어로 되돌아가 마음을 다잡는다.

우리가 내면으로 들어가는 통로와 놀라울 정도로 유사하다. 다 시 말하면, 상징과 만트라는 다르지만, 본질과 핵심은 시대와 대 륙, 종교와 심리 요법을 불문하고 놀라울 정도로 비슷하다.

가톨릭교는 성모 마리아에게 바치는 기도와 묵주를 사용하지 만, 묵상이란 관습도 의례적인 반복을 통해 더욱 깊어진다. 묵주 는 손가락에 집중함으로써 정신을 해방시키는 도구로 사용된다.

묵주 혹은 염주는 불교와 힌두교 및 이슬람교를 비롯한 여러 전통적 종교에서도 사용된다. 특히 이슬람교에서는 파티마 염주 기도의 일부로 알라의 99가지 이름을 암송할 때 염주가 사용된다. 예언자 무함마드도 "창조주의 위업에 대한 한 시간의 명상이 70명의 기도보다 낫다"라고 말했다.[107]

이슬람교 수니파에서 파생된 신비주의적 경향을 띤 종파, 수피즘은 내적인 깨달음과 사랑을 궁극적 진리에 다가가는 통로라고 가르친다. 제물과 명상의 한 방법으로, 또 신성한 사랑의 표현으로 빙글빙글 돌며 춤을 추는 '탁발 수도승(whirling dervish)'도 수피교의 산물이다.

유대교에도 내적인 지혜와 깨달음을 강조하는 신비주의적인 오랜 전통이 있다. 12세기에 탄생한 신비주의적인 종파, 카발라는 "세상의 끝까지 내려가기 위해서", 다시 말하면 외적인 자아를 초월해서 신성(神性)과의 관계를 더욱 돈독히 하기 위해서 명상을 사용하라고 가르친다.[108]

유대교의 율법, 즉 토라를 바탕으로 바람직한 삶의 방식을 가르치는 프루마 로젠버그 고틀립(Frumma Rosenberg-Gottlieb)은 토라를 공부하기 위해서 콜로라도 산악지역에 있던 농장을 떠나 뉴욕으로 이주하였다며 영성의 깊이를 더하기 위해서 항상 대도시를 떠나 산으로 들어가야 하는 것은 아님을 증명해보였다. 또한 그녀는 "토라를 더욱 깊이 이해하게 되었을 때 마음챙김과 평화롭고 균형 잡힌 영혼이 유대인의 삶에서 진정한 목표이고, 그 목표에 이르기 위한 수단들이 토라의 가르침으로 태피스트리처럼 정교하게 짜여 있다는 걸 깨달았다. 예컨대 '샬롬'이란 히브리어는 '평화'만이 아니라 완성과 완전함까지 뜻한다는 걸 알게 되었다. 우리는 평화로 서로 축복하며, 일상의 기도는 결국 평화를 간구하는 것이다"라고 말했다. 또한 그녀는 유대교에서 명상은 아브라함의 아들, 이삭부터 시작되었다며,[109] 이삭이 장래의 부인 리브가를 만날 수 있기를 기대하며 "저녁이 되자 들판으로 명상하러 나갔다"라고 말한 창세기 24장을 증거로 제시했다.[110]

따라서 어떤 종교를 믿든 간에, 설령 믿는 종교가 없는 사람이어도 명상과 마음챙김은 삶의 한 부분으로 받아들여질 수 있다.

마음챙김의 이점을 누리고 싶지만 명상이나 기도 혹은 묵상으로 시작하고 싶지 않으면 제물낚시로 시작해도 상관없다. 실제로 "내게 명상은 조깅이다"라고 말하는 사람들이 있다. 물론 스카이다이빙이나 정원 가꾸기가 명상이 될 수도 있다. 번거롭게 조깅화를 신지 않고, 낙하산을 펴지 않고, 모종삽을 쥐지 않고, 또 낚싯대를 강물에 던지지 않고 언제라도 마음만 먹으면 명상 상태에 들어가고 싶지 않은가? 그렇게 하고 싶다면, 마음이 평온해지고 완전히 현재에 존재하며 자신의 내면에 연결해주는 행동을 찾아내면 된다. 그 행동을 규칙적으로 반복하고, 거기에서 얻는 이점을 일상의 삶에 적용해보라. 물론 제물낚시를 선택했다면, 잡은 물고기를 다시 강에 풀어주어야 한다. 마음챙김을 위해서는 벽난로 위에 올려놓을 트로피를 갖고 집에 돌아갈 필요가 없다.

마음챙김의 전도사이자 컨설턴트인 테사 와트(Tessa Watt)는 곧 출간될 《마인드풀 런던》이란 책에서, 마음챙김을 도시의 삶에 적용하는 방법에 대해 썼다. 그녀가 소개하는 방법은 번잡한 대도시에서만이 아니라 목가적인 시골에서도 얼마든지 적용할 수 있는 방법이다. "버스 정류장이나 우체국, 혹은 상점에서 길게 줄을 섰을 때 마음을 느긋하게 가라앉히고 마음챙김을 연습하는 기회로 활용해보라. 경적이 빈번하게 울려대면 짜증내지 말고, 그 소리가 우리에게 숨을 돌리고 주변을 살피는 기회를 준 것이라 생각해보라. 또 교통이 복잡한 사거리에서는 초록불이 들어오기를 안달하며 기다리지 말고, 붉은 불이 우리에게 잠시 모든 것을 멈추고 숨을 고르며 주변을 둘러보는 기회를 준 것이라고 고맙게 생각해보라."[111]

모든 것에 인내하라. 특히 자신에게 인내하라. 자신의 결함을 자책하며 용기를 잃지 마라. 하지만 지체하지 말고 그 결함을 고치기 시작하라. 그 노력을 매일 새롭게 시작하라. _프란치스코 살레지오[112]

⋮ 가젤이 내 역할 모델인 이유 ⋮

뉴스는 멈추지 않는 데다 편집자와 기자 및 엔지니어는 24시간 전해지는 뉴스를 신속하게 전달하려고 욕심을 낸다. 이에 〈허핑턴포스트〉는 탈진을 예방하기 위한 많은 방법을 동원하고 있다. 무엇보다 우리는 누구에게도 퇴근 후나 주말에는 업무와 관련된 이메일을 확인해서 답변하라고 요구하지 않는다(물론 주말에 근무하는 사람은 예외이다). 모든 직원에게 적어도 3주의 휴가를 제공하고, 반드시 사용하라고 적극적으로 권한다. 또 어떤 경우에도 책상에 앉아 점심식사를 간단하게 해결하지 말라고 권하지만, 솔직히 말해서 현실적으로 불가능한 경우가 많다.

우리는 직원들에게 잠깐이라도 편하게 휴식을 취하라는 의도에서 편집실에 두 곳의 수면실을 마련해두었다. 2011년 봄에 수면실을 처음 마련했을 때는 많은 직원이 시큰둥하게 반응하며 사용하기를 꺼렸지만 지금은 거의 언제나 휴식을 취하는 직원들로 빈 곳이 없을 정도이다. 처음에는 낮잠이나 자며 업무를 등한시한다고 생각할지도 모를 동료들의 싸늘한 눈길을 두려워하는 직원들이 많았지만, 피곤에 지쳐 축 늘어져 근무하는 것보다 휴식을 취하며 재충전하는 것이 훨씬 낫다는 〈허핑턴포스트〉의 철학을 직원들에게 분명하게 전달했다. 이제 뉴욕 사무실에서는 명상과 호흡과 요가 교실이 주중 내내 진행되며, 워싱턴에 신설한 사무실에도 수면실을 마련했고 명상과 요가 교실을 운영하고 있다. 뒤에서 다시 언급하겠지만 하루 종일 앉아 있는 것보다 서서 걸어 다니는 편이 낫다는 걸 알게 된 후에는 원하는 직원들에게 서서 작업할 수 있는 높은 책상을 제공했다. 헬스장도 운영하며 버진 펄스 건강 프로그램에도 참여하기 때문에, 누구라도 건강관리에 적극적이면 연간 500달러까지 지원받을 수 있다. 직원들의 건강관리를 지원할 목적에서 요구르트와 후무스(병아리콩을 으깬 것과 오일과 마늘을 섞은 중동 지방 음식―옮긴이), 과일과 꼬마 당근 등 건강에 도움이 되는 간식거리들로 냉장고를 채워둔다. 하지만 직원들은 이상하게도 꼬마 당근은 좋아하지 않아 주말이면 거의 통째로 남아 시들해진다. 여하튼 건강관리는 〈허핑턴포스트〉에서 일하는 직원들에게만 좋은 것이 아니라 〈허핑턴포스트〉 전체를 위해서도 바람직하다.

페이스북의 최고운영책임자, 셰릴 샌드버그(Sheryl Sandberg)는 두 어린 자식들과 함께 저녁식사를 하기 위해서 오후 5시 30분에 퇴근하겠다고 공개적으로 선언하며, 직원들에게도 자신들을 위해서만이 아니라 소중한 가족과 함께하는 시간을 가지라고 독려했다.[113]

국적과 문화를 불문하고 과로와 생산성 저하의 관계는 이미 과학적으로 입증되었다. 2013년 경제협력개발기구(Organization for Economic Cooperation and Development, OECD)의 발표에 따르면, 유럽 국가들 중에서 그리스의 노동시간이 가장 많았다. 폴란드가 두 번째, 헝가리가 세 번째로 많았다. 하지만 생산성에서는 차례로 18위, 24위, 25위였다. 반면에 노동시간이 상대적으로 적었던 네덜란드와 독일과 노르웨이의 생산성은 차례로 4위, 7위, 1위였다.[114]

직원들의 건강이 기업의 건전성을 예측하는 가장 중요한 지표 중 하나라는 걸 깨닫는 기업들이 점점 증가하고 있는 추세이다. 이제부터 월스트리트의 경영분석가들은 기업의 최고경영자들에게 영업보고서와 시장점유율과 매출에 대해서만 묻지 말고, 직원들의 스트레스 지수에 대해서도 물어야 할 것이다.

구글이 직원들에게 제공하는 강의들 중에서 가장 인기 있는 강의는 SIY, 즉 '너의 내면을 검색하라(Search Inside Yourself)'이다. 이 강의는 구글의 엔지니어로 사원번호 107번인 차드 멍 탄이 시작한 것이다. 차드 멍 탄은 강의의 핵심 내용을 담아, '성공과 행복과 세계 평화를 성취할 수 있는 뜻밖의 길'이란 부제를 덧붙여 《너의 내면을 검색하라》는 책을 출간하기도 했다. 강의는 크게 '주의력 훈련-자기 이해-유용한 정신 습관의 창조'라는 세 부분으로 이루어진다. 위즈덤 랩스의 공동 창업자, 리처드 페르난데스(Richard Fernandez)는 구글에 재직할 당시 차드 멍 탄의 강의를 들었다며, "나는 리더로서 누구보다 회복력이 뛰어나다. …… 탄의 강의는 감정과 정신의 은행계좌라 할 수 있다. 지금 내가 지닌 회복 탄력성은 탄의 강의에서 얻은 것이다"라고 말했다.[115]

그러나 명상과 마음챙김을 통한 건강관리가 실리콘 밸리에서만 유행하는 것은 아니다. 재니스 마투라노(Janice Marturano)는 미국의 대표적인 식품회사 제너럴 밀스의 법무 자문위원으로 근무할 때, 회사 내의 모든 건물에 명상실을 마련해두고 마음챙김 프로그램을 운영했다. 그 이후로 '마음챙김 리더십 연구소'를 설립한 그녀는 "마음챙김은 마음을 한층 집중하고, 모든 것을 명확하게 꿰뚫어보고, 창의력을 발휘할 널찍한 공간을 마련하며, 세상과 교감하는 능력을 키우기 위한 훈련"이라며 "자신만이 아니라 동료와 소비자 등 주변의 모든 사람들을 향한 감정이입이 마음챙김 훈련의 목표이다. …… 일과 삶 사이에 균형점은 없다. 우리에게는 하나의 삶이 있을 뿐이다. 가장 중요한 것은 그 삶이 무엇인지 깨닫는 것이다"라고 말했다. 마음챙김 프로그램은 효과가 있었다. 이 마음챙김 프로그램에 참여한 제너럴 밀스를 비롯해 포춘 500대 기업에 속한 10여 기업 중역들의 80퍼센트가 마음챙김 프로그램을 통해 더 나은 결정을 내리는 능력을 키울 수 있었다고 대답했다.[116]

하버드 경영대학원의 교수이자 메드트로닉이란 의료기기 회사의 최고경영자를 지낸 빌 조지(Bill George)는 이렇게 말한다. "업무에 완전히 몰두할 때 리더로서 더 나은 효율성을 얻을 수 있다는 점에서 명상은 경영에 도움을 줄 수 있다. 리더는 명상을 통해 더 나은 결정을 내릴 수 있을 것이다."[117]

기업이 상대적으로 건전하고 지속가능한 성공을 채택하는 데 어려움을 겪는 주된 이유 중 하나는 위험할 정도로 고질적이고 완강한 잘못된 믿음, 즉 높은 업무 성과를 올리려면 개인적인 삶을 희생할 수밖에 없다는 신화이다. 하지만 이런 믿음을 고수하는 기업이 조만간 소수가 될 것이다. 지금도 미국에서는 대기업과 중견기업의 35퍼센트가 스트레스를 해소하기 위한 프로그램을 직원들에게 제공하고 있다.[118] 타깃과[119] 애플,[120] 나이키와[121] 프록터앤드갬블이[122] 대표적인 예이다. 이 기업들은 벌써부터 그런 노력의 결실을 거두고 있으며, 직원들이 인정하고 있다. 기업별 급여 및 취업정보를 공유하는 온라인 커뮤니티, 글래스도어닷컴은 일과 삶의 균형을 원칙으로 일하기 좋은 상위 25개 기업을 발표했다. 글래스도어닷컴의 임원, 러스티 루프(Rusty Rueff)는 "업무 이외에 직원들의 개인적인 삶을 인정하려고 진지하게 노력하는 기업들은 뛰어난 재능을 지닌 직원을 선발하고 유지함으로써 보상받게

될 것이다"라고 평가했다.[123]

2013년 〈포춘〉이 발표한 '일하기 좋은 100대 기업' 중에서도 웰빙을 강조하는 몇몇 기업이 눈에 띄었다. 무료 요가 강좌, 100달러의 건강관리비, 48시간의 유급 휴가 등을 제공하는 세일즈포스닷컴이 19위에 올랐고, 4위에 오른 보스턴컨설팅그룹은 주당 60시간 이상 과도한 양의 일을 하는 직원들을 '레드 존(위험인물)'으로 분류하고, 신입직원에게는 6개월 동안의 준비 기간을 허용하고, 비영리조직에서 자원봉사할 경우에는 1만 달러를 지급한다.[124]

위스콘신의 생명공학 회사, 프로메가의 직원들에게는 회사 내에서 진행되는 요가 강습, 헬스장과 건강식, 자연광을 이용한 사무실이 제공되고, '제3의 공간'이란 이름으로 카페나 라운지처럼 직장도 아니고 집도 아닌 커뮤니티 공간까지 제공된다. 프로메가의 최고의료책임자, 애슐리 G. 앤더슨(Ashley G. Anderson)은 "건강을 중시하는 문화를 만들어가야 한다. 건강한 몸을 중요하게 여기는 문화를 만들어낸다면 이미 많은 것을 이루어낸 것이다. 건강한 직원이 생산성이 뛰어난 직원이다"라고 말했다.[125]

미네소타 미니애폴리스의 인력회사, 살로는 베스트셀러 《그곳에 행복이 있다》의 저자인 댄 뷰트너(Dan Buettner)에게 도움을 구했다.[126] 뷰트너는 이른바 블루존(Blue Zone)의 전문가이다. 블루존은 일본의 오키나와, 코스타리카의 니코야, 그리스의 이카리아 섬 등 세계 최고의 장수 지역을 가리킨다. 미국과 비교할 때, 이곳 사람들은 100세 이상까지 장수할 확률이 10배를 넘는다.[127] 뷰크너는 살로를 최초로 공인된 블루존 기업으로 만들려고 애쓰고 있다.

명상실, 높이를 조절할 수 있는 책상, 요리 강습 이외에 직원들이 순전히 취미를 발전시킬 수 있는 '목적별 워크숍' 등을 마련한 결과 직원들만이 아니라 기업 자체에도 긍정적인 효과를 낳고 있다. 뷰크너는 "살로에는 이익보다 직원들의 웰빙을 중요하게 여기는 문화가 있으며, 그런 이유에서 좋은 평판을 받고 있다"라며 "직원들의 웰빙과 기대수명이 눈에 띄게 높아진 결과는 객관적인 수치로도 확인된다. ⋯⋯ 한결 높아진 직원들의 업무 집중력, 대폭 줄어든 의료비, 생산성의 증가와 결근율의 감소가 그 증거이다"라고 말했다.[128]

거의 100년의 역사를 자랑하는 슈퍼마켓 체인, 웨그먼스에서도 창립자의 손자, 대니 웨그먼(Danny Wegman)이 건강관리의 이점을 일찍이 깨달아 4만 5,000명의 직원들에게 건강 프로그램을 제공하며 건강의 중요성을 역설해왔다. 현재 웨그먼스는 매장마다 요가와 줌바 교실을 운영하고, 영양에 관련된 조언 및 고혈압 관리 방법을 제공하고 있다.[129]

미국에서 세 번째로 큰 의료보험회사인 애트나의[130] 최고경영자, 마크 베르톨리니는 목이 부러지는 끔찍한 스키 사고 후 회복하는 과정에서 명상과 요가와 침술이 건강에 도움이 된다는 사실을 깨달았다.[131] 그는 4만 9,000명의 직원들에게 명상과 요가를 수련하고 침술을 이용할 수 있게 해주었으며, 그에 따른 비용 절감 효과에 대한 연구를 듀크 대학에 의뢰했다.[132] 그 결과가 어땠을까? 2012년에만 의료비가 7퍼센트만큼 절감되었고, 프로그램에 참여한 직원들의 경우에는 주 평균 62분만큼 생산성이 증가하는 효과를 거두었다.[133] 게다가 매주 한 시간씩 요가를 수련함으로써 직원들은 스트레스를 3분의 1가량 줄이는 효과를 거두었다.[134] 세계에서 가장 큰 헤지펀드 중 하나인 브리지워터의 설립자, 레이 달리오(Ray Dalio)는 35년 이상 명상을 수련한 사람답게 명상을 자신의 성공에서 가장 중요한 요인 중 하나로 손꼽으며, 명상에 관련된 강의를 등록하려는 직원들에게 등록비의 절반을 지원하고, 6개월 이상 명상을 한 직원에게는 전액을 지원한다.[135]

> 우리 시대에 몸에 관심을 쏟는 사람에게는 누구도 놀라지 않겠지만, 영혼에 그런 관심을 쏟는 사람에게는 격분할 것이다.
>
> _알렉산드르 솔제니친[136]

링크드인의 최고경영자, 제프 와이너는 '인정으로 경영하라(manage compassionately)'는 개념을 만들어냈다. 와이너는 "세계의 집단 지혜와 인정을 확대하겠다는 목표가 내 일의 모든 부분에 영향을 미쳤다. …… 인정은 초중등학교의 교과 과정에서, 더 나아가 고등교육기관과 기업의 학습개발 프로그램에서도 가르칠 수 있고, 반드시 가르쳐야 한다"라고 말했다. 인정 경영을 위해서는 투명한 커뮤니케이션을 위한 훈련과 역지사지하는 훈련이 수반되어야 한다.[137]

다른 사람과 의견이 크게 다를 때 우리 대부분은 자신의 세계관을 통해서만 사물을 관찰하는 경향을 띤다. …… 이런 상황에서는 상대가 그런 결론에 이른 이유를 생각해보는 여유를 갖는다면 한층 건설적일 수 있다. 예컨대 저들이 그런 입장을 고집하는 이유가 무엇일까? 겉으로는 드러나지 않을 수 있는 어떤 특정한 결과를 두려워하는 것일까? 자신에게 그런 질문을 던져보면, 또 상대에게도 그런 질문을 솔직히 던지면, 팽팽하게 긴장된 상황이 부드럽게 변해서, 서로 도움이 되고 새로운 것을 배우는 협력적인 상황으로 바뀔 수 있다.

유기농 슈퍼마켓 체인점 홀 푸즈의 최고경영자, 존 매키(John Mackey)는 〈허핑턴포스트〉가 2013년에 처음 주최한 제3의 기준을 위한 콘퍼런스에서 인정 경영에 대한 자신의 생각을 "우리는 기업이란 벽장에서 사랑을 끌어내야 한다"라고 정리했다.[138] 제3의 기준을 떠받치는 네 기둥 중 하나, 웰빙의 중요한 조건인 건강을 지키기 위해서 요가와 명상만이 강조되는 것은 아니다. 소프트웨어 개발회사인 피프스 트라이브의 최고경영자, 파르하드 초두리(Farhad Chowdhury)는 6.5킬로미터를 동료들과 함께 사이클링하면서 교감을 나눈다.[139] 에모리 대학교의 뇌과학자이자 신경경제학 교수, 그레고리 번스(Gregory Berns)는 《상식파괴자》에서, 우리가 틀에 박힌 일상의 삶을 깨뜨려야 통찰과 깨달음을 얻을 수 있다며 "전에는 경험하지 않은 새로운 자극을 받을 때에야 뇌는 인식을 재조직하기 시작한다. 따라서 상상력을 자극하는 가장 확실한 방법은 전에는 경험하지 않은 환경을 찾아나서는 것이다"라고 말했다. 노벨 화학상을 수상한 캐리 멀리스(Kary Mullis)도 중합효소연

쇄반응의 원리를 실험실이 아니라 캘리포니아 북부의 고속도로를 달리던 중에 떠올렸다.[140]

어떤 식으로든 우리 자신을 재충전해서 기운을 회복하는 방법을 찾아내는 것이 중요하다. 내 컴퓨터의 화면보호기는 가젤들을 찍은 사진이다. 가젤은 나의 역할 모델이기도 하다. 가젤은 위험을 감지하면, 예컨대 표범이나 사자가 접근하면 부리나케 달아난다. 그러나 위험이 지나가면 곧바로 멈춰 서서 아무런 근심도 없이 평화롭게 풀을 뜯기 시작한다. 안타깝게도 인간은 실제 위험과 상상의 위험을 구분하지 못한다. 마크 윌리엄스가 말했듯이, "뇌의 경보 장치는 현재의 두려움에만 울리는 것이 아니다. 과거의 위협과 미래의 걱정에도 작동한다. …… 따라서 우리 인간은 현재의 상황에 집중하지 않고 다른 위험과 위협을 떠올리면, 위험이 지나간 후에도 우리 몸에서 '투쟁-도주 반응(fight-or-flight reaction)'을 결정하는 시스템이 꺼지지 않는다. 따라서 가젤과 달리, 우리는 계속 도망친다."[141] 현대인은 이런 궁지에 빠져 있고, 미셸 드 몽테뉴(Michel de Montaigne)는 "나는 온갖 끔찍한 사건들을 상상하며 살았다. 하지만 대부분의 사건이 실제로는 일어나지 않았다"라는 말로 우리 상황을 완벽하게 정리해주었다.[142] 우리는 투쟁-도주라는 이분법적인 메커니즘의 폭정에서 해방되어야 한다. 하지만 우리 삶에서 많은 부분이 이분적으로 구조화되어 있기 때문에 투쟁-도주라는 이분적인 삶에서 벗어나기 힘들다. 지금 이 순간에도 답장을 독촉하는 이메일이 폭주하고, 프로젝트를 끝내기 위해 밤을 하얗게 지새워야 한다. 성공을 지금처럼 정의하는 한, 투쟁-도주라는 만성적인 이분법적 상황은 이 시대의 특징이지 순간 적인 오류가 아니다.

: **연결과잉 시대_디지털화된 에덴동산의 뱀** :

안타깝게도 테크놀로지가 끊임없이 우리 삶, 우리 가족, 심지 어 침실과 뇌까지 슬금슬금 침범하고 있기 때문에 마음을 다잡고 새로운 삶을 살기가 더욱 힘들어진다. 예컨대 스마트폰 사용자는 평균 6분 30초마다 새로운 메시지가 왔는지 확인한다. 하루로 치 면 150번을 확인하는 셈이다.[143] 따라서 우리 뇌는 자연스럽게 테 크놀로지 기기의 노예가 되고, 그런 기기의 자극에서 벗어나기가 쉽지 않다.

그러나 테크놀로지를 통한 연결은 진정한 성취감을 주지 못한 다. 달리 말하면, 진정한 교감의 대용품일 뿐이다. 스마트폰의 연 결음이나 깜빡이는 빛은 인간 간의 진정한 연결에 필요한 시간과 에너지를 빼앗아간다. 더구나 테크놀로지를 통한 연결이 우리가 인간 간의 진정한 연결에 적응하지 못하도록 우리 뇌를 재조직한 다는 증거까지 있지 않은가.[144]

환경 문제를 주로 다루는 온라인 잡지, 〈그리스트〉에 글을 기고 하는 데이비드 로버츠(David Roberts)는 자신의 삶에서 이런 현상을 인지하고는 2013년 4월 인터넷에게 작별을 고했다. 그리고 1년 동안 절필하겠다고 선언한 편지에서 "나는 완전히 녹초가 되었

다"라며 다음과 같이 말했다.[145]

> 낮에는 트위터로 짧막한 재치 있는 말을 공유하는 걸 즐긴다. 밤에는 길고 지루한 글을 써서 포스팅한다. 하지만 내 삶은 엉망진창이다. 수면을 충분히 취한 적이 없다. 취미라 할 것도 전혀 없다. 그저 일만 한다. …… 그렇다고 남들과 연결이 끊긴 적도 없다. 이런 삶이 내 뇌에 영향을 미친 때문인지, 이제 나는 트위터 식으로 생각한다. 스마트폰에서 30초 이상 떨어져 있으면 내 손이 경련을 일으키기 시작한다. 이제는 오줌을 누는 시간조차 '지루하게' 느껴진다. 나만이 욕실에서 트위터를 하는 것은 아니다. 나는 온라인 세계가 우리 삶에서 아주 작은 부분에 불과해서 결코 우리 모두의 삶을 대표하지 않는다는 걸 잊지 않으려 하지만, 어느덧 온라인 세계가 나의 세계가 되고 말았다. 지금 나는 현실 세계에서보다 온라인 세계에서 더 오랜 시간을 보낸다.

데이비드 로버츠만이 테크놀로지의 노예가 된 것은 아니다. 맥킨지 글로벌 연구소(McKinsey Global Institute)가 2012년에 발표한 연구 보고서에 따르면, 지식 기반 경제에서는 직원들이 이메일을 처리하는 데 자신에게 주어진 시간의 28퍼센트를 보낸다.[146] 1주일로 계산하면 11시간이 넘는다. 이메일을 미리 설정한 기준에 따라 선별하는 소프트웨어를 개발하는 회사, 세인박스에 따르면, 받은 편지함에 들어온 이메일 하나를 열어보고 처리하는 데 평균 67초가 걸린다. 세인박스의 부사장, 드미트리 레오노프(Dmitri Leonov)

는 "그 과정이 우리에게 상처를 주고 있다는 걸 깨달아야만 한다"
라고 말했다.[147]

이메일과 우리의 관계가 점점 일방적으로 변해버렸다. 우리는
받은 편지함을 비워내려 애쓴다. 물이 스며드는 배에 탄 사람들처
럼 열심히 받은 편지함을 비우지만, 이메일은 끊임없이 밀려든다.
이메일을 어떻게 처리하느냐가 어느덧 테크놀로지에서 비롯되는
스트레스의 큰 부분이 되었다. 우리의 절제력을 시험하며 홍수처
럼 끝없이 밀려드는 이메일만이 문제는 아니다. 답장을 보내야 하
는 이메일은 반갑기는커녕 스트레스의 요인이다. 린다 스톤(Linda
Stone)은 1980년대와 1990년대에 애플과 마이크로소프트에서 일
했다. 1997년 그녀는 모든 것에 조금씩 관심을 두지만 어느 것에
도 완전히 몰두하지 않는 상태를 뜻하는 개념으로 '부분적 관심
의 지속(continuous partial attention)'이란 표현을 처음 사용했다.[148] 현
대인의 삶을 적절하게 표현한 세 단어가 아닐 수 없다. 그로부터
10년 후, 스톤은 이메일을 읽을 때마다 자신에게 특이한 현상이
일어나는 걸 깨달았다. 잠깐 동안 숨을 멈추는 습관이었다. 그래
서 그녀는 이 현상에 '이메일 무호흡증(email apnea)'이란 이름을
붙였다. 그녀는 다른 사람들도 이메일을 읽을 때마다 숨을 멈추는
지 확인하기 위한 연구를 시작했다. 어떤 결과가 나왔을까? 그녀
가 조사한 사람들 중 80퍼센트가 '이메일 무호흡증'을 겪는 것으
로 확인되었다.[149]

사소한 문제로 들릴 수 있겠지만, 실제로 전혀 그렇지 않다. 몸
의 호흡 패턴이 망가지면 몸에 들락거리는 산소와 일산화질소, 이

산화탄소의 균형이 무너지며, 스트레스와 관련된 상황을 악화시키는 역할을 할 수 있다.[150]

이메일 무호흡증에서 간단하게 벗어날 수 있는 방법이 없을까? 이메일을 확인할 때 당신의 호흡이 어떻게 변하는지 면밀히 관찰해보라. 자동조종장치처럼 호흡을 멈추는 반응에서 벗어나야 한다. 〈파이낸셜 타임스〉의 칼럼니스트, 팀 하포드(Tim Harford)가 말했듯이, "이메일은 우리 하인이다. 중역에게는 비서들이 있어 쓸데없는 일로 방해받지 않는다. …… 이메일도 우리에게 그런 비서가 되어야 할 것이다." 하포드는 우리에게 모든 알림 신호를 꺼두라고 조언한다. 정보는 우리가 원할 때 참조하는 것이지 우리가 정보의 노예가 되어서는 안 된다.[151]

문제는 스마트폰이 보급되면서 이메일이 더는 사무실에서만 확인할 수 있는 정보가 아니라는 점이다. 스마트폰 때문에 이메일의 수신을 알리는 소리가 헬스장, 식당, 침실 등 어디에서나 삑삑거린다. 하지만 이런 이메일의 공격에 맞서는 기발한 방법들이 고안되고 있다. 예컨대 친구들이 저녁식사를 함께하기 위해서 만날 때 각자 핸드폰을 식탁 가운데 쌓아두고 가장 먼저 핸드폰을 만지거나 보는 사람이 밥값을 내는 게임, 폰 스택 게임(phone stack game)을 생각해보라. 또 〈허핑턴포스트〉가 창간된 때부터 예술면의 편집을 책임지고 있는 킴벌리 브룩스(Kimberly Brooks)도 참다운 저녁식사를 위한 새로운 게임, '음식 사진을 찍지 않기'라는 게임을 제안하며, "당직 의사나 음식 전문가가 아닌 사람이 집에서나 식당에서 가족과 동료와 친구, 특히 어린아이들과 함께 식사하는 동안 핸드폰을 꺼내 음식 사진을 찍는다면 식사 시간의 신성함을 모욕하는 짓이다. 과장해서 말하면, 인류가 문명을 만들어가는 공간을 보이지 않게 둥그렇게 감싼 의식의 지붕을 무너뜨리는 짓"이라고 설명했다. 그녀는 식사하는 동안 금지해야 할 예절에 부적절한 핸드폰 확인이 추가되기를 바란다며 "먹을 것을 앞에 두고 어디에서나 핸드폰을 사용하고 음식 사진을 찍는 게 지금은 폭넓게 허용되지만, 사람들 앞에서 코를 후비거나 사타구니를 긁적대고 담배를 연달아 피워대는 행위처럼 혐오스런 짓으로 여겨지는 때가 조만간 오기를 학수고대한다"라고 덧붙였다.[152]

잡지 〈신(Scene)〉의 편집자, 피터 데이비스(Peter Davis)는 문 앞에서 초대 손님들에게 휴대폰을 수거하는 한 디너파티에 대해 소개했다.[153] 그 파티를 주최한 사람의 철학에 따르면, 스마트폰은 파티에서 코트처럼 취급되어야 한다는 것이었다. 다시 말하면, 뒷방에 두었다가 손님들이 떠날 때 돌려주면 된다는 뜻이었다. 파티 장에 들어설 때 코트를 벗어 맡기는 것처럼, 파티 장에서는 스마트폰의 구속에서 벗어나 자유롭고 즐겁게 지내자는 뜻이기도 했다.

하버드 경영대학원의 레슬리 펄로(Leslie Perlow)는 예정된 계획에 따라 하룻밤을 이메일, 업무, 스마트폰에서 해방되어 지내는 '예정된 휴식 시간(predictable time off, PTO)'이라는 개념을 소개했다.[154] 보스턴컨설팅그룹은 그 방법을 시험적으로 시도해본 결과, 생산성의 제고 효과를 거두자, 회사 전체에 도입하기에 이르렀다.[155] 펄로는 소프트웨어를 개발하는 한 기업의 엔지니어들이 걸

핏하면 밤을 하얗게 새우고 주말에도 일하는 탓에 지쳐서 어찌할 바를 모르는 걸 보고, 그들에게 하루쯤은 다른 어떤 것에도 방해받지 않고 한 가지 일에만 몰두하는 '조용한 시간'을 가져보라고 조언했다.[156]

우리가 평생까지는 아니어도 동시에 여러 가지 일을 처리하며 거의 언제나 하루의 대부분을 보낸다는 점을 고려하면, 일을 하든 게임을 하든 간에 하나의 것에만 집중하는 시간을 계획적으로 마련할 필요가 있다.

캘리포니아 대학교 어바인 캠퍼스의 연구진과 미국 육군이 공동으로 진행한 연구에서 밝혀졌듯이, 받은 편지함을 의도적으로 멀리하면, 즉 '이메일에서 해방되는 시간'을 계획적으로 가지면, 스트레스가 줄어들어 직원들이 업무에 더욱 집중할 수 있다.[157] 조직 전체가 '이메일에서 해방되는 시간'을 계획적으로 시도하면 효과가 훨씬 더 크다. 이런 이유에서, 리더십 학습 학교의 최고경영자 셰인 휴즈(Shayne Hughes)는 2013년 이 방법을 시도해보기로 결정하고 직원들에게 "다음 주에는 모든 내부 이메일을 금지한다"라는 공고문을 보냈다. 직원들은 회의적인 반응을 보였지만, 휴즈는 명백한 결과를 얻었다며 〈포브스〉에 기고한 글에서 "이메일을 통해 업무와 관련 없는 것까지 알아야 했던 번잡스런 환경이 사라졌다. 덕분에 직원들은 자신의 업무에 한층 집중하고 생산적인 에너지를 투자할 수 있었다. …… 게다가 하루하루가 지날수록 스트레스가 줄어드는 현상도 눈에 띄었다. 따라서 생산성이 당연히 증가했다"라고 말했다. 게다가 휴즈는 "이 실험으로 우리는

그동안 간과했던 인간관계의 중요성까지 다시 깨닫게 되었다"라
고 결론지었다.[158] 폭스바겐은 직원들에게 저녁 6시부터 아침 7시
까지 이메일 작업이 자동적으로 차단되는 특수한 스마트폰을 제
공함으로써 직원들이 업무에 신경 쓰지 않고 자신을 위한 자기 계
발에 힘쓰거나 가족과 함께하는 시간을 알차게 보내도록 지원하
는 정책을 시행하고 있다.[159] 한편 덴버에 본부를 둔 소프트웨어
개발 회사, 풀콘택트는 세 가지 규칙—1) 휴가를 떠나라 2) 휴가
중에는 회사와 연락을 끊어라 3) 휴가 중에는 일하지 마라—을
충실히 지키는 직원에게는 7,500달러의 상여금을 지급한다.[160]

　역설적으로 들리겠지만, 우리가 테크놀로지로부터 해방되는
걸 도와주는 도구를 개발하는 테크놀로지가 요즘 가장 눈부시게
성장하는 분야이다. 인터넷의 첫 단계는 더 많은 자료를 축적하는
것이었다. 그러나 이제 우리에게는 넘치도록 많은 자료가 있다.
어떤 의미에서는 자료의 홍수에 파묻혀 익사할 지경이다. 게다가
우리가 뭔가에 집중하는 걸 방해하는 요인들도 지나치게 많다. 테
크놀로지는 우리에가 원하는 걸 능수능란하게 주지만, 정작 우리
에게 필요한 것을 항상 적시에 주지는 않는다. 따라서 테크놀로
지 세계에서 활동하는 많은 전문가들은 이런 현실에 성장의 기회
가 있다는 걸 일찍이 깨닫고, 우리가 필요한 자료에 선택해서 집
중하고 불필요한 방해거리를 걸러내는 걸 도와주는 응용 프로그
램과 도구의 개발에 힘쓰고 있다. 내가 개인적으로 선호하는 응
용 프로그램들을 부록 A에서 간략하게 소개해 놓았으니 참조하
기 바란다.

그렇다고 좋은 소식이 없는 것은 아니다. 면역학자 에스더 스턴버그가 말했듯이, "삶의 방식을 리셋하기 위해 오랫동안 오프라인 세계로 떠나 있어야 할 필요는 없다. 여기에서 '오프라인'이란 뇌의 활동을 멈춘다는 뜻이다. ······ 스트레스 지수가 높아지는 듯하면 시선을 돌려 나무를 바라보며 새들이 지저귀는 노랫소리에 귀를 기울이고, 잠깐만이라도 가만히 있으면 스트레스 지수를 떨어뜨릴 수 있다."[161]

물론 경력의 사다리를 높이 올라가면 오프라인 세계로 떠나는 게 점점 어려워질 수 있다. 권한이 많아지면, 참다운 삶을 사는 데 반드시 필요한 부분들을 상실할 위험도 덩달아 커지기 마련이다. 권한이 많아질수록 타인과의 공감 능력이 떨어진다는 사실은 과학적인 연구에서도 밝혀졌다.[162] 또 리더십과 균형감을 집중적으로 다룬 연구에서도 권한이 많아지면 상대의 의견을 무시하거나 상대의 관점을 잘못 해석할 가능성이 커진다는 게 밝혀졌다.[163] 감정이입이 부족한 테크놀로지를 이용한 커뮤니케이션에 대한 의존도가 커지면 이런 경향이 더욱 악화될 가능성이 높다. 따라서 자기인식과 더불어 상대의 말에 귀를 기울이며 현재에 집중하는 능력을 키워줄 수 있는 도구의 개발이 그 어느 때보다 필요하다.

먼저 당신의 산소마스크를 착용하라

명상과 요가, 마음챙김과 심호흡, 낮잠 등은 얼마 전까지만 해도 뉴에이지의 산물, 즉 반(反)문화의 일부로 여겨졌다. 그러나 수년 전, 우리는 티핑 포인트에 이르렀고, 스트레스 해소와 마음챙김이 이른바 조화로운 합치와 보편적 사랑을 위한 것만이 아니라 더 나은 웰빙과 성과를 위한 수단이라는 사실을 깨닫는 사람들이 늘어나고 있는 추세이다.

균형 잡힌 삶과 높은 성과는 모순 관계에 있는 것이 아니다. 오히려 우리가 균형 잡힌 삶을 살아갈 때 성과도 한층 향상된다. 셰릴 샌드버그는 나에게 이렇게 말하기도 했다. "아이들을 갖게 되면서 사무실에서 근무하는 시간을 크게 줄였습니다. 따라서 과거보다 덜 일했지만 생산성은 크게 증가했습니다. 아이들을 갖게 되면서 나에게 허락된 모든 시간을 소중하게 다룰 수밖에 없었으니까요. 예컨대 이번 회의가 나에게 정말 필요한 것인가? 이번 출장을 꼭 떠나야만 하는 것인가? 이렇게 냉철하게 판단함으로써 나만이 생산적으로 변한 게 아닙니다. 내 주변 사람들의 생산성도 높아졌습니다. 그들에게 반드시 필요하지 않은 회의들을 내가 애초에 차단해버렸으니까요."[164]

2008년, 그리고 2012년에 다시 한 번, 〈허핑턴포스트〉는 정치 일정으로 가장 바쁜 시기에도 균형 잡힌 삶이 가능하다는 걸 입증해보이기로 결정했다. 2008년 덴버에서 열린 민주당 전당대회 기간 동안, 우리는 대의원들과 언론계 종사자들을 비롯해 전당대회 참가자들에게 〈허핑턴포스트〉의 오아시스에서 마음의 짐을 덜고 재충전할 기회를 제공했다. 구체적으로 말하면, 요가 강의와 태국 마사지, 손 마사지와 얼굴 마사지, 건강 간식과 가벼운 음료, 음악

및 느긋하게 앉아 긴장을 풀고 휴식을 즐길 수 있는 편안한 의자를 제공했다.[165]

반응은 뜨거웠다. 격무에 시달리던 기자들은 허핑턴의 오아시스를 뿌리치고 전당대회장으로 돌아가기 힘들 지경이었다고 솔직하게 말했다. 하지만 그들은 우리가 제공한 오아시스에서 재충전함으로써 더 활기차게 전당대회를 취재할 수 있었고, 그렇게 힘든 한 주를 보낸 후에도 완전히 탈진하지 않았다. 따라서 2012년에는 탬파에서 열린 공화당 전당대회와 샬럿에서 열린 민주당 전당대회, 두 곳 모두에서 더 큰 규모로 오아시스를 운영했다. 업무를 잠시 잊고 재충전하는 시간의 효과가 빈곤과 교육, 환경과 실업 등과 같은 중대한 쟁점들을 더 심도 있고 생산적으로 생각할 수 있는 능력으로 곧바로 연결되지 않을 수도 있다. 그러나 우리가 자신의 삶을 더 보람차게 관리할 수 있다면, 가족과 동료 및 같은 하늘 아래에서 살아가는 공동체원과 시민 등 다른 사람들까지 더 효과적으로 배려할 수 있을 것이다. 비행기로 여행한 적이 있는 사람이라면, "먼저 자신의 산소마스크를 안전하게 착용한 후에 다른 사람을 도와주십시오"라는 기내 방송을 들었을 것이다. 이 경우에는 어린아이도 나중이다. 요컨대 당신도 호흡곤란을 겪는다면 다른 사람이 더 쉽게 호흡하도록 돕는 게 쉽지 않다는 뜻이다. 알렉산드르 솔제니친은 소설 《연옥 1번지》에서 "세상을 바로잡고자 한다면 누구부터 달라져야 하겠는가? 당신 자신인가 다른 사람인가?"라고 우리에게 묻지 않았던가.[166]

물론, 분주한 삶에서 벗어나 휴식의 시간을 갖는다는 개념은 십계명까지 거슬러 올라간다. 하느님은 이스라엘 사람들에게 "안식일을 기억하며 거룩하게 지켜라. 엿새 동안 힘써 일하고 네 모든 생업에 종사하고, 이렛날은 너희 하느님 야훼 앞에서 쉬어라. 그날 너희는 어떤 생업에도 종사하지 못한다. …… 하느님께서 엿새 동안 하늘과 땅과 바다와 그 안에 있는 모든 것을 만드시고, 이레째 되는 날에 쉬셨기 때문이다. 그래서 하느님께서 안식일에 복을 내리시고 거룩한 날로 삼으신 것이다"라고 가르쳤다.[167] 안식일을 충실히 지키는 유대인들에게, 금요일 일몰 이후부터 토요일 일몰까지의 시간은 성찰의 시간이다. 가족과 친구와 함께 지내며 생업과 관련되지 않은 일을 한다. 업무를 잊고 재충전하는 성경의 명령인 셈이다.[168] 안식일은 '결별'을 뜻하는 '하브달라'라는 의식으로 끝난다. 유대인들은 이 의식을 행하며, '빛과 어둠'을 구분해주고 '엿새 동안 일하시고, 이레째 되는 날에 휴식을 취하신 하느님께 감사의 기도'를 올린다.[169]

일하는 여성의 경우, 어머니가 되면 자기만의 시간을 갖기가 더욱 힘들어진다. 현재의 기업 문화에서 자식은 승진의 걸림돌로 여겨지기 일쑤이다. 가정생활과 직장, 이 둘을 적절하게 조절하기가 힘든 것은 부인할 수 없는 사실이다. 따라서 이런 상황을 조금이라도 개선할 수 있는 제도적인 개혁이 절실하게 필요하다. 그러나 내 경우에는 자식의 존재가 항상 일에만 몰두하던 일중독에서 벗어나는 최고의 해독제였다. 아이들을 낳은 덕분에 나는 일에 중독된 삶에서 불가피하게 비롯되는 변덕스런 부침으로부터 조금이나마 해방되어 균형 잡힌 삶을 만들어갈 수 있었다. 물론, 건전한 관점에서 우선순위를 결정하기 위해서는 모든 여성이 자식을 낳아야 한다는 뜻은 아니다. 하지만 적어도 내 경우에는 자식의 존재 덕분에 균형 잡힌 삶을 상대적으로 쉽게 만들어갈 수 있었다. 일을 끝내면 딸들을 만나러 갈 수 있다는 생각만으로도 나는 일 자체를 다른 관점에서 보게 되었다. 근무시간에 딸의 전화만 받아도 내 삶에서 진정으로 중요한 것이 무엇인지 다시 깨닫는 계기가 되었다. 이제 딸들이 어느덧 20대가 되었지만, 지금도 딸의 전화는 나에게 똑같은 효과를 갖는다. 덕분에 실패하고 좌절해도 스트레스를 훨씬 덜 받는다. 기왕에 말이 나왔으니 물어보자. 당신은 단 하루라도 좌절감을 느끼지 않고 보낸 적이 있는가? 아주 똑똑한 학자라면, 특히 대가족을 거느린 학자라면, 가족이 우리에게 안겨주는 효과에 적절한 이름을 붙일 수 있을 것이다. 어떤 이름이 붙여지든 간에, 가족의 존재는 자신감과 마음가짐 및 열정 등 내 일터에서 무엇보다 중요한 자산들에게도 큰 영향을 미쳤다.

가족의 효과도 과학적으로 입증되었다. 2009년 브리검영 대학교가 발표한 연구 보고서에 따르면, 가족의 존재는 혈압을 비롯해 우리 건강에 상당한 영향을 미친다. 연구진은 약 200쌍의 부부에게 혈압계를 부착한 결과를 살펴보았다. 자식이 있는 부부들의 혈압이 그렇지 않은 부부에 비해 현저하게 낮았고, 여성의 경우에 그 결과가 두드러지게 나타났다.[170]

그렇다고 자식이 있는 직원이 경력을 성공적으로 관리하기가 훨씬 어려운 구조적 결함을 기업들이 화급하게 해결해야 한다는 뜻은 아니다. 특히 여성이 그렇지만 남녀를 불문하고 많은 직원이 직장과 가정을 적절하게 조절하는 데 시의 적절하게 도움을 받지 못하는 게 사실이기 때문이다. 하지만 성공을 재정의할 경우에는 가정도 직장 못지않게 중요하다. 직장을 진정으로 지속가능한 공간으로 만들고자 한다면, 근로자가 출퇴근시간을 스스로의 결정에 따라 조정할 수 있는 선택적인 탄력 근무제, 직장에 출근하지 않고 집에서 근무하는 텔레커뮤팅(telecommuting), 프로젝트를 중심으로 한 근무 방식, 직원들에게 휴일도 없이 24시간 내내 이메일에 응답하기를 요구하지 않는 기업 문화가 규범이 되어야 한다.

성공에 대한 유해한 정의와 테크놀로지 기기에 대한 중독은 우리에게도 그렇지만 특히 다음 세대에게 부정적인 영향을 미치고 있다. 밀레니엄 세대로 불리는 Y세대는 또 다른 이름으로 걱정과 경각심을 불러일으키는 '스트레스 세대'라 일컬어지는 지경이다. 미국심리학회의 의뢰를 받은 연구진은 응답자들에게 자신의 스트레스 지수를 1(스트레스가 거의 없거나 전혀 없음)부터 10(스트레스가 극심함)까지 스스로 평가하게 했다. 놀랍게도 밀레니엄 세대의 스트레스 지수가 가장 높았다.[171]

게다가 안타깝게도 거의 모든 질문에서 밀레니엄 세대의 상황은 암울했다. 밀레니엄 세대의 거의 40퍼센트가 지난해보다 스트레스가 증가했다고 대답했다. 반면에 베이비붐 세대와 노령층은 각각 33퍼센트와 29퍼센트가 그렇다고 대답했다. 또한 절반 이상의 밀레니엄 세대가 스트레스 때문에 지난달에 밤을 하얗게 새운 적이 있다고 대답한 반면에 베이비붐 세대와 노령층은 차례로 37퍼센트와 25퍼센트였다. 밀레니엄 세대에서 수면을 충분히 취한

다고 대답한 사람은 29퍼센트에 불과했다.[172]

옥스퍼드 대학교 러셀 포스터(Russell Foster) 교수의 연구에 따르면, 영국에서도 절반 이상의 10대가 수면 부족에 시달리는 듯하다. "수면이 삶의 질, 특히 영국 젊은이들의 교육성과를 크게 향상시킬 수 있다는 전형적인 사례가 이번 조사에서 확인되었다. 하지만 영국 젊은이들에게는 수면의 중요성에 대한 교육이 전혀 실시되지 않았다. 그들에게 제기되는 많은 요구 때문에 그들은 수면 부족에 시달리고 있다."[173]

스트레스 때문에 밀레니엄 세대는 온갖 형태의 파괴적인 결과를 맞이할 가능성이 무척 크다. 앞에서도 언급했듯이, 스트레스는 심장병과[174] 당뇨병[175] 및 비만의[176] 중대한 원인이다. 실제로 밀레니엄 세대의 19퍼센트가 이미 우울증이란 진단을 받았다. 베이비붐 세대가 12퍼센트, 노령층이 11퍼센트라는 사실을 고려하면 무척 높은 수치이다.[177]

미국 청년층이 스트레스에 시달리는 가장 큰 원인 중 하나가 일이라는 사실은 그다지 놀랍지 않다. 밀레니엄 세대의 76퍼센트가 일을 주된 스트레스 원인이라 대답했다(베이비붐 세대는 62퍼센트, 노령층은 39퍼센트).[178] 밀레니엄 세대는 학자금 융자로 인해 상당한 빚을 짊어진 채 대학을 졸업하지만, 취업문도 좁은 편이다. 따라서 밀레니엄 세대는 다른 어떤 세대보다 경제 상황에서 비롯된 스트레스의 피해자들이다. 구체적으로 말하면, 직업을 구하지 못해도 청구서를 갚으며 살아남기 위해서 발버둥 치거나, 직업을 구해도 테크놀로지의 노예가 되어 과로에 시달려야 한다.

물론 정치적 행동과 경제구조의 개혁이 필요한 문제들이다. 그러나 우리가 어떤 상황에 있더라도 마음챙김과 명상 및 그와 관련된 다양한 방법들은 회복 탄력성과 창의력을 강화하고, 업무에서도 남다른 성과를 올리는 데 도움을 준다. 우리에게 성공을 재정의하도록 유도하는 마음챙김과 명상의 장점으로 성과의 향상을 거론하는 자체가 모순일 수 있다. 하지만 내가 여기에서 말하려고 하는 것은 궁극적으로 우리 삶에서 무엇이 중요하냐는 것이다. 달리 말하면, 명상과 요가, 충분한 수면, 새로운 삶과 베풂을 통해 일로써 우리가 정의되는 게 아니라는 걸 깨닫는 동시에 우리에게 맡겨진 일을 더 잘해낼 수 있게 된다는 뜻이다.

현재 어떤 상황에 있더라도 우리는 현재 상황을 그대로 받아들여야 한다. 현재의 상황에서도 우리에게 맡겨진 업무를 더 잘해내고, 우리가 속한 기업을 더 성공하도록 도울 수 있다. 우리가 명상을 시작하고, 마음챙김을 수련하며, 더 많은 잠을 자야 하는 이유가 거기에 있다. 그러나 그 과정에서 우리는 삶에서 진정으로 중요한 것이 무엇인가에 대한 깨달음을 덤으로 얻을 수 있다. 아난드 지리다라다스(Anand Giridharadas)는 우리가 2013년 6월 제3의 기준을 주제로 개최한 콘퍼런스에 대해 〈뉴욕타임스〉에 다음과 같은 글을 기고한다. "업무의 성과를 높이기 위해서 웰빙에 관심을 둔다면 전투에서는 승리할 수 있겠지만 전쟁에는 패하는 결과를 맞이할 가능성이 크다. 업무에 좋은 것은 우리에게도 좋은 것이란 생각만이 남게 될 것이기 때문이다."[179]

나는 우리가 전투와 전쟁 모두에서 승리를 거둘 수 있다고 믿는다. 어떤 이유로든 웰빙에 지금보다 더 큰 관심을 쏟으면 지금은 잠들어 있는 우리 자신의 일부를 깨어나게 할 것이고, 따라서 직장에서도 성공하고 행복한 가정을 꾸려갈 수 있는 가능성이 한층 높아질 것이다.

┆ 수면과 성공의 관계 ┆

우리 삶에서 성공을 재정의할 때 수면과의 불편한 관계부터 바꿔야 한다. 클리블랜드 클리닉의 최고건강관리책임자, 마이클 로이젠(Michael Roizen)이 말했듯이, "수면은 가장 과소평가된 건강 습관이다."[180] 대부분의 사람이 우리 삶에서 가장 중요한 부분을 차지하는 수면을 제대로 활용하지 못하고 있는 실정이다. 그런데 우리는 정반대로 생각하고 있다. 성공 가능성이 우리가 업무에 투자하는 시간의 질보다 일에 투자하는 시간의 양에 비례한다고 잘못 생각하는 사람이 많다. 따라서 수면을 얼마나 줄이느냐가 성공의 척도처럼 여겨진다. 적은 시간의 수면을 맹목적으로 숭배하며, 수면 시간을 줄인 것을 자랑으로 삼는다. 언젠가 나는 4시간밖에 잠을 자지 않는 걸 자랑스레 떠벌리는 한 남자와 저녁식사를 함께한 적이 있었다. 그때 나는 그에게 5시간을 잤더라면 저녁식사가 훨씬 더 즐거웠을 거라고 쏘아붙이고 싶은 마음을 꾹 눌러 참아야 했다.

우리 삶에서 적절한 수면을 취함으로써 향상되지 않는 부분은 실질적으로 없다. 반면에 우리 삶에서 수면 부족으로 인해 약화되지 않는 부분도 실질적으로 없다. 빌 클린턴은 5시간의 수면 습관으로 유명했지만 결국에는 "내가 지금까지 살면서 저지른 실수들은 한결같이 지독한 피로감에서 비롯된 실수였다"라고 인정했다.[181] 2013년 유럽연합이 키프로스에 긴급 금융을 제공할 계획을 상의하며 한밤중의 짧은 시간에 합의를 이루어내자, 한 평론가는 '어리석기 짝이 없는 합의'였다고 논평하기도 했다.[182] 재정 전문가인 펠릭스 살몬(Felix Salmon)은 당시의 결정을 "꾸물대는 습관과 공갈 협박 및 수면 부족에 따른 속임수의 불경스런 합작에서 잉태"된 작품이라 비판했다.[183] 국제 협상에서 수면 부족의 역할을 연구하면 훌륭한 박사학위 논문이 탄생하겠지만, 걸핏하면 밤을 새우는 사람에게는 그런 논문을 써보라고 권하고 싶지는 않다.

충분한 수면을 취하는 것만으로도 우리는 창의력과 독창성, 리더십과 자신감 및 의사결정력을 향상시킬 수 있다. 하버드 의학대학 수면의학부의 스튜어트 콴 박사와 러셀 산나 박사는 "수면 부족은 우리 기분과 집중력에 부정적인 영향을 미친다. 수면이 부족하면 높은 수준의 인지 기능을 유지하는 능력도 떨어진다. 이런 요인들이 복합되면 일반적으로 지적 수행능력이라 일컬어지는 능력이 저하된다"라고 말했다.[184] 나는 지난 5년 동안 수면 전도사 역할을 자임한 까닭에 수면의학부의 행정위원회에 참여해 달라는 요청을 받았다. 덕분에 나는 수면에 관련된 최신 연구 결과를 알게 되었고, 그 결과로 수면에 대한 내 생각을 더욱 확고히 다질 수 있었다.

듀크 대학교에서 발표한 연구 보고서에 따르면, 수면 부족은 스트레스와 관련이 있으며, 심장병과 당뇨병의 발병 원인이기도 하다. 이 연구는 이런 위험이 남성보다 여성의 경우에 더 높다는 것도 밝혀냈다.[185] 루트비히 막시밀리안 뮌헨 대학교의 수면주기 전문가, 틸 로엔네베르크(Till Roenneberg) 교수는 우리 체내 시계가 원하는 것과 사회적 시계가 요구하는 것의 불균형을 설명하기 위해서 '사회적 시차증(social jetlag)'이란 개념까지 만들어냈다.[186] 물론, 일반적인 시차에 의한 피로감도 우리 체내 시계에 부정적인 영향을 미칠 수 있다. 나는 시차가 큰 지역들을 자주 왕래하기 때문에 시차를 극복하기 위해 나름대로 고안한 규칙들을 철저하게 지킨다. 비행 중에는 물을 가능한 한 많이 마시고, 당분과 알코올을 철저하게 멀리하며, 안전 규칙이 허용하는 범위 내에서 비행기 안을 이리저리 돌아다니지만, 무엇보다 명상 음악을 들으며 수면을 최대한 취하려고 애쓴다(물론, 휴대용 전자기기의 사용이 금지되는 경우가 많기 때문에 허용되는 경우에만 사용한다).

명상처럼 수면 양상도 우리 뇌에 물리적인 영향을 미칠 수 있다. 하버드 의과대학이 실시한 연구에서 밝혀졌듯이, 자신에게 필요한 최소량보다 더 오랫동안 수면을 취한 사람들은 뇌의 회백질 양이 증가했다. 이런 변화는 심리적 건강이 개선되었다는 뜻으로 해석된다.[187]

2013년 쥐를 상대로 실험한 연구에 따르면, 수면을 취하는 동안 뇌는 세포들 사이에 축적된 유해한 단백질 노폐물을 청소한다. 알츠하이머의 발병 가능성을 낮추는 과정이다. 이 연구에 참여한 로체스터 대학교 신경외과 마이켄 네더가르드(Maiken Nedergaard) 교수는 "뇌는 식기세척기와 같다"라며 다음과 같은 설명을 덧붙였다.[188] "우리는 손님들을 초대해서 즐겁게 지낼 수도 있고 집을 대청소할 수도 있다. 이 둘을 동시에 할 수는 없다. …… 뇌는 사용할 수 있는 에너지가 한정되어 있다. 따라서 뇌는 기능적으로 다른 두 상태 중 하나를 선택할 수밖에 없는 듯하다. 요컨대 깨어서 활동하거나, 잠을 자며 청소하는 상태이다."[189] 안타깝게도 요즘에는 즐기는 데만 몰두해서 충분히 청소하지 않는 사람이 대다수인 듯하다.

영국 수면조사 자료에 따르면, 수면이 부족한 사람은 무력감을 느낄 확률이 7배, 외로움을 느낄 확률이 5배나 높다.[190] 인간관계부터 건강에 관심을 쏟는 여유까지, 우리 삶의 모든 부분에 영향을 미칠 수 있는 결과가 아닐 수 없다. 수면 부족에 따른 경제적 비용도 상당히 많다. 2011년 하버드 의과대학이 발표한 연구에서 밝혀졌듯이, 불면증은 업무 능력의 상실과 밀접한 관계가 있다. 이 연구는 표본으로 실시한 연구 결과를 미국 전역의 근로자에게 확대하면, 불면증으로 인한 업무 능력의 저하로 기업이 부담해야 할 비용이 연간 630억 달러에 이를 것이라 추정했다.[191]

반박할 수 없는 증거를 제시하며 수면의 장점을 역설하는 과학적 연구도 나날이 증가하고 있다. 〈사이언스〉에 발표된 한 연구는 수면을 돈으로 환산해서, 수면이 부족한 사람이 1시간을 더 자면 6만 달러의 연봉 인상보다 더 큰 행복감을 하루 종일 만끽할 수 있다는 계산을 해냈다.[192] 지금까지 많은 연구가 돈과 행복의 상관관계를 밝히는 데 실패한 것은 사실이다. 게다가 지난 반세기 동안 선진국에서 실질임금의 상승은 행복의 증가와 어떤 상관관계도 보여주지 못했다. 서던 캘리포니아 대학교의 경제학자 리처드 이스털린(Richard Easterlin) 교수는 소득과 행복의 상관관계를 분석한 연구를 진행했다. 일본의 경우, 1958년부터 1987년 사이에 실질소득은 500퍼센트나 증가했지만 행복지수는 변하지 않았다.[193]

그러나 좋은 의도로 수면을 줄였더라도 우리에게 필요한 7~8시간의 밤잠을 자지 못한다면 어떻게 해야 할까? 과학자들의 주장에 따르면, 아주 짧은 시간이라도 낮잠을 자면 체내 시계를 올바른 방향으로 수정하는 데 도움이 된다. 레오나르도 다 빈치, 토머스 에디슨, 엘리너 루스벨트, 윈스턴 처칠, 존 F. 케네디는 낮잠꾼으로 유명했다. 우리 시대의 유명한 낮잠꾼, 찰리 로즈(Charlie Rose)는 나에게 하루에 세 번까지 낮잠을 잔다며 "CBS의 아침 방송을 끝내고 잠깐 잠을 자고, 프로그램의 녹화를 시작하기 전에, 그리고 저녁에 퇴근하기 전에 잠깐 잠을 잔다. 이렇게 잠깐잠깐 잠을 자면 전혀 피곤하지 않다!"라고 말했다.[194] 《꿈나라: 이상한 수면과학의 모험》을 쓴 데이비드 랜들(David Randall)은 주장한다. "잠깐 동안의 낮잠으로도 뇌의 기능이 활성화되어 우리는 더 좋은 아이디어를 생각해내고, 퍼즐을 더 빨리 해결하며, 똑같은 패턴을 신속하게 찾아내고, 정보를 더 정확하게 기억해낼 수 있다."[195]

물론, 충분한 수면을 취해야 한다고 말하기는 쉬워도 실천하기는 어렵다. 지금처럼 하루의 휴일도 허용되지 않은 채 24시간 내내 테크놀로지에 얽매여 살아야 하는 문화에서는 더더욱 어렵다.

번쩍이는 화면이 수면을 방해한다고 입증한 과학적 연구가 한둘이 아니다. 렌셀러 폴리테크닉 대학교의 연구진이 최근에 발표한 연구에 따르면, 컴퓨터 모니터의 빛은 우리 몸에서 체내 시계를 조절하고 수면 주기를 관리하는 멜라토닌의 생성을 방해한다.[196] 테크놀로지의 극성으로 우리는 잠시도 외부 세계로부터 벗어날 수 없는 지경에 이른 까닭에 내면의 세계를 들여다볼 기회를 상실하기 십상이다.

뉴아메리카 재단 사장, 앤 마리 슬로터(Anne Marie Slaughter)는 "더 열심히 일하고 더 늦게까지 근무하거나 때로는 밤샘 작업을 하며, 세계 전역을 번질나게 출장 다닐 때 날짜변경선이 허용하는 추가 시간까지 스케줄에 끼워 넣으며 치열하게 경쟁"하는 우리 상황을 '타임 마초(time macho)'라 칭했다. 그러나 참다운 삶을 살기 위해서는 '타임 마초'의 독성을 우리 삶에서 하루라도 빨리 씻어내야 한다.[197]

2010년 1월, 나는 잡지 〈글래머〉의 편집장, 신디 리브(Cindi Leive)를 설득해서, 세계 여성의 삶을 개선하는 데 도움을 줄 수 있는 새해 다짐을 함께 발표했다. 여성에게 더 많은 수면 시간을 보장하라는 일종의 선언이었다. 우리 생각에 수면 시간은 페미니스트라면 당연히 관심을 가져야 할 쟁점이었다. 전국적인 조사에서 밝혀졌듯이, 수면 부족에 시달리는 모든 미국인 중에서도 여성이 가장 고달프다.[198] 일하는 어머니의 수면 시간이 가장 짧아, 응답자의 59퍼센트가 수면 시간이 부족하다고 대답했고, 50퍼센트는 수면 시간이 6시간 미만이라고 대답했다.[199] 신디도 두 어린 자식을 키우며 일하는 데다 자신이 텔레비전 중독자여서 평균 밤잠 시간이 5시간에 불과하다고 인정했다.

수면 전문가 마이클 브레우스(Michael Breus) 박사는 《아름다운 잠》에서 "남성보다 여성의 수면 시간이 크게 부족하다"라며 "여성에게 지나치게 많은 역할이 주어지는 데다 수면은 우선순위에서 항상 뒷전이기 때문이다. 수면을 우선적으로 생각해야 한다는 걸 여성도 알고 있지만, 현실적으로 수면은 항상 가장 나중에야 선택된다. 이런 이유에서 수면 시간이 줄어든다"라고 덧붙였다.[200] 우리 몸에 필요한 휴식의 시간을 빼앗으면 질병에 걸리고 스트레스에 짓눌릴 가능성이 커진다. 따라서 교통사고를 일으킬 확률도 덩달아 높아지고 체중까지 증가할 수 있다. 특히 브레우스 박사는 몸무게를 줄이는 데는 수면이 운동보다 효과적이라고 단언했다![201]

그러나 수면 부족이 인체에만 문제를 일으키는 것은 아니다. 잠이 부족하면 개인적인 능력을 최대한 발휘하기도 어렵다. 업무에서 올바른 의사결정을 내리기도 힘들고 인간관계에도 문제가 발생할 수 있다. 냉정한 판단과 감정적 균형, 문제 해결 능력, 창의력이 필요한 모든 부분에 악영향을 미친다. 이런 이유에서 브레우스 박사는 "밤에 충분한 숙면을 취하면, 어떤 역할이나 훨씬 더 잘해낼 수 있을 것이다"라고 말했다.[202] 하지만 '최적의 수행능력'이 어떤 것인지 완전히 망각할 때까지 우리는 잠을 줄이면서 그럭저럭 살아가고 있는 듯하다.

수면 박탈이 고문의 한 형태로 분류되고, 사이비 종교 집단이 흔히 사용하는 전략인 이유가 여기에 있다. 사이비 종교 집단이 신도들에게 오랫동안 잠을 자지 못하게 강요하는 이유는 신도들의 의사결정 능력을 떨어뜨려 설득에 쉽게 넘어오도록 유도하기 위한 것이다.[203] 결국 선택은 우리의 몫이다. 스스로 책임지는 자율적인 사람이 되고 싶은가? 아니면, 좀비처럼 힘겹게 발을 끌며 어기적거리며 살고 싶은가?

다시 신디와 내가 선언한 새해 다짐에 대한 이야기로 돌아가자. 새해 다짐을 발표하고 한 달 동안, 신디와 나는 밤잠을 충분히 자려고 애썼다. 시행착오를 겪은 끝에 우리가 찾아낸 적절한 수면시간, 즉 창의력을 발휘하고 효율적으로 일하는 데 필요한 수면시간은 신디의 경우는 7시간 30분, 나는 8시간이었다.

물론, 충분한 수면을 취하겠다는 다짐은 말로는 쉽지만 꾸준히 실천하기는 만만찮았다. 우리는 존 스튜어트(Jon Stewart)가 진행하는 심야 정치풍자 프로그램부터 받은 편지함까지 많은 유혹을 이겨내야 했다. 특히, 자칭 밤잠이 적은 사람들이 모범을 보인 선례에 따라 살지 않는다는 이유로 우리를 게으르고 나태하다고 평가할 일벌레들의 원칙을 무시해야 했다.

하지만 새해 다짐을 오랫동안 지키기는 쉽지 않았다. 운전하면서 졸지 않은 걸 생각하면 신디와 나는 대단히 건강하고 에너지가 넘치는 사람인 게 확실한 듯하다. 그러나 문제는 여전히 많은 사업장을 지배하는 남성 중심적인 문화에서 '소속감'을 느끼지 못하는 여성이 많다. 이런 이유에서 많은 여성이 옆자리에서 근무하는 남성보다 더 열심히 더 오랫동안 일함으로써 과잉보상하려는 경향을 띤다. 그런 근면한 노력을 통해 여성이 소속감과 상당한 안정감을 얻는 것은 사실이다. 적어도 초기에는 효과가 있다. 따라서 여성은 더 자주 더 많은 일을 해내기 시작하면서 직장 중심의 삶에서 벗어나지 못한다. 그러나 일중독은 궁극적으로 수면 부족으로 이어지고, 수면이 부족하면 최선의 능력을 발휘하기 어렵기 때문에 그런 삶은 패전이나 다름없는 피로스의 승리에 불과하다. 충분히 수면을 취하면 일과 삶에 열정적이지 않다고 해석하는 사회 분위기에 대한 두려움 때문에 많은 사람이 탈진할 지경에 이르렀다.

그러나 충분한 수면을 취할 때 우리는 더 큰 능력을 발휘하고, 우리 삶을 원만하게 관리할 수 있다. "women sleep the way to the top"이라는 말이 과거에는 "여성은 잠자리를 수단으로 정상에 오른다"라고 해석되었지만 이제는 다른 뜻으로, 즉 "충분히 수면을 취해야 정상에 오른다"로 재해석되어야 한다. 여성은 의회와 우주여행, 스포츠 세계, 기업계와 언론계에서 이미 유리 천장을 깨뜨렸다. 우리 여성이 완전히 깨어 있을 때 무엇을 할 수 있을지 상상해보라.

남자 친구가 생겼을 때 우리는 더 편안하고 신나게 더 오랫동안 잠자리에 함께하려고 얼마나 애썼던가! 새해 다짐을 하고 사흘째 되는 날, 신디가 나에게 이런 이메일을 보냈다. "어젯밤에 7시간 30분을 잤지만, 시간에 맞춰서 잠자리에 들어야 한다는 생각 자체가 나한테는 지독한 스트레스였어요. 기차 시간에 늦지 않으려고 발버둥 치는 것처럼 하루 종일 바쁘게 뛰어다녀야 했어요!"

신디의 이메일을 읽고 나서야 나도 똑같은 상황이라는 걸 인식하게 되었다. 어느 날, 밤 10시 30분에 나는 〈허핑턴포스트〉의 창립 편집위원 로이 세코프(Roy Sekoff)와 함께 표제 기사를 무엇으로 할지 논의하고 있었다. 그런데 기차를 놓칠지도 모른다는 생각에 갑자기 불안하고 초조해지기 시작했다. 그래서 로이와 나는 서둘러 머리를 짜낸 끝에 웹사이트에 올릴 새로운 표제 기사를 결정했고, 다행히 나는 수면을 위한 최종시한을 넘기지 않을 수 있었지만, 그 과정에서 액션 영화의 주인공이 되어 폭탄을 설치하는 기분이었다. 그래도 일을 끝마쳤을 때는 마음껏 웃을 수 있었다. 웃음이야말로 스트레스를 단번에 날려버리는 폭탄이 아닌가.

나는 쾌면을 돕는 많은 도구들을 하나씩 찾아냈다. 첫째로는 신디가 나에게 선물로 보내준 분홍색 실크 파자마였다. 그 파자마를 입으면 침대에 뛰어들 준비를 끝낸 기분이었다. 내가 밤에 주로 입는 면 티셔츠들과는 비교할 바가 아니었다. 그 파자마는 그야말로 '자리옷'이었다. '헬스장에서 입는 옷'과는 완전히 달랐다. 많은 사람이 낮에 입는 옷과 잠자리에서 입는 옷을 구분하지 않는다. 하지만 나에게 파자마를 입는 행위는 내 몸에 '이제 모든 것을 중단할 시간'이라고 알리는 신호였다.

모든 것을 중단할 시간이라고 알리는 훨씬 더 중요한 신호는 전자기기를 끄는 것이었다. 나는 아이폰과 블랙베리를 침대에서 멀리, 아주 멀리 떨어진 곳에 두고 충전했다. 그래야 밤중에도 최신 뉴스와 이메일을 확인하고 싶은 유혹을 피할 수 있었으니까.

신디는 쉽게 잠이 들지 않은 경우에 활용할 수 있는 새로운 비법을 생각해냈다. "300부터 3을 뺀 수를 거꾸로 세는 방법이에요. 이 방법은 마법 같은 효과가 있어, 250에 이르기 전에 잠이 들 거예요." 나도 무척 긴장해서 잠들지 못할 경우에 사용하는 비법이 있다. 뜨거운 물을 받은 욕조에 목욕용 소금을 섞은 후에 몸을 푹 담그는 방법이다.

'수면 재활'을 시작하고 나흘째 되던 날, 자명종의 도움을 받지 않고 눈을 떴다. 처음에는 뭔가 잘못되어 내 몸이 나에게 응급 신호를 보낸 것이라 생각하며 불안하게 주변을 두리번거렸다. 그렇게 1~2분이 지나서야 내가 잠에서 완전히 깨어난 이유를 깨달을 수 있었다. 한마디로 충분히 수면을 취해서 더 이상 눈을 감고 잠잘 필요가 없었던 것이다. 그때 내가 얼마나 기뻤을지 상상할 수 있겠는가?

세계 인구의 80퍼센트가 주중에 자명종의 도움을 받아 잠을 깨지만 우리에게 정확히 필요한 수면 시간을 무척 간단하게 알아낼 수 있다며, 틸 로에네베르크 교수는 "우리는 가끔 과식할 수 있지만, 일반적으로 지나치게 많은 잠을 자지는 못한다. 저절로 눈이 떠지고 상쾌한 기분이 들면 충분히 잠을 잔 것이다"라고 말했다.[204]

로에네베르크 교수의 설명에 따르면, "전등이 폭넓게 사용된 이후로 우리 체내 시계는 조금씩 늦어졌지만 근무시간은 기본적으로 똑같다. 우리는 (늦어진) 체내 시계에 맞추어 잠들고, 자명종 소리에 놀라 일찍 잠을 깬다. 따라서 우리는 만성적인 수면 부족에 시달리게 된다."[205] 결국 수면이란 빚은 점점 쌓여가고, 우리는 그 빚에서 헤어 나오지 못하는 셈이다.

충분한 수면으로 얻은 효과의 하나로 나는 하루를 기분 좋게 시작할 수 있었다. 수면 부족에 시달리는 사람이라면, 목이라도 졸라 죽이고 싶을 정도로 미운 '잠을 깨우는 사람'이 된 기분이었다. 나는 맑은 정신으로 아침을 맞았고 신 나게 하루를 보냈다.

규칙적인 운동이 숙면에 도움이 된다는 것은 상식이다. 그러나 나는 둘의 관계가 상호적이란 걸 깨달았다. 다시 말하면, 규칙적인 수면이 운동 효과를 높여준다는 것이다. 실제로 나는 이런 효과를 뼛속까지 실감했지만, 이런 관계는 과학적으로도 입증된 것이다. 노스웨스턴 대학교의 연구진이 최근에 미국 수면학회 연구지에 발표한 논문에 따르면, 밤잠을 설친 후에는 운동 시간이 줄어든다고 응답한 사람이 많았다.[206]

'수면 재활'을 시작한 후에도 나는 아침마다 운동기구들을 이용해서 규칙적으로 운동을 계속했다. 그런데 과거보다 더 무거운 바벨을 너끈히 들어 올렸고, 트레드밀을 더 빠른 속도로 조절했을 뿐만 아니라 기울기까지 더 높였지만 별로 힘들지 않았다. 내가 평소에 어떻게 운동하는지 알던 사람이 나의 변한 모습을 보았더라면 약물검사를 받아보라고 권했을 것이다. 그러나 내가 그처럼 운동 능력이 향상된 유일한 이유는 8시간의 밤잠이었다. 브레우스 박사가 지적했듯이, 이런 이유에서 충분한 수면은 체중 감소를 기대할 수 있다.[207]

충분한 수면을 취한 덕분에 하루 종일 활력을 유지할 수 있었다. 나에게는 등산을 함께하는 친구들이 있다. 등산하는 날에는 누가 되었든 간에 가장 기운이 넘치는 사람이 산을 올라가는 동안 재밌는 말을 하고, 산을 내려오는 동안에는 다른 사람들이 말을 하는 게 우리 전통이다. 나는 거의 언제나 산을 내려오는 동안에 말하는 사람에 속했다. 그러나 최근의 산행에서 나는 산을 올라가는 동안 끊임없이 수다를 늘어놓았다. 정확히 말하면, 산행을 함께하는 친구들에게 잠을 많이 자야 한다고 열변을 토했다.

신디는 나에게 또 하나의 요령을 가르쳐주었다. 잠자리에 드는 시간을 일종의 약속처럼 생각하라는 것이었다. 업무와 관련된 약속만큼이나 중요하고 절박하게 받아들이라는 뜻이었다. 엄격히 말하면, 잠자리에 드는 시간은 우리가 우리 자신과 약속한 만남의 시간이었다. 신디는 일어나야 할 시간으로부터 7시간 30분을 역으로 계산해서 잠자리에 드는 시간, 즉 약속을 정했다. 시간관념이 철저한 A형 성격이어서 마감시한과 약속을 철저히 지켜야 만족하는 사람이라면, 신디의 이런 방법이 시간에 대한 강박관념을 생산적으로 활용할 수 있는 좋은 방법이다.

업무의 우선순위에 맞추려면 스케줄은 끊임없이 변하기 때문에 수면 시간을 탄력적으로 조절해야 한다고 생각하는 사람이 많다. 그러나 항공기나 기차처럼, 수면도 일정한 시간에 고정된 것이라 생각해야만 하고, 수면 시간을 놓치지 않기 위해서 오히려 다른 것들을 필요에 따라 조정하는 편이 낫다.

신디는 자신과의 약속을 지키기 위해서, 자명종을 침실에 두고 잠자리에 드는 시간에 맞추라는 브레우스 박사의 조언을 따랐다며 "시끄러운 자명종을 끄기 위해서라도 침실에 들어갈 수밖에

없을 거예요. 여하튼 정해진 시각에 침실에 있게 되잖아요"라고 나에게 말했다.[208]

충분한 수면을 취하겠다는 결심을 많은 사람에게 알리는 것도 그 약속을 실천하는 데 도움이 될 수 있다. 그 결심에 공감하며 똑같이 충분한 수면을 취하고 싶어 하는 사람들이 당신의 수면 목표를 고수하도록 옆에서 지원할 것이기 때문이다. 내 경우가 그랬다. 〈허핑턴포스트〉의 블로그에 수면 약속을 올린 때문에, 내가 행사에 참석할 때마다 낯선 사람들까지 내게 다가와서는 시계를 힐끗 보며 언제까지 머물 계획이고 8시간의 수면 약속을 지키고 있는지 알고 싶어 했다. 나는 다음 날 학교에 가야 하는데 밤에 돌아다니는 어린아이가 된 기분이었고, 약속을 지킬 수 있도록 도와주려고 노심초사하는 수십 명의 베이비시터를 옆에 둔 기분이었다.

충분한 수면에서 얻은 또 하나의 효과는 꿈의 강도가 한층 강렬해진 것이었다. 내 꿈이 실제로 더 강렬해지고 생생해진 것인지, 아니면 잠을 더 자고 싶은 마음에 눈을 뜨지 않았기 때문에 꿈이 그렇게 느껴졌는지는 확실하지 않다. 이유가 무엇이든 간에 내가 한층 풍요롭고 강렬한 꿈의 세계를 맞이한 것만은 사실이다.

꿈과의 재교감은 옛 연인과 재결합한 것과 다를 바가 없었다. 나는 예부터 꿈에 관심이 많았다. 이집트의 룩소르를 여행할 때 룩소르 신전의 '수면실'을 둘러보았다. 제사장들은 기도와 명상으로 준비를 끝낸 후 수면실에 들어가 수면을 취하며 신의 인도와 계시를 받았다. 숨 가쁘게 돌아가는 하루를 맞이하기 전에 약물의 힘을 빌려서라도 몇 시간을 잠자려는 현대인의 습관과는 대조적으로, 고대 이집트인들은 신의 계시를 기대하며 수면을 취했다. 수면을 향한 이런 영적인 마음가짐 덕분에 그들은 꿈을 세세하게 기억하고, 밤의 여행으로부터 영감을 얻을 수 있었다.

이집트를 여행하기 전에도 나는 칼 구스타프 융(Carl Gustav Jung)이 강조한 꿈과 원형에 깊이 심취해 있었다. 융의 자서전 《기억 꿈 사상》은 내가 가장 좋아하는 책 중 하나이다. 꿈의 세계가 '현실 세계'로부터 우리를 분리하기는커녕 우리에게 우리 영혼의 목소리를 듣게 해주는 무한한 공간, 즉 또 다른 실태를 열어준다는 가능성을 탐구하는 데 도움을 주는 책이기 때문이다.

이집트를 여행한 이후로 오랫동안 꿈을 일기에 꼬박꼬박 적었다. 그렇게 꿈 이야기로 두 권의 일기장이 채워졌다. 그러나 현실적인 삶, 특히 어머니로서의 삶이 끼어들었다. 갓난아기에게 젖을 먹이고 울며 보채는 아기를 달래며 아장아장 정신없이 돌아다니는 아이를 돌보는 사이에도 신문에 칼럼 쓰는 걸 중단할 수 없어 시간은 수증기처럼 증발되어 순식간에 밤이 되었고, 잠은 신성한 영적인 존재와 교감하기 위한 수단이 아니라 생존을 위한 절박한 전략이 되고 말았다.

밤과 수면은 그저 다른 상태로 넘어가는 순간에 불과했다. 시간이 허락할 때에만 침대에 누울 수 있었다. 해가 중천에 떠서야 잠을 깼고, 바쁘게 돌아다녔다. 피곤에 지쳐 잠에 떨어지고, 잠에서 깨면 정신없이 분주하게 돌아다녀야 하는 삶의 연속이었고, 결국 나는 그런 삶의 방식에 익숙해졌다. 그런 삶이 지극히 정상적인 것처럼 여겨졌다.

하지만 다시 '깨달음'을 얻었다. 잠의 중요성을 다시 깨닫게 되면서 잠을 우선시하게 되었다. 그와 동시에 꿈을 기억하는 여유까지 갖게 되었다. 꿈을 기억할 때, 우리와 가장 가까운 사람들과 훨씬 깊게 교감하는 기회를 갖는 부수적인 효과를 기대할 수 있다. 요즘 막내딸과 나는 꿈 이야기를 자주 나눈다. 막내딸이 자주 꾸는 꿈은 충분한 밤잠이 우리에게 허락하는 것을 상징한다. 막내딸은 자신이 살아 있는 '멈춤' 표지라고 상상하며, 사람들이 삶을 좇아 이런저런 일로 넘어가기 전에 완전히 멈추게 만드는 역할을 하는 꿈을 자주 꾼다.

브레우스 박사는 꿈이 중요한 이유를 다음과 같이 설명했다. "렘수면 상태의 꿈은 우리 기억력을 강화하는 데 도움을 준다. 무슨 뜻이겠는가? 꿈을 통해 우리가 전반적인 기억력과 생각을 체계화하는 능력을 향상시킨다면 어떤 일이라도 해낼 수 있다는 뜻이다."[209]

꿈을 기억하면 위와 같은 실질적인 이점 이외에, 꿈을 기억해야 할 심원하고 영적인 이유들도 있다. 루미는 그 이유를 이렇게 요약해주었다. "그대의 머리에 신선한 빵으로 가득한 바구니가 있지만, 그대는 이 집 저 집을 돌아다니며 빵부스러기를 구걸하는구나. 그대여, 내면의 문을 두드려라. 다른 문은 접어두고."[210] 꿈을 기억한다는 것은 내면의 문을 두드려서 심원한 통찰과 자각을 얻는 한 방법이다.

내가 지금까지 조언을 구한 수면 전문가들은 숙면을 취할 수 있는 많은 요령을 알려주었다. 나에게 가장 효과가 있었던 몇몇 방법을 소개하면 다음과 같다.

- 새 베개를 마련하라. 베갯잇도 새로 마련하라.
- 침실을 지금보다 어둡게 조절하고 시원하게 유지하라.
- 잠자리에 들기 전에 심호흡을 하라.
- 잠자리에 들기 전에 따뜻한 물로 목욕하라.
- 매일 운동하라. 가벼운 걷기도 괜찮다.
- 밤에는 노트북, 태블릿 PC, 스마트폰, 텔레비전 등 모든 전자기기를 꺼라.[211]
- 오후 2시 이후에는 커피를 마시지 마라. 또 잠자리에 들기 직전에는 알코올음료를 마시지 마라.

낮에 스트레스가 쌓이면 밤에 잠들기 힘들다. 낮에 수시간 간격으로 60초 정도의 회복 시간을 가지면 스트레스가 쌓이는 걸 예방할 수 있다. 테니스 선수들이 경기 중에 잠깐 짬을 내어 경기력의 회복을 위해 어떤 행동을 습관적으로 행하는 것과 다를 바가 없다. 요컨대 하던 일을 멈추고 손바닥이나 발바닥, 혹은 둘 모두 의식을 집중하면 충분하다. 1분 동안 그런 자세를 유지하며, 모든 긴장이 손과 발을 통해 몸에서 빠져나간다고 느껴보라.

수면 재활을 시작하고 4년 후, 신디와 나는 전자기기로부터의 해방 운동을 시작했다. 이번에는 MSNBC에서 '모닝 조'라는 토크쇼를 공동 진행하고, 제3의 기준 콘퍼런스를 나와 함께 공동으로 주최하는 미카 브레진스키(Mika Brzezinski)가 동참했다. 2013년 12월의 마지막 한 주 동안, 우리는 사랑하는 사람들과 진정으로 하나가 되기 위해서 텔레비전과 소셜 미디어 및 이메일을 완전히 끊고 지내기로 맹세했다.

미카는 전자기기를 완전히 끊었을 때의 첫 반응을 이렇게 기록했다.[212] "전자기기를 끊고 지내기가 무척 힘들었다. 지난 10년 동안 밥을 먹고 잠을 잘 때, 심지어 운동하고 샤워할 때도 아이폰을 손에 쥐고 있었다. '강박'이란 말로도 부족하고, '중독'이란 말로도 부족하다. 사슬로 얽매인 상태? 폰이 완전히 내 몸의 일부가 된 상태? 이런 표현이 더 적절한 듯하다." 미카의 경우, 전자기기를 끊고 지내기로 약속한 1주일이 하필이면 가족과 휴가를 보낸 때였다. 그것도 아이폰에 중독된 10대 딸들이 바로 옆에 있었다. 미카는 아이폰이 유령처럼 어른거리던 당시의 고통을 다음과 같이 생생하게 표현해주었다. "아이폰을 손에서 떼어놓자 낯설고 허전한 기분이 밀려왔다. 브래지어를 착용하지 않은 기분이랄까? 처음에 나는 아이폰을 꺼놓고도 손에 쥐고 있었다. 젖을 떼는 이유기를 맞이한 아기가 된 기분이었다. 꺼진 아이폰은 내가 손에서 떼어놓을 수 없는 봉제 인형과도 같은 것이었다." 그러나 미카는 커다란 보상을 받았다. "아이폰의 전원을 꺼놓은 덕분에 많은 것을 얻었다. 무엇보다 부모님과 진정한 대화를 나눌 수 있었고, 조카와 신 나게 수영을 즐길 수 있었다. 또 짐과 칼리와 즐겁게 조깅할 수 있었고, 에밀리와 손잡고 산책할 수 있었다. 진정한 교감을 나누었다. 해가 수평선 아래로 가라앉는 아름다운 풍경까지 온전히 지켜보았다." 그리고 미카는 이렇게 결론지었다. "전자기기를 끊어보라고 적극 권하고 싶다! 당신의 건강을 위해서, 당신의 인간관계를 위해서, 당신의 삶을 위해서!"

신디도 힘든 금단 증상을 겪었지만, 적잖은 교훈을 얻었다. 예컨대 "아이폰을 멀리하는 순간, 다른 사람들이 주변에 있다는 걸 깨닫게 된다. 휴가 중에 세상 소식을 멀리했지만 훨씬 더 행복했다. 잠깐 동안이었지만 디지털기기로부터 해방된 덕분에 짜증스런 상황에서 평정심을 그런대로 유지할 수 있었다."[213] 신디는 그런 교훈을 휴가 이후에도 실천하기로 결심하고 "저녁 시간에는 이메일을 확인하지 않고, 올해에는 아이폰을 손에 쥐고 다니지 않고 가방에 넣고 지내기로 맹세했다. 여러분도 이렇게 해보지 않겠는가?"라고 물었다. 여러분도 신디처럼 해보기를 바란다.

⋮ 스포츠 세계에서 배운다_경기력 향상 약물 ⋮

성공에 대한 잘못된 정의의 근본적인 결함은 과로와 혹사만이 높은 성과와 탁월한 결과의 지름길이라는 인식에 있다. 이런 인식이 잘못된 것이란 증거는 성과가 객관적으로 계량화되어 측정되는 스포츠 세계에서 쉽게 찾아진다. 홈런(대성공), 슬램덩크(확실한 성공), 공을 놓치다(결정적인 실책), 장타자(거물), 홈플레이트에 다가가다(책임을 떠맡다) 등 스포츠 용어는 기업계에서도 흔히 쓰이지만, 스포츠 세계는 기업계보다 앞서 생산성과 탈진에 대해 고심하기 시작했다.

최고의 선수들은 성적도 최고다. 스포츠에서는 거의 모든 것이 계량화되기 때문에 효과 있는 것과 그렇지 않은 것을 판단하기가 상대적으로 쉽다. 강인한 체력이 요구되는 엘리트 스포츠에서도 명상과 요가, 마음챙김, 충분한 수면과 낮잠을 점차 받아들이는 추세이다. 선수들과 코치들이 명상 등이 경기력 향상에 도움이 된다는 걸 깨달았기 때문이다. 명상의 효과를 의심하는 사람이 줄어들고는 있지만, 마음챙김을 비롯한 스트레스 해소를 위한 방법들이 성과에 미치는 영향이 스포츠 세계만큼 구체적으로 드러나는 곳도 없다.

스탠퍼드 대학교에서 발표된 연구가 널리 인용되지만 가장 흥미롭기도 하다. 약 10년 전, 스탠퍼드 대학교 수면장애 클리닉의 연구원, 셰리 마(Cheri Mah)는 수면이 뇌에 미치는 영향을 연구하고 있었다. 그런데 마의 시험 대상 중에는 스탠퍼드 수영팀원들이 있었다. 그들은 수면을 더 취하라는 요구를 받은 기간에 경기력이 향상되어 개인적으로 최고 기록을 세웠다고 마에게 알려주었다. 그래서 마는 수면 시간과 경기력의 상관관계에 관심을 갖기 시작했다.[214]

그 이전에도 수영 선수와 풋볼 선수와 테니스 선수를 대상으로 한 연구에서 수면 시간과 경기력의 밀접한 관계가 밝혀진 적이 있었다. 따라서 셰리 마는 연구 범위를 확대했고, 잡지 ESPN의 칼럼니스트, 피터 키팅(Peter Keating)의 표현을 빌리면, 마의 연구 결과는 "빛을 차단하는 것만으로도 안전하고 합법적인 인간성장

호르몬을 얻을 수 있다는 걸 입증함으로써 스포츠 세계를 뒤흔들었다."[215]

3년 후, 세리 마는 스탠퍼드 대학교 농구 선수 11명에게 처음 수주 동안에는 정상적인 스케줄에 따라 생활하고, 그 후에는 5~7주 동안 반드시 낮잠을 자고 신중하게 식사하고 10시간의 밤잠을 자라고 요구했다. 놀랍게도 11명 모두의 경기력이 크게 향상되었다. 3점 슛 성공률은 9.2퍼센트, 자유투 성공률은 9퍼센트가 올라갔다.[216] 경기력만이 향상된 것이 아니라, 그 선수들은 전반적으로 활력이 넘치고 피로감도 덜 느꼈다고 증언했다. 세리 마는 "이런 결과에서 과거에는 선수들이 차선의 수준으로 운동했다는 걸 짐작할 수 있다. 그들은 수면이란 빚을 축적해가고 있었던 셈이다. …… 그들이 나름대로 좋은 경기력을 보였지만 각자의 잠재력을 완전히 발휘하지 못하고 있었던 것이다"라고 결론지었다.[217]

요즘에는 모든 스포츠에서 새로운 훈련법이 도입되고 있다.

- 2005년 미국 올림픽위원회는 수면 전문가 마크 로즈킨드(Mark Rosekind)의 조언을 받아들여 콜로라도스프링스 훈련센터의 침실 시설을 업그레이드했다. 매트리스를 더 좋은 것으로 교체했고, 햇빛을 완전히 차단하는 커튼을 설치했다. 또한 선수들에게 9~10시간의 수면을 목표로 삼으라고 독려했다.[218] 많은 선수가 이 조언을 진지하게 받아들였다. 예컨대 마라톤 대표선수, 라이언 홀(Ryan Hall)은 "수면은 내 훈련에서 큰 부분을 차지한다. 체력 회복은 제한 요인이지만, 꾸준히 달리는 내 능력

은 제한 요인일 수 없다. 나는 대체로 8~9시간의 밤잠을 자지만, 체력을 재충전하기 위해서 오후에 잠깐잠깐 총 90분의 낮잠을 훈련 시간표에 반드시 포함한다"라고 말했다.[219]

- 프로농구팀, 댈러스 매버릭스는 밴쿠버의 패티그 사이언스와 손잡고 손목띠를 사용해서 선수들의 수면량을 관찰하고, 수면량과 경기력을 비교했다. 패티그 사이언스의 창립자, 패트 번(Pat Byrne)은 수면량과 경기력의 상관관계를 이렇게 설명했다. "한 선수가 6시간의 밤잠을 잔 후에 컨디션이 좋다고 말하면, 우리는 '자네가 8시간을 잔다면 반응 속도가 훨씬 나아질 것'이라고 자신 있게 말할 수 있다. 허튼소리가 아니라 실제로 그렇다는 걸 입증할 수 있다."[220]

- 프로농구팀, 로스앤젤레스 레이커스의 슈퍼스타 코비 브라이언트는 수면을 조금이라도 더 취할 목적에서 경기가 있기 전에는 팀 숙소를 거의 떠나지 않는다.[221] 브라이언트는 전 감독 필 잭슨에게 배운 명상까지 수행한다.[222] 잭슨 감독은 선수들에게 '하나의 호흡, 하나의 마음'이란 개념도 가르쳤고, 침묵하는 하루를 훈련 과정에 포함했다. 필 잭슨은 오프라 윈프리 쇼에 출연해서 "나는 마음챙김을 중요하게 생각합니다. 근력 운동을 하고, 체력을 강화하려고 달리는 만큼, 정신력도 강화해야 합니다. …… 그래야 집중력을 유지할 수 있고…… 그래야 모든 선수가 일사불란하게 움직일 수 있습니다"라고 말했다.[223]

- 마이클 조던이 시카고 불스 팀의 주역으로 활약할 때 시카고 불스의 뛰어난 성적 뒤에는 명상 교사 조지 멈퍼드(George

Mumford)의 노력이 있었다. 멈퍼드는 "현재의 순간에 집중해서 경기에 열중할 때 최고의 경기력을 발휘할 수 있는 법이다"라며 "일반적인 경우에 이런 집중력은 가끔 발휘되지만 선수들이 마음챙김을 수련하는 방법을 터득하게 되면 빈도수가 훨씬 잦아진다"라고 말했다.[224] NBA에서 MVP를 4번이나 수상한 르브론 제임스가 작전 시간을 틈타 명상하는 모습을 담은 동영상은 한동안 유튜브에서 최고의 인기를 끌기도 했다.[225]

- 마이애미 돌핀스의 전 러닝백, 리키 윌리엄스는 경기 전에 항상 명상으로 마음을 가다듬었다. 은퇴한 후에는 플로리다의 노바 사우스이스턴 대학교에서 명상을 강의하기도 했다. 윌리엄스는 "이제 명상은 내 삶의 일부이다. 많은 사람이 스트레스를 받는 데 익숙해서 스트레스를 받고 있다는 걸 의식조차 못한다. 과거에는 나도 그런 사람이었다"라고 말했다.[226]

- 테니스계의 전설, 이반 렌들은 집중력을 높이기 위해서 정신운동을 게을리 하지 않았다. 훈련 시간표에 긴장을 풀기 위한 휴식 시간을 반드시 포함시켰고, 낮잠을 통해 체력을 재충전하기도 했다.[227] 2012년 이반 렌들은 앤디 머레이의 코치가 되었다. 그때까지 그랜드슬램 대회에서 4번이나 준우승에 머물렀던 머레이는 2012년 US오픈과 2013년 윔블던에서 우승을 차지했다. 텔레비전 토크쇼 진행자, 찰리 로즈는 머레이와 인터뷰할 때 그를 비롯한 뛰어난 프로 테니스 선수들이 경기하는 모습을 보고 있으면, "여러분은 공이 라켓을 떠나는 순간까지 공에서 눈을 떼지 않습니다. 공이 거의 슬로모션처럼 움직

이는 것 같습니다"라고 말했다.[228]

우리 모두가 마음속에 간직해야 할 이미지이다. 최고의 선수들은 휴식을 취하고 재충전하며 집중한다. 시간이 느려지고, 공이 슬로모션으로 움직이기 때문에 선수는 최선의 결정을 내릴 수 있고, 그 결정을 행동에 옮긴다. 내 경험에 따르면, 마음챙김과 스트레스 해소 기법들은 누구에게나 똑같은 효과를 낳는다. 정신없이 분주하게 돌아다니며 스트레스로 탈진한 상태에서, 우리가 해야 할 일들은 분명한 경계도 없이 쏜살같이 지나가기 십상이다. 그러나 원기를 회복하고 집중하면, 우리에게 느릿하게 다가오는 것처럼 보이기 때문에 그것을 침착하고 자신 있게 처리할 수 있다.

컨설팅 회사, 에너지 프로젝트의 창업자이며 최고경영자인 토니 슈워츠(Tony Schwartz)는 짧게 휴식하는 동안에도 운동을 통해 근육을 키울 수 있다고 말한다. 최적의 건강 상태에 이르기 위해서는 짧은 순간에 모든 힘을 쏟아낸 후에 휴식을 취하며 기력을 회복하면 된다. 상당한 성과를 내면서도 행복한 삶을 살기 위한 방법도 크게 다르지 않다.[229]

슈워츠는 "동일한 패턴으로 곡선적으로 움직일 때 우리는 온종일 활력을 유지할 수 있지만, 우리는 주로 직선적으로 움직이며 거의 앉아서 생활한다. 이메일을 끝없이 확인하고 회의를 거듭하며 별로 움직이지 않는다. 또 정신과 마음을 회복하기 위한 시간도 거의 갖지 못한다. …… 업무를 가장 효율적으로 해내려면 단거리 선수처럼 일해야 한다. 구체적으로 말하면, 90분 이내의 시간 동안 집중적으로 일한 후에 휴식을 취하는 방법이다. 이런 식으로 반복해서 일할 때 진정으로 일하는 것이며, 이런 식으로 회복을 위한 휴식 시간을 가질 때 진정으로 재충전이 가능하다"라고 말한다.[230]

엘리트 운동선수들이 정신적으로나 육체적으로 필요한 준비를 소홀히 하지 않듯이, 준비를 어떻게 하느냐에 따라 업무 성과도 뚜렷이 달라진다. 워싱턴 대학교의 컴퓨터 과학자 데이비드 레비(David Levy)는 2013년에 발표한 논문을 위해서, 인력담당 책임자들에게 8주 과정의 마음챙김과 명상 강의를 듣게 했다. 그 후, 레비는 이메일과 인스턴트 메시지 및 문서 작성 등 까다로운 업무를 그들에게 주었다. 그들은 명상과 마음챙김 훈련을 받은 덕분에 상대적으로 오랜 시간 동안 집중력을 유지하며 정신을 딴 데 팔지 않았다. 더구나 일을 끝낸 후에는 스트레스 지수가 상대적으로 낮았다.[231] 레비는 "명상은 헬스장에서 반복해서 운동한 것과 같은 효과가 있다"라며 "명상은 집중 근육을 강화해준다"라고 말했다.[232]

우리가 뛰어난 성과를 내기 위해서 마이클 조던처럼 1미터가 넘는 점프력을 가질 필요는 없다. 충분한 수면을 취하겠다고 다짐하고, 마음과 정신을 재충전하는 시간을 가지며, 주기적으로 핸드폰과 노트북을 멀리 떼어놓고, 스트레스를 해소하는 데 도움이 되는 도구들을 삶의 과정에 도입하려고 노력하면 충분하다. 마음챙김과 요가, 기도와 명상 및 묵상은 피정하는 주말에만 사용하는 도구가 아니라, 일상의 삶에서 수행 능력의 향상을 위해 언제라도 활용하는 도구가 되어야 한다.

⋮ 걸어라! 세상이 달리 보일 것이다 ⋮

로스앤젤레스에서 거주할 때 나는 하이킹하는 동안 멋진 아이디어를 많이 생각해냈다. 그래서 친구들을 만나거나 〈허핑턴포스트〉의 편집자들과 회의를 할 때마다 가능하면 회의실에 둘러앉아 회의를 하기보다는 하이킹을 함께하는 방법을 택했다.

실리콘 밸리의 유명한 전략가, 닐로퍼 머천트(Nilofer Merchant)는 이런 방법을 '걸으면서 대화하기'라고 칭한다. 누군가에게 직접 이야기할 것이 있다면, 걸으면서 이야기를 나누지 못할 이유가 어디에 있는가? 닐로퍼 머천트는 "누군가와 나란히 걸으면 당면한 문제와 상황을 함께 나눌 수 있다는 점에서 좋다. 또 걸으면서 회의하는 동안에는 누구도 이메일이나 트위터에 눈길을 돌릴 수 없다는 점에서도 좋다. 주변에서 일어나는 변화에 주의를 기울이면 감각 능력까지 향상된다. 게다가 사무실 회의에서는 얻을 수 없는 것, 즐거운 감정이 용솟음친다"라고 말했다.[233]

따분한 회의실에서 파워포인트를 이용한 프레젠테이션을 듣는 둥 마는 둥하면서 즐거운 적이 얼마나 있었는가? 마음과 다리는 반대로 움직이는 경향을 띤다. 차분히 앉으면 우리 마음은 마냥 어디론가로 떠나고 싶어 한다. 하지만 일어나서 걷기 시작하면, 우리 마음은 차분해지며 집중된다.

나는 '솔비투르 암불란도(solvitur ambulando)'라는 말을 좋아한다. "걸으면 해결된다"라는 뜻이다. 기원전 4세기의 그리스 철학자, 디오게네스가 움직임이 실재하는 것이냐는 질문에 대답한 방법을 가리키는 말이다. 당시 디오게네스는 그 질문에 벌떡 일어나 걸음으로써 대답을 대신해 보였다.[234] 실제로 걷기가 해결책인 많은 문제가 있다. 과로와 탈진 및 지독한 피로에 짓눌린 우리 문화에서, 어떻게 하면 우리가 창의력과 지혜 및 경이로움을 느낄 줄 아는 능력을 발휘할 수 있을까? 대답은 '솔비투르 암불란도'이다. 〈허핑턴포스트〉의 많은 기획은 하이킹 과정에서 완성되었다. 첫 투자자, 로리 데이비드(Laurie David)가 투자를 결정한 이유는 내가 함께 하이킹하며 제시한 아이디어를 신뢰한 때문이었다. 창립 이후로 예술면 편집자로 일하는 킴벌리 브룩스도 하이킹하던 중에 나에게 예술면을 신설하자는 아이디어를 제시했다. 내가 산기(産氣)를 느꼈을 때도 걷기는 상당히 중요한 역할을 했다. 실제로 의사들의 조언에 따르면, 산기가 있는 산모가 수시간 동안 침대에 누워 있는 것은 태아가 출산길을 원만하게 통과하는 걸 방해하는 최악의 습관이다.[235] 나는 UCLA 메디컬 센터에서 출산할 예정이었지만, 출산을 앞두고 묵던 호텔 부근을 도우미 아주머니와 함께 산책하며 대부분의 시간을 보냈다. 우연의 일치였겠지만, 그날이 하필이면 일본인에게 호텔을 매각하겠다고 발표하는 날이었다. 따라서 정원을 지나서 풀밭을 가로질러 로비까지 돌아오는 내 산책길을 관광객들과 일본인 사진기자들과 지역 텔레비전 촬영팀이 걱정스런 눈길로 지켜보았다. 나는 산책하면서 때때로 밀려오는 진통에 숨을 헐떡였고, 도우미 아주머니는 그때마다 따뜻한 격려의 말로 나에게 용기를 북돋워주었다.

　내가 한 시간 내에 해산할 거라고 도우미 아주머니가 예측한 때에야 우리는 택시를 타고 병원으로 향했다. 그때에는 어머니와 여동생도 함께 갔다. 그리고 30분 후에 크리스티나가 세상에 태어났다.

내 기억이 맞는다면 몰두하던 문제들은 거의 언제나 걷는 과정에서 해결책이 찾아졌다. 그리스에서 자랄 때 내가 가장 좋아했던 시는, 그리스 시인 콘스탄틴 카바피의 〈이타카〉였다. 아가피와 나는 시에 담긴 뜻도 제대로 이해하지 못한 채 그 시를 외웠다. 그 시는 이렇게 시작된다.[236]

> 그대가 이타카로 가는 길을 나설 때,
> 기도하라, 그 길이 모험과 배움으로 가득한
> 오랜 여정이 되기를.

오랜 시간이 지난 후에야 나는 모험과 배움으로 가득한 여정에 굳이 비행기와 자동차와 여권이 끼어들 필요가 없다는 걸 깨닫게 되었다. 걷는 것만으로도 여행의 즐거움을 만끽할 수 있다. 지금 나는 맨해튼에 살기 때문에 시시때때로 걷는다. 웬만한 거리는 걸어 다니고 친구들과 어울릴 때에도 주로 걷는다.

역사적으로 걷기의 장점을 언급한 사례는 상당히 많다. 토머스 제퍼슨은 걷기의 목적이 머리에서 생각을 비우는 데 있다며, "걷기의 목적은 마음의 긴장을 푸는 것이다. 따라서 걷는 동안에는 어떤 생각도 하지 않아야 한다. 그저 주변의 사물들에 눈길을 두기만 하면 된다"라고 주장했다.[237]

어니스트 헤밍웨이에게 걷기는 어떤 문제를 숙고하는 동안 최선의 생각을 찾아내는 방법이었다. 헤밍웨이는《파리는 날마다 축제》에서 "나는 작품을 완전히 탈고했을 때나 뭔가를 생각해내려 할 때 부두를 따라 걷곤 했다. 나는 걸으면서 뭔가를 하거나, 사람들이 뭔가를 하는 걸 지켜보면 생각이 더 쉽게 떠올랐다"라고 말했다.[238] 프리드리히 니체는 훨씬 앞서 나가, "걷는 동안에 떠올린 생각에만 가치가 있다!"라고 선언했다.[239] 또 헨리 데이비드 소로는 "내가 말하는 걷기는 운동과 아무런 관계도 없다. …… 걷기는 그 자체로 하루의 일과이며 모험이다"라고 말했다. 따라서 소로에게 걷기는 목적지에 이르는 수단만이 아니었다. 그에게 걷기는 목적 자체였다.[240]

걷기를 비롯해 이런저런 형태의 운동이 갖는 심리적 효과를 입증해주는 과학적 연구들도 적지 않다. 서던 메소디스트 대학교의 심리학자, 재스퍼 스미츠(Jasper Smits)는 "육체적 활동이 특히 경도 혹은 중등도 우울증을 치료하는 좋은 방법이라는 데는 이론의 여지가 없다"라고 말했다. 이런 결론을 확신하며, 스미츠와 그의 동료 교수는 환자들에게 운동을 처방하는 방법에 대한 조언을 담은 안내서를 쓰기도 했다. 놀랍게도 운동 처방에서 예상되는 위험한 부작용은 전혀 없다.[241] 또한 영국 에식스 대학교의 연구진이 발표한 일련의 연구에서도 걷기와 달리기, 자전거 타기와 정원 가꾸기 등에 참여한 실험자의 94퍼센트가 정신건강이 개선되는 효과를 보았다는 게 확인되었다.[242]

심리학자 로럴 리퍼트 폭스(Laurel Lippert Fox)는 이 생각을 받아들여 환자들의 치료 과정에 걷기를 도입했고, "걷기가 편안한 안락의자에 앉아 있는 것보다 치료 효과가 훨씬 나았다"라는 결론을 얻었다.[243]

세계보건기구의 발표에서 보듯이 전 세계에서 우울증으로 고생하는 사람이 3억 5,000만 명을 넘는다는 사실을 고려하면 우울증을 치료하는 수단으로서 걷기는 대수롭게 넘길 일이 아니다.[244] 집 밖에 나가 도시계획으로 꾸며진 인위적인 자연과 함께하는 것만으로도 유사한 효과를 얻을 수 있다는 게 로체스터 메디컬 센터의 리처드 라이언(Richard Ryan)을 비롯한 여러 학자에 의해 과학적으로도 입증되었다.[245] 라이언은 다른 학자들과의 공동 연구에서 우리가 자연 환경에서 시간을 보내면 한층 여유로워지고 공동체 지향적으로 변한다는 결과를 발표하기도 했다.[246] 네덜란드 연구진이 발표한 또 다른 연구에 따르면, 공원이나 숲지역으로부터 1킬로미터 이내에 사는 사람들은 그렇지 않은 사람들에 비해서 우울증과 불안증의 발병률이 상대적으로 낮았다.[247] 그러나 나무와 숲에 둘러싸여 살지 않더라도 우리는 마음만 먹으면 언제라도 그런 곳을 산책할 수 있다.

텍사스 A&M 대학교 의과대학의 캐스린 코트를라(Kathryn Kotrla)는 "건강관리 비용이 걷잡을 수 없이 앙등하는 지금, 우리는 예방적인 차원에서 녹색 공간을 생각해야만 한다"라며 "몸과 마음은 분리된 것이란 서구의 이분법적 사고가 잘못된 것임이 이번 연구에서 명백히 밝혀졌다. 우리는 전일체적 유기체이다. 따라서 건강해진다는 것은 몸과 마음이 모두 건강해진다는 뜻으로 해석

되어야 마땅하다"라고 말했다.[248]

반면에 걷기가 우리 건강에 좋은 만큼, 앉아서 생활하는 삶은 우리 건강에 좋지 않다는 것도 밝혀졌다. 미국 암학회의 발표에 따르면, 앉아서 근무한 사람은 서서 근무하는 사람보다 심혈관계 질환에 걸릴 확률이 높다.[249] 이런 사실은 새삼스런 발견이 아니다. 유사한 직업에서 종사하는 사람들을 대상으로 실시된 1950년 대의 연구에서도 이미 확인된 사실이다. 예컨대 버스 기사가 버스 차장보다 심혈관계 질환으로 사망하는 확률이 높았고, 집배원보다 정부 관리가 같은 질환으로 사망하는 경우가 많았다.[250]

서서 걷는 행위, 즉 움직이는 행위는 신체의 건강을 유지하는 데만 도움이 되는 것이 아니다. 일리노이 대학교 연구진이 발표한 연구에 따르면, 자연스런 걸음걸이로 1주일에 세 번씩 40분 동안 걸어도 노화를 예방하고 '뇌 연결성(brain connectivity)'과 인지 능력을 향상하는 데 효과가 있다.[251] 따라서 걷기를 통해 우리는 창의적 사고력만이 아니라, 집중해서 의사를 결정하는 사고력까지 향상할 수 있다. 요컨대 걸으면서 회의하는 방법도 괜찮지만, 창의력이 필요한 수업도 걸으면서 진행하면 도움이 되지 않을까 싶다.

헨리 데이비드 소로는 걷기의 이점에 대한 자신의 믿음을 과학적으로 입증하지는 못했지만 오래전에 걷기의 장점을 확신하고 "내 다리가 움직이기 시작하는 순간 내 생각도 거침없이 흐르기 시작하는 듯하다"라고 말했다.[252] 미국의 작가이며 환경운동가인 레베카 솔닛(Rebecca Solnit)은 《걷기의 역사》에서 우리가 세상을 경험하는 방법과 걷는 행위 간의 관련성에 주목하며, "뭔가를 창조

해내고 일하는 행위와 마찬가지로, 걷기에도 몸을 통해 세상을 알고 세상을 통해 몸을 알아가기 위해 몸과 마음이 세상에 관계하는 중요한 요소가 있다"라고 말했다.[253]

전통적인 다도(茶道)를 비롯해 일본의 미학적 감각에서 중요한 개념, 즉 개략적으로 사물 간의 간격, 혹은 본질적인 공간이라고 번역되는 '간(間)'이란 개념과도 걷기는 관계가 있다. 한마디로 걷기는 그런 공간을 창조해서 완벽하게 경험하는 중요한 행위이다.[254] 따라서 우리가 특정한 목적지를 두지 않고 산책하든 어떤 목적지를 향해 걸어가든 간에, 두 지점 사이의 공간과 간격을 연결하는 걷기는 중요할 수 있다. 엄격하게 말하면, 걷기는 점일 수 있다.

그 점, 그 정지점 외에는
춤이 없을지라도 거기에는 오직 춤만이 있네.　　　　_T. S. 엘리엇[255]

그래픽 디자이너 앨런 플레처(Alan Fletcher)는 "공간은 실체이다. 세잔은 공간을 그렸고 공간을 만들어냈다. 자코메티는 공간에서 지방(脂肪)을 벗겨내는 방식으로 조각했다. 말라르메는 단어만이 아니라 공백으로도 시를 창작했다. 랠프 리처드슨은 휴지(休止)의 시간에도 연기는 계속된다고 주장했다. …… 아이작 스턴은 음악을 '각 음표 사이의 지극히 짧은 공간'이라 묘사하며, 그 침묵의 공간에도 형태를 주어야 한다고 주장했다"라고 말했다.[256]

걷기는 우리가 세상을 돌아다니는 여러 방법 중 하나이고, 언어와 문자는 우리가 그 경험을 표현하는 수단이다. 영국 작가 제프 니컬슨(Geoff Nicholson)은 "언어가 텍스트를 빚어내는 방식과 똑같이 걷기는 공간을 만들어낸다. 우리는 문자로 우리 자신의 세계를 만들어낸다. …… 하지만 걷기로도 또 다른 우리만의 세계를 만들어낸다"라고 말했다.[257]

우리 주변의 세계를 충실히 경험하려면, 끊임없이 우리 관심을 끌어당기는 방해거리들로부터 해방되어야 한다. 뛰어난 집중력을 지녔던 소로마저도 현재의 순간에 충실하는 데 애를 먹었던지 이렇게 말했다 "몸으로는 숲속을 1.5킬로미터 정도 걸었지만 정신적으로는 그런 거리를 걷지 않았다는 걸 깨닫고는 깜짝 놀랐다. 오후에 산책할 때 나는 아침에 있었던 일과 사회에 대한 책무를 모두 잊곤 했다. 그러나 내가 마을을 쉽게 떨쳐내지 못하는 경우가 이따금 있다. 어떤 일에 대한 생각이 머릿속으로 밀려들고, 나는 내 몸이 있지 않은 곳에 있게 된다. 말하자면 나는 제정신이 아닌 것이다. …… 내가 숲속에서 숲 밖의 어떤 일을 생각한다면 숲속에 있다고 무슨 소용이 있겠는가?"[258]

"마을을 떨쳐내다." 지극히 중요하고 보편적인 인간의 욕구를 완벽하게 집약한 표현이다. 소로의 시대 이후로 마을은 어마어마하게 커져서 개개인의 삶에 개입하며, 겉보기에는 친밀한 공간이 되었다. 달리 말하면, 우리를 다른 사람들과 연결하고 맺어주는 역할을 하는 듯하지만 그런 연결의 실질적인 이점이 무엇인지 헷갈린다. 테크놀로지가 발달한 이후로 마을을 완전히 떨쳐내기가 점점 어려워졌다. 게다가 스마트폰이 등장한 이후로는 마을로부터 도피하기가, 벌떡 일어나서 멀리 걷는 것만큼이나 쉽지 않다. 그 때문인지 우리는 마을을 떨쳐내려고 노력조차 않는다. 온갖 방해거리에 굴복한 채, 소로의 표현대로 제정신이 아닌 상태에서 살아간다.

우리는 도시를 걸으며 스마트폰으로 문자를 보내거나 통화를 하고, 음악을 듣는다. 대신 주변 사람들과는 물론이고 우리 자신과 단절된 채 지낸다. 언론인 웨인 커티스(Wayne Curtis)는 이처럼 디지털기기를 몸에서 떼지 못하는 사람들을 "손에 쥔 작은 화면에 눈을 고정한 채 느릿하게 움직이는 디지털 사망자"라고 칭했다.[259] 커티스는 워싱턴 대학교의 연구진이 시애틀의 한 교차로를 집중적으로 관찰해서 발표한 논문까지 인용했다. 그 논문에 따르면, 보행자 세 명 중 한 명이 길을 건널 때 딴짓을 했다. 구체적으로 말하면, 대다수가 음악을 듣거나, 문자를 보내거나 통화를 했다. 특히, 문자를 보내는 사람이 길을 건너는 데 평균 20퍼센트 이상의 시간이 더 걸린다는 결과는 당연했다.[260] 문자를 보내는 사람이 목적지까지 도착하는 데 33퍼센트의 시간이 더 걸린다는 다른 연구도 있었다.[261]

〈가디언〉의 칼럼니스트, 올리버 버크먼(Oliver Burkeman)은 "수년 전부터 스마트폰이 어디에나 존재하는 물건이 되었다. 그러나 최근 들어 사회적 규범에도 중대한 변화가 자리 잡은 듯하다. 예컨대 인도를 걸을 때 많은 사람에게 새로운 불문율이 생긴 것이다. 누군가 스마트폰으로 보고 있다면 그에게 무척 흥미롭고 중요한 것을 보고 있는 중이기 때문에 상대방이 그를 노쇠한 노인이나 세 살배기 어린아이, 혹은 맹인, 심지어 가로등 기둥이라 생각하며 나를 피해 가야 한다는 것이다"라고 말했다.[262] 길을 걸으면서 스마트폰을 보는 행동은 위험천만한 습관이 아닐 수 없다. 2013년 12월, 오스트레일리아 멜버른에서 한 관광객이 페이스북을 확인하다가 방파제에서 떨어져 바다에 빠지는 사고가 일어났다. 그녀는 구조받는 순간까지 스마트폰을 손에 꼭 쥐고 있었다.[263] 그나마 그녀는 운이 좋은 사람이었다. 오하이오 주립대학교의 연구에 따르면, 2010년에만 1,500명 이상의 보행자가 휴대폰 등 무선 단말기와 관련된 사고로 응급실에 입원했다.[264]

우리 삶에서 테크놀로지가 차지하는 지배력을 줄이기 위해서는 동원가능한 모든 수단의 도움을 받아야 한다. 디지털기기를 시시때때로 끄고, 일정한 기간 동안 스마트폰을 완전히 끊고 지내거나, 주기적으로 '디지털 다이어트(digital diet)'를 시행해야 한다. 예컨대 스마트폰 없이, 혹은 스마트폰을 끈 채로 걷기를 시작하는 것도 좋은 방법이다.

올리버 버크먼은 "걷기에서 기대할 수 있는 가장 큰 정신적 이점은 걷기 자체의 효과로도 설명되지만, 걷기를 하지 않는 데서 비롯되는 문젯거리로도 설명된다"라며 "밖으로 나가는 순간, 우리는 지금 하는 일을 중단하게 된다. 뭔가를 이루어내는 노력을 중단할 때 우리는 그 일을 이루어내는 열쇠를 종종 찾아낸다"라고 말했다.[265]

우리 뇌가 새로운 환경에서 활동할 때 잠재력을 더 끌어낼 수 있다. 《상식파괴자》를 쓴 그레고리 번스(Gregory Berns)는 "〔우리

뇌]는 새로운 사람들과 새로운 환경—다음에 일어날 현상을 예측하기 어려운 어떤 환경에서나 새로운 통찰력을 얻는다"라고 말했다.[266]

따라서 걸어라! 걸으면 더 건강해질 뿐 아니라, 창의력부터 계획을 수립하고 일정표를 짜는 능력까지 모든 인지 능력이 향상된다. 게다가 걷기를 통해 우리는 주변 환경과 우리 자신 및 주위 사람들과 재교감할 수 있다.

    ⋮ 반려동물과 함께할 때 얻는 이점들 ⋮

제3의 기준을 우리 삶에 적용하는 방법은 많다. 지금까지 언급한 방법들, 즉 명상과 걷기, 운동과 요가, 가족과 친구와의 재교감, 디지털기기를 멀리하고 충분한 수면을 통한 재충전 등은 우리에게 행복감과 충족감을 더해준다. 하지만 동물들과 가깝게 지내는 것도 웰빙을 위한 한 방법이다. 삶의 목적은 사랑의 지평을 넓히고, 관심사를 확대하는 데 있다. 이런 목표를 위해서는 마음의 문을 활짝 열고, 눈을 크게 떠야 한다. 반려동물이 우리 마음을 열어주고 삶의 질을 향상시키는 놀라운 방법들에 대한 사례와 연구가 요즘 들어 끊이지 않고 발표된다. 마이애미 대학교의 심리학 교수, 앨런 매코널(Allen McConnell)은 심리학 전문잡지 〈사이콜로지 투데이〉에 기고한 글에서, 감정적 웰빙을 위해서는 사회적 네트워크가 무척 중요하다고 주장했다. 그러나 사회적 네트워크는 인간에게 국한된 것이 아니다. 매코널 교수의 연구에 따르면, 반려동물을 키우는 사람들이 그렇지 않은 사람들에 비해서 자존감이 상대적으로 높았고 외로움도 덜 느꼈으며, 신체적으로도 건강하고 사교적이고 외향적이었다.[267]

97명의 반려동물 소유자를 대상으로 한 또 다른 연구에서는 고등학교 시절처럼 일부를 집단적으로 따돌렸다. 그 후에 일부에게는 가장 좋은 친구에 대해 쓰게 했고, 일부에게는 반려동물에 대해 쓰게 했다. 이 연구 결과에 따르면, 반려동물에 대한 생각은 가장 좋은 친구에 대한 생각만큼이나 배척받는다는 부정적 감정으로부터 회복하는 데 좋은 효과가 있었다.[268]

흥미롭게도, 사회적으로 소외된 사람이 인간의 대체물로 반려동물에게 의지한다는 생각을 뒷받침하는 연구는 하나도 없었다. 외로움을 느끼는 사람이 미친 듯이 고양이를 끌어 모으고 맹목적으로 사랑한다는 '미친 고양이 여자(crazy cat lady)'라는 표현은 잘못된 것이다. 오히려 매코널은 "반려동물을 키우는 사람들은 자신의 사교적 역량을 반려동물에게도 확대하는 듯하다"라고 말했다.[269] 달리 말하면, 인간관계가 좋은 사람이 반려동물을 키움으로써 더 큰 혜택을 누릴 수 있다는 뜻이다.

배우자나 절친한 친구처럼 반려동물도 우리 인생관을 형성하는 '자아의 일부'가 될 수 있다. 매코널의 표현을 빌리면, "반려동물은 가족처럼 자아의 일부"가 되어,[270] 우리 건강과 행복에 중대한 영향을 미친다.

그러나 반려동물의 이점은 일상적인 삶의 범위를 넘어선다.

UCLA에서 우울증 연구 프로그램을 주도하는 정신과 의사, 이언 쿡(Ian Cook) 교수는 "반려동물은 무조건적인 사랑을 베풀기 때문에 우울증을 앓는 사람에 상당한 도움이 될 수 있다"라고 말했다.[271] 게다가 반려동물은 일정한 습관에 따라 규칙적으로 행동하고 책임감 있게 신뢰할 수 있는 우정을 베풀기 때문에 우울증의 치유에 더없이 소중한 친구일 수 있다.

반려동물을 키우는 사람들은 대체로 혈압이 낮고 심장병에 걸릴 위험성도 낮으며,[272] 스트레스 지수도 상대적으로 낮다는 연구가 적지 않다.[273] 때때로 가구의 다리를 씹는 습관 이외에 다른 부작용은 전혀 없었다. 반려동물은 직장에서도 업무 효율성을 높여주는 요인이 될 수 있다. 〈국제 직장건강관리 저널〉에 실린 한 논문에 따르면, 개를 데리고 출근해서 일하는 직원들의 스트레스 지수가 낮았다.[274] 이 연구를 진행한 버지니아 연방대학의 랜돌프 바커(Randolph Barket) 교수는 "개와 함께한 날과 그렇지 않은 날에 인지된 스트레스의 차이가 상당히 컸다"라며 "전반적으로 직원들의 업무 만족도가 산업 기준보다 높았다"라고 말했다.[275] 또한 반려동물에서 비롯된 효과가 그 주인에게만 나타나는 것이 아니었다. 예컨대 개를 데리고 출근한 직원에게 그렇지 않은 직원이 개를 데리고 산책을 나갈 수 있겠느냐고 묻는 등 개의 존재가 사무실의 전반적인 분위기에 긍정적인 영향을 주었고, 스트레스를 받는 상황을 상쇄해서 주변 사람들을 행복하게 해주었다. 이런 관찰들을 근거로 바커 교수는 "반려동물의 존재는 많은 조직에서 쉽게 적용할 수 있는 저비용 건강관리 대책이 될 수 있을 듯하다"라

고 결론지었다.[276]

오늘날 미국에서 반려동물을 직장에 데려오는 걸 허용하는 기업은 17퍼센트에 불과하다. 그러나 그 17퍼센트에는 아마존과 징가, 텀블러와 구글 등 혁신적인 기업들이 포함되어 있다.[277] 특히 구글은 "개에 관련된 방침: 개를 향한 구글의 사랑은 우리 기업 문화에서 빼놓을 수 없는 부분이다"라며 반려동물 정책을 행동강령에 포함할 정도로 진지하게 받아들이고 있다.[278]

순회 친선대사로서 동물, 특히 개의 역할은 치유견의 역할에서 가장 분명하게 드러난다. 2012년 12월 코네티컷의 뉴타운에서 총기 난사로 인한 학살 사건이 있은 후, 미국 전역에서 뉴타운, 특히 사건이 일어난 샌디훅 초등학교의 학생들을 돕기 위해 치유견을 보냈다. 6개월 후, 뉴타운은 '감사의 날'을 개최하며 감사의 뜻을 전했다. 50마리의 치유견을 비롯해 그 개들의 주인과 주민들이 기념식에 참석했다. 한 부모는 사건이 있은 후로 딸이 힘든 시간을 겪었지만 "매일 학교에서 만난 개들에 대해 이야기하기 시작하면서 조금씩 밝아졌다"라고 말했다.[279]

특별히 감동적인 관계를 맺은 소녀와 치유견도 있었다. 학살 사건이 있은 직후, 샌디훅 초등학교 학생들을 위해 열린 크리스마스 파티에서 에마 위시네스키(9세)는 제프리라는 치유견을 만났다. 제프리는 뉴욕시 노숙자 쉼터에서 구제된 '무척 온순한 투견'이라 불리는 치유견이었다. 에마와 제프리는 첫눈에 서로 사랑에 빠졌던지 파티 내내 떨어지지 않았다. 그 이후로도 에마와 제프리는 정기적으로 만나서 함께 놀았다. 에마의 어머니는 "당시는 에

마에게 무척 힘든 시간이었다. 하지만 제프리가 옆에 있으면 에마
는 무척 편안해 보였다. 제프리가 강해 보여서 에마가 안심하는
것이 아닌가 싶다"라고 말했다. 그 이후로 에마는 집에서 키우던
개, 제디를 치유견으로 훈련시키기 시작했다. 에마의 어머니는
"이제 에마는 세상을 밝게 해주기에 충분한 미소를 되찾았다. 과
거에는 그런 미소를 훨씬 자주 보였지만 여하튼 에마는 이제 그
미소를 되찾았다. 제프리와 함께 있을 때 에마의 얼굴에서는 미소
가 떠나지 않는다"라고 덧붙였다.[280]

　동물들과 함께할 때 우리는 더 나은 인간으로 성장할 수 있다.
동물들이 우리에게 최선의 존재가 되는 방법을 보여주기 때문이
다. 동물들은 항상 현재에 충실하며 모든 것에 코를 쑤셔 넣으며,
우리가 결코 이르지 못한 삶을 향해 가는 길에 당연하게 여기며
허둥지둥 지나쳐버리는 세상에도 관심을 보인다.

　인지과학자 알렉산드라 호로비츠(Alexandra Horowitz)는 《관찰에
대하여: 전문가의 눈과 함께하는 11번의 산책》에서 다양한 눈을
통해 세상을 보는 방법에 대해 썼다. 전문가의 눈 중 하나는 개의
눈이었고, 개의 눈을 통해 그녀는 '평범한 것에서 경이로운 것을
보는 영감'을 얻었다.[281]

　'반려동물의 주인'이란 개념에는 둘의 관계에서 인간이 상위에
있다는 뜻이 감춰져 있다. 하지만 《말리와 나》의 저자, 존 그로건
(John Grogan)은 "우리 개처럼 멍청한 개에게서도 사람은 많은 것
을 배울 수 있다. 말리는 매일 매일을 끝없는 즐거움으로 채우는
것도 가르쳐주었고, 순간을 즐기는 것도 가르쳐주었으며, 마음 가

는 대로 행동하는 것도 가르쳐주었다. 또한 숲속의 산책, 첫눈 오는 날, 희미한 겨울 햇빛 속의 낮잠 등과 같은 단순한 것들에도 가치가 있다는 걸 가르쳐주었다. 나이가 들고 쇠약해진 후에는 역경 앞에서도 낙관적으로 살아가는 법을 가르쳐주었다. 무엇보다도 말리는 우정과 헌신, 변함없는 충성심을 가르쳐주었다"라고 말했다.[282]

한편 소설가 조너선 캐럴(Jonathan Carroll)은 반려동물의 가치를 이렇게 표현했다.[283]

개는 작은 천사이다. 농담으로 그렇게 말하는 것이 아니다. 개는 무조건적으로 사랑하고 즉각적으로 용서하며, 우리를 즐겁게 해주기 위해서는 기꺼이 무엇이든 해내는 가장 진실한 친구이다. 이런 자질의 일부라도 지닌 사람이 있다면, 우리는 그를 특별한 사람이라 말할 것이다. 이런 자질 전부를 지닌 사람이라면 그를 천사 같은 사람이라 일컬을 것이다. 그러나 개는 개일 뿐이기 때문에 우리는 그런 자질들을 귀엽다거나 재밌다고만 생각할 뿐이다. 하지만 좀 더 깊이 생각해봐야 한다. 인간에서 우리가 바람직하게 생각하는 자질들이 무엇인가? 이런 자질들이 우리가 키우는 개들에게서 하루도 빠짐없이 흔히 눈에 띄고 너무도 당연히 여겨지기 때문에 중요하게 생각되지 않는 것이다.

반려동물은 은혜를 갚는 데 타의 추종을 불허한다. 반려동물이 우리에게 기꺼이 헌신하는 모습에 큰 교훈이 담겨 있다. 반려동물이 그렇듯이, 우리도 교감하고 접촉하며 사랑하는 데 열중한다. 그러나 반려동물과 달리, 우리는 질투심과 불안감, 짜증과 분노에 방해받는다. 반려동물과 함께할 때, 우리를 인간답게 만드는 것에 끊임없이 되돌아갈 수 있다. 반려동물은 우리가 지향하는 최선의 자아의 한 모습일 수 있다.

: 경제지표를 넘어서_진정한 행복지수 :

행복지수를 객관적으로 측정하기는 어렵지만, 행복이 우리 목표의 일부가 되어야 한다는 생각은 새로운 것이 아니다. 프롤로그에서 언급했듯이, '행복의 추구'는 창조주가 우리에게 부여한 양도할 수 없는 권리의 하나로 미국의 독립선언문에서도 명문화되었다. 〈워싱턴 포스트〉의 피터 호리스키(Peter Whoriskey)는 프랑스와 영국과 미국을 비롯한 많은 나라에서 국민의 실질적인 행복을 측정하려는 노력들을 특집 기사로 다루었다.[284]

호리스키가 지적했듯이, 경제지표를 넘어서 한층 폭넓은 기준에서 한 국가의 성공을 측정하려는 생각은 1968년 로버트 F. 케네디가 연설에서 분명하게 제시했다.[285]

과도하게 또 너무 오랫동안 우리는 물질적인 것의 축적만을 중시하며 개인의 우수성과 공동체의 가치를 포기해온 듯합니다. …… 우리가 미국을 국민총생산으로 판단한다면…… 우리 국민총생산에는 공기 오염과 담배 광고가 차지하는 비용이 포함되어 있습니다. 또 고속도로에서 죽은 시신을 처리하는 데 동원된 앰뷸런스 비용도 포함되어 있습니다. …… 하지만 국민총생산의 계산에는 우리 아이들의 건강과 교육의 질 및 놀이의 즐거움이 고려되지 않습니다. 아름다운 시와 건강한 결혼 생활, 지적인 공개 토론과 공무원의 청렴성도 포함되지 않습니다. 우리 유머 감각도 계산되지 않고, 우리 용기도 계산되지 않습니다. 우리 지혜와 우리 학습, 우리가 남들에게 보이는 연민이나 조국을 향한 헌신도 국민총생산을 계산하는 데 고려되지 않습니다. 한마디로 국민총생산은 삶을 가치 있게 해주는 것을 제외하고 모든 것을 측정합니다.

2008년 프랑스에서는 당시 대통령이던 니콜라 사르코지(Nicolas Sarkozy)가 "경제적 생산을 측정하는 방식을 버리고 국민의 행복을 측정하는 방식에 중점을 두기 위해서" 노벨 경제학상을 수상한 조지프 스티글리츠와 아마르티아 센을 비롯한 경제학자들이 주도하는 위원회를 발족시켰다.[286]

현 영국 수상, 데이비드 캐머런(David Cameron)은 2006년 구글 차이트가이스트 유럽 콘퍼런스에서 행한 연설에서 똑같은 문제점을 지적하며, "돈이 삶의 전부는 아니라는 걸 인정할 때가 되었다. 국민총생산(GDP)보다 총행복(GWB, General Well-Being)에 초점을 맞춰야 할 때가 되었다. 행복은 돈으로 측정될 수 없고 시장에서 거래되지도 않는다. 행복은 주변 환경의 아름다움, 우리 문화의 질, 특히 인간관계의 건전함과 관련된 것이다"라고 말했다.[287]

그로부터 4년 후, 캐머런은 통계청이 국민총행복도를 조사할 것이라 발표하며 "굳이 정부가 이런 조사를 해야 하느냐고 의문을 갖는 사람들에게는 삶의 질을 실제로 개선해주는 것이 무엇인지 알아내서 그를 기준으로 정책을 결정하는 것이 정부의 책무라고 말해주고 싶다"라고 덧붙였다.[288]

웰빙을 객관적으로 측정하겠다는 생각은 점점 힘을 얻고 있다. 유럽연합은 '유럽인의 삶의 질에 관한 조사'를 실시하고 있다. 파리에 본부를 둔 경제협력개발기구(OECD)는 더 나은 삶을 지향하기 위한 '행복지수(Better Life Index)'를 조사하며, 오스트레일리아가 2011년, 2012년, 2013년에 연속으로 세계에서 가장 행복한 산업국가라고 발표했다.[289] 유엔도 '세계행복보고서(World Happiness Report)'를 발표했다. 그 보고서에 따르면, 스칸디나비아 국가들이 가장 행복한 반면에 가장 불행한 국가들은 아프리카에 있었다. 유엔에게 의뢰받아 세계행복보고서를 작성한 컬럼비아 대학교 지구 연구소(The Earth Institute)의 제프리 삭스(Jeffrey Sachs) 소장은 "개인이 자신의 행복을 스스로 규정하는 시대이기 때문에 국민에게 진정으로 중요한 것에 맞추어 정책이 개발되어야 한다는 요구가 세계적으로 점점 많아지고 있다"라고 결론지었다.[290] 또 2011년 미국 과학·기술·의학 학술원은 '주관적인 안녕감(subjective well-being)'을 측정할 방법을 찾아내기 위한 자문단을 구성했고, 노벨 경제학상 수상자, 대니얼 카너먼(Daniel Kahneman)도 자문단에 참여했다.[291]

웰빙을 측정하려는 시도는 이제 상당히 광범위하게 진행되고 있어, 2013년 〈이코노미스트〉는 "행복산업이…… 경제가 침체에 빠진 현 시기에 놀랍도록 성장한 산업 중 하나"라고 발표했다.[292]

우리가 개인적인 은행 잔고, 소속된 기업의 결산, 또 국가의 국민총생산에 기여하는 몫으로만 정의되는 존재가 아니라는 걸 입증하려는 노력을 나는 적극적으로 지지한다. 그러나 행복과 웰빙의 정도를 진정으로 측정하기 위해서는 그림 전체를 보아야 한다.

예컨대 영국 통계청은 16세 이상인 16만 5,000명에게 삶의 만족도에 관련된 여러 질문에 0(전혀 만족하지 않음)부터 10(전적으로 만족함)까지 대답하게 함으로써, 전적으로 그 조사만을 근거로 결론을 끌어냈다. 조사 결과에 따르면, 영국의 행복지수는 2012년 4월에는 7.41이었지만 2013년 3월에는 7.45로 약간 상승했다.[293] 그러나 일부 언론에서 자랑스레 떠벌렸던 것처럼, 0.04의 증가를 유의미한 변화라고 할 수 있을까? 달리 말하면, 영국인의 전반적인 행복감이 증가하고 있다고 결론지을 수 있을 만큼 확실한 변화라고 할 수 있을까?[294]

게다가 불행한 사람에게 현재의 삶에 만족하느냐고 질문하며 대답을 요구한다면 그런 질문 자체가 탐탁지 않게 여겨질 것이다. 실제로 응답률이 절반 정도에 불과했다. 따라서 영국 통계청의 시도는 적은 자료를 근거로 지나치게 많은 결론을 끌어내는 위험성을 보여주는 사례일 뿐이다.

영국의 경우, 행복지수의 결과와 완전히 다른 결과를 보여주는 자료도 쉽게 찾아진다. 2011년 항우울제의 처방은 4,500만 건이 넘었다. 전년보다 9퍼센트가 상승한 수치로, 국민건강서비스

(National Health Service)는 항우울제에 2억 7,000만 파운드 이상을 지출했으며, 2010년에 비하면 23퍼센트가 증가한 액수였다.[295]

따라서 행복지수를 조사하겠다는 배경적 사상은 나름대로 훌륭하지만, 최대한 많은 자료를 참고해야 한다. 상대적으로 포괄적인 행복지수가 되려면, 항우울제나 수면제의 사용과 관련된 자료만이 아니라 알코올 의존율과 자살률, 당뇨병과 고혈압 등 스트레스와 관련된 질병들의 발병률까지 고려해야 한다. 물론 스트레스와 관련된 질병들에 지출된 의료비, 복지 프로그램과 탄력적인 근무 시간제를 제공하는 기업의 비율, 스트레스로 인해 상실된 근로 일수 등도 고려되어야 한다.

하지만 국가의 사분기 성장률이 중요하지만, 국민의 행복이 경제 성장률에만 영향받는 것은 아니라는 걸 인식하는 국가 지도자들이 많아져야 한다. 요컨대 일자리 창출부터 육아휴가까지, 스트레스를 줄여주고 참다운 삶의 질을 높여주는 정책의 변화가 있어야 한다.

개인적인 차원에서 웰빙의 수준을 간단히 높일 수 있는 세 가지 방법이 있다. 어떤 방법이든 시도하면 당신의 웰빙 수준을 크게 향상시킬 수 있을 것이다.

1. 당신이 아직 현명하지 못해 당신에게 필요한 모든 휴식을 취하지 못하고 있더라도 건강과 창의력, 생산성과 행복감을 즉각적으로 향상시킬 수 있는 기회는 얼마든지 있다. 먼저, 수면을 지금보다 30분만 더 취하라. 가장 확실하고 쉬운 방법은 지

금보다 30분 일찍 잠자리에 드는 것이지만, 낮에 30분 정도 낮잠을 자는 방법도 괜찮다. 아니면, 두 방법을 복합적으로 사용하라.

2. 몸을 움직여라. 걷거나 달려라. 스트레칭을 하거나 요가를 하라. 춤을 춰도 상관없다. 언제라도 시간에 구애받지 않고 움직여라.

3. 5분간의 명상을 시도해보라. 궁극적으로는 하루에 15~20분 혹은 그 이상까지 명상하면 최적이지만, 몇 분만 명상하더라도 새로운 습관을 만들어가기 위한 노력을 시작한 셈이며, 과학적으로 입증된 명상의 이점을 누릴 수 있다.

명상은 어렵게 생각할 것이 없다. 다음과 같은 간단한 단계를 밟아 명상을 시작하면 된다.

1. 명상을 습관적으로 수행하기에 적합한 조용한 장소를 선택하고, 누구에게도 방해받지 않는 시간을 정하라.

2. 몸의 긴장을 풀어라. 눈을 감고 싶으면 눈을 감아도 상관없다. 편안하게 심호흡하며, 숨을 들이마시고 내뱉는 리듬에 주의하라.

3. 크게 호흡하며, 공기가 콧구멍으로 들어와 배를 가득 채운 후에 배출되는 과정에 주목하라. 부드럽고 편안한 마음으로 들숨과 날숨을 관찰하라.

4. 잡생각이 끼어들면, 그 사실을 인정하고 천천히 관심을 호흡

으로 되돌려라. 명상은 생각 자체를 멈추는 행위가 아니다. 우리가 생각과 감정에 휘둘리는 존재가 아니라는 걸 깨닫는 과정이다. 생각이나 감정은 하늘에서 지나가는 구름에 불과한 것이라 상상하면 충분하다. 그런데도 생각이나 감정을 판단하고 있다는 낌새가 느껴지면 의식을 호흡으로 되돌려라.

5. 의식을 호흡으로 되돌리는 데 유익하게 사용할 수 있는 주문(呪文), 즉 성스런 말이나 구절이 있다. '옴', '후', '평화', '감사합니다', '은총', '사랑' 등과 같은 단어가 대표적인 예이다. 숨을 들이마실 때마다 그 단어를 머릿속으로 생각하거나, 마음이 산란해지기 시작할 때 그 단어를 사용해서 마음을 다잡으면 된다.

6. 명상을 해야 한다는 강박감으로 스트레스를 받지 않는 것이 무엇보다 중요하다. 명상의 주된 이점은 직관력과 창의력, 공감 능력을 향상시키고 마음에 평온함을 주는 것이지만, 스트레스의 해소도 명상에서 기대하는 효과의 하나이기 때문이다.

명상을 수련하는 많은 방법이 부록 B에 소개되어 있으니 참조하기 바란다.

지혜

2

Wisdom

생활 속에서 잃어버린 우리의 삶은 어디에 있는가?

지식 속에서 잃어버린 우리의 지혜는 어디에 있는가?

정보 속에서 잃어버린 우리의 지식은 어디에 있는가?

T. S. 엘리엇[1]

THRIVE
THE THIRD METRIC

⋮ 삶이라는 교실 ⋮

나는 아테네에서 자란 까닭에 그리스 고전과 신화를 생활 속에서 배웠다. 내 또래의 미국 아이들은 교실에서 그리스 신화를 배웠겠지만, 나는 그리스 신화를 옛 역사가 아니라 내 정체성의 뿌리이자 근원으로부터 배웠다. 아테나는 지혜의 여신이었다. 따라서 나에게 지혜라는 개념은 언제나 아테나 여신과 동일시된다. 아테나는 강점과 약점, 창의성과 양육, 열정과 절제, 실용성과 직관, 지적 능력과 상상력 등을 짜맞추며, 남성성과 여성성을 불문하고 우리 본질을 드러내는 일부로서 그 모든 것을 요구한다.

오늘날 우리에게는 어느 때보다 아테나의 지혜가 필요하다. 아테나는 일과 성공이라는 전통적으로 남성적인 세계에 영혼과 연민, 즉 언젠가부터 잊힌 것을 불어넣는다. 완전히 무장하고 독립된 존재로서 제우스의 머리에서 태어난 까닭에 아테나가 남성 중심적인 전쟁터에서나 도시의 삶에서나 편안하게 적응하며 뛰어 난 창의력을 발휘했고, 법과 정의와 정치에 대해 열정을 보였다는 신화는, 창조와 행동이 남성에게만큼이나 여성에게도 생득적으로 자연스런 것임을 되새겨준다. 남성지배적인 세계에서 성장하기 위해서 여성이란 이유로 자신의 깊은 내면을 포기할 필요는 없다. 남성과 여성 모두 내적인 지혜를 활용해서 성공을 재정의하려고 한다면 이런 생득적인 장점들을 되찾아야 한다.

50년 전 버러스 프레더릭 스키너(Burrhus Frederic Skinner)가 행한 유명한 실험에서의[2] 쥐처럼 우리가 지렛대를 누를 때마다 지혜가 잊히고 있을 뿐, 우리는 어떤 실질적인 보상도 받지 못하는 세상에 살고 있다. 지혜는 일상의 삶을 더욱 깊이 인식하게 함으로써, 우리를 편협한 현실로부터 구원해줄 수 있다. 지금 우리는 성공을 판단하는 전통적인 기준, 즉 돈과 권력에 사로잡힌 현실에 얽매여 있지만, 돈과 권력에서 만족감을 느끼는 시대는 이미 오래전에 끝났다. 이처럼 돈과 권력에서 얻는 만족감이 크게 떨어지고, 돈과 권력을 얻으려는 끝없는 투쟁이 실제로는 우리 건강과 인간관계 및 마음의 평안을 해치는데도 우리는 여전히 과거의 기준에 따른 성공을 추구하고 있다. 지혜는 우리가 진정으로 원하는 것, 즉 관계와 사랑을 인식하는 것이다. 그러나 관계와 사랑을 찾기 위해서는 사회에서 정의하는 성공을 향한 집요한 추구를 중단하고, 진실하고 유의미하며 충만한 삶을 추구해야 한다.

그리스 신화에서 밀랍으로 만든 날개가 녹을 때까지 태양을 향해 날아갔던 이카루스는 현대인의 비극을 상징하는 인물이다. 이카루스는 뒤늦게 깨달을 때까지, 온갖 경고를 무시한 까닭에 결국 바다에 떨어져 죽었다. 크리스토퍼 부커(Christopher Booker)는 《7가지 기본적인 줄거리》에서 "이카루스는 하늘을 나는 힘에 우쭐해서 자만심에 빠졌다. 자만심은 자기중심적인 사고의 진수이며, 우주에 존재하는 모든 것을 지배하는 균형과 비율이란 궁극의 법칙, 또 우주를 구성하는 모든 요소들의 상호관련성을 무시한다"라고 말했다.[3] 이카루스가 물리학 법칙들을 무시한 결과로 타버린 것처럼, 우리는 본성을 거역함으로써 결국 탈진 상태에 빠지고 말았다.

우리가 진정으로 원하는 것을 재검토할 때, 우리 삶에서 일어나는 모든 것이 결국에는 우리 스승이며, 삶 자체가 거대한 교실이라는 걸 깨닫게 된다. 즐겁고 행복한 사건만이 아니라 불행하고 모욕적인 사건에서도 배울 것이 있다는 뜻이다. 이런 깨달음이 "하느님께서 허락하지 아니하시면 한 마리의 참새도 땅에 떨어지지 아니하리라"는 성경 말씀부터,[4] "어쩌면 우리 삶의 모든 용들은 언젠가 아름답고 용감한 우리의 모습을 보기만을 기다리는 공주일지도 모르는 법"이라는 라이너 마리아 릴케의 시구(詩句)까지[5] 인류의 역사에서 영적인 스승들과 시인들과 철학자들이 우리에게 전해준 지혜의 근원이다. 내가 종이에 적어 코팅해서 지갑에 항상 넣고 다닐 정도로 가장 좋아하는 지혜의 구절은 마르쿠스 아우렐리우스가 남긴 말이다.[6]

진정한 깨달음은 우리 삶에서 일어나는 사건들을 다음과 같은 식으로 해석하는 것이다. "세상 사람들이 당신을 어떻게 평가하더라도 당신은 나를 위해서 여기에 존재하는 것이다." 어떤 상황에서도 "당신이야말로 내가 찾던 사람이다"라고 생각하면 모든 것이 결국에는 우리에게 이익이 된다. 우리 삶에서 일어나는 사건들은 당신과 주변 사람들을 성장하게 해주기에 적합한 재료이다. 한마디로, 삶은 그런 재료를 버무리는 예술이다. '삶'이라 일컬어지는 이 예술은 인간과 신 모두에게 적절한 훈련의 기회이다. 어떤 것에나 특정한 목적이 있고, 축복이 감춰져 있다. 이처럼 삶이 충실한 오랜 친구처럼 당신을 반겨주는데 불편하고 힘들 까닭이 어디에 있겠는가?

오래전, 나는 이런 생각을 다른 식으로 압축해서 보여주는 꿈을 꾸었고, 그 꿈은 나에게 지금까지도 하나의 상징으로 여겨진다. 꿈속에서 하느님을 찾아가는 기차를 타고 있었다. 긴 여정이어서, 내 삶에서 일어나는 모든 사건이 풍경처럼 펼쳐졌다. 지극히 아름다운 풍경도 있었고, 나는 그 풍경을 떠나고 싶지 않았다. 그 풍경에 매달리며, 심지어 그 풍경을 끌고 가려고 애썼다. 하지만 기차는 황량하고 척박한 시골길을 덜컹거리며 달리기도 했다. 기차는 양쪽 방향으로 끊임없이 움직였다. 마르쿠스 아우렐리우스가 우리에게 조언한 것처럼 모든 풍경은 어떤 목적과 축복이 감춰진 유익한 것이란 사실을 받아들이지 않고, 아름답든 않든 간에 어떤 풍경에 매달릴 때마다 고통이 밀려왔다.

물론 내 가족도 함께 타고 있었다. 가족 이외에 우리는 기차로 함께 여행할 사람들을 선별해서 초대했다. 우리가 기차에 초대한 사람들은 우리에게 속내를 감추거나 속임수를 쓰지 않을 사람들, 또 우리가 무엇이든 진실로 함께할 수 있는 사람들이었다. 우리가 불안에 떨며 머뭇거리면 그들은 우리에게 용기를 북돋워주었고, 풍경에 취해 주의가 산만해지면 그들은 우리에게 여행의 목적을 되새겨주었다. 우리도 그들에게 똑같은 역할을 했다. 위선자와 아첨꾼, 즉 당신의 삶을 방해하는 음험하고 간악한 사람들과는 함께 여행하지 마라! 그런 사람들이 주변에 얼씬거리면 우리는 마음과 직관으로 위험을 감지했지만, 너무 분주해서 위험을 감지하지 못하는 경우가 많았다. 그런 사람들이 어떤 이유로든 당신의 기차에 올라탔다는 걸 알게 되면, 곧바로 그들을 기차에서 내리게 하고, 그들을 용서하고 깨끗이 잊어라. 악의를 품는 것보다 우리를 힘들게 하는 것은 없다.

이혼, 특히 자식을 둔 부부의 이혼은 삶에서 가장 힘든 교실이며, 당사자에게 가장 큰 스트레스를 주는 원인일 수 있다. 나는 전 남편, 마이클과 결혼해서 11년을 함께 살았지만, 16년 전에 이혼했다. 우리는 결혼이란 끈으로 연결되어 있지 않았지만, 우리 둘을 훨씬 더 강력하게 영구히 이어주는 끈이 있었다. 바로 우리 사이에서 태어난 딸들이었다. 따라서 딸들에게는 어떤 아픔도 주지 않겠다는 일념으로 우리는 온갖 어려움을 이겨내고 좋은 사이로 지내려고 무진 노력해왔다. 예컨대 매년 크리스마스와 딸들의 생일이면 가족으로서 함께 시간을 보냈다. 물론 힘든 과정이 있었지만 우리는 조금씩 가까워졌다. 이혼 후에 우리가 가족으로서 여름

휴가를 처음 함께 갔던 때가 아직도 기억에 생생하다. 우리는 상대에 대한 원망감을 훌훌 털어내고, 두 딸의 친부모라는 사실에 집중할 수 있었다. 우리가 수년간 마음속에 쌓아왔던 불만을 초월하는 연대감을 느낄 수 있었다. 그해 여름휴가에서, 그 이후로도 우리는 딸들과 함께 과거를 되돌아보거나 환상적인 미래를 꿈꾸며 많은 시간을 보냈다. 어느 날 밤에는 결혼식의 장점과 단점을 토론하고, 아직 태어나지도 않고 아직 임신되지 않은 손자들의 이름을 이야기하며 많은 시간을 보내기도 했다.

우리 결혼생활은 끝났지만, 관계는 끝나지 않은 셈이다. 모든 인간관계가 그렇듯이, 결혼생활에도 배려와 관심이 필요하다. 전남편과 내가 과거보다 더 나은 관계를 맺고 있다는 분명한 증거는, 우리가 함께 시간을 보내고 있을 때는 상대를 배려하며 화나게 하지 않으려고 적극적으로 노력한다는 것이다. 행복하게 결혼생활을 영위하는 부부의 경우에도 상대를 폭발하게 만드는 행동을 하기 마련이지만 원만하게 해결된다. 하지만 이혼해서 갈라선 부부의 경우에는 그런 자극에 상대는 크게 짜증내고 분노를 터뜨린다. 따라서 상대를 자극하는 행동을 피하려는 의도적인 노력이 이혼 이후에도 좋은 관계를 유지하는 비결이다.

예컨대 마이클은 가족이 함께하는 휴일에는 디지털기기를 멀리 해야 한다고 고집하던 선구자였다. 따라서 나는 우리가 함께하는 동안에는 블랙베리를 완전히 꺼버렸다.

하지만 내가 어떤 약속에 1초라도 늦으면 마이클은 화를 내며 씩씩거렸고, 그런 모습에 나는 기분이 상했다. 휴가 중에도 마찬가지였다(나는 엄격한 시간표를 지키지 않아도 되는 것이 휴가의 즐거움 중 하나라고 생각했다). 그러나 마이클도 점차 변했다. 언젠가부터 내가 저녁식사에 조금 늦어도 마이클은 화를 내지 않았다.

우리는 결혼생활을 계속하지 못했지만, 두 딸을 함께 키우는 양육자로 좋은 관계를 유지해왔다. 나쁜 이혼의 가장 큰 피해자는 자식이란 사실을 기억한다면 이혼 이후의 관계가 중요하다는 걸 부인할 수 없을 것이다.

얼마 전 함께했던 휴가 중에 작은 딸 이사벨라가 "엄마와 아빠가 이혼했다는 게 믿기지 않아요"라고 말했다. 어떤 이유로든 그 말에 나는 무척 행복했다. 내가 힘들고 오랜 여정을 끝냈다는 기분마저 들었다. 우리가 이혼 이후에도 좋은 관계를 유지한 덕분이었다. 마음의 평화와 행복을 위해서, 또 매년 부모가 이혼하는 불행을 겪는 많은 자녀들을 위해서라도 이혼 이후의 여정에 주의해야 한다.

악의는 독약을 마시고는 상대가 죽기를 기다리는 것과 같다. _캐리 피셔[7]

불균형으로부터 균형을 회복하고, 진정으로 중요한 것과 일상의 하찮은 근심거리를 분리하는 것만큼 오늘날 중요한 것은 없다. 우리가 내면에서 분명한 중심점을 찾는다면, 겉으로는 양립할 수 없을 것처럼 보이는 사람들과 행위들이 우리 삶에서 얼마든지 조화롭고 질서 있게 공존할 수 있다.

열일곱 살에 처음 인도를 여행하면서 나는 그런 가능성을 엿볼 수 있었다. 비교종교학을 공부하기 위해서, 라빈드라나트 타고르 (Rabindranath Tagore)가 샨티니케탄에 세운 비스바 바라티 대학교에 들어갔다. 강의의 일환으로 나는 바라나시 신전을 방문했다. 신전 옆을 흐르는 갠지스 강에는 시신들이 영혼의 이행이란 힌두교 의식을 받으며 둥둥 떠 있었고, 여윈 성자들이 염소와 비둘기 틈에서 무릎을 꿇고 기도하고 있었다. 행상인들이 끝없이 떠들어대는 와중에도 순례자들은 여기저기에서 구루들의 가르침에 귀를 기울였다. 대부분의 순례자가 남루한 모습이었지만 한 사람은 황금빛 사리를 입고 있었다. 한마디로 혼란스럽기 그지없었지만, 그런 혼란 속에서도 나는 말로 표현하기 힘든 편안함이 느껴졌다. 그때 나는 굳이 조용한 산꼭대기를 찾아가지 않더라도, 부산스런 시장 한복판에서도 마음의 평화와 지혜를 찾아낼 수 있다는 걸 깨달았다. 그렇다, 우리는 세상의 흐름과 정적 사이에서 균형점을 찾아낼 수 있다. 우리는 이 세계에서 살아가는 존재이지 이 세계의 부속품이 아니다.

17세기 프랑스 수학자이며 철학자인 블레즈 파스칼(Blaise Pascal)은 "인간의 모든 불행은 자기 방에 혼자 조용히 머무는 방법을 모르는 것에서 비롯된다"라고 말했다.[8] 혼자 방에 조용히 앉아 있는 법을 터득하면, 혼자 있든 시끄러운 사람들과 함께 있든 간에 우리는 생명의 기운이 내면에서 밖으로 흘러나오게 하는 평정심을 유지할 수 있고, 어떤 상황에 있더라도 균형감을 유지할 수 있다. 말로는 쉽게 들리겠지만, 나는 조용한 곳에 혼자 있게 될 때마다 그곳을 영원히 떠나고 싶지 않을 정도이다. 시끄러운 세상에서 평정심과 균형감을 유지하려면 엄청난 노력과 집중력이 필요하다. 또 마음이 흐트러지면 어떤 판단도 내리지 말고 곧바로 마음을 다잡으려는 노력이 있어야 한다.

〈허핑턴포스트〉는 '영혼을 위한 GPS'라는 스마트폰 애플리케이션을 개발해서 무료로 배포했다. 이 애플리케이션은 마음을 평온하고 균형 잡힌 상태로 되돌리는 걸 지원하는 역할을 한다. 우리 자신으로 되돌아가기 위해서 애플리케이션의 도움을 받아야 한다는 게 모순이지만, 테크놀로지로부터 해방되기 위해서 우리가 항상 주머니나 지갑에 갖고 다니는 테크놀로지를 이용하지 않아야 할 이유도 없다. 테크놀로지를 영적인 훈련 기구라 생각하면 그만이다. '영혼을 위한 GPS'는 음악과 시, 호흡 훈련 및 사랑하는 사람의 사진 등과 같이 개별화된 지표로 우리를 연결시킴으로써 스트레스를 해소하고 중심으로 되돌아가는 걸 돕는다. 물론 전문가나 친구의 도움을 받을 수도 있다.

나는 어떤 상황에서도 균형 잡힌 상태로 신속하게 돌아갈 수 있다. 또 그런 상태로 되돌아가는 과정에 익숙해지면 균형점을 잡는 것도 훨씬 쉬워진다. 이렇게 변한 나 자신을 확인할 때마다 나도 놀랍기만 하다. 누구에게나 내면에는 허우적대는 혼돈의 상태에서 벗어나 은총의 상태로 넘어갈 능력이 있다. 어떤 난관에 부딪쳐도 마찬가지이다. 내가 그런 '은총의 거품'을 맞았다고 해서, 과거에 나를 괴롭히고 짜증나게 하던 모든 것이 이제 완전히 사라졌다는 뜻은 아니다. 그런 골칫거리들은 전혀 사라지지 않았다. 다만 나를 괴롭히고 짜증나게 하던 힘을 상실했을 뿐이다. 예컨대 죽음과 질병과 실직처럼 정말로 힘든 일이 닥치더라도 우리는 그런 역경에 좌절하지 않고 꿋꿋하게 해결해낼 수 있다.

2012년 3월 4일 나는 그런 큰 시험에 직면했다. 그날, 나는 부모라면 누구라도 가장 두렵게 생각하는 전화를 받았다. "엄마, 숨을 쉴 수 없어요." 당시 예일 대학교 4학년으로 졸업을 두 달 앞둔 큰딸 크리스티나의 전화였다.

그날을 돌이켜보면, 자동차를 운전해서 뉴욕에서 뉴헤이번의 응급실까지 미친 듯이 달려갈 때, 또 훌쩍이는 딸을 품에 안고 응급실을 떠날 때, 그 후로 수주 동안 힘든 시간을 보낼 때도 나는 감사해야 할 모든 것에 초점을 맞추었다. 내 딸이 살아 있다는 것에 감사했고, 내 딸의 안위를 걱정하며 황급히 달려오는 사랑하는 가족이 있다는 것에도 감사했다. 무엇보다, 크리스티나가 하루라도 빨리 건강을 회복하려는 의지를 보이는 것에 감사했다. 크리스티나는 전에도 약물에 의지한 적이 있었지만, 우리는 이미 지나간 일이라고 생각했었다. 하지만 전에는 그렇게까지 문제가 된 적은 없었다.

내 삶에서 중요하다고 생각하던 다른 모든 것이 머릿속에서 잊혀졌다. 하지만 이듬해 크리스티나는 자신의 중독증을 만천하에 공개하기로 결심했다. 크리스티나의 약물 중독은 가족과 가까운 친구들, 두 딸의 대모들만이 알고 있던 비밀이었다. 나는 그런 비밀도 크리스티나의 삶이고 그녀만의 이야기라고 생각했다. 따라서 자신의 중독을 공개하느냐 않느냐, 또 공개한다면 언제 공개하느냐도 크리스티나가 결정할 일이었다. 13개월 후, 크리스티나가

자신의 비밀을 공개하기로 결정했을 때 나는 그 딸이 한없이 자랑스러웠다.[9]

1년 전이었다면 이 블로그를 쓰는 게 불가능했을 겁니다. 중독자라는 사실이 부끄럽고 한없이 죄책감을 느꼈으니까요. 나는 누구에게도 학대받거나 무시당한 적이 없었습니다. 알코올에 의존하는 가정에서 자라지도 않았습니다. 오히려 나를 무조건 사랑해주는 가족의 품에서 자라는 행운을 누렸습니다. 당연히 바람직한 청년으로 성장해야 했습니다. 그런데 왜? 그런데 왜 나를 사랑하는 사람들에게 고통을 주었을까요? 왜 그런 모든 행동을 헌신짝처럼 내버리는 행동을 저질렀을까요?

솔직히 말하면, 나도 모르겠습니다. 하지만 지난 13개월 동안 이 문제로 고심했으며, 중독이 질병이라는 것은 잘 알고 있습니다. 중독은 점진적으로 진행되며 치명적일 수 있습니다. 또 누구라도 중독에 빠질 수 있습니다.

13개월 전에는 지금과 같은 삶을 생각할 수 없었습니다. 그렇습니다. 이제 내가 안정된 직업을 갖고 사랑하는 사람들과 따뜻한 관계를 맺고 있듯이 특별한 과정을 겪었지만, 내가 한없이 약한 사람이란 것만 깨달은 것은 아닙니다. 용서를 빌고 용서하는 법을 배웠습니다. 중독에서 해방되기 위해서는 커다란 결단이 필요하다는 것도 배웠습니다. 이 글을 통해 한 사람이라도 덜 외로움을 느낄 수 있다면, 이 글에서 용기를 얻어 한 사람이라도 도움을 요청한다면, 또 이 글을 읽고 지금 아무리 절망적인 상황에 있어도 앞으로는 나아질 거라고 한 사람이라도 깨닫게 된다면, 그것으로 충분합니다.

크리스티나는 다른 글에서 "절제에 대해 누구도 말하지 않은 것"을 말하겠다며 "마약을 포기하는 것은 마약을 통해 억눌렀던 감정을 직접 해결하는 것과 다를 바가 없다"라고 덧붙였다.[10] 감정과 생각, 두려움과 성격이 우리의 전부가 아니라는 걸 깨닫는다면, 우리가 약한 존재라는 걸 떳떳하게 인정하고 우리 감정을 어떤 비판도 없이 받아들이기가 한결 쉬워진다. 그런 깨달음이 클수록 허우적대는 혼돈의 상태에서 벗어나 은총의 상태로 옮겨가기가 쉬워진다.

> 바이올린 현을 세게 누를수록 느낌은 줄어든다. 더 크게 연주할수록 들리는 것은 적다. …… 연주하려고 '애쓰는' 경우 나는 실패한다. 억지로 연주한다면 엉망진창이 되고 만다. 달려가려 하면 넘어져 버린다. 강해지는 유일한 방법, 그것은 취약함을 받아들이는 것이다.
>
> _스티븐 나흐마노비치[11]

혼돈의 상태에서 벗어나 은총의 상태로 옮겨가는 과정은 출산의 과정에 비유할 수 있다. 고통으로 몸부림치던 몸이 (운이 좋으면) 수시간 후에 출산의 기적을 낳지 않는가. 의학의 발전에도 불구하고, 출산의 기적은 조금도 퇴색되지 않았다. 우리가 인간을 창조하는 행위를 실제로 해낼 수 있다는 놀라운 사실로 인해 우리는 영원히 변한다. 또한 출산은 우리가 죽을 때까지 매년 생일이란 이름으로 축하하는 기적이다.

나는 오랫동안 아이를 갖기를 바랐기 때문에, 서른여덟 살에야 마침내 엄마가 되었을 때 한없이 행복했다. 크리스티나가 태어나고 수시간이 지난 후에는 많은 여성과 마찬가지로 또 다른 경험으로 깊은 행복감을 맛보았다. 과거 세대가 개인적으로 남긴 일기에서도 확인되듯이, 그 경험은 현대 세계의 현상만은 아니었다.

나는 크리스티나와 함께 한 침대에 누워 있었다. 견디기 힘들 정도로 잠이 몰려올 때에야 비로소 크리스티나를 유아용 침대에 눕혔다. 얼마 후, 모두가 병실을 나갔다. 그런데 느닷없이 발작적인 경련이 밀려왔다. 조금 전에 아기를 달래려고 했던 말을 나 자신에게 되풀이하며 마음을 진정시키려고 애썼다. "괜찮아, 괜찮아질 거야."

마침내 경련이 멈추었다. 그리고 나는 내 육신을 빠져나와 나 자신과 크리스티나, 탁자에 놓인 월하향과 병실 전체를 굽어보고 있었다. 하지만 조금도 무섭지 않았다. 곧 내 육신으로 돌아갈 거라는 걸 알았기 때문이다. 행복감에 흠뻑 젖었고 온몸에서 힘을 느낄 수 있었다. 갑자기 커튼이 젖히며 출산과 삶과 죽음을 한꺼번에 나에게 보여주는 것 같았다. 한눈에 들어오는 그 모든 것을 기꺼이 받아들였다. 얼마나 오랫동안 그런 상태에서 공중을 맴돌았는지는 모르겠다. 간호사가 병실로 들어오는 게 보였다. 간호사가 나를 살짝 건드렸을 때에야 나는 병실에 누워 있다는 현실로 되돌아왔다. 현실로 돌아왔지만 자신감이 용솟음쳤고 한없이 기뻤다. 크리스티나를 집에 데려가야 한다는 불안감이 깨끗이 사라졌다. 나는 우리가 얼마든지 잘해낼 수 있을 거라고 확신했다.

일상의 삶에서 혼돈의 상태로부터 벗어나 은총의 상태로 들어가려면 규칙적인 연습과 헌신적인 마음이 필요하다. 그러나 그 모든 것이 우리 손에 달렸다. 내 경험에 따르면, 감사하는 마음으로 살아가는 것이 은총으로 들어가는 관문이다. 감사하는 마음은 적어도 나에게는 가장 강력한 감정 중 하나였다. 은총(grace)과 감사하는 마음(gratitude)은 똑같은 라틴어 gratus에서 파생된 단어들이다. 우리는 세상을 멈추고 떠나고 싶은 마음이 들 때마다 은총에 다가갈 수 있는 다른 방법이 있다는 걸 어렵지 않게 기억해낼 수 있다. 오늘 살아 있다는 것에 감사하는 순간, 무엇에든 감사하는 순간 은총은 시작된다. 크리스티나는 회복하는 과정에서, 밤마다 그날 감사해야 할 것들을 하나씩 적었고 그 목록을 세 친구에게 보냄으로써 감사하는 마음의 소중한 가치를 깨달았다. 크리스티나는 그 습관을 지금까지 꾸준히 계속하고 있다. 옥스퍼드 대학교의 임상 심리학자, 마크 윌리엄스(Mark Williams)는 '열 손가락 감사 연습'이란 방법을 제안했다. 하루에 한 번씩, 감사해야 할 열 가지를 찾아내서 손가락을 꼽으며 말해보는 방법이다. 때로는 쉽지 않을 것이다. 하지만 이 방법의 목적은 "지극히 사소한 것이어서 전에는 의식조차 못했던 것에 의도적으로 관심을 갖는 데" 있다.[12]

감사하는 연습은 확실한 이점이 있다는 게 입증되었다. 미네소타 대학교와 플로리다 대학교가 공동으로 진행한 연구에 따르면, 실험 참가자들에게 하루를 끝낼 때마다 긍정적인 사건들을 기록하고, 그 사건들에게 행복감을 느꼈던 이유를 쓰게 했더니 스트레

스가 해소되는 기분이었고 한층 차분한 마음으로 밤 시간을 보냈다는 응답을 얻었다.[13]

나는 내 삶에 주어진 모든 축복에도 감사하지만 실제로 나에게 닥치지 않은 모든 것에도 감사한다. 지금까지 살면서 이런저런 '재앙'을 가까스로 모면했고, 거의 눈앞까지 닥쳤지만 결국에는 닥치지 않았던 나쁜 일이 얼마나 많았겠는가. 실제로 닥친 불운과 비켜간 불운의 차이가 바로 은총이다.

결국 재앙은 실제로 닥친 것이며, 우리에게 상처와 고통을 남긴다. 나에게는 첫 아기를 잃은 때가 그런 순간이었다. 서른여섯 살이었을 때 나는 곧 엄마가 된다는 꿈에 부풀었다. 그러나 매일 밤, 하루도 빼놓지 않고 악몽에 시달렸다. 밤마다 아기가 내 몸속에서 무럭무럭 자라는 걸 보았지만 아기가 눈을 뜨지 않았다. 그렇게 몇 달이 흘렀다. 어느 날 이른 아침, 잠이 덜 깬 상태에서 큰소리로 물었다. "왜 아이가 눈을 뜨지 않지요?" 의사들이 나중에야 확인한 것을 나는 그때 알았던 것이다. 아기는 결국 눈을 뜨지 못했다. 아기는 태어나지 못하고 내 자궁에서 죽음을 맞고 말았다.

여성은 태아를 자궁에만 담고 다니는 게 아니다. 우리 여성은 꿈속에서 태아를 데리고 다니며, 영혼과 세포 하나하나에서 태아의 존재를 느낀다. 따라서 아기를 잃을지도 모른다는 말로 표현할 수 없는 두려움에 휩싸인다. 달이 찰 때까지 아기를 배고 있을 수 있을까? 내가 정말 엄마가 될 수 있을까? 아기를 잃었을 때 나는 마음이 갈가리 찢기는 기분이었다. 그 후로 나는 많은 밤을 뜬눈으로 지새우며, 아기를 사산한 이유를 찾고 싶은 마음에 임신한 때부터 사산한 때까지를 꼼꼼하게 추적하기 시작했다.

어려운 문제들에 하나씩 접근해서 조금씩 해답을 찾아가며 나는 치유를 향해 나아가기 시작했다. 아기에 대한 꿈들이 점차 희미해졌고, 한동안 슬픔 자체도 완전히 잊힌 듯했다. 어머니는 아이스킬로스를 인용해서 이런 상황에 적합한 말을 해주었다. "잊힐 수 없는 아픔은 우리가 잠을 잘 때도 마음에 방울방울 떨어지는 법이다. 절망적인 상황에서는 신의 놀라운 은총으로 지혜가 우리에게 다가온다." 나는 슬픔이 방울방울 떨어지는 걸 받아들였고, 지혜가 나에게 찾아오기를 기도했다.

그전에도 많은 아픔을 겪었다. 인간관계가 망그러진 적도 있었고, 질병에 시달리기도 했으며, 내가 사랑하던 사람들이 죽음을 맞기도 했다. 그러나 내 아기를 잃은 때처럼 격심한 고통을 겪은 적은 없었다. 내가 아기의 사산을 통해 배운 것이 있다면, 우리가 이 땅에 존재하는 이유였다. 우리는 승리해서 전리품을 챙기고 실패를 피하기 위해서가 아니라, 온갖 풍상을 겪은 끝에 진정한 우리 자신만이 남겨지기 위해서 이 땅에 존재하는 것이다. 이렇게 생각해야만 우리는 고통과 상실이 존재하는 목적을 깨닫고, 감사하는 마음과 은총으로 되돌아갈 수 있다.

나는 식사하기 전에 말없이 감사하는 마음으로 기도하는 걸 좋아한다. 또 세상을 여행하며 다양한 문화와 전통을 지켜볼 때에도 감사 기도를 드린다. 2013년 〈허핑턴포스트 저팬〉을 런칭하려고 도쿄를 방문했을 때 나는 식사하기 전에 '이타다키마스'라고 말해야 한다는 걸 배웠다. '잘 먹겠습니다'라는 뜻이었다. 인도 다람살라를 방문해서는 식사하기 전에 간단히 기도해야 한다는 걸 배웠다.

나는 특별히 종교적인 가정에서 자라지 않았지만 그리스에서 어린 시절을 보냈기 때문에 식사할 때마다 기도하는 것에 익숙했다. 물론 반드시 소리 내어 기도하지는 않았다. '영적 자각 운동(Movement of Spiritual Inner Awareness)'의 창시자인 존 로저(John-Roger)는 "은총은 우리가 찾아 나서는 것이 아니다. 은총은 우리가 우리 자신에게 허락하는 것이다. 하지만 우리는 은총이 바로 우리 곁에 있다는 걸 모른다. 불행과 역경이 있을 때 은총은 천둥이나 번개처럼 우리에게 찾아오는 것이라고 조건화해놓았기 때문이다. 하지만 은총은 호흡처럼 무척 자연스럽게 우리에게 다가온다"라고 말했다.[14]

바람이 완벽한 날에는 그저 돛을 펼쳐라. 세상이 아름다움으로 가득한 날. 오늘이 그런 날이다.   _루미[15]

수도자만이 아니라 과학자도 우리 삶에서 감사하는 마음의 중요성을 인정했다. 켄터키 출신의 트라피스트회 수도자, 토머스 머튼(Thomas Merton)은 이렇게 말했다. "인류의 일원이라는 것도 영광스러운 운명이다. 하지만 인류는 어리석은 짓에 몰두하고 많은 실수를 범하는 존재이다. 그럼에도 불구하고 하느님 자신이 인류의 일원이 되셨다. 인류의 일원! 이런 평범한 깨달음이 엄청난 복권에 당첨된 소식처럼 여겨져야만 한다."[16]

감사하는 마음을 집중적으로 연구한 캘리포니아 대학교의 로버트 에먼스(Robert Emmons)와 마이애미 대학교의 마이클 맥컬러프(Michael McCullough)는 "감사하며 살아가는 삶이 만족할 줄 모르는 욕망에서 비롯되는 질병의 특효약이다. …… 감사하는 마음에는 과분한 혜택을 받고 있다는 생각이 감춰져 있다. 감사하는 사람은 자신이 그런 혜택이나 선물을 받을 만한 행동을 하지 않았고, 공짜로 받았음을 인정하는 사람이다"라고 말했다.[17] 감사하는 마음은 부정적인 감정을 해소하는 역할을 해내며 마법을 부린다. 감사하는 마음은 영혼을 치유하는 백혈구와 같아서, 우리를 냉소주의와 자격지심, 분노와 체념으로부터 구해낸다. 감사하는 마음은 내가 좋아하는 명언(8세기 이슬람 율법가, 알 샤피이가 남긴 말로 알려져 있다)으로 완벽하게 요약되는 듯하다. "나를 위해 존재하는 것은 결코 나를 피해가지 않을 것이고, 나를 피해가는 것은 나를 위해 존재하는 것이 아니라는 것을 알기에 내 마음은 한없이 편하다."

: 직감의 힘_내면의 목소리가 말할 때는 조용히 귀를 기울여라 :

위험을 경고하는 신호에 주의를 기울이지 않는다면, 지혜가 없다는 분명한 증거이다. 이런 단언을 입증해주는 역사적인 사례는 차고 넘칠 정도로 많다. 수년 전 폼페이를 방문했을 때 나는 경고신호를 무시한 결과를 생생하게 목격할 수 있었다. 그 고대 도시를 거닐면서 기원후 79년의 화산 폭발로 그곳 사람들이 어떻게 죽음을 맞았는지 생각해보았다.

화산 폭발이 있기 전에 많은 경고 신호가 있었다. 62년에 강력한 지진이 닥쳤고, 그 이후에도 미진이 계속되었다. 샘과 우물이 말라붙었고 개들이 어디론가로 사라졌으며, 새들의 노랫소리도 들리지 않았다. 그리고 가장 확실한 경고 신호가 있었다. 베수비오 산이 연기 기둥을 토해냈다. 그리고 베수비오 화산은 불길을 내뿜었고, 폼페이와 그곳 주민들을 18미터 깊이의 화산재와 화산암으로 묻어버렸다.

화산 폭발의 가능성을 경고하던 미진들은 '특별히 걱정스럽지 않은 것'으로 무시되었다.[18] 재앙이 임박했다는 걸 알리는 경고 신호들은 요즘에도 우리 주변에 널려 있다. 기후변화, 심화되는 경제적 불평등, 마약과의 실패한 전쟁 등에서 보듯이 우리가 지금 행하고 있는 행동들을 포기하고, 대안으로 어떻게 행동해야 하는지 고민해야 한다는 경고 신호가 곳곳에서 들려오지만 특별한 대책이 눈에 띄지 않는다. 그 원인은 지혜의 부재에 있다.

지혜의 원천은 직관, 즉 내면의 지식이다. 누구나 직관을 경험한 적이 있을 것이다. 쉽게 말하면, 직감이다. 우리에게 뭔가를 하라고, 혹은 뭔가를 하지 말라고 속삭이는 내면의 목소리를 뜻한다. 우리는 그 메시지를 듣는다. 그리고 그 이유까지 설명할 수는 없지만 그 메시지가 맞는다고 생각한다. 반면에 심안(心眼)을 지닌 사람들은 뭔가를 본다. 통찰은 스치듯이 지나가기 때문에, 그 순간을 포착하는 방법을 터득하지 않으면 관심을 가지려 할 쯤에는 사라져버린다. 운동장 옆을 달리는 자동차에 앉아 얼핏 보았던 아이의 얼굴에 어린 미소와도 비슷하다. 우리가 갈림길에 있지 않을 때에도 무엇을 해야 할지 고심하며 내면의 목소리를 들으려고 애쓴다면, 직관은 언제나 상황을 정확히 읽어내고 우리를 올바른 길로 인도한다. 그러나 우리가 그 내면의 목소리를 들을 수 있을까? 내면의 목소리에 주의를 기울이고나 있는가? 직관에 의존하는 삶을 살고 있는가? 직관력을 키우고 직관의 지혜를 활용하는 삶을 살아가는 것이 직장에서나 일상의 삶에서나 진정으로 성공하는 확실한 방법이다.

어려운 것을 쉽게 얻을 수 있는 길은 지적 능력이 아니라 직관이다.

_알베르트 아인슈타인[19]

'직관'이란 말이 관습을 무작정 거부하는 뉴에이지의 개념이며, 초자연적인 것과 관계 있는 것이라 생각하는 사람이 적지 않다. 그러나 역사가 기록되기 시작한 때부터 인간은 이성과 논리로 설명되지 않는 일종의 지혜를 인정해왔다. 서구 문화는 이성의 기념비적인 산물이다. 계몽주의와 산업혁명, 정보화 시대는 서구 문화에서 비롯되었지만, 그런 찬란한 업적이 이성만으로 이루어진 것은 아니었다. 또한 우리를 오늘날과 같은 번영에 이르게 한 것도 이성만은 아니었다.

3세기의 철학자, 플로티노스는 세 종류의 지식이 있다며 "의견과 학문과 깨달음이 그것이다. 의견은 감각을, 학문은 논리를, 깨달음은 직관을 수단으로 한다"라고 말했다.[20] 우리는 인터넷에서 처음 두 종류의 지식을 쉽게 구할 수 있다. 그러나 그런 지식의 양산 때문에 우리는 깨달음, 즉 지혜로부터 더욱 멀어졌다. 하지만 진정한 삶을 살기 위해서는 지혜가 없어서는 안 된다.

의사결정에서 직관의 중요성은 과학적으로도 확인되었다.[21] 심리학자 마틴 셀리그만(Martin Seligman)과 마이클 카하나(Michael Kahana)는 "많은 중요한 결정이 선적인 추론보다 직관으로 얻어진다는 것은 오래전에 용인된 정설"이라고 말했다.

그들은 직관에 기초한 의사결정의 특징을 "1) 신속하고, 2) 의식이 개입되지 않으며, 3) 다양한 차원을 고려한 결정에 사용되고, 4) 과거의 광범위한 경험을 근거로 삼고, 5) 전문가의 성격을 띠며, 6) 나중에도 정확하고 수월하게 말로 표현되지 않고, 7) 확신을 갖고 자신 있게 내려지는 경우가 많다"라고 설명했다.[22]

직관이 우리의 깊은 내면에서 비롯되는 것이라 생각하는 이유가 있다. 직관이 흔히 직감이라 번역되지만 직역하면 '내장의 본능(gut instinct)' 혹은 '뼛속 깊은 느낌(feeling in your bones)'이라 일컬어지는 이유도 여기에 있다. 내장과 뼈는 우리 내부 구조에서 핵심의 일부이기 때문이다. 말콤 글래드웰(Malcolm Gladwell)은 《블링크》에서 직관을 '적응 무의식'으로 설명하며 "우리가 인간으로 존재하는 데 필요한 많은 데이터를 신속하고 조용하게 처리하는 일종의 거대한 컴퓨터"처럼 기능한다고 말했다.[23]

《블링크》에서 주장하는 요점을 정리하면, 우리 적응 무의식, 즉 직관이 상황을 읽어내는 힘이 의식을 동원해서 면밀히 분석한 결과보다 훨씬 더 정확할 수 있다는 것이다. 글래드웰은 로스앤젤레스 폴 게티 박물관이 구입한 고대 그리스의 쿠로스 상(像)에 대해 이야기한다. 과학자들이 많은 검증을 거친 끝에 그 조각상이 진품임을 보증했다. 그러나 뉴욕 메트로폴리탄 미술관의 관장을 지낸 토머스 하빙(Thomas Hoving)을 비롯한 일부 미술사가들은 조각상을 보는 즉시 진품이 아니라는 걸 알아챘다. 하빙은 그 조각상을 보는 순간 '직관적인 반발'을 느꼈다. 글래드웰의 표현을 빌리면, "그들은 조각상을 처음 보는 2초 동안에—단 한 차례의 눈길로—폴 게티 박물관의 조사팀이 14개월에 걸쳐 파헤친 것보다 조각상의 본질에 대해 더 정확하게 파악할 수 있었다." 그런데 그들은 조각상이 가짜라는 걸 어떻게 알았는지 설명할 수 있었을까? "전혀 설명하지 못했다. 하지만 그들은 알았다." 결국 그들의 판단이 옳았던 것으로 판명 났다. 그 조각상은 가짜였다.[24]

게리 클라인(Gary Klein)은 《의사결정의 가이드맵》에서 단독주택의 부엌에 붙은 불길에 물을 살포하며 화재와 싸우는 소방관들의 이야기를 예로 들었다. "지휘관은 뭔가 잘못됐다는 느낌이 들기 시작한다. 그렇게 생각할 뚜렷한 단서는 없다. 그저 그 집에 있으면 안 된다는 느낌이 들 뿐이다. 그래서 지휘관은 소방대원들에게 즉각 그 집에서 나가라고 명령한다. 건축법에 따라 완전하게 지어져서 이상할 것이 하나도 없는 집이었다." 지휘관은 무엇 때문에 소방대원을 집 밖으로 내보냈는지 설명할 수 없다며 '육감'이었을 뿐이라고 말했다. 소방대원들이 그의 명령에 따라 그 집을 나갔고, 얼마 후에 그들이 서 있던 바닥이 무너져 내렸다. 따라서 지휘관의 명령은 적확했다. 나중에야 밝혀졌지만, 그들의 바로 아래, 지하실이 화재의 발화점이었고, 지휘관은 지하실의 존재조차 몰랐다.[25]

클라인은 신생아 집중치료실에서 근무하는 경험 많은 간호사의 사례도 제시했다. 한 조숙아가 여러 모순되는 증상들을 보였지만 패혈증에 걸렸다는 걸 직감적으로 알아낸 간호사의 이야기였다. 패혈증은 즉각 치료하지 않으면 생명이 위험할 수 있기 때문에 신속한 조치가 필요한 질병이다. 이처럼 간호사들은 검사 결과가 양성으로 나오기 전에 병을 정확히 짚어낸다. 클라인이 간호사들에게 어떻게 알아냈느냐고 물었을 때 간호사들은 한목소리로 '직관'이라 대답했다. 노련한 간호사들은 증상을 보는 것만으로 어떤 병인지 알아냈다! 간호사들의 직관은 말로는 설명하기 힘들지만 미세한 단서에 근거한 것이었다. 그러나 그들은 즉각적으로 올바른 결론을 끌어냈다.[26]

직관력을 키우고 직관에 귀를 기울이면 누구나 직관을 활용할 수 있다. 냉정하고 철저한 논리로 문제에 접근하는 것보다 직관으로 더 정확한 답을 구할 수 있다는 것은 누구나 알고 있는 사실이다. 또 직관에 귀를 기울이느냐 않느냐는 그야말로 삶과 죽음의 문제일 수도 있다. 그런데 왜 우리 삶에서 직관이란 내면의 목소리를 무시하고 간과하는 것일까?

나도 이런 문제 제기에서 완전히 자유롭지는 않다. 지금까지 직관의 속삭임을 무시한 적이 한두 번이 아니었다. 분주한 삶을 허둥지둥 살아가기 때문에 직관의 목소리에 귀를 기울일 시간조차 내지 못한다. 그런데 우리가 직관의 목소리를 무시하고 일축해 버리는 이유가 무엇일까? 무엇보다, 우리를 사로잡은 어떤 느낌의 이유를 합리적으로 설명하지 못하기 때문이다. 그러나 바로 이런 이유에서 우리는 직관에 관심을 기울여야 한다. 논리나 자료와 달리, 지혜는 직관에서 비롯되기 때문이다.

예컨대 어느 날 밤 당신이 집으로 걸어가고 있다고 해보자. 어 둑한 골목길에 들어서자 불안감이 약간 몰려온다. 소방대 지휘관 이 '육감'이라 말했던 것으로 거북한 느낌이다. 내면의 목소리, 즉 적응 잠재의식이 "이 골목길로 들어가지 마라"고 말한다. 그러 나 당신은 급한 마음에 불안하고 초조하지만 골목길에 들어선다. 당신의 직관이 옳다면 그 결과는 끔찍할 것이다.

또 당신이 직장에서 빈자리를 보충하기 위해서 인터뷰를 하고 있다고 해보자. 한 유망한 후보자에게서 이상하게도 불안감이 느 껴진다. 하지만 빈자리를 보충하는 게 급선무이고, 그 후보자의 이력은 서류상으로 나무랄 데가 없다. 게다가 그 자리는 오랫동안 공석이어서 하루라도 빨리 채워야 한다. 그래서 당신은 직관을 무 시하고 그 사람을 채용한다. 실제로 이런 식으로 고용 과정에서 많은 실수가 저질러진다. 이번에는 당신이 딸과 대화를 나누고 있 다고 해보자. 그런데 당신이 방금 받은 문자 메시지나 다른 생각 에 정신이 팔려서 딸의 말에서, 혹은 딸의 말에 감춰진 의도에서 불안감이 느껴지지만 그 불안감을 무시해버린다.

당신이 직관적으로 느끼는 감응신호는 당신에게 더 많은 정보 가 필요하다는 뜻일 수 있다. 그러나 온갖 것에 과잉 연결된 현대

세계는 우리와 우리의 직관 사이에 이런저런 장애물을 쏟아낸다. 따라서 직관은 끝없이 쌓여가는 이메일의 받은 편지함, 끊임없이 삑삑거리는 스마트폰에 파묻혀버린다. 더구나 우리는 약속을 좇아 이리저리 뛰어다니며 스트레스를 받고 탈진해서 직관의 힘을 빌릴 여유도 없다. 직관의 목소리에도 스마트폰처럼 감응신호를 나타내는 막대가 있다면, 우리는 거의 언제나 지혜의 범위 밖에 있을 것이다.

게리 클라인은 "직관을 지키려고 기다리는 시간이 길어질수록 지켜야 할 직관의 힘이 줄어들 것이다. 우리는 소프트웨어 프로그램들과 분석적 방법들이 결합된 존재가 아니고, 우리가 접근할 수 있는 데이터베이스에 불과한 존재도 아니며, 우리가 기억해야 하는 절차에 불과한 존재도 아니다. 우리가 이런 인공물로 전락할 것인지, 아니면 이런 인공물 너머까지 성장할 것인지 선택해야 할 때가 되었다"라고 말했다.[27]

직관을 상실하는 가장 중요한 원인은 수면 부족이다. 적어도 나에게는 그렇다. 웰빙을 다룬 1장에서 보았듯이, 수면 부족은 집중력과 기억력을 저하시킬 뿐 아니라 정서지능과 자긍심 및 타인을 향한 공감 능력에도 악영향을 미친다.[28] 수면이 부족할 때 우리는 윤리적 한계를 넘어설 가능성이 커진다. 수면 부족이 자제력을 떨어뜨리기 때문이다.[29] 우리 행실과 성격은 돌에 새겨진 것처럼 확고부동한 것이 아니다. 우리가 어떻게 재충전되고 중심을 유지하느냐에 따라 언제라도 변할 수 있다.

명상과 요가와 마음챙김을 통해 우리는 세상의 소음을 떨쳐내고 내면의 목소리에 귀를 기울일 수 있다. 크리스티나와 이사벨라를 임신했을 때 나는 매일 요가를 수련했다. 요가는 내가 어머니에게 물려받은 수련법이었다. 우리가 아테네에서 지낼 때 어머니는 머리를 바닥에 대고 몇 시간이고 물구나무서 있기도 했다. 따라서 요가는 일종의 가족 전통이었지만, 나는 요가를 결국 받아들이기 전까지 그것을 대단하게 생각하지 않았다. 반듯하게 앉아 긴장을 풀고 마음을 집중하면 나는 정돈되는 기분이다. 요가 매트를 정리한 후에도 오랫동안 평정심이 유지된다.

명상과 요가를 서구 세계에 알리는 데 일조한 사람 중 한 명이 파라마한사 요가난다다. 요가난다는 1946년에 발표한 자서전 《요가난다》에서 직관적인 내면의 자아를 돌봐야 할 필요성을 이렇게 설명했다. "직관은 마음이 맑을 때, 그런 순간에 자연적으로 흘러나오는 영혼의 인도자이다. 대부분의 사람들이 설명할 수 없는 정확한 예감을 경험하거나, 자신의 생각이 다른 사람에게 실제로 전달되는 경험을 한 적이 있을 것이다. 인간의 마음은 혼란스러운 상태에서 벗어나면, 생각을 주고받으며 바람직하지 않은 생각을 걸러내는 복잡한 무선 메커니즘의 모든 기능을 직관이란 안테나를 통해서 충분히 해낼 수 있다."[30]

스티브 잡스가 그의 회고록에서 많은 사람에게 전해지기를 바랐던 책이 바로 《요가난다》였다. 잡스는 인도에서 수개월을 보냈고, 우리 삶에서 직관의 역할에 깊은 관심을 가졌다. "인도의 시골 사람들은 우리처럼 지적 능력을 사용하지 않는다. 그들은 직관을 사용한다. 그들의 직관은 세계 어떤 곳의 사람들보다 훨씬 발달해 있다"라며 "직관은 매우 강력한 것이다. 내 생각에는 지적 능력보다 강력하다. 직관은 내 작업에도 큰 영향을 미쳤다"라고 덧붙였다.[31]

직관은 연결이다. 그러나 명확하지도 않고 존재의 근거가 논리적으로 설명되지 않는 연결이다. 직관은 우리를 내면의 자아에 연결할 뿐 아니라, 우리 자신과 삶의 경계를 훌쩍 넘어 훨씬 원대한 것에도 연결한다. 그러나 그 연결은 쉽게 끊어진다. 지금처럼 사방에서 압력을 받으며 빠른 속도로 살아가는 한, 의도적인 노력이 없다면 우리는 직관과 끊어진 채 살아갈 가능성이 크다. 직관은 우리에게 균형감을 유지하게 해주는 소리굽쇠와 비슷하다. 직관은 마르쿠스 아우렐리우스가 우리 안에 존재한다며 '내면의 성채'[32]라 칭했던 평온한 중심을 기반으로 우리 삶을 살아가도록 도와준다.

우리가 그 성채 밖에서 대부분의 삶을 지낸다는 것은 의문의 여지가 없다. 결국, 궤도 수정이 있어야 한다. 삶의 궤도를 수정하고 우리에게 진정으로 필요한 것을 알아내는 능력은 누구나 배울 수 있고, 연습을 통해 한층 발전시킬 수 있는 기술이다. 누구나 삶의 궤도를 신속하게 수정하는 법을 배워서, 평온함과 침착함과 사랑이 깃든 내면의 성채로 되돌아갈 수 있다는 것은 사실이다. 이렇게 할 때 우리는 제2의 천성처럼 우리의 진정한 본성으로 신속하게 되돌아갈 수 있다.

말함으로써 말하는 법을 배우고, 공부함으로써 공부하는 법을 배우고,

달림으로써 달리는 법을 배우고, 일함으로써 일하는 법을 배우듯이, 사
랑함으로써 사랑하는 법을 배우라.

_프란치스코 살레시오[33]

그 평온한 중심에는 전체를 올바르게 조감하며 진정으로 중요
한 것을 인식하는 힘과 균형감이 있다. 내 아버지는 칠순을 넘기
면서 시력을 잃기 시작했고 결국 두 손녀를 구분하지 못하는 지경
에 이르는 무척 안타까운 상황에 처했지만, 그때부터 내면의 문을
열기 시작했다. 아버지는 나치의 강제수용소에서 살아남았지만
오랫동안 경제적인 곤경을 겪었고, 이혼의 아픔과 수많은 좌절을
겪은 분이었다. 아버지는 뛰어난 지적 능력과 시인의 영혼을 지녔
지만, 변덕스런 성격에다 도박과 술을 좋아했다. 당뇨병으로 시력
이 감퇴한 후로 글을 읽지도 쓰지도 못하는 지경에 이르자 아버지
는 그 충격에서 헤어나지 못했다. 늙어서는 글을 쓰거나 글을 읽
으면서 소일하겠다고 우리에게 귀에 딱지가 앉도록 말해왔기 때
문이었다. 결국 아버지는 내면으로 마음의 눈을 돌릴 수밖에 없었
다. 내 여동생의 표현을 빌리면, "아버지의 내면에는 오랫동안 물
도 주지 않고 잡초도 뽑지 않은 채 방치된 정원이 있었다. 아버지
의 마음에 들어가는 문은 꼭 닫혀 있었다. 십중팔구 그 문에는
'출입금지-폭발물이 있음'이라고 쓰여 있었을 것이다." 가끔 순
간적으로 아버지가 경계심을 풀고 그 문을 살짝 열기도 했지만,
그 문은 곧바로 닫혀버렸다. 그러나 시력을 상실하는 안타까운 사
건이 있은 후에야 아버지는 내면의 정원을 돌보기 시작했다.

: 아이패러독스_스마트폰이 우리를 더 지혜롭게 해주지는 않는다 :

테크놀로지에 대한 의존도가 커지면서 지혜의 샘과 연결하기
가 더욱 어려워졌다. 과잉연결을 부추기는 스마트폰과 같은 테크
놀로지는 디지털 에덴동산에 숨어 사는 뱀이다.

스탠퍼드 대학교 의과대학에서 자제력을 연구하는 심리학자,
켈리 맥고니걸(Kelly McGonigal)은 "우리는 디지털기기와 병적인 관
계를 맺고 있다. 우리는 디지털기기에 중독되었을 뿐 아니라 디지
털기기의 포로가 된 듯하다"라고 말했다.[34] 따라서 디지털기기에
서 벗어나 본래의 자아로 돌아가기가 점점 더 어려워지고 있다.

마크 윌리엄스 교수는 우리가 우리 자신에게 가하는 폐해를 이
렇게 요약해주었다.

> 항상 분주하게 돌아다니며 음식의 맛도 음미하지 못한 채 배를
> 채우고, 끝없이 밀려드는 업무를 처리하면서도 정작 무슨 일을 하
> 는지도 제대로 모르는 사람들의 뇌사진을 분석해서 알아낸 결과에
> 따르면, 요컨대 신경과학의 결론에 따르면, 뇌에서 감정을 담당하
> 는 부분이 항상 무척 긴장된 상태이다. …… 따라서 "나는 업무를
> 처리하려고 정신없이 뛰어다닌다"라는 말은 생물학적으로는 포식
> 자로부터 도망치려고 정신없이 뛰어다닌다는 뜻과 다를 바가 없다.
> 뇌의 그 부분이 항상 활성화되어 있기 때문이다. 그러나 누구도 자
> 신의 걱정거리를 떨쳐낼 수 있을 만큼 빨리 달릴 수는 없다.[35]

하지만 마음챙김을 통해서 "우리는 어떤 일을 하는지 알면서 그 일을 하는 능력을 키울 수 있다."[36] 달리 말하면, 우리가 의식을 지닌 존재라는 것을 의식하게 된다는 뜻이다. 마음챙김은 우리 삶에서 무척 중요한 도구이다. 테크놀로지에서는 기대할 수 없는 긍정적 효과가 있는 도구이기 때문이다. 엄청난 양의 정보를 면밀하게 분석해서 일정한 패턴들을 찾아내는 빅데이터의 위력이 점점 향상되어 결국에는 인간의 두뇌에 필적하게 될 거라고 믿는 사람들이 적지 않다. 그러나 문제 해결에서 빅데이터의 효용성을 의심하는 사람들도 증가하는 추세이다.

《블랙 스완: 0.1%의 가능성이 모든 것을 바꾼다》의 저자, 나심 탈레브(Nassim Taleb)는 "빅데이터는 더 많은 정보를 뜻할 수 있지만 더 잘못된 정보를 뜻하기도 한다"라고 말했다. 잘못된 정보가 아니더라도 문제는 "바늘이 점점 커지는 건초 더미에 들어간다는 것"이다.[37]

데이비드 브룩스는 "빅데이터가 형편없는 결정을 내리는 경우가 부지기수로 많다"라며 "사회적 관계에 대한 결정을 내릴 때 두개골 속에 있는 경이로운 기계 대신에 책상 위의 조잡한 기계에 의존하는 것만큼 멍청한 짓이 있겠는가!"라고 말했다.[38] 오늘날 한층 발달된 기계 덕분에 과거보다 훨씬 빠르게 정보를 구할 수 있지만, 지혜를 구하기는 3,000년 전 솔로몬 왕의 궁전보다 더 어려워진 듯하다. 우리 세대는 정보는 넘치지만 지혜는 부족하다.

2013년 애스펀 아이디어 페스티벌(Aspen Ideas Festival, AIF)에서, 나에게 가장 감동적인 강연은 하버드 경영대학원의 낸시 코엔 교수의 강연이었다. 코엔 교수는 우리에게 지혜가 필요하다며, "정보가 지식과 동일할 수 없고, 지식이 이해와 동일할 수 없으며, 이해가 지혜와 동일할 수 없기 때문이다. …… 사막을 즐겁게 횡단하는 순례자처럼 우리는 지금 당장 지혜를 찾아 나서야 하지 않을까요?"라고 말했다.[39]

〈허핑턴포스트〉는 '스크린 센스'라는 항목을 신설해서 전자 기기에 대한 중독을 주로 다루었고, 테크놀로지가 우리 삶과 건강 및 인간관계에 미치는 영향에 대한 과학계의 최신 연구를 소개했다. 디지털기기에 대한 중독의 대가는 심각하다. 미국 도로교통안전국이 '가장 위험한 방해거리'라고 규정한 문자 메시지의 송수신을 비롯해 운전 중에 디지털기기를 조작함으로써 미국 전역에서 교통사고로 3,000명 이상이 사망하고 약 40만 명이 부상하고 있는 실정이다.[40]

〈허핑턴포스트〉의 라이프스타일 부문 책임 편집자였던 로리 라이보비치(Lori Leibovich)는 개인 블로그에 포스팅한 '엄마의 디지털 다이어트'라는 글에서 가족 휴가에 대해 이야기했다. 로리는 아이들에게 "엄마가 아이폰으로 사진을 찍는 것 이외에 다른 짓을 하면 엄마에게서 아이폰을 빼앗아라"고 부탁했다. 모든 다이어트가 그렇듯이, 디지털 다이어트도 꾸준히 실천하기가 쉽지는 않았다. 그러나 보상은 있었다. 로리는 "새로운 메시지가 도착했다고 알리는 소리가 들릴 때마다 즉각적으로 반응하지 않으면 존재론적으로 상실감이 느껴지는 때가 있었다. 하지만 두 손을 동원해서 모래를 파고, 아이폰 화면을 톡톡 치는 대신에 종이책의 페이지를 넘기면 짜릿한 흥분마저 느껴졌다. 얼마나 오랫동안이었는지는 모르겠지만, 나는 처음으로 아이들을 정말로 지켜보고 있었고, 아이들은 나의 그런 눈길을 알았던지 한층 신 나게 놀았다"라고 말했다.[41]

연결의 단절은 쌍방향으로 행해진다. 캐롤라인 노어(Caroline Knorr)는 아동과 가정 문제를 주로 다루는 시민단체, 커먼 센스 미디어가 실시한 조사를 근거로, 8세 이하에서는 72퍼센트, 2세 이하에서는 38퍼센트가 이미 무선 단말기를 사용하고 있다고 밝혔다.[42]

뉴잉글랜드 소아심리학 연구센터의 임상 책임자인 스테파니 도널드슨 프레스먼(Stephanie Donaldson-Pressman)은 "불안증과 우울증과 관련된 전형적인 징후들의 증가가 임상적으로 확인되고 있다"라며 "단기적인 기억장애, 주의력 지속 시간의 감소, 수면 부족, 변덕스런 기분 변화, 전반적인 불만" 등을 대표적인 징후로 제시했다.[43]

미국 소아학회는 "8~10세의 아동이 하루 평균 거의 8시간을 다양한 미디어를 접촉하고, 그보다 연령이 많은 아동과 10대는 하루에 11시간 이상을 접촉한다"라며 아동과 십대에게 하루에 1~2시간 정도만 텔레비전이나 휴대폰의 화면을 접촉하라고 권고했다. 어떤 종류의 화면이든 2세 이하의 아동에게는 바람직하지 않다. 이런 권고의 핵심은 부모에게 중독되지 않은 건전한 행실로 아이들에게 모범을 보이라는 것이다.[44]

영화배우이자 방송작가, 루이스 C. K.는 우리의 화면 중독을 풍자해왔다. 한 프로그램에서, 그는 어린아이들의 행사장에서 벌어지는 부조리한 모습을 풍자했다. 예컨대 축구 경기, 학예회, 유치원 졸업식에 부모들이 참석하지만, 디지털기기로 행사 장면을 담느라고 실제로 행사 자체를 지켜보는 부모는 한 명도 없다는 풍자였다. 우리가 아이들에게 중요한 행사를 기록하는 데만 몰두해서 살아서 숨 쉬는 아이들을 실제로 보지는 않는다며, 루이스는 "아이들을 직접 보면 믿기지 않을 정도의 해상도를 맛볼 수 있을 것이다. 그야말로 완벽한 고화질이다"라고 빈정거렸다.[45]

소망하던 것이 이루어지면 그 결과가 바람직하지 않은 것일 수도 있다. 빅데이터, 검증되지 않은 정보, 끊임없는 접촉, 테크놀로지에 대한 의존은 우리가 통찰력과 마음의 평온에 접근하는 걸 방해할 뿐이다. 스마트폰은 우리가 지혜로 가는 길을 방해한다. 그야말로 '아이패러독스(iParadox)'가 아닐 수 없다.

: 조급병과 시간 기근 :

2013년 여름, 〈허핑턴포스트〉의 블로그에 포스팅된 글 하나가 뜻하지 않게 밤사이에 큰 반응을 얻었다. 페이지뷰는 700만 회를 넘었고, 페이스북에서는 거의 120만 명이 '공감'한다는 의사를 표현했다. 특수교육 교사로 6세의 딸을 둔 레이첼 메이시 스태퍼드(Rachel Macy Stafford)가 쓴 〈내가 '서둘러'라고 말하지 않기로 결심한 날〉이란 글이었다. 레이첼의 표현에 따르면, 그녀의 삶은 "메시지의 도착을 알리는 전자음, 벨소리, 빡빡한 일정에 지배당하는 삶"이었다. 어느 날, 레이첼은 자신이 "느긋하고 태평스러우며, 장미를 보면 걸음을 멈추고 향내를 맡는 아이"인 딸에게 나쁜 영향을 주고 있다는 걸 처절하게 깨달았다며, "나는 삶을 즐기고 싶어 하는 어린 딸을 재촉하고 몰아대며 압박하는 불량배였다"라고 말했다.[46] 그 글이 우리가 자식을 양육하는 방식에 대한 죄책감을 넘어 그처럼 큰 호응을 받았던 이유는, 우리가 자식들에게나 우리 자신에게 '서둘러라!'고 말할 때마다 적잖은 폐해가 있다는 걸 인정하는 사람이 그만큼 많았기 때문이다. 아이들은 현재의 순간에 훨씬 더 충실하며, 우리가 스스로에게 부과한 시간이란 인공물에 얽매이지 않는다. 현재의 순간에 충실하게 사는 삶에 관련해서, 레이첼의 이야기는 우리가 어린아이들에게도 많은 것을 배울 수 있다는 걸 새삼스레 깨닫게 해주었다.

하늘의 무지개를 바라볼 때마다
언제나 내 가슴은 두근거린다.
나 어린 시절에 그러하였고
어른이 된 지금도 그러하오니
내 늙어서도 또한 그러하리라.
그렇지 않다면 차라리 죽음만 못하리니
어린이는 어른의 아버지.
바라노니 나의 모든 날들이
자연에 대한 경외와 함께 이루어지기를.   _윌리엄 워즈워드[47]

당연한 말이겠지만, 느긋하게 사는 기술이 쉽게 터득되지는 않는다. 느긋하게 참다운 삶을 사는 지혜를 배워가는 과정 자체가 하나의 여정이다. 그러나 그 여정은 더 건강한 삶을 위한 처방이기도 하다. 노스웨스턴 대학교의 리칭 L. 얀이 발표한 논문에 따르면, 시간에 쫓기는 조바심을 보이는 청소년은 고혈압에 걸릴 위험이 상대적으로 높았다.[48] 또 속도에 대한 강박증이 식탁으로 옮겨지면, 성급한 성격은 쉽게 체중이 증가할 수 있다. 영양학자, 캐슬린 젤먼(Kathleen M. Zelman)은 "뇌가 포만의 신호를 보내려면 식사를 시작한 때부터 대략 20분이 걸린다. 따라서 느긋하게 먹어야, 충분히 먹었다고 뇌가 신호를 보내는 시간을 확보할 수 있다. 포만감을 느낀다는 것은 적게 먹었다는 뜻으로 해석된다"라고 말했다. 또 천천히 먹어야 칼로리 소모가 적다는 것도 최근의 연구에서 밝혀졌다.[49] 조바심에서 비롯되는 스트레스는 성욕과 관계있는 신경전달물질인 도파민의 생성을 억제하기 때문에 느긋하게 행동하는 것이 성생활에도 더 낫다.[50]

〈하버드 비즈니스 리뷰〉에는 속도가 창의력과 업무에 악영향을 미친다는 글이 실리기도 했다. "창의력도 스트레스를 받으면 결국 사라지기 마련이다. …… 복잡한 인지과정에는 시간이 걸린다. 그 과정을 처리하는 데 합리적인 시간이 보장되지 않으면 창의력을 발휘하기란 거의 불가능하다."[51]

우리 문화는 시간이란 강박관념에 시달린다. 개인적으로는 모두가 시간이 부족해서 시간을 아끼고 있다고 생각하지만 실제로 충분한 시간을 가져본 적이 없다는 기분을 떨치지 못한다.

시간을 관리하기 위해서, 혹은 시간을 관리하고 있다는 착각에라도 빠지기 위해서 엄격한 일정표에 따라서 이런저런 회의와 행사에 연이어 참석하며 여기에서 조금, 저기에서 조금 시간을 절약하려고 끊임없이 노력한다. 게다가 생산성을 높여준다는 애플리케이션을 내려 받고, 시간을 절약하는 요령을 가르쳐주는 글을 열심히 클릭한다. 성공의 사다리를 올라가는 데 도움을 주는 회의와 약속에 할애할 시간을 일정표에 확보할 수 있기를 바라며, 일상의 습관들에서 조금씩 시간을 아낀다. 항공회사처럼 우리는 취소되는 약속이 있을지도 모른다는 생각에, 또 어떻게든 시간을 낼 수 있다는 자신감에 약속을 한도 이상으로 잡는다. 하루에 최대한 많은 일정을 소화하지 않으면 승진하는 데 중요하고 특별한 기회를 놓칠지도 모른다고 두려워한다. 그러나 인간의 삶에서 시간의 저축이나 차입은 불가능하다. '아껴서 저축한' 시간을 나중에 꺼내 쓸 수는 없는 법이다. 시간을 아끼는 삶은 결국 호된 대가를 치러야 하는 삶이다.

제임스 글릭(James Gleick)이 《더 빨리: 거의 모든 것의 가속화》에서 '조급병'이라 칭했던 현상이 유행병처럼 번지며 우리를 괴롭힌다. "컴퓨터, 영화, 성생활, 기도 등 모든 것이 과거보다 더 빨라졌다. 시간을 절약해주는 장비와 시간을 절약하는 전략으로 우리 삶을 채워간다면 결국 우리는 사방에서 밀려오는 압박에 시달릴 것이다."[52]

하버드 경영대학원의 레슬리 펄로(Leslie Perlow) 교수는 이런 현상에 '시간 기근'이란 이름을 붙였다.[53] 시간 기근에 시달리면 스트레스의 증가부터 삶에 대한 만족감의 저하까지 온갖 후유증을 겪기 마련이다. 반면에 시간이 충분하고 심지어 넉넉하다는 느낌은 '시간 풍요(time affluence)'라 할 수 있다. 믿기 힘들겠지만 누구나 '시간 풍요'를 만끽하며 살아갈 수 있다.

소란스럽고 분주한 길에서도
그녀의 마음은 차분했습니다.
손짓에도 서두름이 없었고
발길에서도 서두름은 없었습니다.   _크리스티나 로세티[54]

천성적으로 시간이 넉넉한 것처럼 행동하는 사람이 있다. 내 어머니가 그런 사람이었다. 시간에 관한 한, 어머니는 정말 부자였다. 어머니는 어린아이처럼 현재에 충실하며, 문자 그대로 걸음을 멈추고 장미꽃 향내를 맡는 사람이었다. 농산물 시장에라도 가면, 다른 일들은 깡그리 잊고 거의 한나절을 보냈다. 우리 자매가 힘든 결정을 앞두고 있을 때마다 어머니가 우리에게 해주었던 조언이 아직도 기억에 생생하다. "아가야, 충분히 생각하고 결정하거라." 달리 말하면, 결정의 결과까지 충분히 생각하고 어떤 결과이든 받아들이라는 뜻이었다.

어머니는 느림의 철학을 몸소 보여준 표본이었다. 2000년 세상을 떠날 때까지, 어머니와 나 사이에는 무언의 합의가 있었다. 어머니는 어린아이처럼 세상이 영원히 변하지 않을 것처럼 여유롭게 살았고, 나는 현대인의 세계에서 시간에 쫓기며 살았다. 나는 시계를 볼 때마다 예정보다 늦었다는 생각에 안달했지만, 어머니는 언제나 인간미가 넘치고 서두를 필요가 없는 세상에서 살았다. 어머니는 서두르면 업무와 대화, 저녁식사와 인간관계 등 현재의 순간에 완전히 몰입할 때만 얻을 수 있는 선물을 놓치기 십상이라고 굳게 믿었다. 이런 이유에서 어머니는 멀티태스킹을 경멸했다.

시간 기근에 시달리던 내 방식의 삶보다 여유롭고 느릿하게 살았던 어머니의 삶이, 시간에 대한 과학적 분석에 더 합당한 듯하다. 물리학자 폴 데이비스(Paul Davies)가 대중 과학잡지 〈사이언티픽 아메리칸〉에 썼듯이, 거의 모두가 시간이 우리에게 다가와서 쏜살같이 지나가는 것이라 생각하지만 실제로는 그렇지 않다. "물리학자는 시간을 완전히 펼쳐진 것으로 생각하는 편이다. 물리적인 풍경과 비슷하게, 과거와 미래의 시간들이 모두 자리 잡은 시간의 풍경(timescape)이라 생각한다."[55] 내가 이런 해석을 좋아하는 이유는 '블록 타임(block time, 항공기가 비행을 목적으로 출발공항에서 움직이기 시작해서 목적지에 착륙하여 완전히 정지할 때까지의 구간시간─옮긴이)'이 큰 그림을 보는 데 도움을 주기 때문이다. 블록 타임은 내가 세상에 전혀 존재하지 않는 동시에 그 시간 내내 세상에 존재하는 시간이지 않은가.

안타깝게도 나는 '시간 풍요'가 유전되는 형질이 아니라는 걸 보여주는 살아 있는 증거이다. 그러나 시간 풍요라는 자질을 타고나지 않았더라도 시간 기근을 푸짐한 시간의 잔칫상으로 바꿔놓을 수 있다. 키스 오브라이언(Keith O'Brien)이 〈보스턴 글로브〉에 썼듯이, "작은 행동, 경외감 같은 단순한 감정, 심지어 다른 사람을 위해 일을 대신하며 시간을 보낼 때처럼 시간을 무의미하게 흘려보내는 반직관적인 행위"도 우리에게 시간이 넉넉하다는 느낌을 안겨줄 수 있다는 과학적 연구가 적지 않다. 스탠퍼드 경영대학원 교수이며 시간 인식에 대한 연구서를 공동으로 집필한 제니퍼 아커(Jennifer Aaker)는 "그들은 별로 안달하지 않았을 뿐 아니라, 주관적이지만 웰빙 지수가 더 높아졌다고 대답했다. …… 그들은 실제로 더 나은 삶을 살고 있다고 느꼈다"라고 말했다.[56]

돈으로 행복을 살 수 없듯이 시간 풍요라는 자질도 돈으로 살 수 없다. 2011년 갤럽 조사에 따르면, 돈을 많이 가진 사람일수록 시간 기근에 시달렸다. 따라서 갤럽은 "소득계층에서 상위에 있는 사람들이 일에 쫓겨 자유로운 시간이 가장 부족한 사람들이다"라고 결론지었다.[57]

시간 기근과의 전쟁에서 최악의 적은 바로 우리 자신이다. 이 전쟁에서 승리하기 위해서는 변화를 원하겠다고 다짐하고 또 다짐해야 한다. 퓨 리서치 센터의 2008년 보고서에 따르면, 삶에서 가장 중요한 것이 무엇이냐는 질문에 미국인의 68퍼센트가 '자유로운 시간을 갖는 것'이라 대답했다. 2위는 62퍼센트로 '자식을 갖는 것'이었고, 3위가 59퍼센트로 '사회적 성공'이었다.[58] 하지만 많은 사람이 선택하는 삶의 방향은 이런 결과와 완전히 다르다. 휴가도 없이 오랫동안 장시간 일하고, 수면을 극단적으로 줄이며, 한밤중에나 새벽 5시에도 이메일에 답장을 보내는 사람들, 요컨대 시간 기근에 시달리는 사람들이 성공을 정의하는 한 우리는 시간 풍요라는 즐거움을 영원히 누릴 수 없을 것이다.

시간 풍요는 유전되는 것이 아니지만, 시간과의 자기 파괴적인 관계를 버리고 자식들에게 따뜻한 관계를 맺을 수 있다. 수면 부족도 우리가 시간 기근에 시달리는 주요 원인 중 하나이다. 뉴욕 대학교 의학대학의 정신과 교수, 바찰 사카르(Vatsal Thakkar)는 주의력결핍 과잉행동장애(ADHD)의 많은 사례가 실제로는 수면 장애라고 주장했다. 질병통제예방센터의 발표에 따르면, 놀랍게도 고학년 아동의 11퍼센트가 ADHD라는 진단을 받았다. 사카르는 "수면이 부족한 아이는 비정상적으로 부산스럽고 주의력이 떨어진다"라고 말했다. 그가 인용한 한 연구에 따르면, ADHD라는 진단을 받은 34명의 아동 모두에게서 수면 장애가 확인되었다. 사카르는 어린아이에게는 수면이 무엇보다 중요하다며, 특히 '델타 수면'이라는 깊은 서파수면(slow-wave sleep)이 필요하다고 강조했다. 100년 전과 비교하면, 요즘의 아이들은 밤잠이 4시간이나 적다. 더 일찍 잠자리에 든다고 간단하게 해결될 문제가 아니다. 아이들의 밤 시간을 더 일찍 시작할 수 있도록, 빈틈없이 빽빽한 하루 일과표에 근본적인 변화를 주어야 한다.[59]

우리는 전례 없이 아이들을 과잉보호하며 키운다. 유아용 보조 의자부터, 환경호르몬이 나오지 않는 플라스틱으로 만든 점심 도시락과 유기농 식품까지 온갖 것에 신경을 곤두세운다. 그러나 시간 풍요의 이점이 축구경기 관람이나 바이올린 연습보다 훨씬 중요한데도 아이들의 시간 다이어트에는 크게 신경 쓰지 않는다. 윌리엄 포크너(William Faulker)의 소설 《소리와 분노》에서, 틴 콤슨의 아버지는 아들에게 시계를 주며 "내 너에게 이것을 주는 건 시간을 기억하라 함이 아니라, 이따금 잠시라도 시간을 잊으라는 것이요, 시간을 정복하려고 인생 전부를 들이지 않도록 하기 위함이다"라고 말한다.[60]

그럼 '조급병'과 싸우기 위해서 우리가 무엇을 할 수 있을까? 뛰지 않고 걷는 걸로 느릿한 움직임을 시작할 수 있다. 칼 오너리(Carl Honoré)는 《느린 것이 아름답다》에서 "빠름은 재밌고 생산적이며 강력할 수 있다. 빠르지 않으면 우리는 더 가난해질 것이다. 세상에 필요한 것이며, 느릿한 움직임에서 얻어지는 것은 중도(中道)이다. 중도는 정보화 시대의 역동성과 감미롭고 나태한 삶을 하나로 묶는 비결이다. 그 비결은 다른 말로 하면 균형이다. 모든 것을 더 빨리 하는 대신에 모든 것을 알맞은 속도로 하는 것이다. 때로는 빠르게, 때로는 느리게, 때로는 중간으로"라고 말했다.[61]

오너리가 요즘 급속도로 부상한 '느림 운동'의 대부로 변신하게 된 계기는 약 10년 전에 있었다. 그는 로마 공항에서 귀국행 비행기를 기다리며 휴대폰으로 편집자와 이야기를 나누고 있었다. 당시에는 그도 우리와 마찬가지로 시간에 쫓기며, "스톱워치를 든 스크루지처럼 여기서 1분, 저기서 몇 초 하는 식으로 시간을 마지막 한 조각까지 아끼려고 발버둥 쳤다."[62]

줄을 서서 전화 통화를 하면서도 그 시간을 생산적으로 활용하려고 오너리는 신문을 읽기 시작했다. 그때 '1분 잠자리 이야기'라는 기사가 눈에 띄었다. 고전적인 동화들을 60초에 읽을 수 있도록 압축한 책에 대한 기사였다. 그는 혼잣말로 중얼거렸다. 유레카! 두 살배기 아들을 둔 아버지였던 까닭에 오너리는 그 책이 잠자리 시간을 크게 줄여줄 것이라 생각했다. 그는 집에 돌아간 즉시, 그 책을 주문하려고 기억해두었다. 그런데 갑자기 '내가 완전히 미쳐버린 게 아닐까?' 라는 생각이 밀려왔다.[63]

슬로푸드 운동은 1989년 이탈리아에서 패스트푸드의 확산을 억제하고 지역 농산물과 지속가능성과 식습관을 사회적 행위로 발전시키겠다는 선언으로 시작되었다.[64] 이탈리아에는 탈진을 예방하기 위해서도 배울 만한 여러 전통이 있다. 오후의 휴식 시간을 뜻하는 '리포소', 저녁에 산책하며 낮 시간의 압박감으로부터 벗어나는 시간을 뜻하는 '파세지아타'가 대표적인 예이다.

느림 운동은 어느덧 여행과 삶, 성생활과 양육, 과학과 원예, 도시 및 생각에까지 확대되었다. 칼 오너리는 "슬로 싱킹은 직관적이고 뚜렷하지 않으며 창조적이다"라며 "압박감이 줄어들 때 우리는 슬로 싱킹을 할 수 있다. 이런저런 생각이 안쪽에서 부글부글 끓도록 내버려두어야 한다. 그럼 기발하고 미묘한 통찰이 생기고, 때로는 놀라운 해결책이 떠오른다. …… 미래의 주역은 혁신할 수 있는 사람들일 것이며, 그 혁신은 언제 느리게 생각해야 하는지를 아는 데서 잉태될 것이다"라고 말했다.[65]

그렇다고 시계를 없애고 약속과 마감시간을 없애자는 것은 아니다. 하지만 '마감시간(deadline)'이란 단어가 남북전쟁 당시 포로수용소에서 생겨난 것임을 기억할 필요가 있다. 물리적인 경계 이외에, 포로들이 넘어서는 안 되는 상상의 선(deadline)이 있었다.[66] 이 단어가 지금은 원래의 뜻과 완전히 다른 뜻으로 쓰인다. 오늘날에도 우리가 실질적인 선과 상상의 선을 그어 두고 우리 자신을 포로로 가두고 있는 것만은 확실하다.

> 그녀의 삶에서 중요한 것을 해내기에 충분한 시간이 있다는 걸 깨달은
> 날, 모든 것이 변했다. _브라이언 안드레아스[67]

시간이 넉넉하다고 의식하면 웰빙의 수준이 자연스레 높아지고 지혜도 한층 깊어진다. 끝없이 증가하는 해야 할 일의 목록에 또 하나를 추가하자는 것은 아니지만, 여유로운 삶을 살기 위해서는 시간에 대한 생각과 테크놀로지 간의 관계부터 해결해야 한다. 디지털기기는 우리의 조급병을 반영하는 동시에 증폭시킨다. 우리는 시간을 절약하겠다는 생각에 테크놀로지를 사용하지만, 시간에 대한 왜곡된 생각을 테크놀로지와 소셜 미디어의 사용에 적용하기도 한다.

물론 소셜 미디어의 긍정적 효과를 보여준 사례는 헤아릴 수 없이 많다. 소셜 미디어는 사회적 쟁점에 대한 관심을 모으고 우리를 행동하게 만들 수 있다. 이집트 타흐리르 광장부터 리비아의 트리폴리까지, 불의에 항거하는 조직들은 소셜 미디어를 통해 한결 쉽게 결집하고 정보를 공유할 수 있었다. 자연재앙에 닥쳤을 때도 소셜 미디어는 생명을 구하는 정보의 젖줄 역할을 해냈다.[68] 에릭 슈미트(Eric Schmit)와 재러드 코언(Jared Cohen)이 《새로운 디지털 시대》에서 말했듯이, 어떤 이유로든 조국을 떠난 사람들은 조국에 남은 사람들과 소셜 미디어를 통해서 "문화와 언어와 세계관의 유대감을 강화한다."[69] 유머 사이트 '칼리지유머(College

Humor)'는 말라리아 예방 및 치료 지원단체인 '말라리아 노 모어
(Malaria No More)'와 손잡고 말라리아를 퇴치하기 위한 기금으로
75만 달러를 모았고,[70] 동성애자 청소년들의 자살을 예방하기 위
한 '잇 겟츠 베터(It Gets Better)' 프로젝트에는 수만 명이 참여했
으며,[71] 4만 달러가 들어 있던 배낭을 찾아 주인에게 돌려준 보
스턴의 노숙자 글렌 제임스를 위한 모금 운동이 온라인 모금 웹
사이트 '고펀드미(GoFundMe)'를 통해 이루어졌다.[72] 이 모든 것
에서 소셜 미디어가 선의의 집단을 결집시키는 데 큰 역할을 해
냈다.

그러나 입소문은 널리 퍼져 나가기 마련이고, 입소문으로 전해
지는 내용의 가치와는 별개로 입소문은 성공의 보증수표로 여겨
진다. 입소문이 지닌 가치는 중요하지 않다. 입소문으로 퍼져 나
가는 것은 괜찮은 것으로 여겨진다. 실제로 미디어의 세계에서 소
셜 미디어에 대한 숭배는 거의 우상 숭배에 버금가는 지경에 이르
렀다. 미디어에 관련된 콘퍼런스의 의제들은 소셜 미디어 전문가
들과, 소셜 미디어의 활용 범위를 확대할 수 있는 방법론들로 채
워진다. 그러나 입소문으로 퍼지기를 바라는 것의 가치에 대한 진
지한 논의는 거의 들리지 않는다.

우리 미디어 문화는 '영원한 현재(Perpetual Now)'에 집착하며,
기껏해야 수초 후에는 생명력을 다하고, 대부분의 경우에 중요하
지도 않거나 독점이더라도 순식간에 영향력을 상실하는 덧없는
최신 정보를 끝없이 뒤쫓는다. 〈허핑턴포스트〉의 미디어 담당 선
임기자, 마이클 칼데론(Michael Calderone)은 "하찮은 것이 하나도

없어 어떤 것도 중요하게 여겨지지 않는다"라고 말했을 정도이다.[73] 촌각을 다툰다는 이유로 가짜가 진정으로 중요한 것들을 뒤덮어버렸다.

헨리 데이비드 소로는 1854년에 발표한 《월든》에서 "우리는 메인 주부터 텍사스 주까지 전신을 가설하려고 지나치게 서두른다. 그러나 메인 주와 텍사스 주 사이에는 전신으로 교신할 만한 중요한 일이 없을 듯하다"라고 말했다.[74] 오늘날 우리는 입소문을 타고 널리 퍼지는 걸 서둘러 선전하고 찬양하지만, 그런 것이 우리 삶에서 좋은 것이나 가치 있는 것, 심지어 단순한 즐거움이라도 조금이나마 더해주는지에 대해서는 아무런 관심이 없는 듯하다. 우리는 유행하는 것을 그 자체로 좋은 것이라 취급하면서 무작정 앞으로 밀고 나간다.

"이봐, 어디 가는 거야?"

이런 질문에 "모르겠는데. 그냥 빨리 움직이고 있는 거야!"라고 대답하겠는가? 더 나은 곳을 가기 위해 그다지 효과적인 방법은 아닐 것이다.

물론 〈허핑턴포스트〉도 여느 매스컴만큼이나 적극적으로 소셜 미디어를 활용한다. 그러나 우리는 한동안 소셜 미디어를 바람직하게 사용해왔기 때문에, 어떤 매스컴보다 우리가 소셜 미디어를 있는 그대로, 다시 말하면 마술봉이 아니라 하나의 도구로 냉정하게 대할 수 있다고 자부한다.

'그것이 트위터에서 대세'라는 사실만으로 정당화되는 토론회가 얼마나 많은가? "트위터에서의 정서는 어떤 사안을 80 대 1로

반대한다"라는 결과가 정말로 의미 있는 것일까? 페이스북에 올
린 글이 3,000명에게 '공감'을 얻었기 때문에 중요한 글이라 할
수 있을까?

트위터에서 대세인 것은 특정한 시점에 대화를 주도하는 것을
가리키고 있을 뿐, 큰 의미가 없을 수 있다. 예컨대 2013년 슈퍼
볼 경기가 진행되는 동안 2,410만 건의 트위트가 있었고,[75] 2012
년 그래미상 시상식에서 올해의 레코드 상이 발표되는 순간에는
초당 1만 901건의 트위트가 있었다.[76] 실제로 트위터의 고위 간
부, 레이첼 호위츠(Rachael Horwitz)는 나에게 보낸 이메일에서 "트
위터의 알고리즘은 인기보다 새로운 현상을 더 선호합니다"라고
말했다.[77]

결국, MTV의 비디오뮤직어워드에서 마일리 사이러스(Miley
Cyrus)가 선정적인 춤을 추었다는 걸 말하기 위해서 트위터가 사
용된다(놀랍게도 분당 30만 6,000건의 트위트가 있었다).[78] 반면에 킥스
타터(Kickstarter, 크라우드 펀딩 서비스)와 도너스추스(DonorsChoose, 공
립학교 특별 프로젝트 지원 사이트) 같은 사이트처럼 트위터를 사용하
면, 창의적인 프로젝트를 집단적으로 지원하거나 교실에 급히 필
요한 것을 구입하려는 교사들을 지원함으로써 변화를 이루어낼
수 있다.

우리는 사람들의 커뮤니케이션을 돕기 위해서 새롭고 더 나은
방법을 꾸준히 개발하기 때문에, 무엇이 커뮤니케이션되느냐를
파악하는 것이 중요하다. 우리가 영원한 현재에 몰두해서 현재 대
세인 것을 뒤쫓는 동안, 커뮤니케이션되지 않는 것의 기회비용은

어느 정도일까?

소셜 미디어는 수단이지 목적이 아니다. 유행시켰다고 '임무 완료'는 아니다.

어느덧 소셜 미디어가 주된 오락거리가 되었다. 우리는 재밌는 것을 좋아한다. 하지만 미디어 세계에서 일하는 우리의 역할은 활용 가능한 사회적 도구를 활용해서 재밌는 이야기만이 아니라 중요한 이야기를 전하는 것이다. 또한 우리는 사회적 도구 자체가 이야깃거리는 아니라는 걸 항상 명심해야 한다. 우리가 폐쇄적이고 순환적인 트위터나 페이스북 생태계에 지나치게 매몰되면, 빈곤이 증가하고 신분의 하향이동이 증가하고 있다는 걸 쉽게 잊을 수 있다.[79] 미국에서는 수백만 명, 유럽과 세계 전역에서는 훨씬 많은 사람이 만성적 실업 상태로 전락했고,[80] 세계 전역에서 4억 명의 아동이 극단적인 빈곤 상태에서 살고 있다는 사실도 망각할 수 있다.[81] 그러나 이런 문제들을 해결하려고 노력함으로써 개인적인 삶의 방식과 공동체를 바꿔가는 사람들이 보여주는 창의력과 혁신 및 공감 능력은 거의 언제나 무시된다.

우리 시대에는 더 나은 해법이 필요하다. 새로운 사회적 도구가 등장함으로써 우리가 더욱 효과적으로 사회를 감시할 수 있게 된 것은 분명하지만, 주의력이 과도하게 산만해진 것도 사실이다.

우리 모두가 테크놀로지와 관계를 맺고 있다. 결국 문제는 "어떻게 하면 이 관계를 건전하게 유지할 수 있느냐?"이다. 이 관계는 우리의 건강만이 아니라 지혜에도 영향을 미치기 때문에 무척 중요한 문제이다.

관심은 우리 삶의 원동력이다. 서비스스페이스의 공동 설립자, 비랄 메타(Viral Mehta)의 표현을 인용하면, 관심은 "우리가 하루하루를 빚어가는 진흙"이다.[82] 사람들이 중요하고 가치 있게 생각하는 것이 무엇이라고 말하든 간에 중요한 것은 그들이 관심을 두는 것이다. 테크놀로지가 우리 관심을 온통 사로잡으면 우리 삶까지 테크놀로지의 포로가 되기 마련이다. 우리가 해야 할 일의 목록에 어떤 프로젝트를 추가하면, 그 프로젝트를 시작하지 않더라도 우리 관심은 무의식적으로 그 프로젝트에 쏠리기 마련이다.

나는 마흔 살이 되었을 때 과거를 돌이켜보는 혼자만의 '과거 청문회'를 실시했다. 독일어와 요리를 배우고 스키 강습을 받겠다며 머릿속으로 수많은 계획을 세웠다는 걸 알게 되었다.[83] 대부분의 계획이 미완성으로 끝났고, 다수의 계획은 시작조차 하지 않았다. 하지만 이런 계획들이 내 에너지를 갉아먹었고 내 관심을 분산시켰다. 새로운 계획을 세울 때마다 그 계획은 여지없이 내 관심을 조금이나마 빼앗아갔다. 결국 계획을 포기함으로써, 즉 내가 해야 할 일의 목록에서 그 계획을 지워버림으로써 그 계획이 '완료'될 수 있다는 걸 깨닫는 것만으로도 마음의 짐을 크게 덜어낼 수 있었다. 불필요한 짐을 끌고 다닐 이유가 어디에 있는가? 이런 식으로 나는 독일어와 요리를 배우고 스키 강습을 받겠다는 계획을 비롯해 더는 내 관심을 요구하지 않는 많은 계획을 '완료'했다.

: 머릿속의 불쾌한 동숙자를 쫓아버려라 :

철천지원수도 우리에 대해서, 우리가 우리 자신에게 말하는 식으로는 말하지 않는다. 나는 이런 목소리를 '우리 머릿속의 불쾌한 동숙자'라고 부른다. 그 불쾌한 목소리는 우리를 깎아내리며, 불안감과 의혹을 조장한다. 우리가 자신에게 말하는 모든 것을 녹음할 수 있도록 뇌에 부착할 수 있는 녹음기가 발명되면 얼마나 좋을까. 그런 녹음기가 있다면, 그런 부정적인 자기 대화를 당장이라도 중단해야 한다는 걸 많은 사람이 깨닫게 될 것이다. 결국 우리는 지혜로 그 불쾌한 동숙자를 상대해야 한다는 뜻이다. 내 경우, 머릿속의 불쾌한 동숙자는 믿기지 않을 정도로 냉소적이다. 언젠가 스티븐 콜베어 쇼에 출연했을 때 나는 콜베어에게 내 머릿속의 불쾌한 동숙자가 그의 판박이라고 말하자, 콜베어는 "아이쿠, 당장 불시착할 곳을 찾아야겠군요!"라고 대꾸했다.[84]

나는 머릿속의 불쾌한 동숙자를 쫓아내려고 애쓰며 많은 시간을 보냈고 결국 몰아내는 데 성공했지만, 그 녀석은 지금도 이따금 내 머릿속에 나타난다. 그런데 요즘 들어 우리 여성은 이런 불쾌한 목소리로부터 해방되기가 더 힘들어졌다. 여성을 겨냥한 정보와 뉴스가 작심한 듯이 우리 머릿속의 불쾌한 동숙자에게 힘을 더해주고, 우리에게 결핍된 삶을 살고 있다는 인식을 심어주고 있기 때문이다. 우리는 더 예뻐야 하고 더 날씬해야 하며, 더 섹시하게 보이고 더 성공해야 하며, 더 많은 돈을 벌고 더 훌륭한 엄마와 아내가 되어야 한다는 압력을 끊임없이 받고 있다. "여성이여, 힘내라!"라는 메시지 뒤에 종종 감춰지지만, 그 말에 담긴 숨은 의미는 명백하다. 이상적인 기준에 비하면 우리가 많은 점에서 부족하기 때문에 죄책감을 느끼며 분발해야 한다는 뜻이다. 우리는 복근 대신에 보드라운 배를 가져야 한다. 성적 매력을 유지하지 못하기 때문에 바람직하지 않은 여자이고, 요리법이나 서류를 색색이 분류하지 않기 때문에 무능한 여자이며, 수석 부사장이나 이사회 임원이 아니기 때문에 열심히 노력하지 않은 여자가 된다. 논란의 여지가 있지만, '모든 것을 다 갖다'라는 표현이 존재한다는 자체에도 우리 여성이 어떤 이유로든 기대에 못 미친다는 뜻이 담겨 있다.

머릿속의 불쾌한 동숙자를 올바른 방향으로 유도하려면 성공이 다시 정의되어야 한다. 당연히 각자마다 다르겠지만, 사회가 우리에게 강요한 기준이 아니라 각자의 가치관과 목적에 따라 삶과 성공이 재정의되어야 한다.

끊임없이 우리를 비판하는 머릿속의 불쾌한 동숙자를 다루는 데는 유머가 도움이 된다. 내 어머니는 G. K. 체스터튼을 인용해서 우리 자매에게 "천사가 날 수 있는 이유는 자신을 가볍게 여기기 때문"이라고 말하곤 했다.[85] 나 자신에게 일관되게 긍정적인 메시지를 꾸준히 보내는 것도 효과가 있었다. 동숙자는 두려움과 부정적인 생각을 먹고살기 때문에, 나에게 가장 효과가 있었던 메시지는 존 로저가 강연을 끝낼 때마다 하는 말이었다. "축복은 이미 여러분의 곁에 있습니다." 15세기 영국 신비주의자, 노리치의 줄리언(Julian of Norwich)의 "잘 될 것입니다. 모든 것이 다 잘 될 것입니다"라는 기도도 효과가 있었고,[86] 소포클레스의 희곡에서 "많은 시련에도 불구하고 나의 나이듦과 내 영혼의 위대함으로 판단하노니 만사가 다 잘 되었도다"라고 외쳤던 오이디푸스의 대사도 효과가 있었다.[87] 지금도 나는 마음을 차분하게 가라앉히고 용기를 북돋워주는 이런 메시지에 완전히 젖어들 때까지, 진실에 가까운 그 메시지를 혼잣말로 중얼거린다. 당신도 당신만의 메시지를 찾아보라. 끊임없이 당신을 비판하는 목소리에 당신의 꿈을 방해받지 않기를 바란다.

> 두려움과 분노에 휩싸여 어떤 상황을 맞이하면 두려움과 분노를 만나게 될 것이다. 어떤 상황에서나 당신이 발견하기를 바라는 것을 생각하며 도전하라.[88] …… 걱정하고 불안해하면, 당신이 원하지 않는 것이 당신의 마음을 차지할 것이다. 당신이 관심을 쏟는 것이면, 그것이 무엇이든 당신은 그것이 될 수 있다. 당신이 관심을 두는 것이 당신에게 다가올 것이기 때문이다. 따라서 당신이 간절히 원하는 것을 마음속에 그려보라.[89]
>
> _존 로저

⋮ 나쁜 습관을 깨뜨려라
_미노타우로스, 안전벨트, 스토아 철학에서 배울 수 있는 것 ⋮

아리아드네와 테세우스와 미노타우로스의 이야기는 몇 번이고 다시 들어도 항상 재밌다. 아리아드네가 내 이름이기 때문만이 아니라, 신화와 우리 일상의 삶에서 실이 갖는 역할 때문이다. 테세우스는 미로에 들어가 미노타우로스를 죽여야만 목숨을 구하고 아테네로 무사히 귀환할 수 있었다. 전에도 미로에 들어간 사람들이 있었지만 모두가 길을 잃고 목숨을 잃었다. 그러나 테세우스는 아리아드네가 몰래 건네준 실의 도움을 받아 미로에서도 길을 잃지 않고 미노타우로스를 죽인 후에 살아서 미로를 빠져나왔다. 아리아드네의 실은 우리에게도 입구와 출구를 알려주는 인도자이다. 실은 이승과 저승, 바깥 세계와 내면의 세계, 유한과 무한을 이어주는 끈이다.

우리가 자아로부터 해방되어 새로운 습관을 받아들이고 낡은 습관―미노타우로스―을 깨뜨리기 위해서는 우리에게 유용한 실을 찾아내야 한다. 그런 실을 찾아내면, 삶이 우리를 어떤 상황에 내던지더라도 우리는 실을 이용해서 삶이란 미로에서 방향을 찾아 중심으로 되돌아갈 수 있다.

나를 인도하는 실은 호흡만큼이나 단순한 것이다. 나는 명상과 걷기와 운동 등을 일상의 습관으로 삼았지만, 특히 의식적인 호흡은 하루에도 수백 번씩 순간적으로 되돌아갈 수 있는 연결의 끈이다. 호흡에 의식적으로 집중하면 일상의 삶에서 잠깐 동안 모든 것을 멈추고, 현재의 순간에 되돌아가서 심란한 마음을 정리할 수 있다. 문제를 해결할 때는 물론이고 때로는 열쇠를 자물쇠에 꽂고 문자 메시지를 보내고 이메일을 읽고 일정표를 검토할 때, 다시 말해서 지극히 일상적인 일을 할 때도 호흡을 멈추면 나라는 존재를 훨씬 강렬하게 의식하게 된다. 몸이 경직될 때도 호흡을 이용해서 긴장을 풀면 그 실을 따라 내 중심으로 되돌아갈 수 있다.

어쨌든 컴퓨터는 기능을 멈추고, 사람들은 죽고 관계는 깨지기 마련이
다. 우리가 기껏 할 수 있는 일은 숨을 쉬고 부팅을 다시 하는 것이다.

_캐리 브래드쇼, 《섹스 앤 더 시티》에서[90]

심리학자 카렌 호네퍼 긴터(Karen Horneffer-Ginter)는 "휴식을 취
하는 걸 두렵게 생각하는 사람이 많은 이유가 무엇일까? 우리 문
화의 어떤 면이 우리가 어른이라는 이유로 중요하다는 일에서 벗
어나 잠깐이라도 재충전하는 시간을 갖지 못하게 방해하는 것일
까?"라는 질문을 던진 후, "내가 휴식 운동을 지지하는 현수막과
광고물을 제작한다면 탈진할 때까지 일하고…… 우리 자신에게
나 우리가 공들이는 프로젝트에게도 최선인 지경을 넘어서까지
일을 계속하는 우리 성향에 대해 지적할 것이다"라고 말했다.[91]
어떤 습관에나 나름의 이유가 있다. 우리는 복잡한 삶을 살아
간다. 우리는 학습된 자질을 잠재의식에 깊이 묻어놓고 의식적으
로 생각하지 않더라도 자동적으로 반응하도록 해내는 능력을 개
발한 덕분에 지금처럼 생산적인 피조물이 될 수 있었다. 수학자
알프레드 노스 화이트헤드(Alfred North Whitehead)는 1911년에 발표
한 책에서 "우리가 지금 무엇을 하는지 생각하는 습관을 키워야
한다는 주장은 당연하게 들리지만 크게 잘못된 말이다. 오히려 정
반대이다. 문명은 우리가 아무런 생각도 없이 행할 수 있는 중요
한 행위들의 수를 확대함으로써 발전한다"라고 말했다.[92] 실제로

예일 대학교의 존 바그(John Bargh)와 듀크 대학교의 타냐 차트랜드(Tanya Chartrand)의 연구에서도 한 인간의 행동 중 많은 부분이 의식이 동반되지 않은 채 이루어진다는 게 밝혀졌다.[93]

이런 습관들 중에는 유익한 것도 있지만 그렇지 않은 것도 있다. 또 처음에는 유익했다가 나중에는 유해하게 변하는 습관도 있고, 상황에 따라 유익성이 달라지는 습관도 있다. 그러나 우리가 습관을 만들어내기 위해 개발한 내적인 기계장치는 유익성과 유해성을 구분하지 않는다. 좋은 습관이든 나쁜 습관이든 일단 몸에 배면 신속히 뿌리를 내리고 우리 삶의 한 부분으로 굳게 자리 잡는다. 이것이 문제이다. 습관은 버리기보다 배우기가 훨씬 더 쉽고, 찾아내기보다 감추기가 더 쉽다.

체로키 노인이 손자에게 삶에 대해 가르치고 있었다. 노인은 손자에게 이렇게 말했다. "할아버지 마음 안에서는 싸움이 계속되고 있단다. 치열한 싸움이지. 두 늑대가 서로 싸우고 있으니까. 한 늑대는 분노와 질투, 슬픔과 후회, 욕심과 교만, 자기 연민과 죄책감, 적대감과 열등의식, 거짓과 어리석은 자존심을 뜻하는 사악한 늑대란다. 또 다른 늑대는 환희와 평화, 사랑과 희망, 평온과 겸손, 친절과 자비, 공감과 너그러움, 진실과 연민과 믿음을 뜻하는 선한 늑대란다. 똑같은 싸움이 네 마음 안에서도 일어나고 있단다. 아니 모든 사람의 마음 안에서."
손자는 할아버지의 가르침을 잠시 생각한 후에 "어느 늑대가 이길까요?"라고 물었다. 할아버지가 지체 없이 대답했다. "네가 먹이를 주는 늑대."
_체로키 전설[94]

습관이 몸에 배고 습관을 어떻게 떨쳐낼 수 있는지에 대한 문제는 문명이 시작된 이후로 인류의 수수께끼였다. 십계명에서도 탐욕과 같은 나쁜 습관을 버리라고 명령하고, 부모 공경 같은 좋은 습관을 키우라고 권한다. 아리스토텔레스는 "습관은 오랫동안 반복한 행위로 결국 인간의 천성이 된 것이다"라고 말했고,[95] 오비디우스는 "습관보다 강한 것은 없다"라고 말했다.[96] 또 벤저민 프랭클린은 "나쁜 습관을 깨는 것보다 예방하는 편이 더 쉽다"라고 조언했다.[97]

찰스 두히그(Charles Duhigg)는 《습관의 힘》에서, MIT의 과학자들이 밝혀낸 습관의 기본적인 구조를 설명했다. 그들이 밝혀낸 바에 따르면, 습관의 핵은 세 부분의 신경학적 고리로 이루어진다. 습관은 뇌에게 자동 모드 스위치를 켜라는 메시지를 보내는 신호로 시작된다. 다음 단계에서 반복 행동이 일어난다. 우리가 습관 자체라 생각하는 것으로 반복 행동은 심리적이거나 감정적인 반응이나 물리적 행동으로 나타난다. 끝으로는 보상이 있다. 보상은 뇌에게 똑같은 과정을 되풀이하라고 자극하는 신호가 된다. 이 과정이 바로 '습관의 고리'로, 시간이 지나면 습관은 무의식에 각인되어 깨뜨리기 힘들어지는 이유가 설명된다.[98] 물론 우리의 일차적인 목표는 나쁜 습관을 깨뜨리는 것이지만, 우리가 한층 행복한 삶을 살 수 있게 해주는 건전한 새로운 습관으로 나쁜 습관을 교체하는 것이기도 하다.

시인 마크 네포(Mark Nepo)는 희생을 "성스러운 것에 가까이 있기 위해서, 더는 효과 없는 것을 공감하는 마음으로 정중하게 포기하는 것"이라 정의했다.[99] 따라서 어떤 습관이 우리에게 더는 이익이 되지 않는다는 것을 인정하며 그 습관을 포기하는 것이 지혜라 할 수 있다.

키를 이리저리 돌리며 선박의 방향을 조종하는 선장처럼 우리가 머릿속에 떠올리는 생각이나 몸으로 행하는 행동의 주역이 바로 우리 자신이라고 생각하고 싶겠지만, 실제로 우리는 완벽하게 통제당하는 꼭두각시에 불과한 경우가 적지 않다. 이쯤에서, 한 친구가 가족과 함께한 크루즈 여행에 대한 이야기가 생각난다. 당시 10세이던 아들이 그 거대한 유람선을 운전하게 해달라며 승무원들을 계속 괴롭혔다. 결국 선장은 그 가족을 선교로 초대했고, 소년은 키를 잡고 힘차게 돌리기 시작했다. 소년의 어머니가 기겁하자, 선장은 나지막한 말로 유람선이 자동 조종된다며 그녀를 안심시켰다. 달리 말하면, 소년의 행동은 유람선에 어떤 영향도 미치지 못했던 것이다.

이와 마찬가지로, 우리 무의식에 내재된 자동조종장치를 재설정하지 않으면 변화를 도모하려는 우리 의지는 유람선의 키를 무지막지하게 돌리던 소년의 행동만큼이나 무의미하게 끝나기 십상이다. 자동조종장치를 재설정하는 데 걸리는 시간은 사람마다 다르다. 자동조종장치의 재설정을 조금이라도 쉽게 하려면 '핵심 습관'에 집중해야 한다. 핵심 습관을 바꾸면 다른 습관들을 바꾸기가 한결 쉬워지기 때문이다. 찰스 두히그는 "핵심 습관을 바꾸면 그 밖의 모든 것을 바꾸는 것은 시간문제일 뿐이다"라며 "핵심 습관을 분석해보면, 모든 일을 빠짐없이 올바로 한다고 성공하는 것이 아니다. 오히려 우선적으로 고려해야 할 것들을 찾아내서 강력한 수단으로 만들 수 있느냐 없느냐에 성공 여부가 달려 있다"라고 말했다.[100] 내 경우에 가장 강력한 핵심 습관은 수면이었다. 수면량에 변화를 주며 규칙적으로 7~8시간의 밤잠을 자기 시작하자, 명상과 운동 같은 다른 습관들을 행하기가 한결 쉬워졌다. 의지력만으로는 충분하지 않다. 많은 심리학 관련 연구에서 밝혀졌듯이, 의지력은 사용할수록 힘이 떨어지기 때문이다.[101]

예일 대학교 정신건강의학과 교수, 저드슨 브루어(Judson Brewer)는 힘을 고갈시키는 원인들, 즉 허기(hungry)―분노(angry)―외로움(lonely)―피로(tired)의 두문자를 이용해서 HALT로 표현했다.[102] HALT는 오늘날의 직장 문화에서 대다수가 경험하는 상황을 요약해주는 표현이기도 하다. 우리는 식사시간에도 일하고 아이들을 돌볼 틈이 없으며, 대부분의 사회적 접촉을 디지털기기로 행하고, 밤늦게까지 일하지 않는가. HALT에 완벽하게 맞아떨어지는 상황이다.

우리 사회는 우리에게 힘을 고갈시키는 습관을 몸에 익히라고 권고하고 장려하기 때문에 변화를 도모하기가 힘들 수밖에 없다. 앨버타 대학교의 사회학 교수, 신디 자딘(Cindy Jardine)은 "우리는 스스로 사회 구조의 일원이라 생각하기 때문에 소속감이 중요하다. 따라서 어떤 행동이 사회적으로 인정되는 한 그 행동을 바꾸기가 힘들다. 예컨대 스트레스는 우리에게 나쁘지만 일종의 명예 훈장으로 여겨진다. 따라서 코피를 쏟으면서까지 일하는 게 사회적으로 바람직한 것이라 여겨진다. 우리는 1주일에 40시간 일하는 사람에게는 그다지 존경심을 품지 않는다"라고 지적했다.[103] 이런 생각이 독버섯처럼 번지며 나쁜 습관을 조장한다.

긍정적인 핵심 습관을 키워서 지금과 같은 삶을 올바른 방향으로 되돌리는 원동력으로 삼아야 하는 이유가 바로 여기에 있다. 우리는 사회적 동물이고, 사회적 지지가 우리에게 가장 중요한 자원의 하나이기 때문에, 하나가 되어 서로 격려하며 용기를 북돋워줄 수 있는 친구들이나 동료들과 함께 사회적 네트워크를 구성하면 새롭고 긍정적인 습관을 키우고 강화하기가 훨씬 쉽다.[104] 이런 이유에서 알코올 중독자 갱생회(Alcoholics Anonymous)가 성공을 거두어 지금까지 거의 1,000만 명에게 도움을 줄 수 있었던 것이다.[105] 그러나 당신이 일하는 기업의 문화가 여전히 전통적인 성공 기준에 지배받더라도 전통적인 성공에 연연하지 않고 진정으로 번영하고 성장하기를 바라는 동료들을 당신 주변에 모을 수 있다.

그와 동시에 우리는 사회적 문화와 습관을 대대적으로 변화시키기 위한 노력을 시도할 수 있다. 1984년만 해도 미국인의 86퍼센트가 안전벨트를 매지 않았다.[106] 하지만 2012년에는 그 숫자가 완전히 역전되어 미국인의 86퍼센트가 자동차에 오르는 즉시 안전벨트를 맨다.[107] 안전벨트는 '예방적 정책'이 성공한 전형적인 예이다. 입법과 감세 정책 등으로 기업 문화를 바꿀 수 있다면, 그에 관련된 습관들을 점진적으로 광범위하게 바꿔갈 수 있을 것이다. 반면에 개개인의 차원에서 습관을 바꿔갈 수도 있다. 특히 전직하거나 새로운 직업을 시작하는 전환기에 있는 사람의 경우에 효과적이다.[108]

그러나 우리 삶에 변화를 주기 위해서 전직하거나 새로운 일을 시작할 때까지 굳이 기다릴 필요는 없다. 정책의 변화가 있을 때까지 기다릴 필요도 없다. 누구나 즉시 변화를 시도할 수 있다. 변화를 시도할 수 있는 방법은 무수히 많다. 내 경우에는 스토아 철학자들의 글을 읽는 것이었다.

스토아학파는 기원전 3세기 아테네에서 시작된 그리스 철학의 한 학파이다. 키티온의 제논이 창시자로 여겨지지만, 스토아 철학은 5세기의 로마 철학자 세네카와 2세기의 그리스 철학자 에픽테토스의 글을 통해 훨씬 많이 알려져 있다. 스토아 철학의 가르침에 따르면, 불행과 부정적인 감정 및 오늘날 '스트레스'라 일컬어지는 것은 외적인 요인과 사건이 우리에게 가하는 것이 아니라, 우리가 중요하고 소중하게 생각하는 것에 대해 내리는 판단의 결과이다. 따라서 스토아 철학자들은 우리가 통제할 수 있는 유일한 것, 즉 우리 내면에서 가장 확실하게 행복을 발견할 수 있다고 주장한다.[109] 외부에 존재하는 것들은 언제든지 사라질 수 있고, 우리가 마음대로 지배할 수 없는데 어떻게 우리 미래의 행복과 웰빙을 외부의 것에 맡길 수 있겠는가?

스토아 철학은 우리 시대에 여전히 유효하다. 스토아 철학자 소(小)카토의 전기를 쓴 롭 굿맨(Rob Goodman)과 지미 소니(Jimmy Soni)는 "스토아 철학은 전쟁과 위기의 시대에 마음의 평화와 안도감을 주었기 때문에 인기를 얻었다. 스토아 철학은 내세의 물질적 풍요나 행복을 약속하지 않았지만 이승에서의 확고한 행복을 약속했다"라고 말했다.[110]

카토가 죽고 200년쯤 지난 후, 스토아학파에서 가장 유명한 철학자이자 실천가이며 이른바 오현제의 마지막 황제로 기원후 180년 세상을 떠날 때까지 약 20년 동안 로마를 통치한 마르쿠스 아우렐리우스 황제가 등장했다. 마르쿠스 아우렐리우스는 거의 무한한 권력을 지녔지만 행복과 마음의 평화가 외부 세계에 있지 않다고 깊이 깨달았다는 점에서 모순적인 인물이었다.

마르쿠스 아우렐리우스의 생각이 맞는다면, 우리가 어떤 삶을 사느냐는 전적으로 우리 각자에게 달려 있다. 우리는 외부에서 일어나는 현상을 지배하거나 선택할 힘이 거의 없지만, 그 현상에 어떻게 반응하느냐에 대해서는 선택할 수 있다. 어떤 역경에 부딪치더라도, 예컨대 고통과 상실감이 크고 불의와 부정과 시기에 실망하더라도 냉정을 잃지 않고 마음의 평화를 선택할 수 있다는 확신을 갖는 데서 모든 것이 시작된다. 마음이 흔들리지 않고 평온한 상태—그리스어로 '아타락시아'—일 때 우리는 훨씬 효과적으로 변화를 이루어낼 수 있다. 영화 〈얼간이에겐 휴식을 주지 마라〉에서, W. C. 필즈는 조카딸이 누군가에게 돌을 던지려고 하자 10까지 마음속으로 세라고 말한다. 조카딸은 수를 세는 동안 마음이 조금씩 누그러진다. 조카딸이 10까지 헤아리자 필즈는 조카딸에게 돌을 던지라고 말한다.[111]

《명상록》에서 마르쿠스 아우렐리우스는 삶을 미화하지 않고 이렇게 말했다. "아침마다 자신에게 이런 말을 하면서 하루를 시작하라. 나는 공연히 분주한 사람, 배은망덕한 사람, 교만한 사람, 기만하는 사람, 시기하는 사람, 사교성이 없는 사람을 만날 것이다. 그들은 모두가 무엇이 옳고 무엇이 나쁜지를 모르기 때문에 그러하다. 하지만 나는 아름다운 선의 본질과 추악한 악의 본질을 알고 있으며, 잘못을 범하는 사람이 나와 같은 피를 나누지는 않았지만 본성은 나와 크게 다르지 않고 똑같은 수준의 신격(神格)을 지니고 있으므로, 어느 누구도 나에게 상처를 입히지 않는다."¹¹²

꽉 막힌 도로에서 분통을 터뜨리는 습관, 슈퍼마켓에서 흔히 보는 무례한 행동, 과도한 업무를 해결한다고 나쁠 것은 없다.

현재의 삶과 만족스런 행복한 삶을 가로막는 장벽의 대부분은 우리 자신이다. 그렇다고 우리가 승진과 아이들의 행동 및 인간관계를 마음대로 통제할 수 있다는 뜻은 아니다. 그런 것들이 중요하지 않다고 말하는 것은 더욱 아니다. 다만, 우리가 외부의 것에 휘둘리고 지배받는 정도를 나름대로 통제할 수 있다는 뜻이다. 따라서 1세기 스토아 철학자 아그리피노스가 말했듯이, 첫 번째 목표는 "우리 자신의 방해거리"가 되지 않는 것이어야 한다.¹¹³ 혹은 미국의 만화가 월터 켈리(Walt Kelly)가 말했듯이 "적을 만났더니, 그가 바로 우리더라!"는 사실을 기억해야 한다.¹¹⁴

우리가 간절히 바라던 승진을 하지 못했을 때 스토아 철학은 불쾌한 기분과 실망감을 씻어주는 묘약일 뿐 아니라, 승진을 비롯한 모든 성공을 적합한 관점에서 다시 보도록 우리에게 가르쳐주는 지혜이기도 하다. 흔히 스토아 철학은 무관심과 혼동되지만, 실제로는 자유로움을 주장한다. 세네카가 말했듯이, "우리 마음을 들뜨게 하거나 거꾸로 두렵게 하는 모든 것에서 벗어나면 무엇

도 방해받지 않는 마음의 평화가 뒤따르고 자유로움이 오랫동안
지속된다."[115]

때때로 사람들은 난처한 문제에 부딪치면 "그래서 뭐가 어떻다는 건
데"라고 넘겨버린다. 이 말은 내가 가장 즐겨 쓰는 말이기도 하다.

_앤디 워홀[116]

이런 마음의 자유로움을 사치라고 생각하는 사람도 있을 것이
다. 또 황제와 경제적으로 독립한 사람들, 기본적인 욕구를 채우
고 이른바 '제1세계의 문제(First World problem, 부유한 국가의 특권층
이 경험하는 불만과 실망—옮긴이)'를 지닌 사람들에게나 허용된 삶이
라 생각할 사람도 있을 것이다. 직업이 없어 오늘 먹을 것을 걱정
하는 사람이 어떻게 마음의 평화를 기대할 수 있겠는가? 하지만
스토아 철학은 극단적인 상황에서 우리에게 가장 큰 위안을 준다.
우리가 역경과 곤경에 내몰린 시기에 스토아 철학의 원칙들은 진
가를 드러낸다.

빅토르 프랑클(Viktor Frankl)은 홀로코스트에서 살아남았지만,
부모와 형제들 및 임신한 아내는 모두 강제수용소에서 죽음을 맞
았다. 그는 이처럼 상상하기 힘든 공포로부터 벗어나 《죽음의 수
용소에서》라는 불후의 명저를 남겼다. 이 책에서 프랑클은 이렇
게 말했다. "수용소에서 살았던 우리는 막사 앞을 지나가던 사람
들이 다른 사람들에게 위로의 말을 던진다든지, 그들에게 마지막
남은 빵 조각까지도 주고 가던 광경을 아직도 기억할 수 있다. 그

런 사람은 소수에 불과했지만 그들은 우리에게 한 가지를 충분히 보여주고 있다. 즉, 한 인간에게서 모든 것을 빼앗아갈 수 있어도 단 한 가지, 어떤 환경에 놓이더라도 자신의 마음가짐을 선택하고 자신의 길을 선택할 수 있다는 인간의 마지막 자유만은 빼앗아갈 수 없다는 것이다." 프랑클에게는 "하루하루, 순간순간마다 결정을 내려야 했다. 우리에게 진정한 자아, 즉 내면의 자유를 빼앗아 가려는 권력자들에게 굴복하느냐 않느냐가 판별 나는 결정이었다."[117]

프랑클은 그런 자유로움으로 고통과 고뇌 속에서도 의미를 찾았다. "삶에 조금이라도 의미가 있다면 고통에도 반드시 어떤 의미가 있어야 한다. 고통은 운명이나 죽음처럼 삶에서 빼놓을 수 없는 부분이다. 고통과 죽음이 없이는 인간의 삶은 완성될 수 없다."[118]

고통과 수긍, 지혜와 변화의 관계를 다룬 위대한 책 중 하나가 성경에 포함된 욥기이다. 욥기는 상황이 지극히 불공정하고 변덕스러울 때 우리가 어떻게 대응해야 하는가를 묻고 답하는 책이다. 달리 말하면 "선하고 착한 사람에게 고약한 일이 닥치면 어떻게 해야 하는가?"를 다룬 책이다. 부유한 농장 주인이던 욥은 사탄과 하느님의 다툼에서 본의 아니게 희생양이 되었다. 사탄은 욥이 풍요를 누리기 때문에 하느님에게 충실한 거라고 모든 재산을 빼앗기면 하느님을 부인하고 포기할 거라고 믿었다. 그래서 하느님과 사탄은 욥을 실험하기로 합의를 보았다.

곧 욥의 가축들이 몽땅 죽었고, 집이 무너지며 욥의 아들딸들도 죽었다. 욥은 온몸에 부스럼이 돋았다. 그러나 욥은 "모태에서 빈손으로 태어났으니, 죽을 때에도 빈손으로 돌아갈 것입니다. 주신 분도 주님이시요, 가져가신 분도 주님이시니, 주님의 이름을 찬양할 뿐입니다"라고 반응할 뿐이었다.[119] 마침내 하느님은 욥에게 재산을 되돌려주었을 뿐 아니라 훨씬 크게 불려주었다. 이 우화에 담긴 메시지는 고통에는 숨겨진 목적—여기에서는 지혜와 강점으로 승화되는 고통—이 있다는 것이다.

2012년 12월 코네티컷의 뉴타운에 있는 샌디훅 초등학교에서 일어난 총기 난사 사건으로 당시 여섯 살이던 아들 벤을 잃은 프랜신과 데이비드 휠러 부부는 오프라 윈프리에게 이렇게 말했다. "그 사고는 삶을 돌아보게 만들고, '나에게 남은 것은 없다. 나에게 일어난 비극적인 사건 때문에 삶에서 나에게 남겨진 것은 하나도 없다'라고 생각하게 만듭니다. 당신도 알겠지만 우리는 가장 힘든 어둠의 시기를 겪었습니다. 하지만 우리가 삶에서 기대하는 것이 진정으로 중요한 것은 아니라는 겁니다. 물론 이런 현실을 직시하고 받아들이기 위해서는 어둠에서 벗어날 길을 찾아내야 합니다. …… 상실감을 채우고도 남을 만큼 우리 마음을 더 크게 만들어야 합니다. 사랑으로 결정을 내릴 수 있어야 합니다. 두려움에 짓눌려 결정을 내린다면 그 결정이 문제가 됩니다."[120]

넬슨 만델라(Nelson Mandela)가 전 세계인의 상상력을 자극했던 이유는 20년 동안 정치범으로 수감 생활을 한 후에 대통령이 된 때문이 아니라, "자유로 향한 문을 나서면서 마음속의 반감과 증오를 버리지 못한다면 나는 계속 교도소 안에 있는 것"을 깨달았

다며 석방된 후에 초월적인 지혜를 보여준 때문이었다.[121]

끔찍한 고통 앞에서도 평정심과 기품을 잃지 않았던 이들의 모습은 사소한 문제에도 혼란에 휩싸이며 불안에 떠는 우리의 모습과는 뚜렷이 대조된다. 일상의 불운에서도 즉각적인 결과까지는 아니어도 기본적인 원칙은 똑같다.

불행과 역경에 어떻게 대처하느냐에 따라 우리 건강과 삶은 크게 달라질 수 있다. 일리노이 벨 전화회사가 기업의 역사상 최대 규모로 여겨지는 구조조정으로 1년 만에 절반으로 축소된 후, 심리학자 살바토레 매디(Salvatore Maddi)와 시카고 대학교의 동료들은 2만 5,000명이 넘는 당시 직원들을 조사했다. "표본으로 택한 직원의 3분의 2가 다양한 형태로 후유증을 경험했다. 심장병에 걸린 사람도 있었고, 우울증과 불안장애로 고생하는 사람도 있었다. 알코올과 약물에 의존하고, 별거하거나 이혼하고, 폭력적으로 행동하는 사람도 있었다. 반면에 3분의 1은 상당한 회복력을 보여주었다. 그들은 스트레스가 심한 변화를 꿋꿋하게 견뎌내고 오히려 더 크게 번성했다. 조직에 남은 사람은 정상에 올랐고, 조직을 떠난 사람들은 자기 회사를 시작하거나 다른 회사에서 전략적으로 중요한 업무를 맡았다."[122]

연구자들의 표현을 빌리면, 변화의 시기를 성공의 발판으로 삼았던 사람들의 마음가짐에는 "세 가지 C"가 있었다. 첫째는 해결에 참여해서 그 일부가 되겠다는 책임감(commitment)이었다. 둘째는 체념하지 않고 굳은 의지를 유지하는 자제력(control)이었고, 마지막 하나는 위기를 맞아 한층 강인해지고 회복 탄성력을 키워 성

장하는 기회로 삼으려는 도전의식(challenge)이었다.[123]

로렌스 곤잘레스(Laurence Gonzales)는 《생존: 극한 상황에서 살아남는 법》에서, 생명이 위협받는 상황에 처하면 10퍼센트만이 평정심과 집중력을 유지하며 나머지 90퍼센트는 자제력을 잃는다고 말했다.[124] 두 집단 사이에는 어떤 차이가 있는 것일까? 곤잘레스의 주장에 따르면, 살아남을 가능성이 큰 사람은 어떤 상황에서도 기회를 찾아낼 수 있는 사람이다. 예컨대 생존자들은 주변에서 아름다운 것을 찾아낼 가능성이 상대적으로 높다며, 곤잘레스는 "생존자들은 세상의 경이로움에 마음을 맞춘다. 아름다움을 인지하고 경외감을 느낄 때 감각의 세계가 열린다"라고 덧붙였다.[125]

로렌스 곤잘레스는 비행사였고 《어린왕자》를 쓴 앙투안 드 생텍쥐페리를 언급했다. 생텍쥐페리는 리비아의 사막에 추락한 후에도 긍정적인 에너지를 집중할 수 있는 것을 찾아냄으로써 평정심을 유지했다. 생텍쥐페리는 "이 사막에서 죽음을 선고받았지만, 지금 내가 느끼는 기쁨에 비하면 죽음은 아무것도 아니다. 지금 내 손에 쥐어진 오렌지 반쪽에서 얻는 기쁨은 지금껏 살아오면서 느낀 가장 큰 기쁨이다"라고 말하지 않았던가.[126]

희망의 문을 열어주고 긍정적인 마음가짐을 지탱해주는 무엇인가를 찾아냄으로써 우리는 상실감과 고통과 불행을 조금씩 극복할 수 있었다. 곤잘레스는 "생존자들은 지극히 작은 성공에도 크게 즐거워하는 사람들"이라며 우리에게 "당신이 받은 축복을 하나씩 헤아려보라. 그리고 감사하라. 그럼 당신도 살아남을 수

있다"라고 결론지었다.[127]

그렇다, 건강한 것도 축복이다. 공원 근처에 살거나 시원한 들판에 언제라도 찾아갈 수 있는 것도 행운이다. 그러나 어떤 상황에 있더라도 삶은 필연적으로 우리를 곤경에 몰아넣는다. 따라서 이런 곤경을 헤쳐 나갈 수 있는 내면의 도구를 준비해야 한다.

스토아 철학의 수긍은 결코 체념이 아니다. 삶의 과정에서 피할 수 없는 좌절과 실패라는 걸림돌들에도 흔들리지 않는 역량을 함양해야 한다는 가르침은, 우리가 바꿀 수 있는 것도 바꾸려고 노력하지 말라는 뜻이 아니다. 신학자 라인홀드 니부어(Reinhold Niebuhr)가 1942년에 쓴 기도를 번안한 평안의 기도에 스토아 철학의 지혜가 잘 집약되어 있다. "하느님, 마음의 평정을 허락하소서. 내가 변화시킬 수 없는 것까지 받아들이게 하소서. 내게 능력이 있다면 그것을 변화시킬 수 있는 용기를 주소서. 그 차이를 구별할 수 있는 지혜를 주소서."[128]

우리가 자신에게만 몰두하는 편협한 세계에서 벗어나 한층 원대한 관점과 고결한 마음가짐을 받아들이는 세계로 옮겨갈 때 차이를 구별할 수 있는 지혜가 생긴다. 일상의 삶에서 우리가 가려고 하는 방향으로 우리를 인도해주는 작은 긍정적인 변화에서 이 모든 것이 시작된다. 내 삶을 크게 바꾸어 놓았던 세 가지를 소개하는 것으로 '지혜'의 장을 끝내기로 하자.

1. 내면의 지혜가 속삭이는 목소리에 귀를 기울이고, 당신에게 더 이상 필요하지 않은 것을 과감히 내려놓아라. 당신에게는

물론이고 당신이 사랑하는 사람들에게도 이익이 되기는커녕 당신의 에너지를 갉아먹는 것을 내려놓아라. 분한 마음과 부정적인 혼잣말, 당신이 결코 완성할 수 없다는 걸 알고 있는 프로젝트 등 무엇이든 상관없다.

2. 감사해야 할 것들의 목록을 작성하고 그 목록을 서너 친구에게 보내라. 그 친구들에게 그런 목록을 작성해서 당신에게 보내달라고 부탁하라.

3. 정기적으로 모든 전자 기기를 꺼두는 특별한 저녁 시간을 가져보라. 침실에는 절대 갖고 들어가지 마라. 디지털 세계와의 접속을 끊으면 지혜와 직관 및 창의력과 접속하는 데 한층 더 유리하다. 아침에 일어나서 스마트폰부터 확인하는 습관을 버려라. 그래, 1분만 심호흡하며 새로운 날을 맞은 것에 감사하고, 그날의 의미를 정리해보라.

경이

3

Wonder

인간은 높디 높은 산과 깊고 깊은 바다, 그리고 별들의 운행에 주저하지 않고 경이로움을 느낀다. 하지만 정작 자기 자신에 대해서는 경이를 느낄 줄 모른다.

성 아우구스티누스[1]

THRIVE
THE THIRD METRIC

: 우주선을 타고 내면으로 여행을 떠나자 :

2013년 10월 〈허핑턴포스트 독일〉이 출범한 날 아침에 나는 뮌헨 중심가에서 공항으로 차를 몰고 가고 있었다. 창밖에는 비가 내리고 있어 모든 사물이 마치 마술처럼 아름다운 빛으로 일렁였다. 모든 건물과 나무가 경이로 가득 차 있는 듯했다. 하지만 공항에 도착해서 만난 사람들은 한결같이 애꿎은 비를 나무랐다. 그날 아침, 비는 어디에서나 똑같이 내렸지만 그것을 대하는 우리의 태도는 사뭇 달랐다.

경이는 눈에 보이는 것의 결과물만이 아니다. 세상이 아무리 아름답거나 신비하게 혹은 특이하거나 이해할 수 없게 느껴지더라도 말이다. 나 역시 언젠가 어느 도시에서 비 때문에 짜증을 냈었는지도 모른다(사실 대부분의 경우에 그랬을 것이다). 하지만 유독 그날 뮌헨에서 그 시간에 내 마음에 떠오른 것은 짜증이 아니라

앨프레드 허프스티클러(Albert Huffstickler. 이름 때문에 독일 사람인 줄 알았는데 알고 보니 텍사스 출신이었다)의 시 한 구절이었다.[2]

> 우리는 잊고 지낸다
> 육체는 물이 대부분인 것을.
> 비 내리고
> 우리 몸속의
> 모든 원자가
> 제자리로 돌아가기 시작할 때까지.

어린아이는 시도 때도 없이 경이로운 눈빛으로 세상을 바라본다. 우리도 어린아이의 시선으로 일상생활에서 겪는 무수한 일들을 바라볼 수 있다. 하지만 그렇게 하려면 가끔씩 평소와 다른 시각이 필요하다. 우리에게 다른 시각을 요구할 만한 요인들은 이미 여기저기에 널려 있다. 그러나 우리는 주변에서 경이를 느낄 만큼 충분히 현재에 집중하는가?

나는 서너 살밖에 안 된 내 딸들과 함께했던 그날 밤을 아직도 잊지 못한다. 그날 밤 캘리포니아의 하늘은 티끌 하나 없을 정도로 깨끗하고 선명해서 별들이 눈앞에서 쏟아질 듯했다. 나는 크리스티나와 이사벨라를 양쪽 팔에 감싸 안고 뒷마당 잔디 위에 누웠다. 이사벨라가 별을 따내려는 듯 그 작은 손을 하늘로 한껏 뻗는 동안, 크리스티나는 여느 때와 마찬가지로 나에게 "엄마, 별은 왜 움직여?"라고 물었다.

크리스티나의 질문은 인류의 역사만큼이나 오래된 질문이었다. 자연 현상 뒤에 숨겨진 원리에 경이를 느끼면서부터 인류는 과학적 발견의 길로 들어섰다. 우리가 자랑스러워하는 과학 시대는 인간이 자연을 경이롭게 바라본 덕분에 탄생했다. 아리스토텔레스는 "지금도 그렇지만, 인류가 처음으로 철학을 연구하게 된 계기는 자연의 경이로움 때문이었다"라고 말했다.[3] 물리학자 제임스 클러크 맥스웰(James Clerk Maxwell)은 "잔디에 누워 태양을 유심히 살펴보면서 경이로움을 느낀 것"을 어린 시절 첫 기억으로 꼽았다.[4]

아이들의 얼굴, 조개껍데기, 비와 꽃. 이처럼 평범하고 흔한 것들에게 자극받을 때 경이로움은 더욱 커진다. 월트 휘트먼(Walt Whitman)은 이렇게 말했다. "결국 내가 얻은 큰 깨달음은 그 어떤 자연의 위대한 장관도 일상의 평범한 아름다움에 못 미친다는 사실이다. 세상에서 가장 위대하고 아름다운 광경은 알프스도 나이아가라 폭포도 요세미티 계곡도 아니다. 그것은 땅과 하늘, 매일 뜨고 지는 해, 그리고 주변에서 흔하게 볼 수 있는 풀과 나무이다."[5]

봄에는 꽃이 피고 가을에는 달이 뜨고,
여름에는 서늘한 바람 불고 겨울에는 눈 내리네.
쓸데없는 생각만 마음에 두지 않으면,
지금이 바로 가장 좋은 시절이라네.　　　　　_무문 선사[6]

지금처럼 세속화된 시대의 근저에는 조직화된 종교와 영적인 진리를 똑같은 것이라 생각하는 치명적인 오류가 있다. 이런 연유로 조직화된 종교를 거부하는 많은 사람이 영적인 진리마저 부정하고 있다. 그러나 영적인 추구에서 핵심적인 부분을 차지하는 자신을 알고자 하는 욕구는 생존과 성욕과 권력을 향한 본능만큼이나 우리 내면에 깊이 각인되어 있다.

괴테는 "여러분, 우리 영혼을 찾기에도 인생은 너무 짧습니다"라고 썼다.[7] 자질구레한 일상에 집착하는 사람은 깊은 내면의 욕구를 충족시킬 수 없다. 저명한 철학 교수 제시 프린츠(Jesse Prinz)도 "나는 무신론자이지만 내가 영적인 사람이라는 사실을 깨닫기까지는 꽤 시간이 걸렸다"라고 적었다.[8] 무신론자임을 자처하는 사람들이 점점 더 늘어나고 있는 이유는, 조직화된 종교와 그런 종교가 그리는 하느님의 모습(특히 하늘에 계신 수염 난 하느님)에 거북함을 느끼기 때문이다. 그들은 종교 대신 자기 삶에서 경외감과 경이로움을 느꼈다고 입을 모아 말한다. 경이로운 체험 덕분에 그들은 달려만 가던 길을 멈추고, 그때까지 경험하지 못했던 세계를 만나며, 깊고도 깊은 삶의 신비를 어렴풋이 깨달을 수 있었다.

아인슈타인은 경이를 삶의 전제조건이라고 정의했다. 아인슈타인은 "세상에 무감각하며 사색하는 능력이 없거나 황홀감에 전율할 줄 모르는 사람은 이미 삶에 대해 눈을 감아버렸기 때문에 죽은 시체와 다를 바가 없다"라고 말했다.[9] 결국 경이를 느낄 줄 모르는 사람은 죽은 사람이나 마찬가지라는 뜻이다. 아서 케스틀러(Arthur Koestler)가 "영원(永遠)이라는 열쇠 구멍을 뚫어져라 쳐다

보는 사람들"이라 표현한 위대한 과학자들은 어린아이처럼 삶의 경이를 느낄 줄 아는 사람들이었다.[10]

유구한 세월 동안 우리에게 우주 공간을 탐구하도록 만든 경이로움이 무엇인지 잘 알지만, 나는 개인적으로 내면세계로 떠나는 여행에 더 큰 매력을 느껴왔다. 물론 두 여행은 서로 관계가 있다. 우주 비행사들은 흔히 우주에서 지구를 보고 난 후에 '오버뷰 효과(overview effect)'라는 아주 독특한 체험을 한다. 달에 여섯 번째로 착륙한 에드거 미첼(Edgar Mitchell)은 당시 체험을 이렇게 표현했다. "우주의 본질이 내가 그동안 배운 사실과 전혀 다르다는 것을 깨달았다. …… 우주와 내면이 연결되는 듯했고, 그것을 온몸으로 느꼈다. …… 마치 몸과 마음이 우주로 확장되는 듯한 강렬한 느낌이었다. 그 느낌은 내 뇌가 내 눈앞에 펼쳐지는 환상적이고 경이로운 과정을 재조직하고 의미하려는 생물학적 반응이라는 걸 깨달았다."[11]

> 자기 자신과 단절된 수렁에서 빠져나오지 못한다면, 달에 간들 무슨 소용인가? 그 수렁에서 빠져나오는 일이 세상에서 가장 중요한 발견의 여정이다. 그런 발견의 여정이 없다면 나머지 모든 여정은 쓸모도 없거니와 처참하기까지 하다.
> _토머스 머튼[12]

테슬라와 스페이스엑스의 창업자이자 화성 우주관광을 목표로 하고 있는 엘론 머스크(Elon Musk)도 아주 오래된 인류의 소망을 다음과 같이 표현했다. "어떤 질문을 던져야 할지 더 잘 알려면 우리 의식의 범위와 규모를 확장해야만 한다는 결론에 도달했다. 그렇게 할 수 있는 유일한 길은 오직 집단의 각성을 얻기 위해 노력하는 일뿐이다."[13] 그러나 개인의 각성이 없다면 집단의 각성도 있을 수 없다. 지난 수세기 동안 수많은 영적 지도자와 시인, 작곡가가 누누이 강조했듯이, 조건 없는 사랑은 인간이라는 수수께끼를 푸는 열쇠이자 평안한 내면세계와 부산한 외부세계를 이어주는 유일한 다리이다. 작가 커트 보네거트(Kurt Vonnegut)가 《타이탄의 미녀》에서 말했듯이, "인생의 목적은, 누가 그 통제권을 쥐고 있든지 간에, 주변에 사랑 받을 만한 가치가 있는 존재가 있다면 누구나 사랑하는 일이다."[14]

노랫말과 경전이 우리에게 말해주던 것을 뒷받침해주는 실증적인 자료들도 있다. 하버드 대학교 조지 베일런트(George Vaillant) 교수는 1938년에 입학한 하버드 남학생 268명의 삶을 75년에 걸쳐 지속적으로 추적한 하버드 그랜트 연구(Harvard Grant Study)의 결과를 이렇게 요약했다. "75년의 시간과 2,000만 달러를 쏟아 부어서 얻은 결론은 무엇인가? 적어도 내 생각에는 다섯 단어로 압축해서 말할 수 있을 것 같다. 행복은 곧 사랑이다."[15] 시간과 돈을 그만큼 들이지 않고도 비슷한 결론을 내린 사람이 있다. 바로 영국 현대시인 테드 휴즈(Ted Hughes)이다. "죽을 때 우리는 살아 있을 때 더 용기 내지 못하고 더 아끼지 못하고 더 사랑하지 못한 것을 후회할 뿐이다. 이밖에 다른 문제는 전혀 중요하지 않다."[16]

자연과 예술은 우리가 경이를 경험하는 가장 비옥한 토양이다. 그래서 수필가이자 철학자인 알랭 드 보통(Alain de Botton)은 예술을 "영혼을 위한 약제사"라고 표현한다. 하지만 알랭 드 보통은 "예술이 막강한 부와 문화적 지위를 누리기 때문에 본연의 책무를 망각하기 쉽다"라고 말했다. 영국 국립 미술관인 내셔널갤러리에서 가장 인기가 높은 클로드 모네의 작품 〈수련이 핀 연못〉을 설명하면서도 알랭 드 보통은 "이런 종류의 예술 작품을 애호하다 보면 망상에 빠질 수 있다. 예쁜 정원을 좋아하는 사람은 전쟁과 기아, 정치적 오류와 부도덕으로 점철된 현실의 실상을 망각할 위험에 빠질 수 있다"라는 걱정을 드러낸다. 그러나 알랭 드 보통은 정작 우리 삶에서 진짜 문제는 다른 곳에 있다고 지적한다. "정말로 위험한 일은 우울과 절망에 빠지는 것이다. 우리가 이렇듯 낙담할 때 가장 좋은 치유제가 바로 예술이다. 봄에 핀 꽃, 파란 하늘, 해변에서 뛰노는 어린이들…… 이런 것들이 바로 눈에 보이는 희망의 상징이다."[17]

박물관과 미술관은 우리가 복잡다단한 일상에서 잠시 벗어나 경이로움을 맛볼 수 있는 세상에 얼마 남지 않은 오아시스이다. 박물관은 말로 표현할 수 없고 계량화할 수도 없는 영원한 것과 교감하기 위해 우리가 찾아가는 곳이다. 테크놀로지에 포위된 삶을 살아가는 우리에게 그런 교감의 기회는 극히 드물고 소중한 경험이다. 미국 인디애나폴리스 미술관 대표이사 맥스웰 앤더슨 (Maxwell Anderson)은 미술관의 사명을 "울림과 경이감을 주고, 눈에 보이지는 않지만 무거운 짐을 덜어낸 것 같은 기쁨을 누리게 하는 것"이라고 말했다.[18] 한편 아리스토텔레스는 이런 기쁨을 "카타르시스(catharsis)"라고 표현했다.[19]

수전 손택(Susan Sontag)은 《급진적 의지의 스타일》에 실린 〈침묵의 미학〉이란 에세이에서 "어떤 시대에나 그 시대의 '정신'을 재창조해야만 한다"라고 말했다.[20] 그런 재창조의 길을 열어주는 통로가 박물관이다. 물론 재창조는 항상 그 자리에 있어 왔던 그 무엇으로 다시 돌아가는 것을 뜻할 수도 있다. 하지만 요즘에는 어떤 것을 경험하기도 전에 사진부터 찍으려는 집착 때문에 재창조가 더욱 어려워졌다. 심지어 그림을 사진에 담고 다른 사람이 사진을 찍는 모습을 찍기에 바쁘다.[21]

MIT 교수이자 《외로워지는 사람들》의 저자 셰리 터클(Sherry Turkle)은 끊임없이 기록하는 삶, 즉 사진을 찍는 데만 몰두하는 삶의 대가에 대해서 이렇게 말했다. 쉬지 않고 기록하는 행위 때문에 "우리는 자신과는 물론이고 타인과도 차분하게 진지한 대화를 나누기가 어렵다. 기록하는 행위는 우리를 감정적으로 모든 대상과 멀어지게 만들기 때문이다." 이처럼 우리 경험을 기록하는데 집착하다 보면 진정한 경험을 할 수가 없다. 하지만 기록하는 습관에 젖어 가장 피해를 많이 본 세대가 곧 그런 문화에 저항하는 세대로 변화할 것이라고 믿기 때문에 셰리 터클은 낙관적으로 생각하며, 예전에 만났다는 열네 살짜리 소년의 말을 인용했다. "창밖으로 차가 지나가는 것을 그냥 바라보고, 사람들이 왔다 갔다 하는 모습을 구경하는 것이 얼마나 멋진 일인지 몰라요. 생각해보세요. 사람들은 그걸 몰라요."[22]

내 작은딸 이사벨라도 똑같은 깨달음을 얻었다. 대학에서 미술사를 전공한 이사벨라는 언젠가 박물관에 전시된 한 그림을 2시간 동안 감상한 후에 그 소감을 적어내는 과제를 받은 적이 있었다. 이사벨라는 박물관에 가기 전에 그 기분을 이렇게 표현했다. "기분이 묘해요. 실제 작품을 한 번도 본 적이 없어서 걱정도 많이 되지만, 드디어 직접 볼 수 있다는 생각에 가슴이 막 뛰어요." 이사벨라는 런던 내셔널갤러리로 향했다. 그곳에서 윌리엄 터너의 〈전함 테메레르의 마지막 항해〉를 2시간 동안 감상하고 돌아와 이렇게 말했다. "마치 장거리를 뛰는 것 같았어요. 이상하게 들릴지 모르겠지만, 한 작품을 2시간 동안 감상하려면 내 자신을 채찍질해서 평소 집중력의 한계를 넘어야만 했거든요. 하지만 작품을 다 보고 나서는 장거리를 뛰고 난 때처럼 일종의 황홀감(runner's high)을 느꼈어요. 작품과 내가 하나가 된 것 같은 신비한 느낌이었어요." 이사벨라는 요즘 유행하는 트위터나 인스타그램 같은 공간에서는 결코 체득할 수 없는 경험을 박물관에서 한 것이었다.

이사벨라가 윌리엄 터너의 그림을 1시간가량 뚫어져라 쳐다보고 있는데, 경비원이 다가와서 지금 무얼 하고 있느냐고 물었다. "경비원이 그렇게 묻는 상황 자체가 너무 재밌었어요. 나는 그림 하나만 보고 있었거든요. 세상이 박물관에서 그림만 오랫동안 쳐다봐도 수상한 사람으로 모는 지경에까지 이른 거죠."

자극적인 오락거리가 많고 멀티태스킹이 대세인 요즘 시대에, 한마디로 끊임없이 무엇인가와 연결된 채 살아가야 하는 시대에는 어떤 사물이나 사람에 완전히 몰입하기가 쉽지 않고 드물다.

박물관은 이 시대에 접하기 힘든 신비로움과 경이로움, 놀라움

과 몰입감을 우리에게 선사한다. 하지만 이러한 원초적인 감정들
은 24시간 1년 내내 컴퓨터에 접속해 살아가는 디지털 문화 때문
에 크게 무뎌졌다. 내면을 들여다보고 자신을 성찰할 시간과 여유
가 없다. 우리 주변의 세계, 아니면 적어도 디지털 도구들에 의해
둘러싸인 세계는 점점 더 우리가 인생에서 정작 놀랄 일에 놀랄
수 없게 만든다. 우리는 소셜 미디어 사이트에서 살다시피 한다.
나날이 정교해지는 소셜 미디어의 알고리즘은 우리가 좋아하는
것이 무엇인지 정확하게 파악해서, 그것을 우리에게 끊임없이 제
공한다. 이런 현상은 '개인화'로 미화되지만, 우리 존재의 극히
일부만 충족시키는 경우가 대부분이다. 소셜 미디어는 우리가 무
엇을 좋아하는지는 잘 알지만, 우리가 미처 깨닫지 못하고 있는
필요나 욕구를 파악하지는 못한다. 소셜 미디어는 우리 존재가 가
진 무한한 가능성의 크기는 고사하고 그 가능성이 무엇인지조차
파악하지 못한다.

니콜라스 카(Nicholas Carr)는 《생각하지 않는 사람들》에서 이렇
게 지적했다. "데이터를 수집하는 효율적인 시간도 필요하지만 사
색하는 비효율적인 시간도 필요하다. 휴대폰을 만지는 시간이 필
요하듯 한가롭게 정원에 앉아 있는 시간도 필요하다."[23] 하지만 이
제 세상에는 한가롭게 사색할 만한 정원이 별로 남아 있지 않다.
박물관이 중요한 이유가 바로 여기에 있다. 박물관은 애플리케이
션과 데이터가 기하급수적으로 늘어나고, 소셜 미디어가 인간에
게 필수적인 예술적 경험을 앗아가는 현실을 바로잡는 보호막 역
할을 해야 한다. 현재와 같은 추세라면, 예배에 참석한 교인들이

다음과 같은 글을 트위터에 올리는 웃지 못할 상황이 벌어질지도 모른다. "방금 목사님이 빵과 물고기에 대해서 말씀하셨어. 괜찮은 횟집 아는 사람?" 혹은 아이패드를 꺼내 산상수훈이 갈릴리 호수 근처에서 있었다는 걸 재빨리 검색하고는 이렇게 생각할지 모른다. '음, 갈릴리 호수가 세계에서 가장 얕은 담수호구나. …… 트위터에 올려야지!' 2,000년 전에 소셜 미디어가 있었다면 어떤 글을 트위터에 올렸을까? "방금 겟세마네를 찾아봤는데, 멋진 정원이라고 하네. 여기서 만날 사람?"이란 글을 올리지 않았을까.

물론 소셜 미디어는 일상생활에서나 박물관에나 긍정적인 역할을 할 수 있다. 소셜 미디어를 활용하면 박물관은 훨씬 많은 관람객을 끌어 모으고, 예비 관람객에게 더 많은 정보를 제공할 수 있다. 관람을 마친 후에 친구의 사이트나 커뮤니티에서 자기 경험을 공유함으로써 심미적 경험을 확장할 수도 있다. 다만 소셜 미디어가 보조적인 수단이 아니라 우리의 심미적 경험을 약화시키는 방향으로 활용될 때 문제가 생긴다.

세계 전역에서 많은 박물관이 새로운 미디어 기술을 적극적으로 활용하고 있다. 로스앤젤레스 카운티미술관은 '언프레임드(Unframed)'라는 블로그를 개설해서 미술관 큐레이터와 관람객의 목소리를 동시에 알리고 있다.[24] 그리고 홈페이지에 최초의 디지털 도서관을 개설함으로써 방문자들이 절판된 예술 서적들을 온라인으로 읽을 수 있도록 배려하고 있다.[25] 뉴욕현대미술관은 '교실 수업을 위한 미술관 교수법'이라는 온라인 강좌를 개설해 현직 교사들의 호응을 얻고 있다. 현재 수강생이 1만 7,000명에 이른다.[26] 인디애나폴리스 미술관은 '아트 배블(ArtBabble.org)'이란 온라인 커뮤니티를 개설해서 예술 관련 동영상 정보를 제공하고 있다.[27] 미니애폴리스에 있는 워커아트센터는 웹사이트 '워커 채널(The Walker Channel)'을 중심으로 공연 및 전시회 관련 소식을 전하고 있다.[28] 영국 런던의 테이트 현대미술관의 경우, '테이트 현대 예술 용어 가이드'부터 '포켓 미술관'까지 다양한 아이폰 애플리케이션을 개발해서 휴대폰 사용자들에게 제공하고 있다. 포켓 미술관 애플리케이션을 이용하면 나만의 가상 갤러리를 만들어 다른 사람과 공유할 수 있다.[29] 한편 암스테르담 국립박물관은 소장한 작품 12만 5,000점을 미술 애호가들이 실생활에서 다양한 용도로 활용할 수 있도록 온라인에 레이크스 스튜디오(Rijksstudio)를 개설했다. 온라인 스튜디오에서 사용자는 작품을 다른 사람과 공유하거나, 알루미늄이나 투명한 플라스틱 유리에 인쇄해달라고 주문할 수 있고, 고화질로 출력해 문신이나 가구 장식 등 다양한 목적으로 사용할 수도 있다. 암스테르담 국립박물관은 이 온라인 스튜디오에서 "명작들을 짜깁기, 재사용, 재창조하는" 대회를 개최해서 가장 뛰어난 작품에는 상을 수여하며, 수상자에게는 자신의 작품을 박물관의 구내 상점에서 판매할 수 있는 특전까지 준다.[30]

하지만 박물관이 본연의 임무를 망각하고 신기술이라는 유혹에 빠져버리면 존재의 근거가 약해진다. 신기술과의 잘못된 만남이 도를 넘어설 때, 우리는 더 이상 박물관에서 심미적 경험을 하지 못할 수 있다.

결국 중요한 문제는 "테크놀로지로 심미적 경험에 깊이를 더할 수 있을까, 아니면 테크놀로지의 개입으로 심미적 경험이 약화될까?"라는 것이다. 물론 둘 모두 가능하다. 새로운 미디어 도구를 십분 활용한다면 박물관은 새로운 관객을 발굴하고, 사람들에게 예술을 더 자주 접할 수 있는 계기를 제공해줄 수 있을 것이다. 그러나 테크놀로지는 끊임없이 변하지만 위대한 예술 작품을 통해 자신을 초월하고자 하는 인간의 욕구는 결코 변하지 않는다는 사실을 잊어서는 안 된다.

중심이 잘 잡혀 있는 사람은 평범한 것에서도 초월의 기회를 엿볼 수 있다. 그러나 박물관이나 전시회에서도 깊이 몰입하지 못하면서, 덧없이 흘러가는 구름이나 평범한 나무, 진흙 항아리 같은 것에 어떻게 몰입할 수 있겠는가?

> 이 진흙 항아리에 골짜기와 소나무가 우거진 산이 있고
> 골짜기와 소나무가 우거진 산을 만든 이가 있다!
> 일곱 개의 태양과 수많은 별들도!　　　　　　　_카비르[31]

물론 시각 예술은 예술의 한 형태일 뿐이다. 음악과 조각, 사진과 영화, 건축과 문학, 연극과 시, 춤 등 어떤 형태의 예술이든 깊은 진리를 활활 타오르게 하는 불쏘시개가 될 수 있고, 내면에 깊이 잠들어 있는 경이감을 일깨우는 경종이 될 수 있다. 고대 예술의 한 형식이지만, 수사학도 집착에 사로잡혀 살아가는 우리에게 일침을 가하고 우리가 누구인지 일깨워줄 수 있다. 플라톤이 쓴

《소크라테스의 변명》에서 소크라테스는 마지막 법정 연설에서 "이제 우리가 헤어질 시간이오. 나는 죽고 당신들은 살아 있겠지. 하지만 우리 중에서 누구의 앞날이 더 행복할지는 오로지 신만이 아실 것이오"라고 말했다.[32] 한편 미소 냉전이 한창이던 1963년 서베를린을 방문한 케네디 대통령은 베를린 장벽을 코앞에 두고 독일 군중 앞에서 "나는 베를린 시민입니다"라고 독일어로 말하며 자유의 가치를 일깨웠다. 또한 마틴 루터 킹은 1963년 링컨 대통령 기념관의 대리석 계단에 올라 청중들을 향해 "나에게는 꿈이 있습니다!"라고 외쳤다. 그 감동은 시간과 언어를 초월해 우리 영혼을 흔들어 놓았다.

음악은 항상 내 삶에서 큰 부분을 차지해왔다. 런던에서 20대를 보낼 때, 나는 잡지 〈코스모폴리탄〉에 음악 평론을 정기적으로 기고했다. 덕분에 음반(물론 LP판이었다. 내가 좀 구식 세대이긴 하다)을 공짜로 얻을 수 있었고, 음반을 몇 시간씩 틀어놓곤 했다. 실제로 하이든의 교향곡 106번을 들으면서 두 번째 책을 쓰기도 했다. 그러다가 한 남자와 사랑에 빠졌다. 그는 유럽 방방곡곡에서 열리는 음악 축제를 유유자적하며 유람하는 것을 천국이라 여기던 사람이었다.

나는 지금까지 무수한 시간을 어두컴컴한 객석에서 보냈다. 그럴 때면 흔히 눈을 지그시 감고 명상에 잠겼다. 그렇게 음악에 귀를 기울이면 공연의 수준과 상관없이 음악 자체에 푹 빠져들곤 한다. 런던 코벤트 가든에서 들었던 〈피가로의 결혼〉 공연이 아직도 기억에 생생하다. 그날은 한 객원 지휘자가 지휘를 맡았다. 그날

나는 몇몇 친구와 함께 객석에 앉아 있었다. 그중에는 아주 실력이 뛰어난 영국인 지휘자 한 명도 있었다. 공연이 시작되자마자 우리는 이번 공연이 참 듣기 괴로운 공연이 될 것 같다는 직감이 들었다. 특히 영국인 지휘자 친구에게 그 고통은 심할 터였다. 현악기 연주자들은 객원 지휘자의 익숙하지 않은 리듬에 잘 적응했지만, 금관악기 연주자들은 그렇지 못했다. 독주자들도 방향을 잃고 불쑥불쑥 불협화음을 냈다. 여하튼 공연은 그렇게 끝이 났다. 우리 지휘자 친구가 가장 먼저 자리에서 일어나 크고 길게 박수를 쳤다. 진심에서 우러나온 박수 같았다. 그가 박수를 치고 있는데 갑자기 우리 뒤에 앉아 있던 한 청중이 삿대질까지 해대며 고함을 쳤다. "무슨 공연이 이따위야!" 하지만 지휘자 친구는 뒤를 돌아보며 더 크게 박수치며 소리쳤다. "작품은 정말 훌륭하지 않습니까!"

교향곡과 오페라는 흔히 삶에 비유된다. 영국 철학자 앨런 와츠(Alan Watts)는 이렇게 말했다. "교향곡을 듣는 동안에 음악의 질이 더 뛰어나야 한다거나 빨리 마지막 부분에 도달해야 한다고 생각하는 사람은 아무도 없다. 매순간 집중하며 듣는 것이 음악 감상의 묘다. 내 생각에는 삶의 대부분도 그와 마찬가지다. 더 나은 인생을 살려고 너무 집착하다 보면 순간순간을 사는 법을 완전히 망각할지도 모른다."[33]

가끔씩 대중가요의 노랫말에도 위대한 철학이 들어 있다. 케임브리지 대학 시절 나는 비틀스의 명곡, 〈렛 잇 비〉의 노랫말에 푹 빠져 지냈다. 이 명곡은 받아들임을 찬미하는 한 편의 시로 존 레논과 폴 매카트니가 작곡했지만, 로마 제국의 황제이자 철학자였던 마르쿠스 아우렐리우스가 썼다고 해도 손색이 없을 만큼 통찰력이 있었다.[34]

내가 근심의 시기에 처해 있을 때,
어머니께서 다가와
지혜의 말씀을 해주셨어요.
"순리에 맡기거라."

많은 대중가요에도 슬픔이 있고, 셰익스피어의 희곡《폭풍우》나 모차르트의 오페라 〈마술피리〉 같은 위대한 예술 작품에도 어둠이 있다. 하지만 이런 슬픔과 어둠은 결국 사랑으로 극복된다. 혼돈과 추함이 있지만, 그 속에서 조화와 아름다움이라는 새로운 질서가 탄생한다. 분명히 악은 존재하지만 결국에는 선에 의해 쫓겨난다.

빈민가에서 가난과 폭력으로 고통받는 어린이들의 그림에도 어두움이 짙게 배어 있다. 로스앤젤레스의 사우스 센트럴 지역에 사는 어린이가 그린 그림 하나가 기억에 떠오른다. 그 그림은 다른 아이들의 그림처럼 어두웠지만 칠흑 같은 어둠 속에서도 그 아이는 어둠 너머의 그 무엇을 보았고, 그것을 봄으로써 우리 모두에게 그것을 느끼게 해주었다. 이와 마찬가지로, 테레지엔슈타트 수용소에서 학대받던 유대인 어린아이들이 쓴 시들과 기상천외한 나비 그림들도 다른 세계의 눈빛을 외면하면 공포감을 줄여주

기는커녕 더욱 냉혹하고 잔혹한 공포감을 느끼게 된다는 걸 깨닫게 해준다.[35]

내면세계로 여행할 때 확실한 지도 역할을 하는 예술은 음악과 시각 예술만이 아니다. 이야기 역시 그런 역할을 한다. 인간은 본질적으로 이야기에 특화된 동물이다. 지구상에서 자신을 더 큰 이야기 속에서 생각할 줄 아는 동물은 인간뿐이다. 우리 상식과는 달리, 과학자들은 실제로 시간은 존재하지 않는다고 말한다. 하지만 우리는 여전히 시간과 아주 밀접한 관계를 맺고 있다. 그리고 시간이 존재하는 한 거기에서 이야기가 만들어진다. 끊임없이 사건이 일어나고 또 끝이 난다. 사건이 끝나는 방식이 바로 이야기다. 또한 사건의 시작과 끝 사이에 벌어진 일도 하나의 이야기가 될 수 있다.

칼 구스타프 융은 이야기라는 보편 언어를 '원형'이라 칭했다. 융은 원형을 "정신이라는 물줄기가 자연스럽게 흐르는 강바닥"에 비유했다.[36] 의식은 이야기를 통해 이런 원형과 만난다. 이야기는 단순히 재미나 오락거리의 수준을 훨씬 뛰어넘는 삶의 목적 자체에 대한 보편 언어다. 삶의 목적은 자아실현이다. 자아실현은 우리 인생을 제3의 기준으로 이끌어준다. 크리스토퍼 부커는 이야기의 종류를 7가지—괴물을 무찌르는 이야기, 가난뱅이가 부자가 되는 이야기, 원정 이야기, 여행과 귀환 이야기, 코미디, 비극, 부활—로 분류했다. 이렇게 이야기는 이런저런 방식으로 7가지로 분류되지만, 주인공이 여행길에서 도전과 시련을 겪고 잘못을 범하지만 결국에는 지혜의 길로 들어서는 개인적인 변화를 겪는다는 점에서는 똑같다. 우리 삶이 그렇듯이, 이야기의 외적인 형태도 주인공의 내면 여행을 따라가야 한다. 우리는 내면의 자신과 단절되고 자아에 집착할 때 삶의 의미와 목적을 잃는다. 그리고 그 공허감을 돈과 명예, 권력과 섹스로 채우려고 애쓴다. 허먼 멜빌(Herman Melville)의 《모비딕》이나 스탕달의 《적과 흑》 같은 문학 작품에서 볼 수 있듯이, 자아가 내면의 자신과 분리되면 결국 좌절과 파괴만이 남는다.[37]

이야기의 힘과 이야기를 향한 원초적 욕구를 활용하면 자신만의 이야기를 다시 쓸 수 있다. 우리 모두가 지금 여행 중이거나 항해를 하고 있다. 괴물을 죽이고 공주를 찾고 집으로 돌아오는 여정에 올라 있다. 하지만 우리가 추구하는 목표, 즉 전통적인 성공 개념이 우리에게 추구해야 한다고 강요하는 목표는 삶의 의미를 엉뚱한 곳에서 찾기 때문에 결국 막다른 길을 만나기 십상이다. 마음챙김을 통해 우리가 현재 어떤 이야기를 쓰고 있는지 한층 정확하게 깨달을 수 있다.

⋮ 반갑다, 친구야. 침묵은 내 오랜 친구 ⋮

우리 삶에서 침묵은 사방에서 위협을 받고 있다. 헤드라인 뉴스는 요란하고, 자동차 경적 소리는 고막을 찢어버릴 듯 시끄럽고, 스마트폰은 끊임없이 삐삐거리고, 앵앵거리는 사이렌 소리는 호들갑스럽다(내가 사는 뉴욕 시내는 특히 심하다). 상점이나 공공장소에서도 지루한 음악이 끝없이 흘러나오고, 발 닿은 곳마다 설치되어 있는 모니터도 우리 귀를 괴롭힌다. 우리는 끊임없이 자기 욕구를 충족시키느라 항상 컴퓨터를 켜놓고 인터넷에 접속하면서 침묵을 두려워하고, 침묵이 필요한 이유를 깨닫지 못한다. '500개 채널이 있어도 볼 만한 채널이 없는 세계'에서 흘러나오는 소리의 홍수에, 삶에 대한 중요하지만 단순한 질문은 들리지 않는다.

나도 과거에는 집과 호텔 방에 들어서면 곧바로 뉴스를 틀곤 했다. 그러다 어느 날 그 습관을 버렸다. 오래전의 일도 아니다. 내가 두 가지를 깨달았기 때문이다. 첫째는 텔레비전을 보지 않아도 놓치는 소식이 하나도 없다는 깨달음이었다. 심지어 24시간 내내 미디어를 운영하는 나에게도 텔레비전은 아무런 도움이 되지 않았다. 텔레비전에서는 그저 그때그때 다른 사람이 등장해 같은 주제를 끊임없이 반복해서 말할 뿐이었다. 하지만 두 번째 깨달음은 그 의미가 컸다. 매일 따로 침묵하는 시간을 갖자, 평소에는 듣지 못했던 작고 고요한 소리가 들리기 시작했다. 보통 때는 시간을 투자하지도 관심을 두지도 않았던 소리들이었다. 텔레비전을 껐지만 잃는 것은 하나도 없었고 오히려 얻는 것이 더 많았다. 경청하는 힘도 더 강해졌다. 덕분에 내 딸들과 직장 동료, 친구들의 말에 더 귀를 기울일 수 있었다.

독일의 시인이자 소설가인 헤르만 헤세는 《나의 믿음》에서 "당신의 영혼에게 물어라!"라고 호소하며 다음과 같이 말했다.[38]

당신의 영혼에게 자유가 무엇을 뜻하고 사랑이 무엇인지 물어보

라. 지적 능력에게도 묻지 말고, 세계 역사를 뒤적거리지도 마라. 영혼은 당신이 정치에 무관심하다고, 노력이 너무 부족하다고 나무라지 않는다. 적을 향한 증오심이 부족하다거나 국경에 대한 경계가 허술하다는 이유로 구박하지도 않는다. 하지만 영혼의 요구를 두려워하며 회피하고, 당신의 어리고 예쁜 아이인 영혼과 조금의 시간도 함께 보내지 않거나 함께 놀아주지도 않는다면, 또 영혼의 노래에 귀를 기울이지 않고, 돈 때문에 영혼을 팔아버리거나, 출세를 위해서 영혼을 배신한다면 영혼은 당신을 심하게 나무랄 것이다. …… 영혼도 똑같이 말하겠지만, 이 말을 무시하면 당신은 전전 긍긍하며 삶과 싸우게 될 것이다. 완전히 새로운 사랑과 관심으로 내 말에 귀를 기울이지 않는다면 당신은 파멸할 것이다.

성공이란 무엇인가? 성공이란 매일 밤 당신의 평화로운 영혼과 함께 잠자리에 들 수 있는 것이다.   _파울로 코엘료[39]

포스트모던 시대에도 세상에는 순례자들이 많다. 조용한 곳을 찾아가 침묵에 귀 기울이는 법을 배우고, 영혼을 일깨울 수 있는 여유를 찾는 사람들이다. 그래서 그들은 이제 조용한 시골집과 수도원, 사원과 '대자연이라는 대성당'으로 향하고 있다.

예로부터 휴일은 몸과 마음을 재충전하는 시간이었다. 휴일에 사람들은 삶의 속도를 늦추고, 본래부터 가지고 있었지만 세상살이 때문에 억눌린 경이감을 되찾고, 삶의 광대함과 풍요로움을 다시 떠올렸다. 내가 어린 딸들을 데리고 그리스 로도스 섬의 작은 마을에서 휴일을 보낼 때에도 꼭 그런 기분이었다. 우연의 일치였는지 우리가 휴가를 보내던 그 주에 시사주간지 〈타임〉은 신앙의 치유력에 대한 심층기사를 실었다. 로도스 섬주민들이 그 기사를 읽었다면 아마 피식 웃었을 것이다. 침묵과 사색, 기도의 힘은 물론이고 신의 능력까지 굳이 과학적으로 증명하려고 드는 사람들의 처사가 얼마나 우스워 보였을까. 그리스 전역에서 많은 여성이 근처 산중에 있는 잠비카 수도원을 찾아와 성모 마리아에게 기도했다. 그곳에서 기도를 하면 아이를 갖게 된다는 속설이 있기 때문이었다. 그들은 성모 마리아 상 앞에서 임신과 취업, 건강을 기원했다. 마을 주민들은 성모 마리아 상에 얽힌 기적들을 속속들이 알고 있었다. 성모 마리아 상의 기적을 자연스럽게 말하는 주민들의 순박함이 일상의 찌꺼기를 씻어주는 경이로움의 원천이었다.

나는 그런 분위기에 완전히 공감할 수 있었다. 내 기억이 맞는다면 세 살 때부터 나는 부모님이 시키지 않아도 침대 옆에 무릎을 꿇고 앉아 성모 마리아에게 기도했다. 또한 외롭고 두려울 때마다 성모 마리아에게 기도했다. 학교 운동장에서 친구와 티격태격 다투었거나, 동생이 아팠을 때, 그리고 어느 날 밤 집을 나간 아버지가 돌아오지 않았을 때도 나는 성모 마리아에게 기도했다. 열세 살에 명상을 시작하면서도 기도를 중단하지는 않았다. 인도에서 불교 명상을 배우고, 유대교 신비주의인 카발라를 탐구하며 비교 종교학을 공부할 때에도 어김없이 성모 마리아에게 의지했다. 성모 마리아는 어머니 같은 존재이자 길잡이였다. 다시 말하면, 무조건적인 사랑의 화신이었다. 어린 시절, 여름이면 내가 손꼽아 기다리던 날은 7월 15일과 8월 15일이었다. 7월 15일은 내 생일이고, 8월 15일은 그리스 전체가 성모 마리아에게 기도하는 성모승천일이기 때문이다. 내 가족 중에는 금식하는 사람이 없었지만 나는 성모승천일에는 꼭 금식했다. 또한 1년에 교회를 가는 날이 단 하루도 없을망정 성모승천일 축제에는 반드시 교회를 찾았다. 그리고 검은색 스카프를 둘러쓴 미망인들과 여름 모직 옷과 양초 냄새를 풍기는 젊은 여인들과 함께 앉아, 성모 마리아와 교감하며 머리를 숙여 기도했다.

로도스 섬에 머물던 어느 날, 우리는 근처에 있는 타리 수도원을 찾았다. 10세기에 세워진 타리 수도원은 사방이 포도나무로 뒤덮여 있었고, 암필로키오스 수도원장이 그 오래된 건물에 생기를 불어넣고 있었다. 정교회 신학에 정통한 수도원장(지금은 그리스 정교 뉴질랜드 대교구장)의 천진난만한 생기는 신앙의 깊이에서 나오는 것이 아니었다. 수사들과 아이들은 수도원장을 게론다(Geronda)라고 불렀다. '노인'이라는 뜻이었다. 그리스인들은 나이가 많은 사람은 지혜를 얻고 하느님에게 더 가까워진다고 생각한다. 오늘날 우리가 흔히 나이에 대해 갖는 편견과는 사뭇 다르다. 우리는 나이듦을 질병이라도 되는 것처럼 멀리하고 망각하려고 애쓰지 않는가.

게론다는 실제로 나이가 그렇게 많지 않았다. 당시 50대 후반쯤이었을 것이다. '노인'이라는 호칭이 붙은 것은 사람들에게 사랑과 존경심을 불러일으켰기 때문이다. 수도원장의 두 눈은 열정으로 번뜩였지만 언제나 겸손했다. 수도원장은 자신이 성취한 일에 대해서는 "하느님 덕분"이라 말했고, 앞으로 해야 할 일에 대해선 "하느님의 뜻대로"라고 말했다. 수도원장의 영성은 자연에 대한 경외감으로 가득 찼다. 어느 날 아침 수도원장은 나와 함께 산책하며 "우리나라처럼 아름다운 나라는 많습니다. 하지만 그리스 향기를 풍기는 나라는 세상 어디에도 없습니다"라고 말했다. 몇 걸음을 옮길 때마다 수도원장은 잠시 멈춰 서서 백리향과 로즈메리의 잔가지, 소나무 잔가지, 그리고 야생화를 집어 들었다. 나와는 달리 수도원장은 눈에 띄는 모든 야생화의 이름을 알고 있었다.[40]

로도스 섬에서 수도자들과 함께한 시간은 내 영혼을 살찌우는 계기가 되었다. 타리 수도원의 또 다른 수도자인 크리스토둘로스 신부가 자신의 신앙에 대해 말하는 걸 듣고 있으면 내 신앙심까지 깊어지는 것 같았다. 신부의 부모는 모두 그리스 출신이었다. 미국 덴버에서 태어난 신부는 로스앤젤레스로 이주해 할리우드에서 배우의 꿈을 키웠다. 하지만 신부는 이탈리아 식당 체인점인 '올드 스파게티 팩토리'에서 일하며, 코카인이 그리스 올리브처럼 흔한 유명 인사들의 파티에서 흥청망청 시간을 보냈다.

그러다가 우연에 우연을 거쳐서 타리 수도원에 들어오게 되었다. 수도원 사람들은 신부님의 그 기막힌 우연들을 하느님이 몰래 행한 기적이라 믿었다. 신부는 새벽 4시에 일어나서 아침 예배와 성체 의례로 하루를 시작했다. 신부는 마을의 가난한 자들을 도왔고, 혼자 있을 때는 온 정성을 다해 성화(聖畵)를 그렸다. 아름다운 비잔틴풍의 성화였다. 신부는 내 딸들에게 작은 그림 하나를 선물로 주었고, 당시 다섯 살이던 이사벨라는 답례로 신부님의 모습을 그려 주었다. 그림 속에서 신부의 가늘고 긴 수염은 허리까지 닿았고(물론 예술적인 표현), 얼굴에는 함박웃음을 짓고 있었다. 이사벨라는 해변에서 신부의 무릎 위에 앉아 있을 때 그에게 그 그림을 선물했다. 그때 이사벨라는 분홍색 비키니를 입고 있었고 신부님은 회색 수도복을 입고 있었다. 신부는 이사벨라에게 어젯밤에 잠은 잘 잤느냐고 물었다. 이사벨라는 "아뇨, 밤거울(nightmirror, nightmare (악몽)를 잘못 발음한 듯하다—옮긴이)을 꿨어요. 운동화 속에 있던 큰 모기 한 마리가 나를 완전히 덮쳤거든요"라고 대답했다.

그렇게 우리 가족은 '성스러운' 나날들을 보내며 휴가의 진정한 의미를 되찾았다. 그러나 휴가 기간 동안에도 뭔가를 성취하려는 욕구 때문에 더 분주하게 지내며 스트레스를 받는 사람들이 비일비재하다. 휴가를 와서도 스마트폰 때문에 일상의 걱정을 한순간도 놓지 못하는 까닭이다. 휴가를 떠날 때보다 휴가를 다녀와서 더 진이 빠지는 경험을 누구나 한 번쯤 해보았을 것이다. 연구 결과도 그런 경험을 뒷받침한다. 리더십 개발과 훈련 서비스를 제공하는 업체인 피어스에 따르면, 근로자의 58퍼센트가 휴가를 다녀와서도 전혀 스트레스가 풀리지 않았으며, 근로자의 28퍼센트는 휴가를 다녀와서 오히려 스트레스가 더 쌓였다고 응답했다.[41]

네가 어디로 가든, 너는 그곳에 있다.　　　　　_버카루 밴자이[42]

하지만 내 경우에는 그리스 수도원에서 휴가를 보내든 내 집에서 휴가를 보내든 경이감을 되찾는 것이 휴가의 중요한 목적이다. 그래서 집에서 휴가를 즐길 때도 나는 모든 기계 전원을 꺼놓고, 먼 거리를 산책하거나 요가 수업을 듣고, 차분히 명상을 하며 자명종 없이 잠을 잔다. 또 일과 전혀 관련 없는 종이책을 밑줄까지 그어가며 읽는다. 다시 말하면, 아무리 짧은 시간일지라도 외부세계와 단절하고 내면세계로 떠날 환경을 만드는 것이다.

이처럼 정신적으로 거듭나는 시간이 없다면, 우리는 부정적인 측면만을 바라보기 십상이다. 캘리포니아 대학교 버클리 캠퍼스의 신경심리학자이자 《뇌와 행복》을 쓴 릭 핸슨(Rick Hanson) 박사는 "우리 뇌는 구조적으로 부정적인 경험을 잘 받아들인다"라고 말했다. 반대로 긍정적인 경험을 저장하는 능력은 상대적으로 떨어진다. 릭 핸슨 박사는 이 문제를 극복하려면 긍정적인 경험을 뇌에 각인할 필요가 있다며, "각인을 강화해서 뇌를 중립 구조로 바꾸려면 10~20초가 더 필요하다"라고 말했다. 결국 우리가 주변 세계에서 경이로움을 느끼고, 삶에서 주어진 것에 감사하며, 부정적인 면에 집중하는 편중된 뇌구조를 바꾸려면 시간이 필요하다는 뜻이다.[43] 경이로움을 느끼며 우리의 일부가 되게 하려면, 삶의 속도를 늦추고 경이감이 본연의 속도로 자연스레 잉태되도록 해야 한다.

: 우연의 일치_삶에서 경이로움을 찾는 비밀의 문 :

우리 삶에서 경이로움을 일깨우는 방법 중 하나는 우연의 일치에서 뜻밖의 기쁨을 발견하는 것이다. 우연의 일치를 순순히 받아들인다면 우연의 일치는 경이로움으로 가는 통로이기도 하지만 지름길이기도 하다. 지극히 평범한 우연의 일치에서도 우리는 우주의 본질에 대해서, 그리고 우리가 아직 모르거나 이해하지 못하는 모든 현상에 대해서 호기심을 갖기 때문이다.

우연의 일치가 일어나면 우리는 그 속에서 뭔지 모를 기쁨을 느낀다. 우연의 일치는 무수히 많지만, 우연의 일치에 내재된 특별한 힘이 사라지는 경우는 별로 없다. 바로 이 점이 중요하다. 일어날 것 같지 않았지만 절묘한 시점에 일어난 우연의 일치는 마법 같은 힘을 발휘한다. 그래서 철학자 쇼펜하우어는 우연의 일치를 우주 질서가 만들어내는 '환상적인 예정 조화'라고 했다.[44] 정신분석학자 칼 융은 우연의 일치를 '때맞춰 일어난 창조 활동'이라 정의했고,[45] 소설가이자 언론인이었던 아서 케스틀러에게 우연의 일치는 "운명의 장난"이었다.[46]

두 가지 사례를 통해 운명의 장난이 구체적으로 무엇인지 알아보자. 미국 캘리포니아 버클리에 살던 윌러드 로웰이란 여성은 실수로 열쇠를 집 안에 두고 문을 잠가 버렸다. 어떻게 해야 할지 몰라 고민하고 있던 차에 우편집배원이 편지를 놓고 갔다. 배달된 편지에는 오빠가 보낸 편지도 있었다. 오빠는 얼마 전에 그녀의 집을 다녀갔는데 실수로 보조키를 가져갔던 것이다. 편지 봉투 안

에는 그 보조키가 들어 있었다.[47]

한 남성이 쇼핑몰에서 설문조사를 하고 있었다. 설문조사에는 휴대폰 번호를 쓰는 항목이 있었다. 그 질문에 한 고객이 휴대번호를 거짓으로 알려주었다. 설문조사원이 "손님, 죄송하지만 그건 손님 휴대폰 번호가 아닌데요"라고 말했다. 고객은 "아니 도대체 왜 내 번호가 아니라는 거요?"라고 반박했다. 설문조사원은 "손님이 방금 말씀하신 번호는 제 휴대폰 번호거든요"라고 말했다.[48]

이처럼 우리는 우연의 일치에 어떤 의미가 있는지 또 언제 그런 일이 일어날지 전혀 알 수 없다. 하지만 우연의 일치 덕분에 우리는 다시 경이감을 찾고, 가끔씩 하던 일을 멈추고 현재에 집중하며, 수수께끼 같은 인생에 열린 마음을 가질 수가 있다. 우연의 일치는 어쩔 수 없이 받아들여야 하는 일종의 재시동인 셈이다.

내 경험에 따르면, 종교가 있든 없든 초자연적인 힘을 믿든 믿지 않든 간에 우리는 모두 우연의 일치를 사랑한다(물론 이 말에 반박하는 괴팍한 사람도 있겠지만 나는 아직 그런 사람을 만나보지 못했다). 공영라디오 방송국에서 '미국의 이런 삶'을 제작하는 프로듀서 사라 쾨니그(Sarah Keonig)는 "우연의 일치는 운명이나 신에 대한 원대한 의문에 다가가는 지름길이다. 운명도 신도 믿지 않는 사람에게도 마찬가지이다"라며 "저 밖 어딘가에는 우리 삶을 굽어보는 존재가 있다는 생각, 어떤 계획이 있을 수 있다는 생각이 우연의 일치를 통해 드러나는 것이다"라고 말했다.[49]

사라 쾨니그는 라디오 청취자들에게 우연의 일치를 경험한 사연을 보내 달라고 요청했다. 청취자들의 반응은 뜨거웠다. 덕분에 사라 쾨니그는 1,300통의 사연을 꼼꼼히 읽어봐야만 했다. 채택된 사연 중에는 블레이크 올리버라는 남성이 보낸 사연도 있었다. 그는 여자친구 카밀리에게 새로운 휴대폰 배경화면이 필요하다고 말했고, 그녀는 어린 시절의 사진 한 장을 이메일로 보내주었다. 그런데 그 사진 속에 올리버의 친할머니가 있는 게 아닌가. 올리버는 미시간 주에서 어린 시절을 보냈고, 카밀리는 정반대편인 유타 주에서 자랐는데 어떻게 된 일이었을까? 카밀리가 방학을 맞아 캐나다 밴쿠버에 갔을 때 그 사진을 찍었고, 당시 밴쿠버 친척집을 방문하고 있던 올리버의 할머니가 우연히 배경에 찍힌 것이었다. 올리버는 "정말 우연의 일치가 아닌가요? 그냥 배경도 아니고 카밀리 바로 뒤에 서 계셨으니"라고 말했다.[50]

또 다른 사연도 소개되었다. 스티븐 리는 여자친구 헬렌과 결혼을 약속하고 보름 후에, 헬렌의 부모님을 모시고 양가 상견례 자리를 마련했다. 대화가 무르익자 곧 놀라운 사실이 드러났다. 일찍 돌아가신 스티븐의 아버지가 1960년대 한국에 근무할 때 헬렌 어머니와 실제로 교제를 하고 청혼까지 했다는 것이다. 이런 기막힌 우연은 스티븐에게 큰 의미가 있었다. "어린 시절에 아버지와 함께 시간을 보내지 못한 게 늘 안타까웠죠. 하지만 이런 우연 덕분에 내 삶에서 어느 정도 아버지를 다시 찾은 기분이었습니다. 장모님에게 우리 어머니조차 잘 모르는 아버지의 20대 때 모습을 전해들을 수 있으니까요."[51]

폴 그라챈이라는 남성의 사연도 흥미진진했다. 폴은 여자친구인 에스더와 결혼하게 된 결정적인 사건에 대해서 말했다. 그날

폴은 식료품점에서 샌드위치를 사면서 결혼 문제를 골똘히 생각하고 있었다. 그리고 계산을 하려고 돈을 꺼냈는데 '에스너'라고 쓰여 있는 10달러짜리 지폐 한 장이 눈에 들어왔다. 그래서 그 지폐를 다시 지갑에 넣었다. 그리고 나중에 그 지폐를 액자에 넣어 에스더에게 선물했다. 에스더는 깜짝 놀라면서도 당시에는 별다른 말이 없었다. 수년 후, 두 사람이 결혼을 하고 새 아파트로 이사하고 나서야 에스더는 그 지폐에 얽힌 사연을 털어놓았다. 열아홉 살에 에스더는 사귀던 사람이 있었는데 관계가 원만하지 않았다. 그 시절을 회상하며 에스더가 말했다. "결혼할 인연을 사람들은 어떻게 알까? 나는 그게 궁금했어. 그래서 내가 어떻게 했는지 알아? 아예 고민을 안 하기로 했어. 대신 이 10달러 지폐에 내 이름을 쓰기로 했지. 나중에 이 지폐를 갖고 내게 청혼하는 남자가 내 짝일 거라고 믿었어. …… 그래서 당신이 나에게 그 지폐를 주는 순간 우리가 결혼하게 될 거라고 확신했어." 에스더가 그 지폐를 받았을 때 바로 고백하지 못한 이유는 따로 있었다. 그들이 결혼할 운명이라는 걸 알려줌으로써 남자친구를 '기겁하게' 만들고 싶지 않았던 것이다.

폴은 에스더의 말을 듣고 놀랄 수밖에 없었다. "이게 대체 우리에게 무슨 의미지? 이런 생각밖에 들지 않았습니다. 우리가 타임머신이라도 발명하게 되는 걸까? 우리 아이들이 앞으로 세계 평화에 이바지라도 하는 걸까? 이런 우연에 어떤 의미가 있는 걸까? 지금은 우리가 알지 못하는 원대한 무엇인가가 있는 것 같았습니다."[52]

물론, 지금은 알지 못하는 원대한 무엇이 있다는 깨달음이 중요하다. 수수께끼 같은 우연의 일치와 거기에서 우주의 구조가 언뜻언뜻 드러나는 그 순간들을 나는 언제나 사랑했다. 우주에 어떤 구조가 있다는 사실 자체를 엿보기만 해도 기뻤다. "그러나 너희 아버지께서 허락하지 아니하시면 그 하나도 땅에 떨어지지 아니하리라"라는 마태복음 10장 29절은 내가 성경에서 가장 좋아하는 구절이다. 이 구절은 실존주의자들의 믿음을 믿기 어려울 만큼 크게 흔들어 놓는다. 실존주의자들은 인간이 무관심한 세상에서 고립되고 소외된 채 살아간다고 믿기 때문이다.

내 여동생 아가피는 《매달리지 않는 삶의 즐거움》에서 성장기에 우연의 일치가 아닌 일이 없었다고 회상했다. "나는 어릴 때 그리스에서 올리브 오일과 양젖 치즈, 그리고 우연의 일치를 늘 옆에 끼고 살았다. 어머니는 매일 숨 쉬듯 우연한 인생을 사셨고, 세상에는 우연의 일치가 있다고 늘 말씀하셨다. 그리고 내 삶은 시작부터 우연의 일치가 작용했다."

내가 세상에 태어나고 5개월 만에 어머니는 또 임신했다. 하지만 부모님의 결혼 생활은 행복하지 않았다(결국 나중에 이혼하셨다). 따라서 둘째를 낳을 계획이 전혀 없었다. "그러나 어머니가 불임 수술을 하러 병원에 가기로 한 날 아침, 아버지는 다른 생각을 품었다(이것 역시 일종의 초월이었다). 그날 아침 어머니는 병원에 가지 않고 침대에서 아버지와 사랑의 시간을 가졌다. 그러고는 다시 의사와 약속을 잡지 않았다. 어머니는 결국 아이를 갖게 되었고, 그 아이가 바로 나였다. 내 편에서 작용한 우연의 일치였다!"[53]

동생의 탄생은 나에게도 행복한 우연의 일치였다. 덕분에 내 삶에서 가장 친한 친구 한 명을 얻었기 때문이다. 내 동생이 태어난 이후로도 우연의 일치는 내 삶에서 계속되었다. 시간이 많이 흘러 내가 케임브리지 대학교 졸업반이었던 때였다. 한 영국인 출판업자가 텔레비전 토론에 출연한 나를 우연히 보고, 책을 써 볼 생각이 없느냐며 편지를 보냈다. 오스트레일리아 태생의 페미니스트 저메인 그리어(Germaine Greer)의 《여성 거세당하다》를 발행한 출판사였다. 당시 하버드 대학교의 케네디 행정대학원에 진학할 계획이었던 나는 정중하게 거절의 의사를 밝혔다. 그는 다시 점심 식사나 함께하자는 편지를 보내왔다. 그래서 나는 '뭐, 어때?'라고 생각하며 식사 제의에 흔쾌히 응했다. 그런데 점심 식사가 끝날 무렵, 그는 나에게 슬며시 출판 계약서와 약소한 돈(아마 점심 식사비보다 적었던 것 같다)을 내밀었다. 결국 나는 그 계약서에 서명했고, 그 이후로 내 삶은 완전히 달라졌다. 이 모든 것이 그 출판업자가 텔레비전 오락 프로그램에 관심이 없었던 때문이었다.

역사적으로도 우연의 일치로 일어난 묘한 사건들이 많았다. 미국 건국의 아버지로 불리는 토머스 제퍼슨과 존 애덤스는 똑같은 날, 1826년 7월 4일에 사망했는데, 그날은 미국이 독립을 선언한 지 50주년이 되는 날이었다. 존 애덤스의 아들이자 당시 미국 대통령이었던 존 퀸시 애덤스는 일기에 두 사람의 죽음을 두고 "하느님의 은총을 직접 보고 느낄 수 있는" 사건이라고 적었다. 또한 독립 선언문을 함께 작성한 동료였던 새뮤얼 스미스(Samuel Smith)는 추도 연설에서 두 사람이 같은 날 세상을 떠난 것은 "두 사람이 의미 있는 인생을 살았음을 인정하는 신의 섭리"라고 했다. 한편 두 사람의 특이한 죽음을 연구한 유타 대학교 철학 교수 마거릿 배틴(Margaret Battin)은 "역사적으로 분명한 증거는 없지만, 우리가 애덤스와 제퍼슨에 대해 말하는 것은 우리 자신에 대해 알고 싶은 것일지도 모른다"라고 말했다.[54]

우연의 일치에서 경이감을 맛보려는 우리의 의지가 실제로는 우리 자신에 대한 무엇인가를 말하는 것이라고 밝힌 연구도 있다. 마틴 플리머(Martin Plimmer)와 브라이언 킹(Brian King)은 공동으로 집필한 《우연의 일치: 신의 비밀인가 인간의 확률인가》에서, "우연의 일치를 잘 발견하는 사람들은 자신감이 넘치고 삶을 편안하게 대하는 경향이 있다. 아주 사소한 우연조차 긍정적으로 받아들이기 때문이다"라고 말했다.[55] 히브리 대학교 루마 포크(Ruma Falk) 교수의 주장에 따르면, 우리는 우연의 일치로 일어난 사건을 그렇지 않은 사건보다 더 잘 기억한다.[56]

마틴 플리머와 브라이언 킹은 우연의 일치가 이야기에서도 중요한 역할을 한다고 말한다. "풍자와 비유는 별로 상관이 없는 두 가지 개념을 연결시키는 수사법이다. 풍자와 비유는 독자들에게 신선한 충격을 줌으로써 독자들이 안다고 생각한 것을 다른 시각으로 보게 만든다. 엄밀하게 말하면, 비유는 사람이 창작하는 것이기 때문에 우연의 일치라고 볼 수 없다. 하지만 관련 없는 두 가지를 융합함으로써 더 큰 힘을 발휘한다는 점에서 둘은 똑같다."[57] "우연의 일치가 없으면 이야기도 없다"라는 중국 속담도 있지 않은가.[58]

칼 융은 '동시성(synchronicity)'이란 용어를 사용해서 '우연이라고 볼 수 없는' 사건, 즉 "때맞추어 동시에 일어나는 사건"을 설명했다. 융은 "우연의 집합으로는 설명되지 않는" 자기 환자들의 사연을 들으면서 동시성에 더욱 흥미를 갖게 되었다. 환자들의 이야기에 등장하는 두 사건은 "기가 막힐 정도로 의미심장하게 연결되어 있어서, 단순히 '우연'이라고 보기에는 도저히 믿기 어려웠다. 확률로 따지자면 천문학적인 확률이었다."

융은 동시성을 단순히 우연한 사건이 아니라, 그 우연한 사건과 당시 한 사람의 내적인 심리 상태가 만나 상호작용한 결과로 보았다. 융은 "따라서 동시성은 한 주체의 순간적인 내적 심리 상태에 유의미하게 상응하는 하나 혹은 그 이상의 외적 사건이 그 심리 상태와 동시에 일어나는 현상을 뜻한다. 순서가 뒤바뀌는 경우도 있다"라며,[59] "우리는 동시적인 사건들을 창조적인 행위, 즉 시간을 초월하여 존재하고, 산발적으로 반복되며, 이미 알려진 선례에서 도출할 수 없는 패턴에 따라 지속되는 창조적 행위로 보아야 한다"라고 결론지었다.[60]

동시성의 개념은 상당히 흥미롭다. 시간은 선적이라는 통념을 버리고 과거와 현재와 미래가 함께 펼쳐진다는 물리학자들이 설명하는 시간 개념에 좀 더 가까이 다가갈 수 있기 때문이다. 따라서 우연의 일치란 시간의 풍경을 연결하고 묶는 보이지 않는 실들이 잠시 보이게 되는 순간들이라고 생각할 수 있다.

이번에 우연의 일치에 대한 글을 쓰는 과정에서, 지금까지 보이지 않는 실 하나가 느슨하게 드러나는 사건을 경험했다. 크리스마스가 끝나고 뉴욕행 비행기를 타려고 공항으로 가던 길에, 나는 이 부분의 마지막 교정쇄를 읽었다. 수분 후, 공항 보안 검색대를 통과하던 나에게 연방교통안전청의 보안요원 제이 저드슨이 자기 아내도 그리스 출신이라고 말했고, 우리는 저드슨 아내의 스파나코피타(시금치, 치즈, 달걀, 양파 등을 섞어 속을 채워 만든 그리스 전통 파이—옮긴이) 솜씨에 대해 잠시 이야기를 나누었다. 그런데 불쑥 그가 내게 "제 얘기 좀 들어보실래요?"라고 묻고는 우연의 일치에 얽힌 이야기를 늘어놓기 시작했다.

"아내 사촌 중에 마크라는 사람이 있습니다. 지금 성소피아교회 맞은편에 있는 식품점에서 일하고 있죠. 마크는 그리스 자킨토스 섬에서 태어났는데, 1953년 대지진이 있었을 때 태어난 지 겨우 6개월밖에 되지 않은 갓난아기였습니다. 지진 때문에 마크는 어쩔 수 없이 가족과 헤어졌고, 위탁보호시설에 있다가 결국 미국인 부부에게 입양되었습니다. 그 후로 50년도 더 지나서, 마크는 그 식료품점에서 갓 들어온 한 시간제 웨이터와 함께 식탁을 정리하고 있었어요. 그런데 그 웨이터가 바로 마크의 사촌이었고, 사촌 덕분에 곧바로 마크는 자킨토스 섬에 사는 친형과 연락이 닿았습니다. 그때 마크의 형은 '여기에 너를 애타게 기다리는 대가족이 있단다'라고 말했답니다. 이 이야기를 할 때마다 소름이 돋습니다."

제이 저드슨은 소매까지 걷어 올리며 내게 돋아난 소름을 보여주었다. 크고 건장한 남자가 자기한테 일어난 일도 아닌 아내의 사촌에게 일어난 기막힌 우연에서 느낀 감동을 나에게 전해주었다. 그것도 내가 우연의 일치에 대한 글을 마무리하던 순간에!

이런 이유에서 '우연의 일치'에서 종교적이거나 영적인 경험을 한 적이 있느냐는 질문에 응답한 대다수가 우연의 일치를 언급하는 것일지도 모른다.[61] 하지만 우연의 일치가 어떤 우주적 섭리가 있다는 징표라면, 우리가 어떻게 살아가느냐에도 우주의 섭리가 작용한다는 뜻이 된다. 우주에 섭리가 있다면 우리 일상의 행위와 선택에도 어떤 뜻이 숨어 있다. 따라서 우리는 진정으로 중요한 것에 맞추어 더 충만하고 완전한 삶을 살아가는 데 도움이 되는 방향의 삶을 선택할 수 있다. 그런 삶은 연봉이나 이력서로 규정되는 삶이 아니라, 현재의 실제와 미래의 가능성을 아우르는 삶일 것이다.

물론 통계학자들은 큰 어려움 없이 우연의 일치를 설명한다. 예일 대학교 의료정보센터의 통계학자 프라디프 무탈리크(Pradeep Mutalik)의 표현을 빌리면, 우연의 일치는 "수학과 인간 심리의 상호작용"에 불과하다. 무탈리크는 "다음 주에 당신에게 행운이 가득한 우연의 일치가 많이 일어나기를. 하지만 그런 일에 큰 의미를 두지 않기를"이라고 썼지만,[62] 나는 "당신이 원하는 모든 의미를 부여하고, 그 의미를 제3의 기준에 기초한 삶을 살아가는 출발점으로 삼기를!"이라 쓰고 싶다.

사건 A는 B로 해석되어야 하고, 따라서 C라는 행동을 해야 한다고 생각하지 않는 한, 나처럼 생각한다고 나쁠 것이 있는가? 하지만 우연의 일치에 의미를 부여할 때 긍정적인 효과는 확실하다. 어린아이와 같은 경외감과 호기심을 유지하는 것도 삶의 흥미진진한 미스터리에 속한다. 우연의 일치를 통해서 우리는 시간을 뛰어넘고, 자신과 타자를 만나고, 우주의 보이지 않는 질서와 연결된다. 우연의 일치를 만나는 행운의 시기와 장소를 우리가 선택할 수는 없지만, 우연의 일치에 내재된 힘에 마음을 열어놓을 수는 있다.

⠶ 메멘토 모리 ⠶

신화에서 죽음은 언제나 변화와 부활의 계기로 묘사된다.

지금의 삶이 아무리 즐겁고 만족스럽더라도, 웰빙과 지혜, 경이와 베풂으로 가득하더라도 때가 되면 우리는 삶을 마감해야 한다. 사후에 어디로 가든, 영혼이 어디서 머물든, 천국에 가든 지옥에 가든, 환생을 하든, 우주 에너지로 되돌아가든, 아니면 완전히 사라져 버리든 간에 물리적 존재로서의 삶은 끝날 것이다. 사후세계가 있든 없든 죽음은 부인할 수 없는 종착점이다. 물론 죽음이 끝이 아닐 수도 있지만, 한 시기가 끝나는 지점임에는 분명하다. 미국의 대표적인 풍자 매체 〈디 어니언〉이 언젠가 머리기사로 말했듯이, "세계 사망률은 꾸준히 100퍼센트를 유지하고 있다."[63]

오늘날처럼 양극화가 심한 시대에, 출판(또는 영상) 미디어는 끊임없이 계층과 지역의 차이를 강조한다. 그렇지만 죽음은 지구상에서 인류의 유일하고 절대적인 공통분모다. 다시 말하면 죽음 앞에서는 모두가 평등하다. 하지만 우리는 죽음에 대해서는 말을 지나치게 아낀다. 삭막한 공항 대합실에서 우리는 한 번도 만난 적이 없는 사람과도 비행기 10분 연착을 두고 무미건조한 대화를 나눈다. 인기 드라마 〈매드맨〉을 화제에 올리면 옆 사람과 더 빨리 친해질 수 있다. 하지만 인생에서 가장 풀기 어려운 문제, 즉 언젠가 우리는 모두 죽는다는 사실을 화제로 삼는 경우는 거의 없다.

확실히 서구에서는 인간의 필연적인 죽음을 별로 문제 삼고 싶어 하지 않는다. 서양 사람들은 죽음이 가까이 다가올수록, 그 사실을 더 깊이 묻어두려고 한다. 병원에서는 온갖 기계와 약물을 써가며 환자가 죽음의 문턱을 넘지 않도록 필사적으로 애쓴다. 하지만 각종 의료기계로 인해서 우리가 그 사람을, 즉 환자를 한 인간으로서 바라보기는 점점 더 어려워진다. 결국 우리는 환자의 운명에 점점 무감각해지고, 환자가 운 좋게 다시 살았다고 생각할 뿐이다. 따라서 우리는 '해야 할 일'의 목록에 써두었지만 옷장 정리하기와 휴대폰 요금제 바꾸기처럼 계획만 세워놓고 실천하지는 않는 일처럼 죽음에 대한 생각을 끊임없이 뒤로 미룬다. 이성적으로 우리는 결국 언젠가, 때로는 갑작스럽게 죽음을 맞이할 수밖에 없다는 걸 잘 알고 있다. 그러나 죽음의 문제가 절실해지기 전까지는 죽음을 두고 고민할 필요가 없다고 생각한다. 보통 사람들에게 죽음에 대한 고민은 온수기가 고장 나지도 않았는데 새 온수기를 사러 나서는 짓과 다를 바가 없다. 그래서 이렇게 생각한다. 왜 지금 해야 하지? 그런다고 무엇이 달라지나? 도대체 득이 되는 게 뭐야?

하지만 많은 점에서 좋다. 죽음만큼 삶에 관련해서 많은 교훈을 주는 것은 없다. 진정으로 성공한 삶이 무엇인지 재정의하고 싶다면, 언젠가는 죽는다는 사실을 잊지 말아야 한다. '죽음'이 없으면 '삶'도 없다. 죽음은 인생에서 필요불가결한 것이다. 우리는 태어나자마자 죽음을 향해 달려간다. 삶의 유한성을 인식할 때, 삶은 더없이 값지게 변한다. 물론 피할 수 없는 죽음에 맞서는 비이성적이고 무의식적인 방어기제로서 미친 듯이 돈과 명예를 축적하며 살아갈 수도 있다. 그러나 돈과 명예는 결코 영원하지 않다. 자녀들에게 유산을 물려줄 수도 있지만, 지혜와 경이로 충만한 삶을 유산으로 물려주는 방법도 있다. 성공의 의미를 진정으로 재정의하려면 죽음과의 관계부터 재정립해야 한다.

내가 한창 출산 준비를 하던 때가 기억난다. 무통분만법 강의를 듣고, 호흡법을 연습하며 출산에 관한 책을 끝없이 읽었다. 그러던 어느 날 문득 이상한 생각이 들었다. 새 생명을 세상에 태어나게 하려고 이렇게 갖은 노력을 다하면서, 정작 세상을 떠나는 법을 두고는 단 1분도 고민하지 않다니. 우리 사회는 사람들이 감사하며 품위 있게 세상을 떠날 수 있도록 어떤 준비를 하고 있는 걸까?

우리는 모든 것을 사진으로 남기면 삶이 조금이라도 나아지는 것처럼 모든 경험을 기억에 남기려고 소셜 미디어의 사용에 집착한다. 사진이라는 이미지가 지나간 육신의 모습을 오래 보관해줄지는 모르지만, 결국에는 덧없는 것에 불과하다.

나일 강변의 이집트 신전을 방문하는 휴가가 '유행'처럼 여겨지던 때, 뉴욕에서 가졌던 저녁식사가 생각난다. 당시 내 옆자리에는 이집트로 휴가를 갔다가 막 돌아온 한 남자가 앉아 있었다. 그가 "글쎄 이집트 왕들은 죽음을 대비하면서 평생을 보냈답니다"라고 믿을 수 없다는 듯한 목소리로 나에게 말했다. 나는 함께 식사하던 사람들을 둘러보며, 이집트 왕들이 우리보다 현명했다는 생각이 들었다. 우리는 죽음이 결코 오지 않을 것처럼 필사적으로 삶을 살아가기 때문이었다. 내가 말했다. "아마 그들은 대단한 뭔가를 알고 있었던 거죠. 죽음을 생각하지 않고 사는 것은 중요한 것을 크게 놓치고 사는 삶이니까요." 그는 내 말을 무시하듯 말했다. "죽음에 관한 얘기는 그만합시다. 따분하니까요." 그러자 주변에서 호응하는 소곤거림이 들렸다. 그가 계속해서 말했다. "중앙유럽에는 죽음의 문제를 토론하는 커피점이 있답니다. 카페 미트 슐라크(Kaffee mit Schlag, '생크림을 넣은 커피'라는 뜻—옮긴이)를 마시면서 죽음과 사후세계를 두고 사람들이 속마음을 털어놓는다고 하더군요. 남들 앞에서 그런 고백을 하다니? 정말 채신머리가 없는 짓이 아닙니까? 여하튼 나는 내 자신에 대해 더 많이 알고 싶지 않습니다." 사방에서 웃음과 함께 안도의 한숨이 흘러나왔고, 우리를 식사에 초대한 흠잡을 데 없는 여성이 화제를 바꾸었다.

그러나 우리가 정해 놓은 잘못된 성공 기준 때문에 치르는 대가가 점점 더 커지고 그로 인해 더 고통스러워질수록, 죽음이라는 화제를 바꾸기는 점점 더 어려워질 것이다. 마치 벌거벗은 임금님이 입은 옷의 화려함을 믿기가 점점 더 어려워지는 것처럼 죽음이라는 진실을 애써 외면하기도 그만큼 더 힘들어질 것이다.

1980년대에 나는 파블로 피카소의 전기를 썼다. 나이가 들어

죽음이 코앞에 다가오면서 죽음을 피하려는 노력은 피카소에게
는 하나의 원동력이 되었다. 그의 전기를 쓰기 위한 자료를 조사
할 때, 나는 죽음을 통제하려는 피카소의 충동을 이해하는 데 많
은 시간을 보냈다. 누구에게나 마찬가지이겠지만, 피카소를 더욱
힘겹게 만든 것은 그의 삶에서 소중했던 사람들의 죽음이었다. 피
카소 삶에서 큰 부분을 차지하던 두 사람이 1963년에 세상을 떠
났다. 8월에는 동료 화가 조르주 브라크(Georges Braque)가 세상을
등졌고, 10월에는 작가 장 콕토(Jean Cocteau)가 피카소의 곁을 떠
났다. 하지만 피카소는 그런 사실들을 애써 외면한 채 계속 작업
에만 몰두했다.[64] 예술 작업도 죽음을 이길 수 없다면 과연 무엇이
죽음을 막을 수 있겠는가? 파카소의 자녀들도 그런 면에서는 별
로 도움이 되지 않았다. 피카소는 자기 삶이 자녀들을 통해 줄기
차게 이어진다는 느낌을 거의 받지 못했다. 따라서 피카소에게 자
식은 그저 자신의 삶이 곧 끝날 것이라는 암울한 사실을 상기시켜
주는 대상일 뿐이었다. 그해 크리스마스 휴가 기간 동안 피카소는
아들 클로드에게 이번이 마지막 방문일 거라며 "나는 늙었고 너
는 젊구나. 네가 내 대신 죽어줄 수만 있다면"이라고 말했다.[65] 피
카소는 뛰어난 천재성으로 인간의 어둡고 악마 같은 속성을 그려
냈지만, 그의 삶에서는 똑같은 어둠에 완전히 압도당하고 말았다.

모든 종교와 철학에서 죽음이라는 문제가 중심적인 위치를 차
지하는 데는 이유가 있다. 플라톤의 《파이돈》에서 소크라테스는
"올바로 철학을 배우려는 사람들의 목적은 나이듦과 죽음을 대비
하기 위한 것이다"라고 말했다. 우리 육신은 "바람과 욕망과 두려

움 등 온갖 망상과 터무니없는 생각들로 가득하기"때문에, 죽음을 통해서 영혼이 육신으로부터 해방될 때에만 비로소 진정한 지혜를 얻을 수 있다. 이런 이유에서 소크라테스는 철학을 '죽음을 향한 연습'이라 규정했다.[66]

고대 로마 사람들은 '메멘토 모리(Memento Mori 또는 MM)'라는 말을 나무와 석상에 새겼다. 메멘토 모리는 라틴어로 '죽음을 기억하라'라는 뜻이다. 구전에 따르면, 이 문구는 승리하고 귀환한 장군이 로마에서 행진하며 노예에게 "죽음을 기억하라"고 크게 외치게 한 데서 비롯되었다.[67] 미켈란젤로도 "죽음이 그 끝로 조각되지 않는다고는 생각한 적이 한 번도 없다"라고 말했다.[68]

유대교에서 죽음의 애도는 4단계로 진행된다. 사흘간의 애도 기간, 유가족이 조문객을 받는 1주일 동안의 '시바', 유가족이 서서히 다시 마을 사람들과 소통하는 한 달간의 '슐로심', 그리고 조상을 추모하는 마음으로 1년간 의식을 올리는 '슈네임 아사르 호데슈'로 나뉜다.[69] 물론 예수를 섬기는 기독교에서는 예수가 인간이 치르는 가장 극적인 의식인 '죽음'을 겪었지만 그 죽음을 부활로써 극복했다는 사실을 강조한다.

불교에서는 나머지 존재와 구분되는 '나'라는 실체가 없다고 본다. 따라서 죽음은 그저 다른 존재나 우주의 에너지로 다시 태어남을 의미한다.[70] 한편 서양에서는 죽음에 대한 대화를 피하고 그런 대화를 금기시하기 때문에 죽음이 주는 교훈과 단절되어 있다. 따라서 아이라 바이오크(Ira Byock) 박사는 《품위 있는 죽음의 조건》에서 "우리 사회는 젊음과 활력과 자제력에 최고의 찬사를 보내며 그런 가치들에 권위를 부여하는 반면에, 그런 가치가 없는 것들은 품위 없는 것으로 여긴다. 따라서 질병과 노화로 인한 육체적 징후를 부끄럽게 생각한다. 요컨대 육체의 쇠약이 인간으로서 피할 수 없는 과정으로 여겨지지 않고 골칫거리가 된다"라고 비판했다.[71]

우리 사회는 가정과 일상의 삶에서 죽음만이 아니라 죽어가는 사람까지 철저히 배제하기 때문에 결국 죽음에 대한 교훈을 얻는 사람은 임종을 지켜보는 간병인들뿐이다. 간병인들은 죽음을 바로 옆에서 지켜봄으로써 삶에 대한 큰 교훈을 얻었다고 증언한다.

조앤 핼리팩스(Joan Halifax)는 선불교 승려이자 인류학자이며 말기 환자를 돌보는 호스피스이기도 하다. 핼리팩스는 《죽음과 함께하기》에서 미국인이 생각하는 '좋은 죽음(good death)' 때문에 우리가 삶의 소중한 교훈을 놓치고 있다고 지적한다. 미국인들이 흔히 생각하는 좋은 죽음은 "삶을 부정하고, 소독제나 다량의 약물에 의지하고, 몸에 온갖 튜브를 꽂고, 보호시설에 갇힌 채" 최후를 맞이하는 죽음이다. 핼리팩스는 죽어가는 사람을 옆에서 돌볼 때 "우리는 모든 것을 내려놓고, 귀를 기울이며, 미지의 세계를 향해 열린 마음을 갖게 된다"라는 걸 깨달았다.[72]

그렇다고 항상 죽음과 함께하는 게 쉽다는 뜻은 아니다. 핼리팩스도 "죽음 가까이에서 일한다는 게 가끔은 무서웠다"라고 고백하며 "나도 죽어가는 사람처럼 될까 겁났다. 하지만 죽어가는 사람이나 나나 어차피 언젠가는 죽게 마련이란 사실을 깨닫자, 죽음에 대한 두려움이 사라졌다. 이렇게 인간으로서 지닌 공통점을 자

각할 때 다른 사람을 향한 연민이 생기기 시작한다"라고 말했다.[73]

헬리팩스는 호스피스로 활동하며 다른 사람을 돌보는 것이 곧 나를 돌보는 것이라는 특별한 교훈을 얻었다. 헬리팩스는 과로와 피로에 지쳐 간병이란 직업을 그만두는 간병인을 많이 보았다며, "다른 사람을 돕는 데 함께해야 한다는 건 관용의 선택이 아니라 절대적인 필요조건이다. 우리와 연결되어 있지 않은 존재는 없다. 내가 고통을 받으면 남도 고통받는다. 나의 웰빙이 곧 다른 사람의 웰빙이다. 따라서 시간을 내어 내 마음을 관찰하는 시간을 가져야 한다. '자신의 마음을 먼저 소중히 돌봐야 세상을 돌볼 수 있다'는 선어(禪語)도 있지 않은가."[74]

헬리팩스에게 마음을 다스리는 행위는 곧 명상과 정신수양을 뜻했다. 헬리팩스는 명상과 정신수양을 "죽음에 이르러서야 얻을 수 있는 삶에 대한 초월을 미리 깨달아 가는 데 필수적인 요소"라고 규정했다. 헬리팩스는 한때 죽음이 삶의 '적'으로 여겨졌던 곳에서, 죽음이 삶의 스승이자 안내자로 생각하는 법을 배웠다.[75]

엘리자베스 퀴블러 로스(Elisabeth Kubler Ross)도 《죽음 그리고 성장》에서 죽음을 가까이에서 접해 본 자기 경험을 통해서 어떻게 인생이 풍요로워졌는지를 밝혔다. "죽어가는 환자를 돌보는 일은 소름끼치거나 우울한 일이 아니다. 오히려 우리 삶에서 가장 흐뭇한 일이 될 수 있다. 지난 수년 동안 나는 많은 사람이 평생이 걸려도 느끼지 못할 충만감을 얻었다." 퀴블러 로스는 죽음을 "대단히 창조적인 힘"이라 정의하며 "죽음에 맞선다는 것은 삶의 의미라는 궁극적인 질문에 맞서는 것과 같다. 진실한 삶을 원한다면,

삶은 결국 한순간이고 우리가 행하는 모든 행위가 중요하다는 사실을 인정하는 용기가 필요하다"라고 설명했다.[76]

물론 퀴블러 로스는 죽음의 5단계를 제시한 인물로 가장 유명하다. 퀴블러 로스에 따르면, 죽음은 '부정―분노―타협―우울―수용'이란 단계를 거친다. 죽음의 마지막 단계인 수용에 대해서 퀴블러 로스는 "결코 행복한 단계는 아니지만 그렇다고 불행한 단계도 아니다. …… 죽음은 수용이 아니라 진정한 승리"라고 말했다.[77]

우리 삶에 영향을 미치지 못하도록 죽음을 완강히 거부하더라도, 결국 삶은 죽음에 영향을 미칠 수밖에 없다. 《살아 있는 자들을 향한 교훈―삶의 끝에서 전하는 용서와 감사, 용기 이야기》의 저자, 스탠 골드버그(Stan Goldberg)는 "어떤 생각과 감정으로 삶을 살았느냐에 따라서 죽음의 질이 결정된다"라고 말했다. 다시 말해서 좋은 삶을 살아야 '좋은 죽음'을 맞이할 가능성이 높다는 뜻이다. 스탠 골드버그는 "죽을 때까지 내가 쌓는 감정의 응어리로 죽음의 질이 결정된다는 결론에 이르렀다"라며 "나는 무엇보다도 사소한 행동의 소중함을 배웠다. 사소한 행동이란 가족과 친구에게 사랑한다고 말하고, 다른 사람의 아주 작은 친절에도 감사를 표현하며, 다른 사람이 저지르는 사소한 실수나 언행을 눈감아 주고, 내가 저지른 실수에는 상대방에게 용서를 구하는 것이다"라고 강조했다.[78]

죽어가는 사람들이 전하는 가슴 찡한 이야기가 종종 언론에 소개된다. 그들은 삶의 끝자락에서 분명하게 드러나는 심오한 교훈을 들려준다. 그들은 죽음의 문턱에 서 있지만, 실제로는 우리보다 조금 더 일찍 세상과 작별할 뿐이다. 2010년 3월, 텔레비전 드라마 〈스파르타쿠스: 피와 모래〉의 주연 배우 앤디 위필드(Andy Whitfield)는 비호지킨 림프종이란 진단을 받았다. 위필드는 치료를 위해 인도와 뉴질랜드, 호주까지 방문했다. 검사 결과를 기다리는 동안, 위필드와 그의 아내는 "지금 여기에 머물라"는 문신을 새겼다. 앤디는 그 문신에 대해 이렇게 말했다. "마음속에서 이 모든 것이 운명이라는 확신이 들었다. 그래서 나는 지금 이 순간 바로 이 자리에 머물기로 마음먹었다. 앞으로 내가 경험할 여정과 깨달음, 여하튼 어떤 역경에 마음을 열기로 했다. '지금 여기에 머물라'는 말은 현재에 집중하며 우리가 알지 못하는 미래를 두려워하지 않는 것이 가장 중요하다는 뜻을 담고 있다."[79]

결국 앤디 위필드는 2011년 9월에 세상을 떠났다. 하지만 위필드가 남긴 유훈만은 아직도 생생히 살아 있다. 현재에 충실한 삶은 좋은 죽음을 맞이하고, 좋은 삶을 살기 위해서도 중요하다.

영국 역사학자 토니 주트(Tony Judt)는 흔히 루게릭병이라 불리는 근위축성 측삭경화증으로 2010년 사망했다. 토니 주트는 투병 중에 테리 그로스(Terry Gross)가 진행하는 미국 공영 라디오 방송 프로그램 〈프레시 에어〉에 출연해서 아주 특별한 인터뷰를 했다. 루게릭병 같은 큰 병에 걸린 환자들, 요컨대 의사와 의료장비에 시달리는 환자들은 누군가에게 버럭 화를 내고 자신이 비참하게 보이는 걸 두려워하는 게 아니라, 사랑하는 사람들과 단절되는 걸 두려워한다며, 주트는 "사랑하는 사람들이 나의 존재를 망각하고, 내가 그들의 삶 속에서 사라진다는 사실이 두려운 겁니다"라고 덧붙였다. 주트는 가족과 친구에 대한 자기 의무가 한결같이 긍정적이고 지나치게 낙관적인 태도를 보이는 것이 아니며, 그런 태도는 솔직하지도 않은 것이라고 말했다. "내 의무는 가족과 친구들과 최대한 많은 시간을 함께 보내는 것입니다. 그래야 수년 후에 내가 그들의 삶에서 사라지더라도 죄책감을 느끼거나 안타깝게 생각하지 않을 테니까요. 그래야 깨진 가정이 아니라 완전한 가정의 모습을 기억할 테니까요."

종교적 믿음이 있느냐는 질문에 토니 주트는 이렇게 대답했다. "저는 내세도 믿지 않고, 유일신이나 그밖의 다른 신들도 믿지 않습니다. 신앙이 있는 분들을 존중하지만 저는 개인적으로 신앙이 없습니다. …… 믿는 신도 종교도 없지만 우리가 살고 있는 세계보다 더 큰 세계가 존재한다는 느낌은 점점 더 강해집니다. 물론 거기에 내세도 포함되겠지요. 그곳이 어떤 세계이든 거기서도 우리가 할 역할은 있는 것 같습니다."[80]

토니 주트처럼, 어딘가에 우리가 살고 있는 세상보다 더 큰 세계가 존재한다는 생각을 가지면 우리 삶에서 진정으로 중요한 것에 대한 우선순위가 확연히 달라진다.

젊음과 명성에 집착하고 죽음에 관해서 언급하는 걸 거북하게 생각하는 서구 사회에서도 변화의 바람이 서서히 불고 있다. 죽음에 대한 논의를 일상생활의 장으로 끌어들이려는 움직임이 확대되고 있다. 〈허핑턴포스트〉의 종교 담당 기자 자위드 카림(Jaweed Kaleem)은 죽음에 관련된 기사를 꾸준히 써왔다. 특히 '저녁식사와 함께하는 죽음 이야기(Death Over Dinner, 이하 DOD)' 운동을 다룬 기사가 눈에 띈다. 명칭에서 짐작할 수 있듯이, 이 운동은 저녁 식사를 함께하며 죽음과 죽어감에 대해 머리를 맞대고 논의해보자는 운동이다. 인간이 생명을 유지하는 데 가장 중요한 시간이 바로 식사시간이다. 죽음을 두고 대화하기에 이보다 더 적당한 시간이 있겠는가? 이런 생각이 지금까지 전 세계 250개 이상의 도시로 퍼져나갔다. 시애틀의 예술가 마이클 헤브(Michael Hebb)는 "사람들은 병원이나 변호사 사무실에서 죽음에 대해 이야기한다. 따뜻한 인간애와 약간의 유머, 그리고 존경심이 필요한 대화를 하기에는 적합하지 않은 곳에서 죽음에 대해 이야기한다"라며 "하지만 음식을 앞에 두었을 때 대화가 활기를 띠는 건 역사적으로 증명된 사실이다"라고 덧붙였다.[81]

　　DOD 운동에 앞서 2004년 스위스에서 '죽음 카페(Death Café)' 운동이 시작되었다. DOD 운동과 마찬가지로, '죽음 카페'도 격식에 얽매이지 않고 죽음에 대한 이런저런 생각을 토론하는 모임이다. 영국 런던에서 '죽음 카페'를 운영하는 존 언더우드(Jon Underwood)는 "죽음을 의사나 장의사에게 위탁하는 방식에 회의를 느끼는 사람들이 점점 더 늘고 있다"라고 말한다.[82] 퓰리처상 수상자인 언론인, 앨런 굿맨(Ellen Goodman)도 죽음에 관심이 많았던지, 죽음을 주제로 대화를 나누자는 '대화 프로젝트(The Conversation Project)'의 설립을 '또 다른 이력'으로 삼았다. 앨런 굿맨의 말에 따르면, "우리는 자신이 선택한 방식대로 죽지 못한다. 70퍼센트가 집에서 죽음을 맞기를 바라지만 병원이나 관련 시설에서 죽어간다."[83] 굿맨은 어머니가 병에 걸려 죽음을 맞는 와중에도 어머니의 유지를 듣지 못했던 안타까움에 자극을 받아 "사회적 변화를 취재하는 입장에서 사회적 변화를 유도하는 입장"으로 옮겨갔다. 앨런은 나에게 보낸 이메일에서 "대화 프로젝트의 최대 장점은 참가자들에게 삶의 마지막 바람을 집중치료실에서가 아니라 식탁에서 말할 수 있게 해줄 수 있다는 겁니다. 우리는 참가자들에게 삶의 문제점이 아니라 그들의 삶에서 소중한 것들에 대해 말하도록 유도합니다. 그러다 보면 가족들과 정말 친밀하고 애정 어린 대화를 나누게 됩니다"라고 말했다.[84]

죽음에 대한 많은 사람의 경험에 대해 언급한 후에 굿맨은 이렇게 결론을 내렸다. "죽어가는 사람들이 자신의 바람을 다른 사람들과 함께 나누느냐 나누지 못하느냐에 따라서 좋은 죽음과 힘겨운 죽음으로 나뉜다." 그러나 대부분의 경우 "늙은 부모와 성인 자녀는 죽음에 대해 침묵하기로 합의한다. 부모는 자녀들에게 걱정을 떠안겨주려 하지 않고, 자녀들은 죽음이란 걱정스럽고 민감한 주제를 부모 앞에서 꺼내기를 주저한다. 그들이 부모의 죽음을 기다리고 있다고 부모가 오해할까 두려워하는 사람도 있을 정도이다. 의사가 그 '책임'을 떠맡아 올바른 결정을 내려야 한다는 생각에 더 익숙하다. 죽음을 입 밖에 꺼내기에는 이르다고 생각하지만 그때는 이미 늦은 때이다."[85] 이런 이유에서 좋은 죽음을 맞기가 힘들다.

대부분의 대도시에는 이른바 '임종 가수'들이 있다. 이들이 모인 '문턱 합창단'은 가정이나 병원, 호스피스에서 죽음과 싸우는 환자들을 방문해서 무료로 노래를 불러준다. 문턱 합창단은 주로 여성으로 구성되어 있으며, 환자를 찾아가 노래를 불러주며 주변 사람들에게도 함께 노래하자고 권한다. 음악 죽음학(music thanatology)이란 특수한 학문도 있다. 음악 죽음학은 음악이 환자의 호흡과 심박수 및 스트레스 수치에 미치는 영향을 연구하는 학문이다. 연구 결과에 따르면, 마지막 순간까지 우리 귀는 열려 있다. 워싱턴 D.C.에서 문턱 합창단을 시작한 앨런 시나코프스키(Ellen Synakowski)는 "언어는 많은 점에서 유용한 수단이지만 죽음 앞에서는 별다른 역할을 못하는 듯하다. 그러나 음악은 언어로만은 전달할 수 없는 것까지 전달할 수가 있다"라고 말했다.[86]

죽음 앞에서 테크놀로지는 어떤 역할을 할 수 있을까? 지금까지 죽음과 테크놀로지의 결합에 관련한 토론은 주로 테크놀로지를 활용해서 어떻게 죽음을 늦출 수 있을까에 집중되었다. 또한 고비용의 극단적인 처방이 질적으로나 양적으로 우리 삶에 별다른 도움이 되지 않기 때문에 비용효과에 대한 논의도 적지 않았다. 그러나 테크놀로지는 이제 우리와 죽음의 관계를 한층 깊게 해주는 수단으로 활용되고 있다.

2013년 7월에 디자인 회사 액션 밀은 '은혜의 선물(My Gift of Grace)'이란 게임을 출시했다. 이 놀이에는 승자도 패자도 없다(죽음도 마찬가지이다. 죽을 때는 모두가 빈손으로 떠난다). 참가자들은 대화를 용이하게 해주는 카드를 사용해서, '살아 있다는 확신을 느끼게 해주는 것이 무엇인가?', '죽음이 다가올 때 두려운 것은 무엇인가?' 등과 같은 질문에 대답하면 된다. 장례식장을 직접 방문

해서 그곳 직원과 대화를 나누라며 행동을 유도하는 '액션' 카드
도 있다. 액션 밀의 동업자인 닉 젤렌(Nick Jehlen)은 "죽음과 죽어
감을 주제로 펼치는 놀이여서 슬프고 무섭게 느껴진다고 생각할
사람들이 많을 것이다. 하지만 우리 경험에 따르면, 이 놀이를 자
주 할수록 일상의 삶을 더욱 즐겁게 꾸려갈 수 있다"라고 말했
다.[87]

소셜 미디어 사이트들은 우리에게 엄청난 시간과 에너지를 들
여 온라인에 가상 자아를 만들고 유지하도록 유도한다. 우리는 소
셜 미디어 사이트에서 보고 듣고, 추천하고, 좋아하는 것을 기준
으로 자신과 남을 구분한다. 그러나 최근에는 소셜 미디어가 누구
도 피할 수 없는 죽음에 대한 대화의 장을 넓히는 데 활용되고 있
다. 미국공영방송의 스콧 사이먼(Scott Simon)은 어머니의 죽음을
1,200만 팔로워에게 실시간으로 트위팅하면서 죽음을 주제로 한
전국적인 대화의 장을 열었다. 어머니가 죽음을 맞는 순간까지 모
든 과정을 거의 실시간으로 기록한 스콧 사이먼의 가슴 뭉클한 사
연은 우리 삶에서 무엇이 중요한지를 일깨워 주었다. 다음은 스콧
사이먼이 트위터에 올린 글의 일부분이다.[88]

7월 27일, 새벽 2시 38분: 밤 시간이 가장 힘들다. 하지만 그래서
내가 어머니 곁을 지키는 것이다. 어머니의 고통과 두려움을 내가
대신할 수 있다면.

7월 27일, 새벽 6시 41분: 한숨도 제대로 못 잤다. 하지만 우리는
노래와 시, 추억과 웃음으로 밤을 지새웠다. 어머니 말씀: "하느님,

우리가 함께한 이 밤을 주셔서 감사합니다."

7월 28일, 오후 2시 2분: 추가: 80대 어르신의 말씀을 경청하십시오. 10년 동안 길 건너편에 서 있는 죽음을 지켜봤던 분입니다. 삶에서 무엇이 중요한지 아시는 분입니다.

그리고 마지막으로 남긴 글.

7월 29일, 오후 8시 17분: 시카고 하늘길이 열리고 패트리샤 라이언스 사이먼 뉴먼은 이제 무대를 떠나셨습니다.

나중에 사이먼은 이렇게 말했다. "언론에서는 불안감에 대한 이야기를 듣고 싶어 하는 우리 욕구를 보편적인 경험이라 말하지만 결코 그렇지 않다. 인간의 보편적인 경험은 하나밖에 없다. 바로 죽음이다. 시간의 차이는 있지만 죽음은 자기 자신에게는 물론이고 가족과 친구, 가까운 사람, 낯선 사람을 가리지 않고 누구에게나 예외 없이 찾아온다. 우리 사회가 죽음을 좀 더 편안하게 이야기할 수 있는 분위기를 만들어야 한다고 생각한다. 죽음을 편안하게 말할 수 있다면 우리는 삶의 시계를 다시 맞출 수 있을 것이다."[89]

그렇다고 삶의 시계를 재설정하기 위해서, 영국 시인 존 던(John Donne)의 표현대로 '그대의 죽음을 알리는 종소리'가 들릴 때까지 기다릴 필요는 없다. 일상의 삶에 죽음이란 현실을 끌어안기만 해도 잘못된 길로 빠지지 않을 수 있다.

조지메이슨 대학 심리학과 교수인 토드 카시단(Todd Kashdan)이 발견한 바에 따르면, 죽음이란 현실을 회피하려고 자신에게 안정감을 주는 전통과 믿음에 집착한다. 또 카시단은 우리가 종족이나 성별을 중심으로 구성된 집단에서 소속감을 느끼려 한다며, "우리는 자기의 '문화적 가치관'을 고수함으로써 상징적으로 불멸이라는 느낌을 얻는다. 이상하게 들릴지도 모르겠지만, 자신이 속한 집단을 옹호하는 일이 죽음의 공포를 경감하려는 인간의 두 번째 전략이다"라고 주장했다. 우리는 혼자일 때보다 다른 집단에 속해 있을 때 자신의 존재가 더 영속적이라 생각한다. 하지만 이런 전략이 사회에는 치명적이다. 집단을 강조하면, 자신이 속한 집단에서 동질감을 얻고 자신의 집단을 찬양하려는 목적에서, 다른 집단에 속한 사람을 배척하거나 인종을 차별하고, 다른 집단을 악마로 몰아갈 수 있기 때문이다.[90]

우리는 죽음을 떠올릴 때 자신이 속한 집단 이외에 다른 집단을 차별하는 태도를 띤다는 연구 보고서에 주목하며, 카시단 교수와 그의 동료들은 이런 배타적인 반응을 완화하고 억제할 수 있는 방법을 고심했다. 특히 마음챙김이 이런 현상을 바꿔놓을 수 있을지에 주목했다. 카시단 교수의 표현대로, "마음챙김을 수련하는 사람들이 삶에서 힘든 일이 발생하더라도 현재에 더 충실하다면, 자아가 위협받는 죽음 앞에서도 다른 사람들보다 덜 방어적인 태도를 취할까?"[91]

대답은 분명히 '그렇다'이다. 카시단은 실험 대상자들에게 죽음을 떠올리고 자기 몸이 분해되는 과정을 묘사해보라고 요구했다(죽음의 간접 체험으로 효과가 상당히 좋다). 마음챙김을 수련한 참가자들은 믿음이 다른 집단에게 덜 호전적인 태도를 보였다. 그들은 죽음과 관련된 단어들을 더 많이 사용했고 더 오랜 시간 동안 글을 썼다. "죽음의 위협 앞에서도 열린 마음을 가지면, 타인을 향한 연민과 편견 없는 마음을 유지할 수 있다"라는 뜻이었다. 결국 카시단 교수는 "마음챙김은 우리를 짓누르는 죽음의 힘조차 바꿔놓을 수 있다. 그것도 상당히!"라는 결론을 내렸다.[92]

카시단 교수의 실험 결과는 우리가 죽음의 현장을 때때로 경험하는 것만으로는 충분하지 않다는 사실을 잘 보여준다. 우리가 죽음을 통해서 삶을 새롭게 시작하고, 삶의 방향을 바로잡고, 공감 능력을 키우며 넓은 시각을 얻는 능력을 얻으려면 평소에 죽음과 가까워지려는 노력이 필요하다. 평소에 운동을 열심히 한 사람이 마라톤에서 희열을 맛보는 것과 똑같다. 그러나 죽음과 친해지지 않은 사람은 죽음과 사투를 벌이게 될 가능성이 크다. 죽음과의 관계도 그저 하나의 관계일 뿐이다. 관계는 서로 주고받는 과정이다. 죽음과 친밀한 관계를 맺음으로써 우리 삶이 달라질 수 있고, 어떻게 사느냐에 따라 죽음이 달라질 수도 있다.

2013년 10월 27일, 가수 루 리드(Lou Reed)가 뉴욕 사우샘프턴의 자택에서 숨을 거두었다. 루드의 곁을 지킨 사람은 21년이란 시간을 함께한 아내 로리 앤더슨(Laurie Anderson)이었다. 로리는 두 사람이 마지막으로 함께한 순간을 이렇게 말했다. 퇴원하고 며칠이 지나지 않아, 리드는 밖으로 나가서 일출을 보게 해달라고 고집했다.[93]

"명상가로서 우리는 이런 순간을 준비해두고 있었다. 에너지를 아랫배로부터 가슴까지 끌어올리고, 다시 머리 밖으로 내보내며 죽음을 맞는 방법이었다. 나는 루드처럼 경이에 가득한 표정을 지으며 숨을 거둔 사람을 본 적이 없다. 루드는 두 손으로 물이 흐르 듯 태극권의 21식을 취했고, 두 눈을 부릅떴다. 나는 세상에서 가 장 사랑하는 사람을 두 팔로 감싸 안고, 죽어가는 루드에게 나지막 이 속삭였다. 마침내 루드의 심장이 멎었다. 루드는 조금도 두려워 하지 않았다. 나는 루드가 이 세상을 끝마치는 순간까지 함께 걸었 다. 이보다 고통스럽지만 아름답고 찬란한 삶이 있을 수 있을까? 그럼 죽음은? 죽음의 목적은 사랑을 표현하는 것이라 믿는다."[94]

"우리는 이런 순간을 준비해두고 있었다"라는 로리의 고백은 현재에 충실한 삶이 어떻게 현재에 충실한 죽음과 융합될 수 있는 가를 강렬하게 보여준 감동적인 예이다. 물론 사랑의 표현은 죽음 의 목적만이 아니라 삶의 목적이기도 하다. 하지만 많은 사람이 삶의 목적을 죽음의 회피에 두고 있는 게 사실이다. 우리는 수많 은 오락거리, 끝없이 계속되는 분주한 삶, 좀처럼 수그러들지 않 는 자기애, 과로와 탈진에 의지하며 죽음을 잊으려 한다. 죽음이 란 유령을 만나서야 삶에서 무엇이 진정으로 중요한지 깨닫는 사 람도 있겠지만, 그런 깨달음은 지금 이 순간에도 얻을 수 있다. 핼 리팩스의 표현을 빌리면, "우리는 모두 말기 환자이다."[95] 그러나 우리는 모두 자신과 다른 사람의 간병인이기도 하다.

생명을 연장하고 조금이라도 시간을 더 끌 수 있는 방법을 찾 는 데 우리는 많은 시간을 쏟고 있다. 하지만 사후사계를 믿든 믿 지 않든 간에 죽음은 우리가 이 땅에서 한 번밖에 살아갈 수 없는 삶의 방향을 재규정하는 데 많은 교훈을 준다.

내 어머니는 2000년 8월 24일에 돌아가셨다. 어머니가 세상을 떠나신 그날은 내 삶에서 가장 초월적인 순간이었다.

그날 아침 어머니는 나와 내 동생에게 "산타모니카에 있는 국제식품시장에 가고 싶구나"라고 말했다. 그곳은 어머니에게 디즈니랜드나 마찬가지였다. 그곳에 가면 어머니는 온갖 음식과 과일과 과자로 바구니를 가득 채웠다. 그래서 우리는 어머니를 그곳에 데려 갔다. 어머니는 왜소하고 약해졌지만, 여전히 삶에 대한 열정으로 가득해서 살라미 소시지와 치즈, 올리브와 할바(깨와 꿀로 만든 터키 과자—옮긴이), 그리스 초콜릿과 견과류 등을 샀다. 집에 가져가야 할 비닐 봉투가 하나 둘씩 늘어났다. 울혈성 심부전으로 병원에 입원했다가 집에서 요양하던 어머니를 세상 밖으로 데리고 나왔다는 게 도저히 믿기지가 않았다. 우리는 계산원에게 이렇게 소리치고 싶었다. '지금 어떤 일이 벌어지고 있는지 당신은 모를 겁니다. 이분이 저희 어머니예요! 곧 세상을 떠나신다고요! 우리 어머니를 돌봐 줄 수 있나요? 우리를 돌봐 줄 수 있나요?' 하지만 우리는 여느 날처럼 아무렇지도 않은 척했다. 마음 깊은 곳에서는 우리가 최후의 만찬을 위한 쇼핑을 하고 있다는 걸 알았지만, 그 사실을 인정하지 않고 있었다.

어머니는 집에 돌아오자마자 주방에서 최고로 멋진 점심상을 차렸고, 집안 식구 모두를 불러 모았다. 두 딸과 손녀들, 가정부인 데보라 페레즈는 물론이고 당시 우리 집에서 일하던 직원들까지 전부 식탁 앞에 모였다. "이제 앉아서 즐겁게 식사합시다!" 점심은 진수성찬이었다. 아가피는 희망에 부푼 눈으로 나를 보면 말했다. "언니, 저렇게 잘 드시는 모습 좀 봐! 아직 베풀고 사랑하려는 마음은 변함 없으셔. 어머니는 절대 쉽게 돌아가실 분이 아니라니까."

그날 초저녁에 어머니는 침실의 작은 탁자에 앉아 껍질을 벗겨가며 새우를 먹고 있었다. 내가 침실에 들어가자 어머니는 "앉아라. 새우를 좀 먹거라"라고 말했다. 어머니는 머리를 양 갈래로 땋은 모습으로 아름다운 그리스 노래를 흥얼거렸다. 행복한 어린 아이 같았다. 어머니의 영혼이 어머니를 다시 부른 듯했고, 어머니는 떠날 준비를 하셨다. 어머니는 죽음을 조금도 거부하지 않았다. 기품 있게 행동할 뿐이었다. 당시 열한 살, 아홉 살이던 크리스티나와 이사벨라는 우리가 사준 레이저 스쿠터를 타고, 외할머니 방을 연신 왔다 갔다 했다. 어머니는 사랑이 가득한 눈길로 손녀들을 바라보았다.

그러다가 어머니가 쓰러졌다.

내가 어머니를 부축해서 침대로 옮기려 했지만, 어머니는 괜찮다고 말했다. 몸은 허약해졌지만, 독일이 그리스를 점령했을 때 그리스 적십자 단원의 일원으로 산으로 피신해서 부상 입은 병사들을 간호하고 유대인 소녀들을 숨겨주었던 스물두 살 당시의 정신력은 그대로였다. 독일군들이 오두막에 쳐들어와, 숨겨놓은 유대인을 내놓지 않으면 모두 죽여 버리겠다고 으름장을 놓았을 때에도 어머니는 독일군들에게 총을 내려놓으라고, 여기에는 유대인이 한 명도 없다고 단호하게 소리쳤던 여인이었다. 독일군들은 어머니의 단호한 말투를 거역하지 못했다.

나도 어머니의 말을 따랐다. 대신 어머니는 내게 라벤더 오일을 가져와 발을 닦아 달라고 부탁했다. 그리고 내 눈을 뚫어지게 쳐다보며, 지난 몇 달 동안 들어보지 못한 권위적인 목소리로 말했다. "구급차를 부르지 말거라. 난 괜찮으니까." 아가피와 나는 가슴이 찢어지는 것 같았다. 구급차에 전화하는 대신, 그때까지 집에서 어머니를 돌봐주던 간호사에게 전화했다. 얼마 후, 우리 모두가 어머니와 함께 거실에 둘러앉았다. 손녀들은 지금 무슨 일이 벌어지고 있는지 꿈에도 모른 채, 즐거운 비명을 지르며 계속해서 스쿠터를 타고 어머니 방을 들락날락했다. 하지만 어머니는 그런 모습을 바랐다. 간호사는 계속해서 어머니의 맥박을 쟀지만 별다른 이상은 없었다. 어머니는 내게 적포도주 한 병을 따서 모두에게 한 잔씩 주라고 말했다.

그래서 우리 모두가 소풍이라도 나온 것처럼 거실 바닥에 앉아 한 시간 넘게 이야기를 나누며, 어머니가 일어서기를 기다렸다. 어머니는 아름다운 청록색 사롱으로 허리를 감싼 채 거실에 앉아, 우리가 즐거운 시간을 보내는 걸 지켜보았다. 지금 생각해도 거의 초현실적인 모습이었지만, 당시에도 마찬가지였다. 어머니가 원하는 방식대로 죽음을 맞이할 수 있도록, 거역할 수 없는 무엇인가가 우리 모두를 꼼짝하지 못하게 옭아매고 있는 기분이었다. 그리고 갑자기 어머니가 고개를 앞으로 떨어뜨리며 숨을 거두었다.

나중에야 알았지만, 어머니는 죽음의 시간이 다가왔다는 걸 데보라에게 알려주며 우리에게는 알리지 말아 달라고 부탁했다. 13년 동안 어머니와 함께하며 어머니를 사랑했던 데보라는 그 이유를 짐작했고, 어머니의 마지막 소원을 들어주었다. 우리가 어머니를 한사코 병원에 데려가려고 할 거라는 걸 어머니는 알았다. 그러나 어머니는 병원에서 죽음을 맞이하고 싶지 않았던 것이다. 어머니는 두 딸과 사랑하는 손녀들과 함께, 다시 말하면 어머니가 사랑했고 어머니를 사랑했던 사람들의 온기를 느끼며 집에서 죽음을 맞이하고 싶었던 것이다. 어머니는 그 순간을 놓치기 싫었던 것이다.

어머니의 바람대로, 우리는 어머니가 남긴 재를 장미꽃과 함께 바다에 뿌렸다. 그리고 어머니를 위해 세상에서 가장 아름다운 추모회를 열었다. 음악과 친구들, 시와 치자나무꽃이 있었고, 물론 푸짐한 음식도 있었다. 어머니의 삶과 영혼을 기리는 진정한 추모회였다. 추모회에 참석한 사람이면, 모임을 주도하며 우리에게 빛을 던져주던 어머니의 존재를 누구나 느낄 수 있었다. 우리는 어머니를 기리기 위해서 레몬나무 한 그루를 정원에 심었고, 그 나무는 매년 우리에게 새콤한 레몬을 안겨주고 있다. 그리고 벤치 하나를 마련해서, 어머니가 가장 좋아하던 문구였고 어머니의 철학이 함축된 문구를 새겨 넣었다. "이 순간을 놓치지 마라."

나는 틈만 나면 그 교훈을 되새기고 또 되새긴다. 몇 번을 되돌아가더라도 기본으로 되돌아간다. 발레계의 대부였던 미하일 바리시니코프는 매일 아침 단원들과 함께 연습을 게을리하지 않았다. 심지어 공연이 있는 날에도 연습했고 공연을 끝낸 직후에도 연습했다. 기본을 잊지 않으려는 것이었다. 나에게도 이 순간을 더 충실하게 사는 데 도움을 주는 세 가지 단순한 습관, 즉 세 가지 기본이 있다. 이 순간에 충실해야만 경이를 경험할 수 있기 때문이다.

1. 긴장되거나 조급해지면, 또 정신이 산만해지면 10초 동안 호흡에 집중하라. 이렇게 하면 현재에 온전히 충실할 수 있다.
2. 당신에게 즐거움을 주는 이미지 하나를 정해둬라. 자식, 반려동물, 바다, 당신이 좋아하는 그림 등 경이감을 자극하는 것이라면 어떤 것이라도 상관없다. 긴장되고 위축될 때마다 그 이미지를 보면 긴장을 해소하는 데 도움이 될 것이다.
3. 당신을 부정적으로 평가하는 당신 자신을 용서하라. 다른 사람들에 대한 부정적인 판단도 용서하라. 넬슨 만델라가 이렇게 할 수 있었다면 당신도 얼마든지 해낼 수 있다. 그래야 당신의 삶과 미래를 새로운 시각으로 경이롭게 바라볼 수 있다.

베풂

4

Giving

잠들어 꿈꾸었네, 삶은 기쁨이라는 것을.

잠을 깨서 깨달았네, 삶은 봉사라는 것을.

행하면서 보았네, 봉사는 기쁨이라는 것을.

타고르[1]

THRIVE
THE THIRD METRIC

⠆ 주말에 무얼 할 건가요? ⠆

웰빙과 지혜와 경이. 이 모든 것이 성공과 번영을 재정의하는 데 중요하지만, 제3의 기준에서 네 번째 요소인 베풂이 더해지지 않으면 불완전하다. 베풂과 사랑, 배려와 공감, 동정심 등은 다른 사람을 돕기 위해서 자신과 안락함을 포기하는 마음이다. 이런 마음만이 세계에 닥친 복잡다단한 문제를 실질적으로 해결할 수 있는 유일한 해답이다. 웰빙과 지혜와 경이가 개인적인 부름에 대한 응답이라면, 인류를 향한 부름에 대한 응답으로는 봉사하는 마음이 자연스레 뒤따르기 마련이다.

우리는 지금 경제와 환경과 사회 등에서 다양한 위기를 겪고 있다. 따라서 우리를 구원해줄 백마 탄 리더를 마냥 앉아서 기다릴 수는 없다. 우리는 모두 스스로 리더가 되어, 지역 사회와 지구촌을 동시에 변화시킬 수 있는 방법을 모색해야 한다.

봉사의 힘이 강력한 이유는 양쪽 모두에게 이익이기 때문이다. 막내딸 이사벨라가 다섯 살이었을 때, 우리는 워싱턴 D.C.에서 살았다. 어느 날, 우리는 워싱턴 D.C.에서 형편이 어려운 지역인 애너코스티어의 가난한 아이들을 돕는 아동센터, '우리 아이들'에서 봉사 활동을 했다. 전날이 이사벨라의 다섯 번째 생일이어서 우리는 인어로 장식된 케이크에 갖가지 선물과 풍선까지 준비해서 생일 파티를 열었다. 우연의 일치였는지, 우리가 아동 센터를 방문한 날 그곳에도 다섯 번째 생일을 맞은 여자 아이가 있었다. 하지만 그 아이의 생일 파티에는 초 하나가 꽂힌 초콜릿칩 쿠키 하나가 전부였다. 초콜릿 쿠키가 생일 케이크이자 유일한 선물이었다. 그것을 보고 이사벨라가 방을 뛰쳐나가 눈물을 펑펑 쏟던 모습이 아직도 내 기억에 생생하다. 내가 가르쳐주지 못했던 무엇인가를 이사벨라가 깨달은 것 같았다. 집에 돌아오자마자 이사벨라는 자기 방으로 달려가서 생일 선물로 받은 모든 선물을 모으더니, 아동센터에서 보았던 그 여자 아이에게 갖다 주고 싶다고 말했다. 그렇다고 이사벨라가 갑자기 테레사 수녀처럼 변했다는 뜻은 아니다. 그 이후로도 이사벨라는 자주 이기적으로 행동했기 때문이다. 그렇지만 그런 베풂의 마음을 품었던 순간은 이사벨라에게 평생 영향을 미칠 강렬한 순간이었다.

이런 이유에서 나는 사람들에게 가족과 함께 정기적으로 봉사 활동을 해보라고 적극적으로 권한다. 또 가족들이 주말 계획을 짤 때 '이번 주말에는 무얼 하지? 쇼핑을 할까? 영화를 볼까? 봉사 활동을 할까?'라고 상의하는 날을 꿈꾼다. 자원봉사가 예외적이고 특별히 고상한 기분을 느끼게 하는 활동이 아니라 자연스럽게 받아들여지는 날이 하루라도 빨리 오기를 꿈꾼다. 봉사는 그저 묵묵히 실천하는 것이고, 우리를 서로 연결해주는 통로이다. 집도 없이 굶주리며, 폭력이 일상사인 도시에서 살아가는 수많은 아이들의 삶을 개인적으로 변화시킬 수 있는 방법은 봉사활동이 유일하다.

애너코스티어에서 만난 그 어린 소녀는 미국에서 가난으로 고통받는 1,600만 명 이상의 어린이 중 한 명에 불과하다. 가난이 아이들의 건강과 학교 성적만이 아니라 미래의 기회까지 위협하고 있지만,[2] 상황이 점점 더 나빠지고 있다는 게 문제이다. 미국에서 저소득가정 아동 비율은 2000년에 37퍼센트였지만,[3] 2011년에는 45퍼센트로 증가했다.[4] 연민과 베풂이 일상적인 삶의 일부가 될 때까지, "시스템이 붕괴되었다"거나 "극단적인 정치적 대립 때문에 의미 있는 개혁안이 통과되기 어렵다"라며 아무런 대안도 없는 맥 빠진 설명만 늘어놓으며 우리는 거북한 마음을 감추고 이런 통계수치를 모른 체할 것이다. 그렇다, 정부가 해야 할 일은 많다. 하지만 베풂을 정부에 떠넘기고 비켜 앉아서 복지가 부족하다며 한탄만 하고 있을 수는 없다.

연민이 깊어지면, 우리는 상상력을 억누르는 모든 제약에서 벗어나 가능한 대안을 찾을 수 있다. 연민은 우리 주위의 지나친 탐욕과 자아애에 대항하는 유일한 길이다. 사회가 번영하기 위해서 다른 사람을 배려하는 마음, 즉 연민의 함양이 절대적으로 필요하다면, 명상 훈련으로 함양할 수 있다는 전통적인 가르침이 과학적으로 확인되었다는 사실은 반가운 소식이 아닐 수 없다. 2012년 위스콘신 대학교에서 실시한 한 연구에 따르면, "연민과 이타심은 고정된 자질이 아니라 훈련으로 키워갈 수 있는 능력이다."[5] 또한 2013년 하버드 대학교와 노스이스턴 대학교, 매사추세츠 종합병원의 공동 연구도 "명상이 자발적으로 남을 돕는 마음을 생기게 한다는 불교의 가르침을 과학적으로 입증"하며 "명상이 연민하는 반응을 강화한다"라는 결과를 내놓았다.[6] 이런 연구 결과들을 진지하게 받아들인다면, 우리가 삶을 살아가고 자식 세대를 교육하며 집단 문제를 해결하는 방식에 명상이 미치는 영향은 거의 혁명적일 것이다.

연민의 힘은 어디에서나 확인할 수 있다. 2008년 세계 금융위기가 닥쳤을 때, 직업을 잃은 사람들 중에는 시련을 이겨내고 어려운 이웃을 위해 자신의 능력과 재능을 제공한 사람이 많았다. 예컨대 대기업의 변호사로 근무하다가 해고당한 셰릴 제이콥스(Cheryl Jacobs)는 필라델피아에 개인 변호사 사무실을 열고, 압류당한 사람들을 도왔다.[7] 이처럼 노숙자 보호소나 무료 급식소에서만 봉사하는 것이 아니다. 물론 이런 봉사도 중요하지만, 우리가 지닌 특별한 능력과 재능 및 열정을 제공하는 것도 봉사이다. 이런 봉사를 통해, 우리는 실직자들이 삶의 목적과 자신감을 되찾을 수 있도록 도움을 줄 수 있다.

금융위기가 닥친 초기에 로스앤젤레스에 살던 한 친구가 직장을 잃었다. 새로운 직장을 알아보던 그녀에게 나는 봉사활동을 해보지 않겠느냐고 제안하며, 로스앤젤레스 사우스 센트럴 지역의 문제 청소년들에게 교육과 예술과 웰빙 프로그램을 제공하는 '쉼터(Place Called Home)'라는 봉사조직에 연결해주겠다고 말했다. 하지만 그녀는 자신이 겪는 상실감을 내가 충분히 공감하지 못한다고 생각했다. 나는 그녀에게 나를 믿고, 직장을 구하는 동안 일주일에 몇 시간만 투자해보고, 어떤 변화가 생기는지 지켜보자고 말했다. 결국 그녀는 제안을 받아들였고, 봉사활동을 시작하자마자 자신에 대한 긍정이 전보다 훨씬 더 높아져서, 성인이 된 이후 처음으로 겪은 실직이라는 안개에서 벗어날 수 있었다. 게다가 그녀는 완전히 새로운 세계를 경험하고 있음을 깨달았다.

'쉼터'에서 진행하는 자기인식 프로그램을 통해 그녀는 자신의 경험을 다른 사람들과 공유하기도 했다. 그녀는 다른 사람들과 함께 둥그렇게 둘러 앉아, 자신의 생일을 잊어먹은 딸을 용서한다고 고백했고, 그녀의 옆자리에 앉은 사람은 아버지를 총으로 쏜 어머니를 용서한다고 고백했다. 친구는 이 프로그램을 통해서, 우리가 독립된 존재이지만 유사한 삶, 즉 자기중심적인 삶을 살아가고 있다는 걸 깨달았다. 또한 경제적으로 어려운 사람들에게 필요한 것은 돈과 음식, 옷과 생활필수품뿐만이 아니라 다른 사람의 따뜻한 관심이라는 사실도 몸소 체험했다.

파블로 네루다(Pablo Neruda)는 이렇게 말했다. "형제애라는 감정은 삶에서 경험하는 경이로운 감정이다. 사랑하는 사람들로부터 사랑받는다는 느낌은 우리 삶에 생기를 더해주는 불길이다. 하지만 우리의 잠자리와 외로움, 위험과 단점을 보살펴주는 전혀 모르는 사람들로부터, 익명의 사람들로부터 전해지는 사랑의 감정은 우리 존재의 경계를 넓혀주고 모든 생명체를 하나로 결합시키기 때문에 무엇보다 위대하고 아름다운 것이다."[8] 자원봉사하며 다른 사람을 배려할 때, 네루다의 말처럼 우리는 존재의 경계를 진정으로 넓힐 수 있다.

ː 인간성을 발휘하기 위해서 자연재해가 필요한 것은 아니다 ː

세계 전역에서 빈곤을 퇴치하기 위해 활동하는 비영리단체 '어큐먼 펀드'의 설립자이며, 내 영웅인 재클린 노보그라츠(Jacqueline Novogratz)는 우리 모두가 어떻게 연결되어 있는지 보여주는 아름다운 이야기를 해주었다. 노보그라츠는 "우리 행동, 심지어 무행동도 우리가 전혀 모르고 만난 적도 없는 사람들에게 영향을 미친다"라고 말했다. 그녀의 이야기에서 주인공은 한 벌의 파란 스웨터다. 열두 살이었을 때 노보그라츠는 삼촌 에드에게 그 스웨터를 선물로 받았다. "나는 그 부드러운 모직 스웨터를 좋아했다. 줄무늬 소매에 아프리카를 떠올려주는 무늬가 앞가슴에 새겨져 있었다. 눈 내린 산을 배경으로 두 마리의 얼룩말이 서 있는 무늬였다." 그녀는 스웨터 꼬리표에 자기 이름까지 써두었다. 하지만 고등학교 1학년이었을 때, 반 친구들은 그 스웨터를 우스꽝스럽다고 생각하며, 노보그라츠를 놀려댔다. 그래서 노보그라츠는 그 스웨터를 자선단체에 기증했다. 그로부터 11년 후에, 노보그라츠는 가난한 르완다 여성들을 위한 소액대출 프로그램 발족을 위해 르

완다의 수도 키갈리를 방문했다. 어느 날 그곳에서 조깅을 하던 중에, 비슷한 스웨터를 입은 소년이 눈에 띄었다. 설마? 노보그라츠는 그 소년에게 부리나케 달려가서 옷에 붙은 꼬리표를 확인해 보았다. 그랬다. 그녀의 이름이 거기에 적혀 있었다. 이런 기막힌 우연은 노보그라츠에게, 물론 우리 모두에게 우리는 실처럼 하나로 이어진 존재라는 사실을 상기시켜주었다.[9]

허리케인 피해 복구를 위한 구호 활동도 우리 모두가 얼마나 긴밀하게 연결된 존재인지 떠올려주는 사례이다. 대통령 선거 운동이 한창이던 2012년, 초대형 허리케인 샌디가 미국 동부를 강타했다. 샌디는 선거 관련 기사를 1면에서 간단히 몰아냈을 뿐만 아니라 선거 운동의 양상까지 바꿔 놓았다. 인구 통계학적 특징에 따라 우리를 작은 집단으로 쪼개놓고, 서로에게 이익이 되지 않는 존재로 생각하도록 조장하는 정치과정으로 인해 생긴 인공의 벽들이 순식간에 허물어졌다. 그처럼 극단적으로 분열된 상황에서 대자연은 우리를 하나로 묶어주었다.

'우리 모두가 함께한다'라는 정신으로 합심해서 허리케인의 피해를 복구하려는 노력은 정말 감동적이었다. 모두가 합심하는 정신은 언제나 어딘가에 살아 있다. 허리케인 샌디와 아이티 대지진 같은 자연재해이건 뉴타운 총기 난사 사건 같은 인재이건, 재해가 있을 때마다 서로를 위하는 감동적인 사연들이 어김없이 들려온다.

하지만 자연재해가 아니더라도 우리는 타고난 인간애를 충분히 발휘할 수 있다. 누구나 알고 있듯이, 언론에 대서특필되지 않

을 때에도 도움이 절실히 필요한 사람들이 언제나 어느 지역, 어
느 나라에나 있다. 깨끗한 식수와 위생설비의 부족에서 비롯된 질
병으로 5세 이하의 유아들이 매일 2,000명씩 사망하고,[10] 영양실
조로 매년 300만 명의 어린이가 목숨을 잃고 있으며,[11] 예방주사
로 충분히 예방할 수 있는 질병으로 매년 140만 명의 어린이가 죽
어가고 있다.[12]

자연재해가 닥칠 때 생기는 선한 마음을 1년 내내 유지하는 방
법은 없을까? 그 선한 마음을 일상생활에서 숨을 쉬듯 자연스럽
게 표현할 방법은 없는 것일까? 우리 지구와 고통받는 사람들을
돌봐야 할 필요성과, 내적 회복력과 영적인 기반을 구축할 필요성
은 현실적으로도 긴밀한 관계가 있다.

허리케인 샌디가 지나간 후 거의 1주일 동안 정전 때문에 매일
촛불로 밤을 보내며 나는 그런 생각에 잠겼다. 정전 덕분에, 평소
였다면 중요하게 생각했을 자질구레한 일들과 단절될 수밖에 없
었기 때문이다. 전기가 끊어졌다고 금세 우선순위가 완전히 달라
지는 게 놀라울 뿐이었다. 외부 세계와 연결할 마땅한 방법이 없
었기 때문에 나는 현재의 순간을 받아들이고 내면세계와 교감하
기로 마음먹었다. 처음에는 반드시 필요한 것이라 여겨지던 많은
것이 1주일 후에는 거의 생각나지 않았다. 특히 마태복음의 유명
한 구절이 나에게 많은 것을 떠오르게 했다.[13]

그러므로 지금 내가 한 말을 듣고 그대로 실행하는 사람은 반석
위에 집을 짓는 슬기로운 사람과 같다. 비가 내려 큰물이 밀려오고

또 바람이 불어 들이쳐도 그 집은 반석 위에 세워졌기 때문에 무너지지 않는다. 그러나 지금 내가 한 말을 듣고도 실행하지 않는 사람은 모래 위에 집을 짓는 어리석은 사람과 같다. 비가 내려 큰물이 밀려오고 또 바람이 불어 들이치면 그 집은 여지없이 무너지고 말 것이다.

집을 반석 위에 짓는 이유는 폭풍우로부터 우리를 보호하기 위한 것만이 아니다. 매일 영적인 기반을 굳건히 유지하기 위한 것이기도 하다. 내면세계를 강인하게 유지하기 위해서는 연민과 베풂의 정신으로 바깥세상까지 배려해야 한다.

토크쇼 〈슈퍼 소울 선데이〉에서 오프라 윈프리가 다이애나 나이애드(Diana Nyad)와 인터뷰하는 걸 지켜보면서, 나이애드가 자기 동네에서 있었던 사건이라며 들려준 이야기에 나는 큰 충격을 받았다. 그녀가 사는 동네에는 아내를 잃고 길거리에 나앉아 어린 자식을 챙기며 근근이 살아가는 한 남자가 있었다. 그런데 두 가지 일을 하며 분주하게 살던 어떤 이웃이 자청해서 동네 사람들을 모두 불러 모아 그 남자를 도왔다. 그 모습을 보고 나이애드는 "다이애나, 너는 격주로 수요일에 저 남자에게 저녁식사를 대접하는 거야. 네가 할 수 없다면, 다른 사람을 시켜서라도 그렇게 해야 해. 너도 반드시 도와야 해"라고 다짐했다는 것이었다.[14]

내가 이 이야기를 좋아하는 데는 이유가 있다. 누구에게나 잠재된 베풂의 본능을 삶의 일부로 승화한 사례이기 때문이다. 우리는 멀리 떨어진 곳에서 일어난 재앙의 복구에 돈이나 시간을 기부하고, 가진 것이 없는 사람들을 돕는 행위를 흔히 베풂이라 생각한다. 물론 재앙이 닥쳤을 때 그런 행위는 무척 중요하다. 그러나 우리는 그런 베풂의 본능을 발휘할 기회가 어디에나 있다는 사실을 잊고 지낸다. 베풂의 기회는 언제나 우리 주변에 있다. 19세기의 자연주의자 존 버로스(John Burroughs)는 "최고의 기회는 지금 당신이 있는 곳에 있다. 당신이 있는 공간과, 당신에게 허락된 시간을 가볍게 생각하지 마라. 별이 떠 있지 않은 곳이 없고, 세상의 중심이 아닌 곳이 없다"라고 말했다.[15]

> 깨달음에 대한 질문에 스승은 언제나 묵묵부답이었다. 제자들이 온갖 수단을 동원해서 대답을 들으려 했지만 소용없었다. 제자들이 깨달음에 대해 알고 있는 것이라고는, 막내아들이 스승에게 깨달음을 얻었을 때 어떤 기분이었느냐고 물었을 때 스승이 건넨 대답이 전부였다. 그때 스승은 이렇게 대답했다. "멍청한 녀석."
>
> 막내아들이 그 이유를 묻자, 스승은 이렇게 대답했다.
>
> "깨달음은 사다리를 힘들게 올라 창문을 깨고 어떤 집에 들어갔는데 나중에야 그 집의 대문이 활짝 열려 있었다는 걸 아는 것과 같다."
>
> _앤서니 드 멜로[16]

어느 곳에나 다른 사람의 삶을 크게 바꿔 놓을 기회는 충분하다. 집과 사무실, 지하철, 우리가 사는 동네, 식료품점에도 그런 기회는 얼마든지 있지만, 우리는 그 기회를 놓쳐버린다. 소설가 데이비드 포스터 월리스(David Foster Wallace)는 식료품점을 "사소하고 눈에 띄지 않게 다른 사람을 진심으로 배려할 수 있는 기회가 무궁무진한 곳"이라 표현했다.[17] 우리가 베풂이란 근육을 매일 단련하면, 그 과정에서 우리의 삶도 바뀌기 시작한다. 크게 성공한 후에도 세상에 나가 '뭔가를 얻으려' 하고, 목표를 달성하려고 발버둥 친다면, 우리는 갖지 못한 것과 가지려고 애쓰는 것에 집중하며 그것을 손에 넣을 때까지는 뭔가 부족하다는 생각에 시달릴 것이기 때문이다. 하지만 그것이 채워지면 또 다른 목표를 좇는다. 그러나 가진 것이 많든 적든 간에 베풀기 시작하면 차고 넘친다는 풍요로운 느낌을 만끽하며 살아갈 수 있다.

아테네에서 성장기를 보낼 때, 우리는 침실이 하나뿐인 아파트에서 살았고 돈도 거의 없다시피 했다. 하지만 어머니는 무엇이든 뚝딱 만들어내는 마법사 같은 재주가 있었다. 우리에게 필요한 것이면 무엇이든 마련해주었다. 덕분에 건강한 음식을 먹고 훌륭한 교육도 받을 수 있었다. 어머니가 마지막으로 남은 작은 금 귀걸이 한 쌍을 팔았던 때는 아직도 내 기억에 생생하다. 어머니는 사방팔방으로 돈을 융통해서 두 딸을 대학에 보냈고, 가진 것이 없었던 때에도 더 가난한 이웃에게 베풀며 우리에게 실제 환경보다 더 풍요롭다는 기분을 안겨주었다.

약간은 모순되게 들릴 수 있겠지만, 우리를 똑바로 서 있을 수 있게 하는 힘이 중력이다. 중력은 우리를 아래로 끌어당기며 억제하는 것처럼 보이지만, 실제로는 더 높은 곳으로 향하게 해준다. 이와 마찬가지로 누군가에게 베풀 때 우리는 가장 풍요롭게 느낀다. 베풂은 우리가 모든 것을 가졌다는 메시지를 우주에 전한다.

선하게 행동하면 마음이 선해지고, 책임 있게 행동하면 더 큰 책임감이 생기고, 너그러움을 베풀면 너그러워지고, 연민을 베풀면 남을 더욱 배려하게 된다. 결국 우리는 다른 사람에게 베풂으로써 마음이 풍족해진다.

베풂과 봉사는 우리가 홀로 떨어져 있는 이방인이 아니라 인류라는 방대하지만 끈끈한 가족의 일부임을 깨닫게 해주는 통로이다. 성경에서도 훌륭한 삶을 위해서는 "많이 받은 사람은 많은 것을 돌려주어야 하며 많이 맡은 사람은 더 많은 것을 내어놓아야 한다"라고 충고하고,[18] 주변의 가장 가난한 사람에게 행하는 행실에 따라 우리가 하느님의 평가를 받게 될 것이라고 강조한다.

《바가바드 기타》는 세 가지 삶이 있다고 가르친다. 첫째는 어떤 목표도 성취도 없이 타성과 게으름에 젖어 사는 삶이다. 둘째는 분주한 행동과 욕망으로 가득한 삶이다. 셋째는 자신만이 아니라 타인에게도 친절을 베푸는 삶이다. 《바가바드 기타》에서는 "사심 없이 봉사하면 언제나 풍족함과 충만감을 느낄 것이다. 이것은 창조주의 약속이다"라고 말한다.[19] 두 번째 방식의 삶, 즉 오늘날 우리가 성공이라고 부르는 삶은 분명히 처음에는 큰 성취를 거두지만, 그렇게 살다보면 저절로 '더 많이'라는 결코 해소할 수 없는 갈증에 시달리며 내면의 풍요로움과 본래의 참자아와 단절된다.

세 번째 방식의 삶이 어떻게 다른 사람의 삶까지 변화시키는지는 랍비 데이비드 올페(Rabbi David Wolpe)의 이야기에서 분명하게 드러난다.[20]

아버지가 열한 살이었을 때 친할아버지가 세상을 떠났다. 할머니는 34세에 미망인이 되었고, 외동아들이었던 아버지는 혼자 그 슬픔을 감당해야 했다. 유대교의 관습에 따라, 아버지는 할아버지를 추모하는 기도를 하려고 매일 새벽에 유대교 회당을 찾았다. 유대교에서는 부모가 죽으면 1년 동안 회당을 찾아 기도하는 관습이 있다. 한 주가 지나갈 무렵, 아버지는 회당에 가려고 집을 나서면 회당의 아인스타인 제사장도 바로 아버지 집 앞을 지나간다는 걸 알게 되었다. 당시 이미 고령이었던 제사장은 "네 집이 회당으로 가는 길목에 있더구나. 동행이 있다면 참 좋겠다고 생각했지. 그럼 나도 혼자 걸을 필요가 없지 않니"라고 말했다. 그래서 아버지와 아인스타인 제사장은 여름에는 습하고 겨울에는 눈이 많이 내리는 뉴잉글랜드의 4계절을 함께 걸었다. 그들은 걸으면서 삶과 상실에 대해서 대화를 나누었고, 그 시간 동안 아버지는 외톨이가 아니었다.

세월이 흘러 아버지는 결혼을 했고, 곧 큰 형이 태어났다. 그때 아버지는 아인스타인 제사장에게 전화를 걸어 아내와 아들을 만나줄 수 있는지 물었다. 당시 아흔 살을 넘겼던 제사장은 흔쾌히 허락했지만, 자신의 나이를 고려해서 아버지에게 자기 집으로 와 달라고 부탁했다. 아버지는 당시 심정을 이렇게 썼다. "길고 복잡한 여정이었다. 제사장의 집은 자동차로 꼬박 30킬로미터가 떨어진 곳에 있었다. 제사장이 나에게 어떤 존재였는지 깨닫자 눈물이 쏟아졌다. 내게 조금이나마 외로움을 덜어주려고 그는 매일 아침 한 시간을 걸어 우리 집까지 왔다. …… 배려라는 지극히 단순한 행위로 제사장은 겁에 질린 아이에게 삶에 다시 뛰어들 수 있는 믿음과 자신감을 심어주었다."

: 성공을 꿈꾸는 사람도 멋지지만, 아낌없이 베푸는 사람은 더 멋지다 :

우리가 '성공을 꿈꾸는 사람'을 대하듯 '아낌없이 베푸는 사람'을 가치 있는 존재로 생각한다면, 우리 문화와 삶이 어떻게 변할지를 상상해보자. 두 번째 유형에 속하는 대표적인 사람으로는 사회적 기업가를 꼽을 수 있다. 사회적 기업가들은 인간의 삶에 가치를 더한다는 관점에서 사업을 벌인다.

빌 드레이튼(Bill Drayton)은 경영자로서의 실무 능력과 사회 개혁가로서의 열정적 목표를 겸비한 기업가라는 뜻에서 '사회적 기업가'라는 개념을 처음으로 사용한 사람이다. 드레이튼은 대학에 재학할 당시 인도를 여행하며 비노바 바베(Vinoba Bhave)의 노력을 목격한 후에 사회적 기업가라는 용어를 생각해냈다. 당시 비노바 바베는 인도 전역에서 700만 에이커의 토지를 극빈자들에게 평화롭게 재분배하려는 운동을 벌이고 있었다.[21] 현재 드레이튼은 전 세계에서 가장 큰 사회적 기업가 네트워크인 아쇼카 재단의 회장이다. 한편 스콜 재단의 최고경영자, 샐리 오스버그(Sally Osberg)는 세계 전역에서 가장 혁신적인 사회적 기업가들을 후원하는 동시에, "사업을 운영하고 정부에게 책임을 물으며, 천연자원을 활용하는 방법, 요컨대 다 함께 생존하며 번영할 수 있는 방법"을 고민하는 데 앞장서고 있다.[22]

〈허핑턴포스트〉는 스콜 재단과 함께 디지털 시대에 베풂을 확산시킬 수 있는 새로운 모델을 찾는 데 공동으로 협력하고 있다. 미디어 매체는 사회적 기업가와 비영리 단체들의 활동을 주목하고 그들의 성공 사례가 신속하게 확대되고 재생산될 수 있도록 지원할 책임이 있다는 신념 때문이다. 2013년에 우리는 '일자리 창출(Job Raising)', '여성을 위한 모금(Raise For Women)', '사회적 기업가 도전(Social Entrepreneurs Challenge)'이란 세 가지 프로젝트를 진행하며 600만 달러가 넘는 기금을 모았고, 독자들에게 원하는 프로젝트에 기부하고, 도움받은 사람과 기부한 사람에 대한 이야기를 블로그에 올려달라고 독려했다.

이제는 일상적으로 이루어지는 비즈니스 거래에서도 베풂의 가치가 점점 커지고 있다. 작가이자 기업가인 세스 고딘(Seth Godin)은 다음과 같이 표현했다.[23]

'이득을 기대하는 베풂'은 그저 베풀기만 하는 행위만큼 그 효과가 없다. …… 자기가 쓴 모든 글에 대한 대가를 계산하는 블로거, 다른 사람을 돕는 도구보다 자기홍보수단으로 트위터를 이용하는 사람들, 개인적으로 이득이 없기 때문에 위키피디아나 다른 공익 프로젝트에 참여하지 않는 사람들이 있다. …… 그들은 베풂의 의미를 잘못 파악한 사람들이다. …… 누가 올바른 목적으로 온라인 커뮤니티에서 활동하는지 알아내는 건 그다지 어렵지 않다. 그들이 쓴 글과 행동에서 드러난다. 대가를 기대하지 않고 베푸는 사람들, 우리는 그들에게 귀를 기울이고 신뢰를 보낸다. 역설적으로 들리겠지만, 그들이 우리가 사업을 함께하고 싶은 사람들이다.

철학자들은 연민과 베풂이 웰빙과 밀접한 관계가 있다는 걸 오래전부터 알고 있었다. 고대 로마의 철학자 세네카는 기원후 63년에 "오직 자신에게만 관심이 있고, 모든 일에서 자신의 이득을 따지는 사람은 결코 행복할 수 없다"라고 말했고,[24] 현대적 의미에서의 철학자 데이비드 레터맨(David Letterman)은 2013년에 "행복해지는 유일한 방법은 자신을 제대로 돌볼 능력이 없는 사람들에게 선행을 베푸는 것이다"라고 말했다.[25]

모든 종교적 전통과 관례에서도 자신까지 내놓는 베풂은 영적인 성장을 위한 중요한 단계이다. 아인슈타인의 표현을 빌리면, "다른 사람을 위해 사는 삶이 유일하게 가치 있는 삶이다."[26]

아인슈타인 이후로, 이론물리학자들은 일반상대성이론과 양자물리학을 결합해 물리적 세계를 설명하는 '만물이론'을 고안해내려고 애써왔다. 우리의 감성 세계에도 모든 것을 설명하는 유사한 이론이 존재한다면, 공감과 베풂이 그 이론의 중심을 차지할 것이다. 현대 과학으로도 고대 철학자들과 종교적 전통의 지혜가 확실하게 증명되었다. 공감과 연민, 그리고 두 감정이 행동으로 표현되는 베풂은 인간이란 존재를 구성하는 기본 단위이다. 이 세 가지가 있을 때 우리는 성장하고 번영하지만, 그렇지 않으면 우리는 시들고 말아버린다.

과학자들은 이런 상관관계를 생물학적으로도 증명해냈다. 옥시토신이라는 호르몬이 있다. 옥시토신은 흔히 '사랑 호르몬'이라고 알려져 있는데, 우리가 사랑에 빠지거나 섹스나 출산을 할 때 우리 몸에서 자연스럽게 분비되기 때문이다.[27] 과학자들은 인간에게 옥시토신을 주입하면 불안감이 줄어들고 수줍음도 경감된다는 사실을 밝혀냈다.[28] 신경과학자 폴 자크(Paul Zak)가 진행한 연구의 결과에 따르면, 실험참가자의 코에 미량의 옥시토신을 주입하자, 그들이 서로에게 제공하는 돈의 액수가 늘어났다. 폴 자크는 "옥시토신은 공감 능력을 향상시킨다. 옥시토신의 분비를 억제하면, 바람직하지 않게, 즉 이기적으로 행동할 가능성이 높아진다"라고 결론지었다.[29]

'사랑 호르몬' 옥시토신은 '스트레스 호르몬'인 코르티솔과 우리 몸속에서 끊임없이 전투를 벌인다.[30] 물론 우리 삶에서 스트레스를 완전히 제거할 수는 없다. 하지만 타고난 공감 능력을 함양하면, 스트레스를 줄이고 스트레스의 악영향을 효과적으로 차단할 수 있다.

물론 공감과 연민에는 다양한 형태가 있고, 우리에게 상대적으로 더 유익한 형태의 공감과 연민이 있다. 정신의학자 리처드 데이비슨(Richard Davidson)은 나에게 보낸 이메일에서 "옥시토신은 더 높은 차원의 보편적인 연민보다, 가족이나 동질감을 느끼는 집단을 향한 연민을 증가시킵니다"라고 말했다.[31] 심리학자인 폴 에크먼(Paul Ekman)은 공감을 세 가지 유형으로 분류했다. 첫째는 '인지적 공감'으로, 다른 사람의 기분이나 생각을 짐작하는 공감을 뜻한다. 하지만 다른 사람의 입장을 이해한다고 해서 그 사람의 감정을 내면화했다고 볼 수는 없다. 따라서 두 번째 유형의 공감, 즉 '감정적 공감'이 필요하다. 감정적 공감은 상대의 감정을 그대로 느끼는 것이다. 감정적 공감은 거울신경(mirror neurons)에서 촉발된다. 하지만 괴로운 일이 시도 때도 없이 닥치는 현실을 고려하면, 감정적 공감이 끊임없이 지속되면 우리는 금세 지쳐버릴 것이다. 《EQ 감성지능》의 저자 다니엘 골먼(Daniel Goleman)은 "이런 이유에서 감정적 공감이 쓸모없는 감정처럼 여겨질 수 있다"라고 말했다. 그러나 세 번째 유형의 공감, 즉 '연민의 공감'이 있다. 다른 사람의 기분을 파악하고, 그 느낌을 있는 그대로 공감하며 연민의 마음으로 행동하게 만드는 공감을 뜻한다. 연민의 공감은 우리가 키워갈 수 있는 능력이며, 우리를 행동하게 만드는 감정이다.[32]

연민의 공감은 우리가 돌려줄 때 더욱 강력해진다. 그러나 '돌려준다'는 말은 오해를 불러일으킬 수 있다. '돌려준다'는 말에는 자원봉사 활동의 가치가 수혜자와 공동체에게 어떤 혜택을 주느냐에 따라 결정된다는 뜻이 담겨 있다. 하지만 봉사를 통해서 나눔을 베푸는 사람이나 자원봉사자가 어떤 혜택을 얻는가도 그에 못지않게 중요하다. 이런 사실은 과학적으로도 입증된 것이다. 한마디로, 베풂은 어떤 부작용도 없이 우리의 건강과 웰빙을 지켜주는 마법의 약이다.

1주일에 1회 이상 자원봉사를 하면 연봉이 2만 달러에서 7만 5,000달러로 상승한 것과 마찬가지로 삶의 질이 높아진다고 입증한 연구까지 있을 정도이다.[33] 또 하버드 경영대학원이 진행한 연구에서도 "자선단체에 기부하는 행위로 얻는 주관적인 삶의 만족도 상승효과는 가계소득이 2배 증가하는 것과 비슷하다"라는 결론을 얻었다. 이런 현상은 신진국과 후진국이 나를 바가 없다. 하버드 경영대학원의 연구에서는, 다른 사람을 위해 약간의 돈을 지출한다고 응답한 학생들이 자신만을 위해서 돈을 지출한다고 응답한 학생들보다 행복감이 더 높다는 결과도 나왔다.[34]

우리는 베풀도록 프로그램된 존재여서 우리가 베풀면 유전자에게 보상을 받고, 그렇지 않으면 유전자에게 벌을 받는다는 게 사실이다. 캘리포니아 대학교 로스앤젤레스 캠퍼스와 노스캐롤라이나 대학교의 공동 연구팀이 밝혀낸 바에 따르면, 주로 자기만족적인 행복을 추구하는 사람들은 당뇨병, 암 등과 관련된 염증을 촉진하는 생물학적 지표의 수치가 상대적으로 높았다. 반면에 봉사를 행복의 한 요인으로 생각하는 사람들은 이런 생물학적 지표가 낮고 전반적으로 건강했다. 물론 우리는 자기만족과 봉사 모두에서 행복감을 느끼지만, 신체의 내부 시스템은 우리에게 베풂을 통해 행복감을 높이라고 은밀히 유도하고 있는 셈이다.[35] 건강하고 행복하기 위해서 우리가 무엇을 해야 하는지에 대해서 몸은 잘 알고 있지만, 안타깝게도 우리 마음이 몸의 메시지를 항상 따르는 것은 아니다.

> 네 내면에 있는 것을 불러내면
> 네가 불러낸 것이 너를 구원할 것이요
> 네 내면에 있는 것을 불러내지 못하면
> 네가 불러내지 못한 것이 너를 파멸로 이끌리라.   _도마복음[36]

이밖에도 베풂이 건강에 긍정적인 효과를 미친다는 연구는 많다. 엑서터 대학교 의과대학 수잔 리처즈(Suzanne Richards) 박사팀의 연구 결과에 따르면, 자원봉사에 참여하는 사람들은 상대적으로 우울증의 발병률이 낮았고 웰빙지수가 높았으며 사망의 위험도도 크게 낮았다.[37] 스탠퍼드 대학교 연구팀이 2005년에 발표한 연구에서도 자원봉사에 참여하는 사람이 그렇지 않은 사람보다 장수한다는 사실이 밝혀졌다.[38]

: 과학적으로 입증된 사실_사랑이 뇌를 자라게 한다 :

나이가 들수록 베풂이 우리 몸에 미치는 영향이 뚜렷이 나타난다. 듀크 대학교와 텍사스 대학교 오스틴 캠퍼스의 공동 연구 결과에 따르면, 자원봉사에 참여한 고령자는 그렇지 않은 고령자에 비해서 우울증의 발병률이 훨씬 낮았다.[39] 존스 홉킨스 대학교가 진행한 한 연구에서도 자원봉사에 참여하는 고령자는 뇌를 사용하는 활동에 참여할 가능성이 높아 치매에 걸릴 위험이 상대적으로 낮은 것으로 밝혀졌다. 부모로서, 혹은 돈을 버는 가장으로 본연의 역할을 잃은 상실감으로 고통받던 고령자들은 봉사활동으로 다시 삶의 목적의식을 회복할 수 있었다.[40]

베풂이 일터에 미치는 영향에 대한 연구도 상당히 활발히 진행되고 있으며, 자원봉사가 건강하고 창의적이며 협력적인 직장 문화를 조성하는 데 긍정적인 영향을 미친다는 결과를 내놓고 있다.

AOL과 〈허핑턴포스트〉는 매년 직원들에게 사흘간의 유급 자원봉사 휴가를 주며 지역 사회에서 봉사하도록 독려한다. 돈으로 환산하면 직원 일인당 연간 250달러를 기부하는 셈이다. 유나이티드 헬스 그룹이 2013년에 시행한 한 연구 결과에 따르면, 직원봉사 활동 프로그램의 시행으로 직원들의 업무 참여도와 생산성이 향상되었다. 그밖에도 다음과 같은 결과를 얻었다.[41]

- 응답자의 75퍼센트 이상이 봉사활동으로 예전보다 건강해진 느낌이라고 대답했다.
- 응답자의 90퍼센트 이상이 봉사활동으로 전반적인 기분이 좋아졌다고 대답했다.
- 응답자의 75퍼센트 이상이 봉사활동으로 스트레스가 줄었다고 대답했다.
- 응답자의 95퍼센트 이상이 봉사활동으로 삶의 목적의식이 더 뚜렷해졌다고 대답했다(또 면역기능도 강화된 것으로 밝혀졌다).
- 봉사활동에 참여한 직원들은 시간관리 능력과 동료와의 소통 능력이 향상됐다고 답변했다.

2013년 위스콘신 대학교 연구진이 시행한 또 다른 연구결과에 따르면, 베풀 줄 아는 직원이 동료를 적극적으로 돕고, 업무에 대한 충실도도 높으며, 퇴사할 가능성도 낮았다. 이 연구에 참여한 도널드 모이니헌(Donald Moynihan)은 "이번 연구결과는 이타심에 대한 단순하지만 중요한 진실 하나를 알려준다. 타인을 돕는 행위가 우리를 더 행복하게 해준다는 것이다"라며 "이타심은 순교의 한 형태가 아니라, 많은 사람에게 건강한 심리적 보상 시스템의 하나로 기능한다"라고 말했다.[42]

따라서 건강관리를 생각할 때 일종의 보상 시스템으로 이타심도 반드시 고려되어야 한다. 미시간 대학교의 세라 콘래스(Sara Konrath) 박사는 "더 오래 행복하고 건강하게 살고 싶다면, 의사가 권하는 일반적인 주의 사항들을 잘 따라야 한다. 그리고 밖으로 나가 도움이 필요한 사람들과 함께 시간을 보내라. 이른바 배려의 치유법이란 것이다"라고 말했다.[43]

베푸는 사람은 직장에서도 두각을 나타낸다(사람이 좋으면 꼴찌라는 말은 틀렸다!). 와튼 스쿨의 애덤 그랜트(Adam Grant) 교수는 베스트셀러《기브 앤 테이크: 주는 사람이 성공한다》에서, 타인을 위해 시간과 정성을 쏟는 직원이 그렇지 않은 직원보다 더 큰 성공을 거둔다는 걸 입증하는 여러 사례를 인용했다. 예컨대 고객과 동료를 가장 적극적으로 돕는 영업사원이 연간 최고 영업실적을 올리고, 동료들에게 자기가 받은 것보다 더 많이 베푼 엔지니어가 실수가 가장 적고 생산성이 제일 높다.[44] 또한 실적이 가장 뛰어난 협상가는 자신의 목표에 집중하면서 상대방의 성공까지 지원하는 협상가이다.[45] 반면에 최고경영자가 '받는 사람'인 기업의 수익은 들쑥날쑥하다는 걸 보여주는 사례들도 그랜트는 인용했다.[46]

최고경영자가 '베푸는 사람'인 기업은 단기적 수익에 연연하지 않는다. 스타벅스가 대표적인 사례이다. 최고경영자 하워드 슐츠의 진두지휘하에,[47] 스타벅스는 '미국을 위해 일자리를 만들자

(Create Jobs for USA)' 캠페인을 시작해서 1,500만 달러 이상을 모금하고[48] 5,000개 이상의 일자리를 만들어냈다.[49] 게다가 지난 2년 동안 스타벅스 직원과 고객이 참여한 100만 시간 이상의 지역봉사 활동을 후원하기도 했다. 하워드 슐츠는 이런 회사 정책 뒤에는 "수익률의 추구 뒤에 더 원대한 목적의식이 없다면 수익률은 천박한 목표에 지나지 않는다"라는 자기 신념이 있다고 말했다.[50] 슐츠에게 그 목적의식은 인간애라는 관점에서 성과를 끌어내는 것이다. 따라서 주주 가치를 증대하는 동시에 지역 주민에게 봉사하고 끊임없이 고객을 만족시킴으로써 회사 수익을 사회와 함께 나누는 일에 앞장서고 있다. 2013년 미국 연방정부의 업무가 부분적으로 정지되었을 때, 슐츠는 다른 사람을 위해서 음료를 구입한 고객에게 그 보답으로 공짜 커피 한 잔을 나눠주는 행사를 진행하며, 직원들에게 보낸 편지에서 "매일 매장에서 우리는 스타벅스의 핵심원리인 마음의 너그러움에서 비롯된 작은 친절을 몸소 실천하고 있습니다. 이런 작은 친절은 지역 사회에 대한 헌신과 고객에 대한 배려라는 스타벅스의 기업 정신을 가장 잘 구현하는 작은 몸짓입니다"라고 말했다.[51]

공감을 행동으로 표현할 때 얻는 혜택이 분명하다면, 어떻게 해야 공감을 행동으로 표현하는 능력을 키울 수 있을까? 어떻게 해야 공감 능력을 자녀에게 물려줄 수 있을까? 부모들은 자녀가 삶에서 성공하고, 급여를 많이 받고, 직장에서 승진하기를 바란다. 한마디로, 자녀가 행복하기를 바라며, 그 방법을 궁리한다. 그러나 자녀가 진정으로 행복하기를 바란다면, 공감하는 능력을 자녀에게 물려주는 것도 그에 못지않게 중요하다. 특히 요즘처럼 전자기기를 이용한 오락거리가 넘쳐나고, 공감을 표현하는 통로를 차단해버리는 만남의 대용품이 난무하는 세상에서, 자녀에게 공감하는 능력의 전달은 더더욱 중요하다.

샌디에이고 주립대학교가 2010년에 발표한 연구 보고서에 따르면, 1930년 이후로 미국 어린이의 우울증 발병률이 5배나 증가했다.[52] 전(前) 유치원 교사이자 아쇼카 재단 회원인 메리 고든 (Mary Gordon)은 어린이들에게 공감 능력과 정서 이해력을 가르치려는 목적으로 사회적 기업 '공감의 뿌리(Roots for Empathy)'를 창립했다. 그녀는 부모가 본보기를 보일 때 아이들의 공감 능력이 쑥쑥 자란다고 확신하며 "사랑이 뇌를 자라나게 합니다. 어른들은 아이들을 키울 때 사랑의 본보기를 몸소 보여줘야 합니다. 배움은 관계에서 이루어집니다. 따라서 공감 능력도 아이와 함께할 때 키워지지, 가르친다고 공감 능력이 향상되는 것이 아닙니다. …… 아이들은 부모의 감정 상태를 그대로 나타내는 거울입니다" 라고 말했다.[53] 고든의 프로그램에서는 학생들이 갓난아기를 '입양'해서 아기를 자세히 관찰하고, 아기가 내는 소리를 듣고 무엇을 말하려고 하는지 파악하는 연습을 한다. 강사는 학생들에게 아기의 몸짓을 통해서 아기의 감정을 읽는 법을 가르치고, 학생들은 이를 응용해 자신의 감정을 살피는 법을 배운다. 학생들은 아기가 어떻게 소통하는지 주의 깊게 관찰함으로써 아기를 제대로 양육하는 데 필요한 인내와 사랑에 대한 이해의 폭을 넓히고, 공감 능력을 키우는 데 관심과 교감이 필요하다는 걸 배운다.[54] 공감은 말로만 아이들에게 가르쳐줄 수 없다. 공감이 무엇인지 보여줘야 한다. 물론 부모가 몸소 보여줘야 한다는 뜻이다. 다시 말하면, 아기에게 말을 가르치듯 자녀에게 공감을 가르쳐야 한다는 뜻이다.[55]

물론, 모두가 공감을 본보기로 보이는 부모 밑에서 태어나는 것은 아니다. 하지만 다행스럽게도 공감이 부족한 가정에서 성장하면서 받은 부정적인 영향을 뒤집을 수 있는 방법이 있다. 어린 시절의 영향을 극복하는 데 늦은 때란 없다. 지금부터라도 베풂과 봉사를 시작하면 된다. 그럼 우리 자신만이 아니라 공동체도 웰빙의 혜택을 누릴 수 있다.

빌 드레이튼은 오늘날 우리가 경험하고 있는 폭발적인 변화의 속도에 대처하는 데 공감의 중요성이 점점 더 커지고 있다고 강조하며, "미래가 변화무쌍한 환경을 우리에게 떠안기는 속도에 적응하려면 인지적 공감 능력이 반드시 필요합니다"라고 말했다.[56]

그런 내면의 토대를 구축하는 최선의 방법은 다른 사람에게 손을 내미는 행위다. 연민과 베풂의 마음을 전달하려고 비행기를 타고 멀리 외국까지 나가서 집을 짓고 학교를 세울 필요는 없다. 지역 사회와 주변의 이웃을 돕는 것으로도 충분하다. 또 반드시 돈으로 베풀어야 하는 것도 아니다. 로라 아릴라가 안드레센(Laura Arrillaga Andreessen)이 《기부 2.0》에서 말했듯이, 탭루트 재단처럼 "전략적 계획, 경영과 인력 관리, 마케팅과 디자인 및 정보통신 같은 분야에서의 능력을 그런 재능이 필요한 시민단체"에 기부하는 것도 연민과 베풂의 마음을 나누는 한 방법이다.[57]

⋮ 기부하려면 1번을 누르세요_테크놀로지와 박애정신이 만나다 ⋮

마침내 테크놀로지가 기부의 장을 크게 넓혀놓았다. '글로벌 기빙(GlobalGiving)'의 창립자 데니스 휘틀(Dennis Whittle)은 테크놀로지에는 "자선이란 관점에서 볼 때 모든 기부자를 평등하게" 만들고, 우리 모두를 '오프라 윈프리'로 바꿔놓을 잠재력이 있다며, "10달러, 100달러, 1,000달러, 얼마이든 상관없다. 온라인으로 자선단체를 찾아가서, 아프리카 학교를 찾아 후원하면, 후원한 곳에 대한 최신 정보를 받아볼 수 있다"라고 말한다.[58] 소셜 미디어는 '베풂의 화요일(Giving Tuesday)'이 엄청난 성공을 거두는 데 큰 역할을 했다. '베풂의 화요일'은 온라인 기부 캠페인으로 블랙 프라이데이(Black Friday, 추수감사절 다음 날인 금요일)와 사이버 먼데이(Cyber Monday, 추수감사절 연휴 이후의 첫 월요일)에 행해진다. 2013년 12월 3일, '베풂의 화요일'은 세계 전역에서 1,000곳이 넘는 비영리단체와 제도적 기관 및 기업의 참여를 이끌어냈다. 백악관부터 빌 게이츠까지 소셜 미디어에서 큰 영향력을 지닌 인물들이 그 소식을 퍼뜨렸고, 구글은 하루 종일 '베풂의 화요일' 소식을 홈페이지에 띄워 놓았다. 〈허핑턴포스트〉도 〈월스트리트저널〉과 CNN 같은 언론 매체들과 함께 관련 기사와 블로그로 '베풂의 화요일' 소식을 알리는 데 동참했다. 그 덕분이었는지, 2012년의 첫 행사에 비해서 온라인 기부금액이 90퍼센트나 증가했고, 평균 기부금액은 142.05달러에 달했다. 볼티모어에서는 500만 달러가 넘는 기금을 모았고, 연합감리교회에서는 600만 달러가 넘는 기금을 모았다. 대도시와 대형 교회만 나눔에 앞장선 것은 아니었다. 전국 각지에서 기부의 물결이 이어졌다. 예컨대 기아구호단체 '제2의 수확(Second Harvest Food Bank)' 중부 플로리다 지회는 오전 9시에 목표액인 1만 달러를 모금해 목표액을 2배로 증액했다. 펜실베이니아 해리스버그의 구호단체 '베데스다 미션'은 모금액을 400달러 정도로 예상했지만 온라인으로 총 2,320달러를 모금했다.[59] '베풂의 화요일'은 미국의 명절인 추수감사절이 끝나고 닷새 후에 있었지만, 갈라파고스 환경감시단부터 케냐의 소녀 권한 위임 프로젝트, 인도 마두라이의 굿윌 사회복지 센터, 과테말라의 어린이 구호단체 '텐 페'까지 많은 국제단체도 기부에 참여했다.[60]

물론 다른 사람에게 기쁨을 주는 아주 사소한 행위도 베풂의 한 형태이다. 다른 사람들이 능력을 발휘해 경이로움을 느낄 수 있도록 우리의 능력과 재능을 공유할 수도 있다. 뉴욕의 즉흥행동 단체 '임프라브 에브리웨어(Improv Everywhere)'는 카네기 홀과 협력해서, 뉴욕 시내 한복판에 지휘대를 세웠다. 지휘대 뒤에는 오케스트라 단원들이 앉아 있었고, 그 옆에는 '우리를 지휘해주세요'라고 쓰인 팻말이 있었다. 덕분에 그곳을 지나던 사람들은 그 지휘대에 올라가 최고로 재능 있는 젊은 음악가들을 잠시나마 지휘해보는 특권을 누릴 수 있었다. 단원들은 아마추어 지휘자의 손짓을 따랐기 때문에, 그때마다 박자와 연주가 달랐다.[61]

줄리아드 음대에서 성악을 공부하다가 만난 모니카 유누스(Monica Yunus)와 카미유 사모라(Camille Zamora)는 음악에 대한 자신들의 사랑을 지역 사회와 나누기 위해 비영리단체 '희망의 노래(Sing for Hope)'를 설립했다. 두 사람은 뉴욕의 길거리와 공원에 '팝업 피아노(pop-up piano)'를 설치했다. 덕분에 지나가는 시민들은 직접 피아노를 연주하거나, 다른 사람의 연주에 귀를 기울이며, 피아노가 없었더라면 서로 무심코 지나쳤을 낯선 사람들이 잠시나마 관계를 맺을 수 있었다.[62]

로버트 에거(Robert Egger)는 음악 클럽을 운영하면서 닦은 능력을 바탕으로 '디시 센트럴 키친(DC Central Kitchen)'을 설립했다. '디시 센트럴 키친'은 노숙자들을 고용해서, 인근 사무실과 인근 농장에서 수거한 남은 음식을 재활용해서 만든 음식을 빈곤한 사람들에게 전달하고 있다. 에거는 로스앤젤레스에도 같은 개념의 '키친'을 설립할 계획이라며, "음식은 단순히 우리 몸을 지탱해주는 연료만이 아니다. 음식은 공동체이다"라고 말했다.[63]

세계적인 디자인 기업 아이디오(IDEO)의 창립자이며, 스탠퍼드 대학교에 디자인연구소 디스쿨(d.school)을 세운 데이비드 켈리 (David Kelley)가 동생과 함께 쓴《유쾌한 크리에이티브》에서 말했듯이, 흔히 예술가나 발명가에게만 창의성이 있다고 생각하지만, 창의성은 누구에게나 있다.[64] 따라서 우리는 그 창의성을 회복해서 다른 사람과 나누기만 하면 된다. 우리는 자신의 타고난 창의성이 그다지 뛰어나지 않다고 성급하게 판단하고 폄하하는 경향이 있다. 그러나 살아 있다는 생동감을 만끽할 수 있는 일을 추구할 필요가 있다. 살아 있다는 느낌을 만끽할 때 연민의 감정이 커지고, 연민의 감정이 커지면 살아 있다는 느낌도 커진다. 따라서 노래를 좋아한다면 노래를 불러라. 굳이 합창단에 들거나 가수가 될 필요는 없다. 시를 쓰거나 단편 소설을 쓰고 싶다면, 써라. 책을 발표하는 작가가 되어야 할 필요는 없다. 그림을 좋아하면, 그림을 그려라. 당신이 좋아하는 것을 이력으로 삼고 싶다면, 능력이 '뛰어나지 않다'는 핑계로 타고난 창조 본능을 억누르지 마라.

데이비드 켈리와 톰 켈리가 말했듯이, "어린아이가 자신의 창의성에 대한 자신감을 잃으면, 그 파급효과는 엄청나다. 사람들은 창의성을 지닌 사람과 그렇지 않은 사람으로 구분하기 시작한다. 그리고 그들은 이런 구분을 고정된 것이라 생각하며, 어렸을 때 자신도 상상의 세계를 그림으로 그렸고 언어로 표현했다는 사실을 잊어버린다. 결국 창의성과 담을 쌓는 경우가 다반사이다."[65]

누구나 마음이 차분해지면, 또한 자신에게 무서울 정도로 정직해지면, 심오한 진리를 토해낼 수 있다. 우리는 모두 같은 뿌리에서 나왔다. 존재의 근원에 대해서는 의심의 여지가 없다. 우리는 모두 이미 창조의 일부이고 왕이고 시인이며 음악가다. 우리가 할 일은 그저 닫힌 문을 열고, 그 안에 있는 것을 찾아내기만 하면 된다. _헨리 밀러[66]

내 친구에게 의식과도 같은 하나의 습관이 있다. 매일 아침 커피를 마시며 시 한 편을 쓰는 것이다. 그 친구는 "시를 쓰면 정신을 집중할 수 있다. 그 후에는 하루 종일 그 물결을 타고 지낸다. 또 시는 내가 세상과 교감하는 데도 도움이 된다"라고 말했다. 내 동생은 많은 상과 표창을 받고 영국 왕립연극학교를 졸업했지만, 수년간 오디션을 보고도 원하는 역할을 맡지 못했다. 따라서 상실감에 시달리고 낙담하기 시작했다. 동생은 당시 뉴욕에서 버스를 타고 가다가 얻은 깨달음의 순간을 《매달리지 않는 삶의 즐거움》에서 이렇게 묘사했다.[67]

많은 그리스 비극을 결합해 각색한 6시간짜리 연극을 위한 오디션을 보러 갔지만, 한 배역도 맡지 못했을 뿐더러 코러스단에도 끼지 못했다. 실망감에 제정신이 아닌 상태로 보컬 레슨을 받으려고 어퍼웨스트사이드로 가는 버스에 올랐다. 승객들의 얼굴이 눈에 들어왔다. 승객들은 저마다 힘들어 보였고, 그들의 표정에서는 근심만이 읽혔다. 주변에 있는 승객들을 한 명씩 유심히 살펴보았다. 내 마음은 연민으로 가득 찼고, 그들의 실망감이 어쩌면 나보다 훨씬 더 클지도 모른다는 이해심이 생겼다. 내가 이 버스에 조금이라도 기쁨을 줄 수 있으면 좋겠다는 생각이 들었다. 그리고 내가 그렇게 할 수 있다는 걸 깨달았다. 지금 여기서 행동할 수 있어! 잠깐이라도 이 사람들을 기쁘게 해주자. 지금 바로 여기에서 노래하고 춤출 수 있다고!

이런 생각으로 나는 우리 사이의 벽을 무너뜨렸다. 내 옆에 앉아 있던 여성에게 말을 걸었고, 연극을 좋아하느냐고 물었다. 곧 우리는 각자 좋아하는 연극과 등장인물에 대해서 이야기하기 시작했다. 나는 오디션에서 잔 다르크 역할을 했었다고 그녀에게 말했다. 그녀는 그 연극을 잘 알고 있었고, 우리는 뜻밖에도 멋진 대화를 나누었다. 나는 열정적으로 그녀에게 말했다. "제가 잔 다르크의 독백을 한 번 해볼까요?"

그녀가 대답했다. "그렇게 해주시면 정말 좋죠."

독백은 이렇게 시작한다. "당신들은 나를 살려준다고 약속했지만, 그건 거짓말이었소. 당신들은 완전히 죽지만 않으면 살아 있는 것이라 생각하지." 내가 이렇게 대사를 읊자 그녀의 표정이 변하기 시작했다. 그녀는 감동받은 표정이었고, 감격스럽기는 나도 마찬가지였다. 잠시나마 내 재능을 다른 사람과 나눌 수 있었잖은가. 그것도 뉴욕의 버스 안에서.

독백이 끝날 쯤, 그녀의 눈에는 눈물이 고여 있었다. 그녀는 버스 정류장에서 내리면서 내게 고맙다고 말했다. 나는 너무 행복했다. 존재하는지도 몰랐던 문이 열린 것처럼 해방감마저 맛보았다. 아직 세상에서 인정받지 못했지만 나에게도 뛰어난 재능이 있다는 생각이 들었다. 그리고 내 재능에 이런저런 조건을 덧씌웠다는 사실을 문득 깨달았다. 배역을 맡아야 한다는 의도가 없이 순수하게 공유한 순간은 어떤 물리적인 결과도 얻지 못했지만, 다른 사람에게 감동을 주었고 나에게 있는 것을 무조건적으로 주었다는 즐거움이 있었다. 그런 기쁨에 더해서 큰 충만감이 밀려왔다.

당신의 재능은 병에 걸리거나 상실감에 시달리며 길거리에 나앉은 사람에게 따뜻한 식사 한 끼를 제공하는 것일지도 모른다. "당신이 살았기 때문에 한 사람이라도 숨을 쉬기가 더 편해졌다면"이란 표현에 베풂의 의미가 집약되어 있다.[68]

스콧 사이먼의 어머니는 세상을 떠나기 하루 전날, 아들의 트위터를 통해 자신이 죽음에 이르는 여정을 지켜보는 수십만 명의 트위터 이용자들에게 이런 메시지를 남겼다.

7월 28일, 오후 2시 1분: 어머니께서 여러분에게 두 가지 조언을 전해달라고 하시네요. 첫째, 오늘 외로워 보이는 사람이 있으면 먼저 다가가십시오.[69]

테크놀로지가 발달한 덕분에, 이제 우리는 하루 24시간을 비눗방울 속에 있는 것처럼 혼자 단절된 채 살아갈 수 있고, 스마트폰으로 음악을 들으며 거리를 활보할 수 있게 되었다. 디지털기기들은 우리를 긴밀하게 연결해주는 것처럼 보이고, 실제로 어느 정도 그런 역할을 하지만, 주변 세상과 단절시키는 역할도 한다. 우리가 우연히 마주치는 사람들과 실질적으로 연결되지 않는다면 공감이라는 우리의 원초적 본능을 발휘하기도 어렵다.

아날로그 세상에서 태어나 지금까지 살아온 '디지털 이민자'인 우리와 달리, 디지털 세계에서 태어난 첫 세대인 밀레니엄 세대는 테크놀로지의 영향을 관리하는 방법을 터득해서, 공감 능력을 약화하기는커녕 오히려 강화하는 방향으로 그것을 활용할 가능성이 큰 세대이다. 국가를 위한 봉사 단체인 프랭클린 프로젝트(Franklin Project)의 공동 회장, 존 브리지랜드(John Bridgeland)는 "[밀레니엄 세대가 지난 수십 년 동안 쇠락을 거듭한 미국의 시민 정신을 구원해줄 것"이라 믿는다.[70] 그의 판단이 옳다는 것은 최근의 조사에서도 확인된다. 밀레니엄 세대가 봉사활동을 주도하고 있기 때문이다. 밀레니엄 세대의 43퍼센트가 봉사활동에 참여하고 있다.[71] 특히 대학생의 봉사활동 참여율은 훨씬 더 높았다. 2013년의 경우, 대학생의 53퍼센트가 봉사활동에 참여한 적이 있으며, 그들의 40퍼센트 이상이 한 달에 한 번 이상 봉사활동에 참여했다.[72]

이렇듯 서로 교감하고 봉사하려는 열망이 확대되고 제도화될 수 있다면 얼마나 좋을까? 프랭클린 프로젝트가 추구하는 목표가 바로 이것이다. "미국인이라면 누구나 사회적 관계망을 강화하고, 국가적으로 가장 시급한 문제들을 해결하기 위한 공통된 기대와 공통된 기회"로서 전국적인 봉사 조직망을 결정하자는 것이다.[73] 국가를 위한 봉사를 곧바로 효과를 기대할 수 있는 사회기반시설공사라고 생각해보자. 우리 사회를 안에서부터 밖으로 재건하는 프로젝트가 될 수 있을 것이다.

9·11테러가 있은 후, 국가에 봉사하는 마음은 국민의 폭발적인 참여와 연민 행위를 통해서 드러났다. 물리적으로 파괴된 것만이 아니라, 지난 수십 년간 약화되어온 공동체 정신과 봉사 정신을 되살리려는 국민의 강렬한 열망이 담겨 있었다. 공동체 정신과 봉사 정신은 미국 건국의 핵심 이념이며, 독립선언문에서 언급한 행복의 추구와도 일맥상통한다.

토머스 제퍼슨이 표명한 행복추구권은 물질문화가 부추기는 순간적인 쾌락을 개인적으로 추구하는 권리가 아니었다. 제퍼슨이 언급한 행복추구권은 강하고 역동적인 공동체 내에서 삶을 살아가는 권리였다.

역사적으로 볼 때, 베풂과 봉사 정신 및 참여 정신은 출신 지역과 인종과 언어를 극복하고 미국이라는 국가를 건설하는 데 크게 기여했고, 우리를 하나로 묶어주는 데 큰 역할을 해냈다. 오늘날 많은 미국인이 국가가 분열되고 극단적으로 양극화되어, 더 이상 분열될 수 없는 지경에 이르렀다고 생각한다. 그 이면에는 베풂과 봉사와 참여라는 정신이 쇠퇴한 탓이 크다.

역사상 가장 긴 취임 연설을 하고서는 취임 1개월 만에 사망한 윌리엄 해리슨(William Henry Harrison)은 예외이지만, 지금까지 미국의 모든 대통령은 국민을 하나로 묶는 이런 연결 조직의 중요성을 인식했으며, 어떻게 해서든 그 조직을 강화하려고 노력했다. 프랭클린 루스벨트는 민간자원보전단(Civilian Conservation Corps)을 조직해 300만 명의 실업 청소년을 미국 전역의 국립 및 주립공원에 배치했다. 존 F. 케네디는 평화봉사단(Peace Corps)을 설립했다. 아버지 조지 부시는 훗날 '촛불재단'의 모태가 되었던 촛불상 (Daily Point of Light Award)을 제정했다.[74] 빌 클린턴도 자원봉사단체인 아메리코(AmeriCorps)를 설립했다.

촛불재단의 초대 회장을 지냈고 나를 1990년대 초에 이사회 임원으로 위촉한 레이 체임버스(Ray Chambers)는 성공의 기준을 재정의하고 봉사와 베풂을 최우선으로 생각한다는 점에서 내 삶의 지표이다. 체임버스는 사업에서 성공한 후에도 단순히 부와 권력을 축적하는 데 만족하지 않았다. 남다른 능력과 열정을 지구촌의 산적한 문제들을 해결하는 데 쏟았다. 그는 뉴저지 뉴어크에 사는 수백 명의 대학생에게 학자금을 지원하고, '말라리아 노 모어'를 설립했으며, 새천년개발목표(Millennium Development Goals)에서 유엔사무총장의 보건재정특사로도 활약했다.[75] 그는 수백만 명의 청소년에게 영향을 미치지만 흔히 간과되는 문제, 즉 여드름을 해결하기 위해서 역량과 인맥을 동원하며 온 정성을 쏟기도 했다. 그가 지원하는 도시 프로그램에 참가한 아이들이 여드름 때문에 도중에 그만두고 정신적으로나 육체적으로 상처받는 모습을 가슴 아프게 지켜봐야만 했기 때문이다. 나도 막내딸 이사벨라가 10대였을 때 힘들어하는 모습을 지켜본 적이 있었다. 이처럼 체임버스는 민간 부문에서 리더십의 역량을 발휘한 표본적인 인물이다.

전 세계가 봉사에 대한 갈증을 느끼고 있는 게 분명하다. 이에 부응하기 위해서 많은 밀레니엄 세대가 발 벗고 나서고 있다. 강력한 국가 봉사 프로그램이 있다면 한계에 다다른 청년 실업률을 해소하고, 청년들에게 분명한 목적의식을 심어주는 계기가 될 수 있을 것이다. 청년시민단체 '우리 시대(Our Time)'의 공동 창립자 매슈 시걸(Matthew Segal)은 "우리 세대는 원대한 것을 추진하고 꿈꾸고 싶어 한다"라며 "이상이 높은 미국 청년들에게 간호와 교육, 재난 구조, 공원 복원, 사회기반시설 수리 등을 통해 국가에 봉사할 기회를 주는 것보다 더 훌륭한 정책은 거의 없을 것이다"라고 말했다.[76] 지역 사회와 세계 전역에서 봉사할 기회를 제공하는 몇몇 웹사이트를 부록 C에 소개했으니 참조하기 바란다.

봉사를 추수감사절이나 크리스마스 앞뒤로 행하는 것, 혹은 졸업식 축사에서 언급되는 것이 아니라 일상의 행위로 발전시키려면 어떻게 해야 할까?

2차 세계대전 당시 목숨을 무릅쓰고 나치로부터 유대인을 보호

해준 사람들을 연구한 어빈 스터브(Ervin Staub) 박사는 이렇게 말했다. "악이 그렇듯이 선도 작은 걸음으로 시작된다. 영웅은 천천히 탄생하는 법이지 처음부터 영웅으로 태어나는 사람은 없다. 유대인을 구해준 영웅들도 마찬가지였다. 처음에는 하루나 이틀만 숨겨줄 생각으로 작은 희생을 감수한 경우가 대부분이었다. 하지만 그 걸음을 뗀 사람들은 자신을 다른 사람으로, 달리 말하면 누군가에게 도움을 주는 사람으로 인식하기 시작했다. 작은 선의로 시작한 일이 결국에는 적극적으로 개입하게 된 것이다."[77]

⋮ 베풂에 대한 어머니의 교훈_거래가 아니라 그저 주는 것이다 ⋮

타고난 복인지는 몰라도 나에게는 누구도 쌀쌀맞게 대하지 않는 어머니가 있었다. 그렇다고 내 어머니가 완벽한 사람이었다는 뜻은 아니다. 그러나 끊임없이 베풀며 산 분인 것은 확실하다. 예컨대 페덱스 직원이 우편물을 가져오면, 어머니는 그 직원을 집 안으로 불러들여 식탁에 앉히고는 먹을 것을 주곤 했다. 농산물 직판장이나 백화점을 어머니와 함께 가는 날에는 이곳저곳을 들쑤시고 다니며 사고 싶은 물건에 대해 어머니가 묻기 전에 내가 먼저 백화점 점원이나 직판장 상인과 긴 대화를 나눌 각오를 하는 편이 나았다. 낯선 사람과의 친밀한 대화, 모두를 향한 공감은 내가 아테네에서 보낸 어린 시절부터 배웠던 것이다.

어머니의 삶은 베풂의 순간들로 가득했다. 엘리베이터나 택시 혹은 비행기에서, 주차장이나 슈퍼마켓 혹은 은행에서 장소를 가리지 않고 언제나 다른 사람에게 먼저 인사를 건넸다. 언젠가 처음 마주친 여성이 어머니의 목걸이를 보고 부러워했다. 그러자 어머니는 목걸이를 풀어서 그녀에게 바로 주었다. 깜짝 놀란 그녀는 "제가 어떻게 보답해야 할까요?"라고 물었다. 어머니는 "아가씨, 이건 거래가 아니라 선물이라오"라고 대답했다. 삶을 끝내가고 있을 때에도 어머니는 병원에 갈 때마다 간호사들에게 줄 과일 바구니와 초콜릿 상자를 꼭 챙겼다. 걱정과 고통을 안고 있는 환자들이 머무는 곳인 병원의 분위기를 조금이라도 띄워보려는 의도였다. 사람들이 마음속에 쌓아둔 장벽을 허물려는 어머니의 집요함은 감동적이다 못해 웃음이 나올 지경이었다. 어머니의 표현대로, 어떤 간호사가 어머니를 '기계적으로' 대하며 친근하게 다가갈 여유를 주지 않으면, 어머니는 내 귀에다 대고 이렇게 속삭이곤 했다. "이 간호사는 꿈쩍도 안 해." 하지만 어머니는 그런 간호사에게 더 많은 관심을 쏟을 방법을 찾아냈다. 어머니는 지갑에서 작지만 특별한 선물을 꺼내 그 간호사에게 주었다. 견과 한 봉지와 특별한 초콜릿이었다. 그렇게 하면 그 간호사가 웃음을 지을 것이란 걸 알았던 것이다. 이처럼 베풂은 어머니의 본성과도 같았다.

　어머니는 유언도 특별한 재산도 전혀 남기지 않고 세상을 떠났다. 생전에 남에게 베푸시기를 좋아했던 성품을 고려하면 그다지 놀라운 일도 아니었다. 우리가 어머니에게 시계를 선물했던 때의 기억이 지금도 생생하다. 하지만 48시간도 지나지 않아 어머니는 그 시계를 다른 사람에게 주었다. 그처럼 어머니는 베풂의 정신이란 보물을 우리에게 물려주었다. 죽음 후에야 그것이 유산이었다는 걸 깨닫게 되는 선물들이 있는 듯하다. 어머니는 돌봄과 베풂, 무조건적인 사랑의 가치를 너무나 생생하게 보여주었다. 삶의 그런 가치들은 어머니 같은 사람을 만나는 행운을 얻어야 소중한 유산이 된다. 당신 곁에 빈틈없는 주방장이 있다면 굳이 학원까지 다니며 요리하는 법을 배울 이유가 있겠는가? 어머니가 세상을 떠난 후, 삶이라는 여정도 인간처럼 진화하는 것이라면 진화를 앞당기는 지름길은 나눔과 봉사밖에 없다는 확신이 보다 분명해졌다.

우리는 베풂이 다른 사람에게 안기는 혜택, 즉 베풂이 공동체에 주는 혜택에 주로 초점을 맞춘다. 하지만 베풂은 베푸는 사람도 상당한 혜택을 누린다. 우리가 받는 것을 통해 물질적으로 성장한다면, 주는 것을 통해 정신적으로 성장한다는 것 또한 분명하다.

나는 엄마가 된 이후로, 아이들이 어린 시절부터 봉사와 베풂을 습관화할 필요가 있다는 걸 절실히 느꼈다. 실제로 봉사가 우리 아이들의 삶에 미친 영향을 경험하기도 했다. 식이장애를 겪던 딸아이가 '쉼터'에서 자원봉사를 하기 시작하면서 자신을 바라보는 관점이 달라지기 시작하는 걸 분명히 확인할 수 있었다. 자신의 문제를 넓은 관점에서 바라보는 것만큼 문제 해결을 위해 좋은 방법은 없다. 총격사건이 주기적으로 발생하고, 세 명의 아버지 중 한 명이 교도소에 수감 중이고, 배불리 먹지도 못하는 환경에서 살아가는 아이들의 삶을 가까이에서 지켜본다면 '내가 어떻게 보일까', '괜찮은 옷을 입고 있나?', '내가 예뻐 보이는가?', '남부

럽지 않게 날씬한가?' 등과 같은 문제로 고민하기가 훨씬 더 어려
워질 것이다. 내 딸은 그런 교훈들을 잔소리가 아니라 직접 몸으
로 경험하며 배웠다.

: 불도 부지깽이에 들어간다 :

우리 주변에서 이미 매일 많은 선행이 행해지고 있다. 어떻게
하면 그런 선행을 세상에 널리 알릴 수 있을까? 그리고 우리가 더
는 확대할 수 없을 정도로 선행을 확대할 방법은 무엇일까? 1990
년대 내 꿈은 시-스팬3과 같은 텔레비전 방송국을 설립하는 것이
었다. 당시에는 하원의 활동을 다루는 시-스팬과 상원의 활동을
다루는 시-스팬2밖에 없었다. 그래서 나는 비영리단체와 비정부
기구, 자원 봉사자가 1년 내내 무엇을 하는지 다루는 시-스팬3의
설립을 위한 제안서를 열심히 준비했다. 봉사가 우리 일상생활의
일부가 되어 국가 운영에서 상원과 하원의 활동 못지않게 중요한
위치를 차지하면 언론도 그만한 주목을 받을 터였기 때문이다. 안
타깝게도 내가 생각하던 방식의 시-스팬3은 탄생하지 못했다. 하
지만 인터넷이 그 역할을 대신하고 있다. 현재 〈허핑턴포스트〉에
서는 '임팩트(Impact)', '좋은 소식(Good News)', '그들의 사연(What
Is Working with them)'과 같은 다양한 항목을 통해 때로는 이웃의 곁
에서 때로는 지구 반대편에서 다른 사람을 돕는 데 열중하는 사람
들의 감동적인 이야기를 다루고 있다. 베푸는 사람들이 글과 그

림, 동영상으로 자신들의 이야기를 직접 할 수 있는 공간을 마련해주었다는 점도 주목할 만하다. 독자들이 봉사의 대열에 참여함으로써, 다시 말하면 지켜보던 관찰자에 머물지 않고 베푸는 사람으로 변신하며 그런 이야기들에 응답할 때 마법이 일어난다. 헨리 덜레이니(Henry Delaney) 목사는 조지아의 서배너에서 코카인 밀매소들을 변모시키는 일에 평생을 바쳤다. 목사는 내게 봉사의 의미를 되새기게 하는 이야기를 들려주었다. "사람들이 직접 참여하면 좋겠습니다. 처음에는 부지깽이가 불에 들어가지만, 나중에는 불도 부지깽이에 들어갑니다."[78] 이렇게 된다면 우리는 봉사의 임계질량에 도달하게 될 것이다.

물리학에서 임계질량은 핵분열의 연쇄반응이 유지되기 위해서 존재해야 하는 방사성 물질의 최소질량을 뜻한다. 봉사운동에서 임계질량은 봉사가 자발적으로 전 세계로 확산되기 시작할 수 있을 정도로 많은 사람에게 습관화되는 때이다. 봉사라는 긍정적인 전염병이 발발해서 모든 사람이 잠재적 감염자가 된다고 상상해보라.

언젠가 한 친구가 내게 "공간에는 네가 지금 찾는 문이 있고, 시간에는 네가 지금 기다리는 문이 있어"라고 말했다. 무궁무진한 가능성으로 들어가는 입구, 바로 그런 문이 지금 우리 눈앞에 있다. 지구가 평평하다고 생각했던 코페르니쿠스 이전 시대의 세계관이나, 인간은 물질을 탐하는 존재라는 요즘의 세속적인 인간관이나 다를 바가 없다. 이렇게 잘못된 인식이 우리가 삶을 살아가는 방식과 성공을 정의하는 기준을 지금까지 지배해왔다. 하지만 오늘날 모든 것이 바뀌고 있다. 우리가 치르는 대가가 점점 커지는 데다 새로운 과학적 발견 덕분에, 진정으로 성공한 삶에는 다른 뭔가가 있다는 사실을 깨닫게 되었기 때문이다. 그 다른 무엇, 즉 제3의 기준을 떠받치는 네 기둥은 건강부터 행복까지 우리와 관련된 모든 것에 영향을 미친다. 결국 인류의 운명만큼이나 방대하고 서사시적인 것도 개개인이 살아가는 방식처럼 친밀하고 개인적인 것에 달려 있다. 따라서 한 사람 한 사람이 어떻게 살아가고 생각하며, 행동하고 베푸느냐가 중요하다.

자아중심적인 습관을 바꾸고 베풂의 본성을 다시 일깨우는 과제는 나만을 위해서가 아니라 세계를 위해서도 필요하기 때문에 평생 지속되어야 할 과제이다. 그러나 이 원대한 과제도 작은 걸음으로 시작된다. 또한 우리가 살아가는 일상의 삶이 최고의 훈련장이다. 당신의 목표가 위대한 소설을 쓰는 것이라 생각하면 시작조차 못할 수 있다. 그러나 하루에 100단어만 쓰겠다고 생각하면 훨씬 쉽게 글쓰기를 시작할 수 있다. 우리 자신을 바꾸겠다는 변화의 결심도 그와 마찬가지다.

1. 작은 친절을 베풀고, 조금씩이라도 베푸는 행동을 습관화하라. 그리고 이런 행동으로 당신의 마음과 감정과 몸에 어떤 영향을 미치는지 유심히 관찰해보라.
2. 평소에는 무심히 지나치거나 당연하게 생각하던 사람들, 예컨대 계산대 직원, 사무실의 환경미화원, 커피숍의 바리스타에게 먼저 말을 걸어보라. 이런 행동으로 당신은 생동감을 느끼

고 현재에 충실한 계기를 마련할 수 있다.

3. 당신이 지닌 능력이나 재능으로 다른 사람을 도와보라. 다른
   사람을 도우면 '성공을 꿈꾸는 사람'에서 '아낌없이 베푸는
   사람'으로 변하고, 세상과 다시 교감하며, 삶의 풍요로움을 다
   시 맛볼 수 있다.

앞으로! 위로!내면으로!

운이 좋으면 우리는 삶이라는 경기장에서 3만 일가량을 있을 수 있다. 어떻게 경기를 치르느냐는 어디에 가치를 두느냐에 따라 결정된다. 데이비드 포스터 월리스의 표현을 빌리면, "누구에게나 숭배하는 것이 있다. 우리가 선택할 수 있는 유일한 것은 무엇을 숭배하느냐다. 예수와 알라, 야훼와 대지모신(大地母神), 사성제(四聖諦)와 거역할 수 없는 도덕률 등 일종의 신이나 영적인 대상을 숭배의 대상으로 선택할 수밖에 없는 이유는 자칫하면 다른 신적인 존재가 우리를 산 채로 잡아먹을 것이란 두려움 때문이다."[1]

최근의 연구에서 밝혀졌듯이, 돈을 숭배하면 진정한 풍요로움을 결코 누리지 못한다. 권력과 인정과 명성을 숭배하더라도 결코 만족감을 느낄 수 없을 것이다. 또 어떻게든 시간을 확보하고 아끼려고 미친 듯이 뛰어다니면 시간 기근에 시달리고 기진맥진해서 스트레스에 짓눌려 살아갈 수밖에 없다.

"앞으로! 위로! 내면으로!" 나는 이렇게 스미스 대학 졸업식 축사를 끝맺었다. 내 경험과 최신 과학적 연구 결과를 바탕으로 쓰인 이 책은 우리가 내면으로 들어가는 법을 배우지 않으면 원하는 삶을 살 수도 없고 마음의 풍요로움을 누릴 수도 없다는 진실의 증언이다.

나는 우리가 미래로 나아가는 또 다른 방법을 제시하려고 이 책을 썼다. 우리가 어디에 있더라도 그 자리에서 활용할 수 있는 방법이다. 또한 수천 년 동안 수많은 영적 지도자와 시인과 철학자가 찬사를 보냈고 과학적으로 입증된 진리, 즉 내면의 모습에 따라 삶이 결정된다는 영원한 진리에 기반을 둔 방법이다.

나는 분주한 삶에 사로잡혀 삶의 신비를 그냥 흘려버리던 삶에서 물러서는 힘든 과정을 어떻게 배워갈 수 있었는지 개인적인 여정을 많은 사람에게 알리고 싶었다. 그러나 내 이야기가 단지 한 여성의 여정에 불과한 것이 아니라는 점을 분명히 전달하는 것도 중요했다. 얕은 물에서 허우적대는 삶을 끝내고, 세상이 정해놓은 기준에 따라 성공을 끊임없이 좇으면서 건강과 인간관계를 해치는 삶을 끝내고, 풍요로움과 기쁨, 그리고 놀라운 가능성을 모색하는 삶을 살고 싶은 사람이 많을 것이기 때문이다.

출발점과 각성의 계기가 무엇인지는 중요하지 않다. 탈진과 질병과 중독, 당신의 마음에 형언할 수 없는 감정을 불러일으키는 한 편의 시, 느긋한 삶과 수면 및 명상과 마음챙김의 힘과 효과를 증명한 과학적 연구 등 무엇이라도 각성의 계기가 될 수 있다. 각성의 계기가 된 출발점이 무엇이든 그 출발점을 움켜잡아야 한다.

그럼 순풍에 돛을 단 듯 앞으로 나아갈 수 있을 것이다. 그런 삶이 우리 시대의 요구이기 때문이다. 잘못된 길로 들어서더라도 올바른 방향으로 되돌아올 수 있도록 도와주는 많은 방법이 우리 내면에 있다는 내 생각이 충분히 전달되었기를 바란다. 잘못된 방향으로 들어서더라도 내면을 활용하면 언제라도 올바른 방향으로 되돌아올 수 있다.

그러나 세상에는 우리에게 돈을 더 많이 벌고 성공의 사다리를 더 높이 올라가라고 집요하게 부추기는 요란한 신호들은 많지만, 우리 자신의 본질을 잃지 말고 자신을 돌보며, 다른 사람에게 먼저 친밀하게 다가가고, 잠시 모든 일을 멈추고 경이로움을 느끼며, 모든 것이 가능한 세계와 만나라고 일깨워주는 신호는 거의 없다는 걸 기억해야 한다. 고대 그리스 철학자 아르키메데스는 "나에게 설 자리를 주시오. 그럼 지구라도 움직여 보일 테니까"라고 말했다.

당신도 설 자리를 찾아라. 지혜와 마음의 평화와 장점을 발휘할 수 있는 자리를 찾아라. 그리고 그 자리에서, 당신이 규정한 성공의 기준에 따라 당신의 생각대로 세상을 다시 만들어보라. 그럼 우리 모두가 번영하고, 지금보다 더 품위 있고 더 즐거운 삶, 또 다른 사람들과 더 교감하고 감사하며 사랑하는 삶을 살 수 있을 것이다. 앞으로! 위로! 내면으로!

2013년은 제3의 기준이 내 삶에서 점점 많은 부분을 차지한 해였다. 스미스 대학교의 졸업식에서 축사를 했고, 뉴욕의 내 아파트에서 제1차 제3의 기준 콘퍼런스를 열기도 했다. 또 〈허핑턴포스트〉의 본사를 비롯해 여러 국제판에서 제3의 기준에 관련된 기사를 수차례 특집으로 다루었다. 그러던 중 내 오랜 친구이자 출판 대리인, 리처드 파인이 전화를 걸어 제3의 기준을 주제로 책을 써보지 않겠느냐고 물었다. 당시 나는 그 제안을 거부하며, 앞으로 어떤 책도 쓰지 않겠다고 나 자신과 내 자식들 그리고 파인, 그에게도 맹세하지 않았느냐고 말했다. 하지만 파인은 그 후에도 집요하게 전화하고 또 전화했다. 하기야 훌륭한 대리인이라면 저자에게 먼저 책을 팔아야 하는 법이다. 결국 나는 파인의 제안을 허락할 수밖에 없었다(십중팔구 그날은 내가 충분히 잠을 자지 못한 날이었을 것이다). 따라서 '안 된다'라는 대답을 철저히 거부하며 처음부터 끝까지 나를 몰아붙인 리처드 파인에게 가장 먼저 감사의 뜻을 전하고 싶다. 이 책은 우리가 함께 작업한 일곱 번째 책이고, 나에게는 열네 번째 책이다. 어떤 의미에서 전혀 계획하지 않았다가 임신한 '깜짝 아기'와도 같은 책이다.

이 책은 개인적인 경험만이 아니라, 주에서 소개되고 있듯이 많은 과학적 연구를 근거로 쓰인 것이다. 이 책이 인쇄기에 넘어갈 때까지 사소한 부분에도 소홀하지 않고 정성을 다해준 지샨 알림, 탐 댄, 브라이언 레빈에게 감사의 말을 전하고 싶다. 자료를 조사하고 사실을 확인하며 교열에도 도움을 아끼지 않은 마르코스 살디바르와 앤너 맥그래디에게도 고맙다는 말을 전하고 싶다.

끊임없이 나를 격려하며 내 개인적인 경험을 더 많이 추가하라고 독려해준 편집자 로저 숄에게도 깊이 감사한다. 내가 제시한 사례와 통계자료가 미국에만 국한된 현상이 아니라 세계적인 현상이라며 통찰력 있는 안목으로 내게 도움을 준 랜덤하우스 영국의 편집자, 에드 포크너에게도 감사한다. 이 책에 담긴 핵심적인 개념을 열정적으로 신뢰하며, 출판 과정의 모든 면에서 지원을 아끼지 않은 크라운 아키타이프 그룹의 발행인 티나 컨스터블에게도 감사의 말을 전하고 싶다. 크라운 출판 그룹의 마야 마브지 사장, 마우로 디프레타 편집장, 태미 블레이크 홍보국장, 하모니 임프린트의 편집국장 다이애나 바로니에게도 감사한다. 빡빡한 일정에도 편집과 교열과 방대한 주석이 최상의 기준에 조금도 떨어지지 않도록 끈기 있게 작업한 트리시아 위걸 수석 제작 편집자, 책을 예쁘게 디자인해준 마이클 네이긴, 사소한 것 하나도 빼놓지 않고 모든 것을 일정에 맞추어 진행한 로저 숄의 보조 편집자 데릭 리드, 이 책을 세계 전역의 독자에게 전달하기 위해 최선을 다한 크라운 출판 그룹의 영업팀에게도 감사한다. 이 책의 출판 과정에서 뛰어난 창의력을 발휘한 크라운 출판 그룹의 마케팅 국장 메러디스 맥기니스, 이 책이 쓰이는 데 그치지 않고 많은 독자에게 읽히도록 열정과 노력을 쏟은 페니 사이먼에게 특별히 감사한다.

스티븐 셰릴과 로이 세코프도 빼놓을 수 없다. 그들이 없었다면 이 책도 빛을 보지 못했을 것이다. 스티븐은 '허핑턴포스트 라이브'를 운영하는 바쁜 와중에도, 이 책에서 주장하는 수면 법칙을 어기면서까지 원고를 처음부터 끝까지 꼼꼼히 읽고 훨씬 나은 원고로 고쳐주었다. 뛰어난 통찰력으로 도움을 준 그레고리 베이어와 존 몬토리오와 지미 소니, 집중력 유지와 명상과 자원봉사에 관련된 애플리케이션의 자료를 수집한 캐롤린 그레구아르와 제시카 프로이스, 독일어로 된 자료를 번역해준 커스틴 샘버그에게도 감사한다.

이 책을 쓰는 과정에서 학계의 지혜와 중요한 연구로부터도 많은 도움을 받았다. 특히 위스콘신 대학교의 정신의학과 교수 리처드 데이비드슨, 옥스퍼드의 임상심리학 교수 마크 윌리엄스, 매사추세츠 의학대학에 마음챙김 연구소와 스트레스 해소 클리닉을 설립한 존 카밧진, 와튼 스쿨의 경영학 교수이며 《기브 앤 테이크》를 쓴 애덤 그랜트에게 특별히 감사의 뜻을 전하고 싶다.

이 책의 초고를 읽고 자신의 생각을 제시하며 더 나은 에필로그를 위해 조언을 아끼지 않은 셰릴 샌드버그에게 감사한다. 원고를 읽고 피드백해주며 탈진의 완벽한 비유로 이카루스 이야기를 사용하면 어떻겠느냐고 조언해준 하워드 슐츠, 또 자신이 시작한 '대화 프로젝트'의 중요한 주제인 죽음을 비롯해서 많은 부분에서 너그럽게 통찰력 있는 조언을 아끼지 않은 앨런 굿맨, 원고를 읽고 적절한 조언과 충고를 제시한 수전 케인에게도 감사의 말을 전한다.

　내가 제3의 기준에 따른 삶을 살도록 변함없는 지원과 지혜를 아끼지 않은 폴 케이, 통합의료에 대한 지식을 아낌없이 나눠주며 이 프로젝트를 열정적으로 지원해준 패트리셔 피츠제럴드에게도 특별히 감사한다.

　초고를 읽고 각자의 생각을 가감없이 전해준 친구들, 윌로우 베이, 페이스 베슬라드, 니컬러스 베르그루엔, 킴벌리 브룩스, 미카 브레진스키, 로리 데이비드, 게일 그로스, 재키 켈리, 프랜 래스커, 신디 라이브, 켈리 메이어, 재클린 노보그라츠, 헤서 라이스먼, 잰 셰퍼드, 티머시아 스튜어트, 조앤 위코브스키에게도 사랑하고 고맙다는 말을 전하고 싶다.

　제프 스워퍼드와 폴라 케이브와 호레이셔 파비아노에게 감사하고, 이 책을 세계 전역으로 배포하는 역할을 맡은 어맨더 슈마커, 린제이 블레싱, 조던 프리먼, 리너 아워버크에게도 특별히 감사의 뜻을 전하고 싶다.

　이 책은 원고 단계부터 두 딸, 크리스티나와 이사벨라가 읽은 내 첫 책이다. 두 딸의 조언과 교정, 또 그들이 내 삶에 안겨준 사랑과 기쁨에도 감사할 따름이다. 옛 남편 마이클도 우리와 함께 크리스마스 휴가를 보내는 동안 이 책의 원고를 읽어주었다. 끝으로, 이 책이 처음 쓰일 때 모든 원고를 읽으며 내가 잊은 이야기들을 떠올려주며, 이 책이 완성되는 과정에 놀라운 생명력을 더해준 여동생 아가피에게도 감사하고 싶다.

제3의 기준에 따른 삶이란 용어가 생기기 오래전부터 그런 삶을 살며 나에게 영감을 주었던 어머니, 엘리에게 이 책을 바친다.

너무 늦기 전에 읽어야 할
인생 지침서

아들이 초등학교에 재학할 때 학교 숙제라며 물었다.
"아빠, 우리 집 가훈이 뭐야?"
나는 이렇게 대답했다.
"목표를 세우지 마라."

모두가 성공을 원한다. 그런데 성공의 기준이 무엇일까? 모두
가 나름대로 성공의 기준이 있겠지만, 우리 사회는 돈과 권력을
기준으로 성공 여부를 판단하는 경향이 짙다. 게다가 대다수는 돈
과 권력을 경멸하듯 말하면서도 돈과 권력을 추구한다. 또 사회는
우리에게 항상 높은 목표를 세우라고 말한다. 그 높은 목표를 달
성하기 위해서 어떻게 해야 하나? 결코 느긋하고 느리게 살아서
는 안 된다. 밤잠을 줄이고 잠시도 허투루 보내지 않으며 치열하
게 살아야 한다. 피곤하지만 참아야 한다. 때로는 남을 속이고 남

에게 피해를 주더라도 모른 척해야 한다. 그래야 목표를 달성하고
성공하는 사람이 될 수 있기 때문이다. 꼭 이렇게 살아야 하는가?
목표를 세우지 않고 하루하루를 충실하게 즐기며 살면 안 되는 것
일까?

이 후기를 쓰는 지금 소치 동계올림픽이 한창이다. 텔레비전
중계를 맡은 진행자들은 메달을 따지 못한 선수들에게도 박수를
보내자고 하지만, 진실은 그렇지 않다. 중계가 시작되기 전까지
참가한 줄도 몰랐던 선수들이 줄줄이 등장한다. 언론은 '모두가
챔피언'이라 말하지만 실제 행동은 그렇지 않다. 성공한 선수들
의 이름만이 언론에 오르내린다. 중립을 지키고 올곧아야 할 언론
마저 성공을 부추기며 성공한 사람만을 기억하라고 우리에게 강
요한다. 세상의 요구에 휘둘리지 않고 우리가 중심을 잡고 우리
자신을 위한 삶을 살 수는 없는 것일까?

〈허핑턴포스트〉의 창업자로 알려진 아리아나 허핑턴이 자신의
경험과 과학적 논문을 근거로 성공의 새로운 기준을 제시하며, 그
것에 '제3의 기준'이란 이름을 붙였다. 제3의 기준에 따른 성공한
삶을 위해서는 웰빙과 지혜, 경이로움과 베풂이란 네 가지 조건이
필요하다고 말했지만, 요약하면 자신의 내면과 주변을 돌아보며
여유롭고 느긋한 삶을 살자는 것이다. 이렇게 살 때, 우리가 본래
지녔던 직관력과 창의력을 회복하고 작은 것에서도 경이로움을
느끼며, 도움을 필요로 하는 사람들에게 베풀며 더 행복한 삶을
살 수 있다는 것이다. 지금과 같은 삶에 지친 사람이라면 충분히
동의할 수 있는 주장이다. 이런 삶을 위해서 우리가 어떻게 해야

할까?

허핑턴은 명상과 마음챙김을 권한다. 동시에 명상과 마음챙김이 정신과 육체 모두의 건강에 유익하다는 과학적 근거까지 넘치도록 제시한다. 그러나 또 하나가 있다. 우리를 24시간 동안 옭아매는 디지털기기로부터의 해방이다. 우스갯소리이겠지만, 카페에 마주 앉은 남녀가 얼굴을 바라보며 대화하지 않고, 스마트폰을 들여다보며 카카오톡으로 대화한다는 말까지 있을 지경이다. 부모의 질문에, 스마트폰을 들여다보며 대답하는 자식들도 부지기수이다. 이런 삶이 충만한 삶이라 할 수 있을까? 현재에 충실한 삶이라 할 수 있을까?

목표가 없는 삶은 경멸의 대상이다. 하찮은 목표는 손가락질받기 일쑤이다. 하지만 감당하기 힘든 목표를 세웠다가 실패해서 실망하는 것보다 낫지 않을까? 목표가 없는 삶은 실패를 예방하려는 무책임한 삶이 아니다. 하루하루를 즐겁고 충만하게 살려는 삶이다. 또 작은 목표를 세운다고 비난받아야 할 이유가 어디에 있는가? 작은 목표들을 하나씩 성취해갈 때마다 얼마나 즐겁겠는가. 물론 아리아나 허핑턴은 이렇게까지 말하지는 않았다. 하지만 허핑턴의 말대로 어떻게 삶을 사느냐는 어디에 가치를 두느냐에 따라 결정된다면, 따라서 돈과 권력과 명예보다 행복에 가치를 둔다면 우리 삶이 어떻게 달라질까?

충주에서
강주헌

집중력을 유지하는 데 도움을 주는
12가지 애플리케이션과 방법

스티브 잡스는 "집중하려면 거절할 수 있어야 한다"라고 말했다.[1] 집중력을 유지하고, 방해거리를 걸러내고 거절하는 데 도움이 되는 유용한 응용 프로그램들로 〈허핑턴포스트〉에서 제3의 기준에 관련된 특집을 담당하고 있는 편집자, 캐롤린 그레구아르가 모은 것이고,[2] 내가 선호하는 것이기도 하다.

Anti-Social

소셜 미디어에 의한 불안장애는 아직 의료계에서 인정되지 않는 듯하지만, 많은 사람이 실질적으로 느끼고 있는 것이다. 게다가 이런 불안장애는 중독성까지 띠는 게 사실이다. 2012년 하버드 대학교 연구진이 밝혀낸 바에 따르면, 우리 자신에 대한 정보의 공유는 음식을 먹을 때, 돈을 받을 때, 섹스를 할 때 느끼는 즐거움과 관련된 뇌의 부분을 활성화한다.[3]

근무할 때나 휴가를 즐기는 동안에도 페이스북과 트위터 및 핀테레스트를 멀리하기 힘들면, 소셜 네트워크 차단 소프트웨어인 Anti-Social을 사용해보라. 그럼 집중력을 흐트러뜨리는 사이트를 피할 수 있을 것이다. 집중력을 유지해야 할 때와 차단하고 싶은 사이트를 선택할 수 있다.

Anti-Social.cc에서 15달러에 구입할 수 있다.

Nanny

Anti-Social과 마찬가지로, 크롬 확장자인 Nanny는 방해되는 사이트를 차단하기 때문에 업무에 집중할 수 있게 해준다. 특정한 URL을 미리 설정해둔 시간 동안 차단할 수도 있지만(예: 유튜브를 아침 9시부터 오후 5시까지), 특정한 사이트에서의 검색 시간을 제한할 수도 있다. 물론 사용자의 선택에 따라 달라지겠지만, 예컨대 페이스북에서 돌아다니는 시간을 하루에 총 30분이나 60분으로 설정할 수 있다.

크롬 웹스토어에서 무료로 다운로드 받을 수 있다.

Controlled Multi-Tab Browsing

구글 웹브라우저 크롬 창에 30개의 탭이 열려 있으면 스트레스가 밀려오는 것은 말할 것도 없고 정신마저 혼미할 지경이다. 이곳저곳으로 옮겨 다니려면 업무에 집중하는 게 불가능하다. 크롬 플러그인, Controlled Multi-Tab Browsing을 사용해 탭의 수를 제한해서 집중력을 유지해보라. 탭의 최대수(예컨대 다섯 개나 여섯 개)를 설정하면, 플러그인이 설정된 수까지만 탭이 열리도록 차단한다. 사이버 세계에서 빈둥대는 걸 좋아하는 사람이나 구제불능인 멀티태스커라 할지라도 이 응용 프로그램을 사용하면 생산성을 높이고, 반드시 끝내야 할 과제에 집중하는 데 도움을 받을 수 있을 것이다.

크롬 웹스토어에서 무료로 다운로드 받을 수 있다.

Siesta Text와 BRB

디지털기기를 멀리하고 재충전을 위한 혼자만의 시간을 가지면, 친구와 가족을 무시한다는 오해를 받을 가능성이 있다. 끊임없이 연결망을 유지하기를 강요받는 우리 문화에서, 3시간 후에야 응답하면 상대는 무시받았다는 모욕감을 느끼기 십상이다.

2009년 미시간 대학교의 심리학 교수, 데이비드 E. 메이어는 "즉각적이지는 않더라도 2시간 내에 응답해야 한다는 것이 사회적 규범이다. 그렇게 하지 않으면, 정신적으로나 사회적으로 시대에 뒤진 사람이거나, 이메일을 보낸 사람을 좋아하지 않는 사람으로 여겨진다"라고 말했다.[4]

이 문제를 해결해주는 애플리케이션이 있다. 친구와 가족에게 당신이 무시하고 있다는 오해를 받지 않고 이메일과 문자 메시지로부터 잠시나마 해방되고 싶다면, 안드로이드폰에서는 Siesta Text, 아이폰에서는 BRB를 사용해서 핸드폰에 '부재중 메시지'를 설정하면 된다. Siesta Text로는 문자 메시지만이 아니라 전화에도 부재중 메시지를 설정할 수 있으며, 메시지 내용을 20개까지 저장할 수 있다(예컨대 "지금 운전 중입니다. 잠시 후에 답신하겠습니다." "지금 휴가 중입니다. 다음 주 화요일에 돌아와서 전화 드리겠습니다.") 또한 부재중 메시지를 받는 사람을 선택할 수도 있다.

안드로이드폰용 Siesta Text는 구글 플레이에서 0.99달러에 구입할 수 있으며, 아이폰용 BRB는 앱스토어에서 무료로 다운로드 받을 수 있다.

Self Control

애플리케이션 Self Control을 사용하면, 미리 설정해둔 시간 동안 컴퓨터를 꺼두고 이메일의 착신을 일시적으로 차단할 수 있다. 설정된 시간 내에 컴퓨터를 재작동하더라도 이메일 착신 차단 기능은 계속 유지된다. 또 유난히 유혹적이어서 집중력을 유지하는 데 방해되는 사이트가 있으면, 그런 사이트를 블랙리스트에 올려 차단할 수도 있다.

맥 운영체제를 사용하는 경우, selfcontrolspp.com에서 무료로 다운로드 받을 수 있다.

RescueTime

RescueTime을 사용하면, 매일 하루를 끝낼 때 그날 온라인에서 어떻게 돌아다녔는지 확인할 수 있다. 따라서 온라인에서 어떻게 시간을 보냈는지 각성하게 함으로써, 예컨대 앞으로 이메일을 확인하는 시간을 1시간으로 제한하겠다는 목표를 세우고, 특정한 사이트나 활동으로 지나치게 오랜 시간을 보내면 경보를 울리도록 설정할 수 있다.

맥 운영체제를 사용하는 경우, 무료로 다운로드 받을 수 있지만 전문가용은 한 달 사용료가 9달러이다. 안드로이드 운영체제의 경우에는 구글 플레이에서 무료로 다운로드 받을 수 있다.

Freedom

와이파이에서 해방되기 위해서 외딴 곳으로 도망칠 필요가 없다. 작가에게는 Freedom이 최고의 친구가 될 수 있을 것이다. Freedom은 설정해둔 시간 동안 인터넷을 완벽하게 차단해준다. 사회적 소식을 제공하는 레딧(Reddit)이나 〈허핑턴포스트〉도 선택할 수 없다. 인터넷이 당신에게 시간을 빼앗아 먹는 하마라면, Freedom이 모든 유혹에서 벗어나게 해주는 최고의 선택이다.

맥, 윈도우, 안드로이드 등 운영체제에 상관없이 macfree-dom.com에서 10달러에 구입할 수 있다.

Time Out

휴식이 집중력을 향상시키고 현재에 충실하게 하는 데 도움이 된다는 것은 과학적으로도 입증된 사실이다.[5] 그러나 우리는 휴식을 취할 때도 컴퓨터 모니터 앞에서 시간을 보내기 일쑤이고, 페이스북이나 트위터에 몰두한다. 진정한 휴식을 취한 때가 언제인지 기억조차 하기 힘들 정도이면, 맥 애플리케이션 Time Out을 사용해보라. Time Out은 당신이 지금 하는 일을 멈추고 일정한 간격을 두고 의자에서 일어나도록 해주는 애플리케이션이다. 예컨대 50분마다 10분을 휴식하고, 10분마다 10초를 휴식하라고 집요하게 요구하는 애플리케이션이다. 10초는 모니터에서 잠깐 눈을 떼고 심호흡으로 마음을 다잡기에 충분한 시간이다. 긴장을 푸는 데 가장 적합한 노래들을 애플 아이튠즈에 심어두고 휴식 시간에 듣는다면 휴식 시간을 훨씬 효과적으로 보낼 수 있을 것이다.

맥 운영체제의 경우, 앱스토어에서 무료로 다운로드 받을 수 있다.

Concentrate

여러 생산성 프로그램이 집약된 매킨토시용 애플리케이션이다. 예컨대 공부하기, 글쓰기 등 일정한 작업을 지정하면, 그 시간 동안 지정된 작업에만 집중할 수 있도록 컴퓨터를 설정할 수 있다. 예컨대 '글쓰기'를 지정하면, 관련된 자료와 웹사이트에는 접근할 수 있지만 소셜 네트워크 사이트를 차단할 수 있다. 물론 글쓰기 작업에 할당한 시간을 설정할 수 있고, 한눈파는 경우를 대비해서 작업에 집중하라고 알려주는 경고음을 추가할 수도 있다.

getconcentrating.com에서 29달러에 구입할 수 있다.

Digital Detox App

이 애플리케이션을 사용하면 주말은 물론이고 휴가까지 혁명적으로 바뀔 수 있다. Digital Detox는 핸드폰을 30분부터 한 달까지 일정한 시간 동안 완전히 정지시킬 수 있다. 설정한 시간을 수정하고 취소할 수 없는 게 단점이다. 그러나 진정으로 디지털과 한동안 떨어져서 지내고 싶은 사람이라면 이 애플리케이션을 사용해보기 바란다.

안드로이드 운영체제의 경우에는 구글 플레이에서 무료로 다운로드 받을 수 있다.

Isolator

데스크톱의 아이콘을 비롯해 정신을 산란하게 하는 것이 무시하기 힘들면, Isolator를 사용해보라. Isolator는 맥 운영체제에서 데스크톱의 아이콘들을 모두 덮어버리며 워드 이외에는 모든 것을 무시할 수 있도록 도와주는 메뉴바 애플리케이션이다. 이 애플리케이션은 작업에 집중하는 동안 모든 디지털 방해거리를 멀리하려는 사람들에게는 더할 나위 없이 좋은 응용 프로그램이다. 데스크톱을 어두컴컴한 막으로 덮어버려 현재의 작업에 완전히 집중할 수 있다. 사용자가 단축키를 자의적으로 만들 수도 있다.

macupdate.com에서 무료로 다운로드 받을 수 있다.

Higby

작업에 집중해야 할 때, 혹은 친구와 함께 있을 때, 그 순간에 충실하기 위해서 이메일, 카메라, 문자 메시지, 음악 등을 멀리하고 싶을 때 애플리케이션만이 아니라 물리적인 장치가 필요할 경우도 있다. 고무로 만든 아이폰 홀더, Higby를 사용해서 핸드폰의 카메라와 헤드폰 잭을 완전히 덮어버리면 된다. Higby는 두 개의 핸드폰에도 사용할 수 있다. 고무팔이 두 개의 핸드폰을 한꺼번에 감쌀 수 있기 때문에 두 사람이 핸드폰에 방해받지 않고 대화에 집중할 수 있다. Higby를 고안해낸 사람들은 "머리와 가슴과 손을 핸드폰에게 완전히 빼앗겨서, 우리는 주변 세상을 여유 있게 관찰하고 인간관계를 돈독히 하며 새로운 것을 구상하는 데 필요한 휴식의 시간을 상실해버렸다"라고 말했다.[6]

아이폰용 Higby는 2014년 후반기에 Wolff Olins에서 구입할 수 있다.

명상과 마음챙김을 위한
12가지 애플리케이션과 방법

명상과 마음챙김을 시작하고 그 습관을 심화하는 데 도움이 되는 도구들로 〈허핑턴포스트〉의 캐롤린 그레구아르가 정리한 것이다.[1]

Headspace

불교 승려였던 앤디 퍼디컴(Andy Puddicombe)은 마음챙김 명상을 어디에서나 쉽게 행할 수 있는 방법으로 Headspace를 창업했다. Headspace가 초보자를 위해 개발한 프로그램, '테이크 텐(Take 10)'은 간단해서 명상 수련을 시작하기에 안성맞춤인 방법이다. 열흘의 가치가 있는 10분 명상이라 광고하는 이 애플리케이션은 짤막한 만화영화 동영상을 통해 명상과 마음챙김의 기본 원리를 설명하며, 초보자에게 마음챙김과 명상을 매일 수행하도록 유도한다. 현재 버진 애틀랜틱 항공사의 항공기를 이용하는 탑승객에게는 Headspace 채널이 제공되고 있다.

아이폰과 안드로이드폰 모두 getsomeheadspace.com에서 무료로 다운로드 받을 수 있다.

마크 윌리엄스의 Mindfulness Meditation Recordings(마음챙김 명상 오디오)

옥스퍼드 마음챙김 센터 소장이며 《8주, 나를 비우는 시간》의 저자로 임상심리학 교수인 마크 윌리엄스는 명상을 처음 시작하는 사람만이 아니라 상당한 경험을 지닌 사람을 위한 명상 수련법을 오디오로 제작해서 무료로 제공하고 있다. 3분간의 짧은 휴식을 이용한 명상, 우울증을 다스리기 위한 명상, 종소리를 이용한 침묵 명상, 재밌는 '초콜릿 명상' 등 다양한 명상법이 소개된다. 윌리엄스는 《우울증을 다스리는 마음챙김 명상》에서 "우리는 머릿속에 떠오른 생각마저 이러쿵저러쿵 판단하는 상태에서 벗어나 세상을 직접 몸으로 경험해야 한다. 삶이 우리에게 제공하는 행복의 무한한 가능성에 마음의 문을 활짝 열어야 한다"라고 말했다.[2]

franticworld.com에서 무료로 이용할 수 있다.

Buddhify

'도시용 명상 애플리케이션'이라고 자랑하는 Buddhify는 명상을 게임처럼 재밌게 접근하는 방법을 제공하고 있다.[3] Buddhify는 밝은 그래픽을 사용하며, 어려운 용어를 사용하지 않고 바둑에서도 활용할 수 있도록 고안되었다. 또한 집과 헬스장, 여행과 산책 등 다양한 환경을 설정해 명상법을 설명하는 애플리케이션이며, 오디오만이 아니라 동영상으로도 제작되어 어디에서나 명상 수련에 활용할 수 있다. 한 사용자의 사용 후기에 따르면, "Buddhify는 내 삶을 조금씩 크게 바꿔놓았다. 내면세계의 구글 맵이다."[4]

아이폰과 안드로이드폰 모두 무료로 다운로드 받을 수 있다.

Movement of Spiritual Inner Awareness, 온라인 명상교실

존 로저가 설립한 Movement of Spiritual Inner Awareness(영적 자각 운동)는 초보자를 위한 명상과 영성 수련에 대한 12회의 온라인 강의를 독서회와 오디오와 동영상으로 제공하고 있다. Movement of Spiritual Inner Awareness의 강의는 영성 수련을 위한 '동적인 명상'들로 이루어지며, 지혜와 평온의 근원인 내면과의 관계를 강조한다. 단계별로 만트라, 일기 쓰기, 명상 호흡 등이 활용된다.[5]

misa.org에서 무료로 이용할 수 있다.

디팩 초프라의 Medtiation Podcast(명상 팟캐스트)

디팩 초프라의 '웰빙을 위한 초프라 센터'는 명상을 원하는 사람들을 위해 많은 자료를 제공하고 있다. 무료로 제공되는 24회의 명상 팟캐스트가 대표적인 예이다. 영감을 주는 강연, 스트레스를 해소하고 마음을 치유하는 데 도움이 되는 명상, 감사하는 마음을 키워주고 자기인식력을 강화하는 데 도움이 되는 명상 등이 담겨 있다. 아이튠즈에서 팟캐스트들을 다운로드 받아, 집에서나 출퇴근길에 혹은 산책하며 들어보라. 당신의 하루를 더욱 충실하게 보낼 수 있을 것이다.

아이튠즈에서 무료로 다운로드 받을 수 있다.

오프라 윈프리와 디팩 초프라의 명상 삼부작

초프라는 오프라 윈프리와 손잡고 21일간의 온라인 강좌를 시작했고, 거의 200만 명이 이 강좌에 참여했다.[6] 세 가지 주제—욕망과 운명, 완벽한 건강, 기적적인 인간관계—로 진행된 강좌는 66회의 오디오 명상 강의와 일기로 꾸며져, 현재 '윈프리와 디팩의 명상 삼부작(Oprah & Deepak's Meditation Master Trilogy)'으로 제작되었다.

chopracentermeditation.com/store에서 99달러에 구입할 수 있다.

Calm.com

파도가 부딪치고, 시냇물이 흘러가고, 눈이 내리고, 해가 떨어지는 모습을 지켜보면서 원하는 때에 책상에 앉아 잠깐 동안 명상을 즐겨보라. Calm.com은 애플리케이션으로 구할 수 있다.

calm.com에서 무료로 다운로드 받을 수 있고, 아이폰용은 앱스토어에서도 무료로 다운로드 받을 수 있다.

Do Nothing For 2 Minutes(2분 동안 아무것도 하지 마라)

calm.com의 운영자들이 개발한 donothingfor2minutes.com은 석양을 배경으로 파도가 밀려오는 모습으로 모니터 전체를 가득 채운다. 시간이 2분으로 설정되어 초단위로 줄어들고, "긴장을 풀고 파도만 바라보십시오. 2분 동안 마우스나 키보드에서 손을 떼십시오"라는 안내글이 쓰여 있다. 마우스나 키보드를 만지면 붉은색으로 'FAIL'이란 단어가 모니터에 뜬다. 진정한 휴식을 취하게 해주는 최선의 방법은 아니지만 상당한 효과가 있다.

www.donothingfor2minutes.com에서 언제든지 활용할 수 있다.

안드로이드폰 MeditateApp

MeditateApp을 이용하면 계획과 일정을 짜는 과정에서 특정한 날과 특정한 시간에 명상을 위한 시간을 선택할 수 있어 과거의 일정을 한 눈에 살펴볼 수 있다. 명상에 할애하는 시간을 설정할 수 있으며, '명상', '긍정의 명상', '수면 모드' 등 세 가지 방식 중 하나를 선택할 수 있다. '수면 모드'를 선택하면 명상하는 동안 소리가 점점 작아진다.

안드로이드폰은 구글 플레이에서 무료(풀버전은 1.99달러)로 구입할 수 있다.

Mental Workout

이 애플리케이션과 웹사이트는 마음챙김과 수면을 도와주고, 스트레스 지수를 낮추며 집중력을 유지하는 데 도움을 주려고 제작되었다. 특히 명상 교사들과 심리치유사 스티븐 보디언(Stephan Bodian)이 제작한 Mental Workout의 Mindfulness Meditation(마음챙김 명상) 애플리케이션은 친절한 명상법 안내와 침묵 명상을 위한 타이머가 제공된다. 초보자를 위한 8주 프로그램과, 마음을 위로해주는 강연과 긴장 해소에 도움이 되는 요령까지 제공된다.

Mindfulness Meditation 애플리케이션 이외에도 Mental Workout은 운영체제에 상관없이 컴퓨터와 핸드폰에서 사용할 수 있는 다양한 프로그램을 제공하고 있으며, 마음챙김 명상을 기반으로 스트레스를 해소하고 수면의 질을 향상하며 담배를 끊는 데 도움이 되는 애플리케이션들도 개발했다.

mentalworkout.com에서 다양한 가격으로 구입할 수 있다.

명상과 묵상으로 인도하는 공간을 찾아라

미국의 대표적인 식품회사 제너럴 밀스에 명상 교실을 운영했고 내친김에 '마음챙김 리더십 연구소'를 설립한 제니스 마투라노는 현재에 집중하는 동시에 동료들과 공감하며 일하며 조직을 끌어가는 방법을 알려주며, 내면의 리더를 활용해서 명상과 묵상하는 법을 오디오로 제공하고 있다. 친절 명상법, 책상과 의자에 앉아서 명상하는 법, 리더십 원리에 대한 묵상 등 다양한 프로그램이 녹음되어 있다. findingthespacetolead.com에서 무료로 이용할 수 있다.

에크하르트 톨레의 '마음을 차분하게 해주는 음악'

조용히 앉아 있는 것보다 음악을 듣고 싶으면 에크하르트 톨레 (Eckhart Tolle)의 '마음을 차분하게 해주는 음악(Music to Quiet the Mind)'을 사용해보라. 에크하르트 톨레가 마음의 평온과 정적을 얻는 데 가장 효과적이라고 선정한 음악들을 모아 놓은 앨범이다. 업무 중에 마음을 가라앉힐 필요가 있을 때 이 음악을 들으면 긴장을 해소하는 데 도움이 될 것이다. 또 하루를 끝내고 집에서 '지금의 힘'을 경험하고 싶으면 이 음악을 들어보라.[7]

Spotify에서 무료로 전송받을 수 있다.

베풂과 봉사를 위한 12곳의 웹사이트

자원봉사를 시작하고 새로운 차원에서 베풂을 행하고 싶은 사람에게 또 지역 사회와 세계 전역에서 그런 꿈을 실천에 옮길 기회를 제공하는 웹사이트로 〈허핑턴포스트〉에서 '임팩트'란을 담당하는 편집자, 제시카 프로이스가 정리한 것이고, 내가 선호하는 웹사이트들이기도 하다.

SmartVolunteer: smartvolunteer.org

'재능 기부'라는 모토는 더 이상 변호사들의 전유물이 아니다. SmartVolunteer는 비영리조직을 비롯해 무료로 기부되는 재능이 필요한 사회적 기업에게 당신의 재능을 기부할 쉬운 방법을 제공하고 있다. 이 웹사이트에서 주로 테크놀로지, 금융과 마케팅, 인력 관리에 관련된 재능을 찾고 있다. 현장에서 자원봉사하기 힘든 사람들을 위해서는 '가상 세계'의 자원봉사 기회까지 제공해서, 인터넷이 연결된 컴퓨터만 있으면 누구든 참여할 수 있다.

All for Good: allforgood.org

온라인에서 자원봉사 기회를 제공하는 최대의 데이터베이스인 All for Good은 작은 변화를 끌어내기 위한 방법을 찾을 수 있는 대규모 웹사이트이다. 매달, 이 웹사이트는 미국의 주요 도시에서 15만 명의 지역 자원봉사자를 모집하고 있다. All for Good은 미국 정부가 운영하는 사회봉사 프로그램 United We Serve에 인력을 공급하고, 세계에서 가장 큰 자원봉사 네트워크인 촛불재단의 일원이기도 하다.

VolunteerMatch: volunteermatch.org

기부할 수 있는 7만 7,000건의 기회를 제공하는 웹사이트 VolunteerMatch에서는 관심사에 따라 검색 범위를 제한할 수 있다. "I Care About"이라 쓰인 상자 안에 관심사를 써넣기만 하면 된다. 자원봉사의 기회를 제공하는 역할 이외에, 이 웹사이트는 기업부터 대학까지 다양한 조직이 직원들과 학생들에게 자원봉사를 권장하고 친구들에게도 참여를 독려할 수 있는 도구까지 제공한다. 약 10만 곳의 비영리조직이 VolunteerMatch를 이용해서 자원봉사자를 모집하고 있다.

Catchafire: catchafire.org

Catchafire는 전문가가 비영리조직과 사회적 프로젝트에게 무료로 재능을 기부할 기회를 제공한다. 글솜씨나 영상에 관련된 재능이 있는 전문가라면, 비영리조직이 조직에 관련된 정보를 언어와 영상으로 적절하게 소개할 수 있도록 도움을 줄 수 있다. 스프레드시트 전문가라면 Catchafire를 통해 회계나 일상적인 행정 관리에 도움이 필요한 조직과 연결될 수 있다. 또한 자원봉사자가 해당 조직에서 일한 양을 돈으로 환산한 가치를 알려줌으로써, 자원봉사자가 자신의 역할을 확인하게 해주기도 한다.

iVolunteer: ivolunteer.org

자연재해를 비롯해 많은 사람을 절망적인 상태로 몰아넣는 사건들에 대한 이야기로 가득한 iVolunteer는 자원봉사가 절실하게 필요한 구제기관과 비영리기관에 자원봉사자를 연결해주는 역할을 한다. 이 웹사이트의 사명은 자원봉사 활동 하나하나가 다른 사람들에게 자원봉사에 참여하겠다는 의욕을 북돋워준다는 믿음에 뿌리를 두고 있다.

DonorsChoose: donorschoose.org

기부하기를 원하는 사람이라면, 사회과 교사였던 찰스 베스트(Charles Best)가 설립한 DonorsChoose를 통해 세계 전역의 교실에서 꿈을 실천할 기회를 찾을 수 있다. 공립학교 교사들이 노트북과 킨들과 카메라부터 줄넘기 줄, 미술 용품, 저장 용기까지 다양한 물건을 요청하면, 마음에 울림을 받은 프로젝트를 선택해서 기부할 수 있다. 어떤 프로젝트가 목표에 도달하면, DonorsChoose가 그 물품을 해당 학교에 전달하고, 기부자들이 그 학교의 교사들과 학생들을 만나게 해준다.

Idealist: idealist.org

Idealist는 직업과 인턴직을 알선하기도 하지만, 거주지와 일정표 및 관심사에 따라 자원봉사할 기회도 제공한다. 이 웹사이트는 거주

지역을 중심으로 비영리조직의 일회성 요청을 꾸준히 업데이트하고 있기 때문에, 누구라도 마음만 먹으면 주변 지역에서 지속적으로 자원봉사할 기회를 찾을 수 있다.

UN Volunteers: unv.org

유엔은 개발 지원과 평화유지를 위한 인도적 활동이란 두 방향에서 자원봉사할 기회를 제공한다. 세계를 위해 작은 역할을 하고 싶지만 세상을 돌아다닐 여유가 없다면, 원고 교열부터 물 문제와 위생 문제 등에 관련된 제안서의 작성까지 온라인으로만 진행되는 자원봉사 프로젝트에 기여할 수 있다.

DoSomething: dosomething.org

250만 명이 넘는 젊은이가 사회적 이상을 품고, 밀레니엄 세대에게 가장 인기 있는 기부 웹사이트 중 하나인 DoSomething을 통해 자원봉사를 시작했다. '좀 더 나은 세상을 만들자(Make the world suck less)'라는 모토 하에, DoSomething은 노숙하며 떠도는 젊은이들을 위해 청바지를 수집하고, 가정폭력에 시달리는 사람들에게 휴대폰을 기증하려는 다양한 프로젝트를 시행하며 젊은이들의 참여를 유도한다.

Volunteer.gov

소매를 걷어붙이며 적극적으로 참여하는 성격이라면, Volunteer.gov를 검색해보라. 국립공원관리청, 지질조사국, 산림청 등 정부기관에서 자연자원과 문화자원의 관리를 위해 자원봉사자를 모집하는 다양한 프로젝트를 확인할 수 있을 것이다. 해변에 몰려든 쓰레기의 청소부터 대머리독수리의 둥지를 보호하려는 육군공병단의 지원까지 다양한 기회가 제공된다.

Help from Home: helpfromhome.org

영국에 본부를 둔 웹사이트로 "잠옷차림으로 세상을 바꾸는 일"에 참여할 기회를 제공한다. '작은 자원봉사(microvolunteer)'의 기회를 제공하며, 각자의 일정에 따라 적합한 방법으로 게시판에 올라온 과제에 기부할 수 있다. 예컨대 몇 번의 클릭으로, 사용하지 않은 항공 마일리지를 기부하거나, 원고의 교정을 보거나, 가난한 가정을 위해 담요를 짜는 봉사 활동에 참여해보라.

UniversalGiving: universalgiving.org

세상을 바꾸는 일에 참여하는 동시에 여행을 하고 싶다면, 100여 개국에서 봉사할 기회를 제공하는 UniversalGiving이 최상이다. 지역이나 항목 단위로 검색해서, UniversalGiving이 보장하는 프로젝트를 찾아보라. 케냐에 진료소를 설립하는 작업을 지원하고, 베트남의 고아원에서 봉사하며, 이탈리아에서 영어를 가르치는 일 등이 대표적인 예이다.

프롤로그

1   Natalie Slopen, Robert Glynn, Julie Buring, Tene Lewis, David Williams, and Michelle Albert, "Job Strain, Job Insecurity, and Incident Cardiovascular Disease in the Women's Health Study: Results from a 10-Year Prospective Study," *PLoS ONE* 7 (2012): 7.

2   Alexandros Heraclides, Tarani Chandola, Daniel Witte, and Eric Brunner, "Psychosocial Stress at Work Doubles the Risk of Type 2 Diabetes in Middle-Aged Women: Evidence from the Whitehall II Study," *Diabetes Care* 32 (2009): 2230-35.

3   Sheldon Cohen and Denise Janicki-Deverts, "Who's Stressed-Distributions of Psychological Stress in the United States in Probability Samples from 1983, 2006, and 2009," *Journal of Applied Social Psychology* 42 (2012): 1320-34.

4   "Stress by Generations: 2012," American Psychological Association, 2013년 10월 24일 확인, www.apa.org.

5   "Sleep, Performance and Public Safety," Division of Sleep Medicine at Harvard Medical School, 2013년 10월 25일 확인, healthysleep.med.harvard.edu.

6   Shimon Prokupecz, Mike Ahlers, and Ray Sanchez, "Train Engineer 'Was Nodding Off and Caught Himself Too Late,' Union Rep Says," *CNN*, 2013년 12월 3일, www.cnn.com.

7   Kevin Short and Ben Hallman, "Train Engineers Prone to 'Microsleep' Spells, Experts Say," *The Huffington Post*, 2013년 12월 6일, www.huffingtonpost.com.

8   Centers for Disease Control and Prevention, "Effect of Short Sleep Duration on Daily Activities-United States, 2005-2008," Morbidity and Mortality Weekly Report, 2011년 3월 4일, www.cdc.gov.

9   Denis Campbell, "Chronic Lack of Sleep Affects One in Three British Workers," *The Observer*, 2012년 3월 3일, www.theguardian.com.

10   William Killgore, Ellen Kahn-Greene, Erica Lipizzi, Rachel Newman, Gary Kamimori, and Thomas Balkin, "Sleep Deprivation Reduces Perceived Emotional Intelligence and Constructive

Thinking Skills," *Sleep Medicine* 9 (2008): 517-26.

11   Leslie Perlow, "The Time Famine: Toward a Sociology of Work Time," *Administrative Science Quarterly* 44 (1999): 57-81.

12   *In Search of Dr. Seuss*, directed by Vincent Paterson (1994: Burbank, CA: Warner Home Video, 2010), DVD.

13   누가복음 17장 21절, KJV.

14   Peter Schouls, *Descartes and the Enlightenment* (Montreal: McGill-Queen's University Press, 1989), 53.

15   Steve Jobs, Commencement Speech, *Stanford Report*, 2005년 7월 14일, news.stanford.edu.

16   Daniel Ladinsky, trans., *Love Poems from God: Twelve Sacred Voices from the East and West* (New York: Penguin, 2002), 85.

17   Erin Callan, "Is There Life After Work?," *The New York Times*, 2013년 3월 9일, www.nytimes.com.

18   Mark Bittman, "I Need a Virtual Break. No Really," *The New York Times*, 2008년 3월 2일, www.nytimes.com.

19   Carl Honoré, "The Slow Revolution is Growing Fast," *The Huffington Post*, 2009년 10월 6일, www.huffingtonpost.com.

20   Katie Little, "Severe Ski Accident Spurs Aetna CEO to Bring Yoga to Work," *CNBC*, 2013년 3월 19일, www.cnbc.com.

21   Carolyn Gregoire, "How Technology Is Killing Eye Contact," *The Huffington Post*, 2013년 9월 28일, www.huffingtonpost.com.

22   Jessica Bacal, *Mistakes I Made at Work: 25 Influential Women Reflect on What They Got Out of Getting It Wrong* (New York: Plume, 2014), 8-9.

23   Linda Simon, *Gertrude Stein Remembered* (Lincoln, NE: University of Nebraska Press, 1994), xi.

24   Cohen and Janicki-Deverts, "Who's Stressed?," 1320-34.

25   Masuma Novak, L. Bjorck, K. W. Giang, C. Heden-Stahl, L. Wilhelmsen, and A. Rosengren, "Perceived Stress and Incidence of Type 2 Diabetes: A 35-Year Follow-Up Study of Middle-Aged Swedish Men," *Diabetic Medicine* 30 (2013): 8-16.

26   Laura Manenschijn, L. Schaap, N. M. van Schoor, S. van der Pas, G. M. E. E. Peeters, P. Lips, J. W. Koper, and E. F. C. van Rossum, "High Long-Term Cortisol Levels, Measured in Scalp Hair, Are Associated with a History of Cardiovascular Disease," *The Journal of Clinical Endocrinology & Metabolism* 98 (2013): 2078-83.

27   Susan Melhorn, Eric Krause, Karen Scott, Marie Mooney, Jeffrey Johnson, Stephen Woods, and Randall Sakai, "Meal Patterns and Hypothalamic NPY Expression During Chronic Social Stress and Recovery," *American Journal of Physiology: Regulatory, Integrative and*

Comparative Physiology 299 (2010): 813-22.

28 "Chronic Diseases: The Power to Prevent, the Call to Control: At a Glance 2009," Centers for Disease Control and Prevention, 2013년 12월 12일 확인, www.cdc.gov.

29 "About the Benson-Henry Institute for Mind Body Medicine," Benson-Henry Institute at Massachusetts General Hospital, 2013년 12월 12일 확인, www.massgeneral.org.

30 Jeremy Laurence and Robin Minchom, "Rise in Hospital Admissions for Stress is Blamed on Recession," *The Independent*, 2012년 9월 12일, www.independent.co.uk.

31 Graham Smith, "Hospital Admissions for Stress Jump by 7% in Just One Year and More Men Were Treated Than Women," *Daily Mail*, 2012년 9월 11일, www.dailymail.co.uk.

32 Andrew Garner, Jack Shonkoff, Benjamin Siegel, Mary Dobbins, Marian Earls, Laura McGuinn, John Pascoe, and David Wood, "Early Childhood Adversity, Toxic Stress, and the Role of the Pediatrician: Translating Developmental Science into Lifelong Health," *Pediatrics: Official Journal of the American Academy of Pediatrics* 129 (2011): 224-31.

33 Nicholas Kristof, "A Poverty Solution That Begins with a Hug," *The New York Times*, 2012년 1월 7일, www.nytimes.com.

34 David Brooks, "The Humanist Vocation," *The New York Times*, 2013년 6월 20일, www.nytimes.com.

35 Mona Simpson, "A Sister's Eulogy for Steve Jobs," *The New York Times*, 2011년 10월 30일, www.nytimes.com.

36 Marguerite Yourcenar, *Memoirs of Hadrian*, trans. Grace Frick (New York: Farrar, Straus and Giroux, 2005), 25.

37 "Jefferson's Gravestone," Thomas Jefferson's Monticello, 2013년 10월 25일 확인, www.monticello.org.

38 George Carlin, *Napalm and Silly Putty* (New York: Hyperion, 2002), 170.

39 Michael Winerip, "Dying with Dignity and the Final Word on Her Life," *The New York Times*, 2013년 8월 5일, www.nytimes.com.

웰빙

1 Marilyn Tam, *The Happiness Choice: The Five Decisions You Will Make That Take You from Where You Are to Where You Want to Be* (Hoboken, N.J.: Wiley, 2013), 9.

2 Thomas Brickhouse and Nicholas Smith, *Plato's Socrates* (Oxford: Oxford University Press, 1994), 201.

3 "Women and Heart Disease Facts," Women's Heart Foundation, 2013년 11월 1일 확인, www.womensheart.org.

4 Jenny Head, Stephen Stansfeld, and Johannes Siegrist, "The Psychosocial Work Environment and Alcohol Dependence: A Prospective Study," *Occupational and Environmental Medicine*

61 (2004): 219-24.

5   (1) Linda Carroll, "Eating Disorders Stalk Women into Adulthood," *Today* News, 2011년 7월 6
     일, www.today.com; (2) "Midlife," The Renfrew Center, 2013년 12월 1일 확인,
     www.renfrewcenter.com.

6   Caroline Turner, "Why We Women Leave Our Jobs, and What Business Can Do to Keep Us,"
     Diversity MBA Magazine, 2012년 8월 15일, www.diversitymbamagazine.com.

7   Paulette Light, "Why 43% of Women with Children Leave Their Jobs, and How to Get Them
     Back," *The Atlantic*, 2013년 4월 19일, www.theatlantic.com.

8   Margo Eprecht, "The Real Reason Women Are Leaving Wall Street," *Quartz*, 2013년 9월 5일,
     www.qz.com.

9   Anne Lamott, "Let Us Commence," *Salon*, 2003년 6월 6일, www.salon. com.

10   Paulette Light, "Why 43% of Women with Children Leave Their Jobs, and How to Get Them
     Back.", *The Atlantic*, 2013년 4월 19일, www.theatlantic.com.

11   Ibid.

12   Catherine Pearson, "Women and Stress: The Moment Kate Knew She Had to Change Her
     Life," *The Huffington Post*, 2013년 5월 22일, www.huffingtonpost.com.

13   "City Ballet School-San Francisco," City Ballet School-San Francisco, accessed December 1,
     2013년 12월 1일 확인, www.cityballetschool.org.

14   Meghan Casserly, Forbes-Woman, and TheBump.com, "Parenthood and the Economy 2012
     Survey Results," *Forbes*, 2012년 9월 12일, www.forbes.com.

15   Pascal Chabot, "Burnout Is Global," *Le Huffington Post*, 2013년 1월 20일,
     www.huffingtonpost.fr.

16   Mark Williams and Danny Penman, *Mindfulness: An Eight-Week Plan for Finding Peace in a
     Frantic World* (Emmaus, PA: Rodale, 2011), Kindle edition, 213.

17   Ibid., 214.

18   James Woelfel, "Frederick Buechner: The Novelist as Theologian," *Theology Today* 40 (1983).

19   "Results from the 2010 National Survey on Drug Use and Health: Summary of National
     Findings," U.S. Department of Health and Human Services, 2013년 12월 1일 확인,
     www.oas.samhsa.gov.

20   "Policy Impact: Prescription Painkiller Overdoses," Centers for Disease Control and
     Prevention, 2013년 12월 1일 확인, www.cdc.gov.

21   "CDC: Nearly 9 Million Americans Use Prescription Sleep Aids," *CBS News*, 2013년 8월 29일,
     www.cbsnews.com.

22   Maia Szalavitz, "What Does a 400% Increase in Antidepressant Use Really Mean?," *Time*, 2011
     년 10월 20일, www.healthland.time.com.

23   (1) Ricardo Gusmao, Sonia Quintao, David McDaid, Ella Arensman, Chantal Van Audenhove,

Claire Coffey, Airi Varnik, Peeter Varnik, James Coyne, and Ulrich Hegerl, "Antidepressant Utilization and Suicide in Europe: An Ecological Multi-National Study," *PLoS ONE* 8 (2013): e66455; (2) Rachel Reilly, "Prozac Nation: Use of Antidepressants in the UK Has Soared by 500% in the Past 20 Years," *Daily Mail*, July 5, 2013년 7월 5일, www.dailymail.co.uk.

24 Rebecca Smith, "Highflying Women 'More Likely to Develop Heart Disease,'" *The Telegraph*, 2010년 5월 6일, www.telegraph.co.uk.

25 "Workplace Stress is Costing Germany Time, Money, Health," *Deutsche Welle*, 2013년 1월 29일, www.dw.de.

26 Aurelia End, "Germany Wages War Against Burnout," Agence France-Presse, 2012년 2월 4일.

27 Chen Xin, "Survey Shows Chinese Workers Stressed Out," *China Daily*, 2012년 10월 19일, www.chinadaily.com.cn.

28 Leslie Kwoh, "When the CEO Burns Out," *The Wall Street Journal*, 2013년 5월 7일, www.online.wsj.com.

29 Peter Lattman and Ben Protess, "SAC Capital to Plead Guilty to Insider Trading," *The New York Times*, 2013년 11월 4일, www.dealbook.nytimes.com.

30 Jennifer Senior, "How Email Is Swallowing Our Lives," *New York*, 2013년 7월 31일, nymag.com.

31 Dan Milmo, "Lloyds Bank Boss Horta-Osorio Returning to Work After Sick Leave," *The Guardian*, 2011년 12월 14일, www.theguardian.com.

32 Jill Treanor, "Lloyds Chief 'Did Not Sleep for Five Days,'" *The Guardian*, 2011년 12월 15일, www.theguardian.com.

33 Julia Werdigier, "Hector Sants Resigns From Barclays," *The New York Times*, 2013년 11월 13일, www.dealbook.nytimes.com.

34 Esther Sternberg, *Healing Spaces: The Science of Place and Well-Being* (Cambridge, MA: Harvard University Press, 2009), 95-6.

35 Winifred Gallagher, *Rapt: Attention and the Focused Life* (New York: Penguin, 2009), 6.

36 Josh Chin and Paul Mozur, "Gloom Falls Over Chinese Web as Lee Kai-Fu Reveals Cancer Diagnosis," *The Wall Street Journal*, 2013년 9월 6일, www.blogs.wsj.com.

37 Iain Thomas, "The Grand Distraction," *I Wrote This For You Blog*, June 19, 2012년 6월 19일, www.iwrotethisforyou.me.

38 "Healthy Employees, Healthy Profits: A Stronger Business Case for Employee Health Management Programs," OptumHealth Resource Center for Health and Wellbeing Position Paper, 2013년 12월 12일 확인, www.optumhealth.com.

39 Michael Porter, Elizabeth Teisberg, and Scott Wallace, "What Should Employers do about Healthcare?" Harvard Business School Working Knowledge Forum, 2008년 7월 16일, www.hbswk.hbs.edu.

40 Laurence and Minchom, "Rise in Hospital Admissions for Stress is Blamed on Recession."

41 Porter, Teisberg, and Wallace, "What Should Employers do about Healthcare?"

42 David A. Kaplan, "Howard Schultz Brews Strong Coffee at Starbucks," CNN Money, 2011년 11월 17일, www.management.fortune.cnn.com.

43 Howard Schultz and Dori Jones Yang, Pour Your Heart Into It: How Starbucks Built a Company One Cup at a Time (New York: Hyperion, 1997), 127–35.

44 Marguerite Rigoglioso, "Time to Detox the Work Environment," Stanford Graduate School of Business press release, 2009년 4월 1일, on the Stanford Graduate School of Business News website, www.gsb.stanford. edu.

45 "Escape Fire: The Fight to Save America's Health Care," CNN, 2013년 3월 10일, www.transcripts.cnn.com.

46 Ibid.

47 Esther Sternberg, interview with Krista Tippett, "The Science of Healing Places with Esther Sternberg," On Being, American Public Media, 2012년 9월 27일, www.onbeing.org.

48 Jon Kabat-Zinn, Arriving at Your Own Door: 108 Lessons in Mindfulness (New York: Hyperion, 2007), 3.

49 Nicholson Baker, The Anthologist (New York: Simon & Schuster, 2009), 237.

50 Williams and Penman, Mindfulness, 55, 77.

51 Andrew Harvey, The Direct Path: Creating a Personal Journey to the Divine Using the World's Spiritual Traditions (New York: Harmony, 2001).

52 Herbert Benson and William Proctor, Relaxation Revolution: The Science and Genetics of Mind Body Healing (New York: Scribner, 2011), 59.

53 Ibid., 16.

54 Robert Schneider, Charles Alexander, Frank Staggers, Maxwell Rainforth, John Salerno, Arthur Hartz, Stephen Arndt, Vernon Barnes, and Sanford Nidich, "Long-term Effects of Stress Reduction on Mortality in Persons > or = 55 Years of Age with Systemic Hypertension," American Journal of Cardiology 95 (2005): 1060-64.

55 Williams and Penman, Mindfulness, 51.

56 Richard Davidson, Jon Kabat-Zinn, Jessica Schumacher, Melissa Rosenkranz, Daniel Muller, Saki F. Santorelli, Ferris Urbanowski, Anne Harrington, Katherine Bonus, and John F. Sheridan, "Alterations in Brain and Immune Function Produced by Mindfulness Meditation," Psychosomatic Medicine: Journal of Behavioral Medicine 65 (2003): 564-70.

57 Bruce Barrett, Mary S. Hayney, Daniel Muller, David Rakel, Ann Ward, Chidi N. Obasi, Roger Brown, Zhengjun Zhang, Aleksandra Zgierska, James Gern, Rebecca West, Tola Ewers, Shari Barlow, Michele Gassman, and Christopher L. Coe, "Meditation or Exercise for Preventing Acute Respiratory Infection: A Randomized Trial," Annals of Family Medicine 10 (2012): 337-46.

58 Fadel Zeidan, Katherine T. Martucci, Robert A. Kraft, Nakia S. Gordon, John G. McHaffie, and Robert C. Coghill, "Brain Mechanisms Supporting the Modulation of Pain by Mindfulness Meditation," *The Journal of Neuroscience* 31 (2011): 5540-48.

59 Manoj K. Bhasin, Jeffery A. Dusek, Bei-Hung Chang, Marie G. Joseph, John W. Denninger, Gregory L. Fricchione, Herbert Benson, and Towia A. Libermann, "Relaxation Response Induces Temporal Transcriptome Changes in Energy Metabolism, Insulin Secretion and Inflammatory Pathways," *PLoS ONE* 8 (2013): e62817.

60 Robert E. Herron, "Changes in Physician Costs Among High-Cost Transcendental Meditation Practitioners Compared With High-Cost Nonpractitioners Over 5 Years," *American Journal of Health Promotion* 26 (2011): 56-60.

61 Sara W. Lazar, Catherine E. Kerr, Rachel H. Wasserman, Jeremy R. Gray, Douglas N. Greve, Michael T. Treadway, Metta McGarvey, Brian T. Quinn, Jeffery A. Dusek, Herbert Benson, Scott L. Rauch, Christopher I. Moore, and Bruce Fischl, "Meditation Experience is Associated with Increased Cortical Thickness," *Neuro-Report* 16 (2005): 1893-97.

62 Antoine Lutz, Lawrence Greischar, Nancy Rawlings, Matthieu Ricard, and Richard Davidson, "Long-Term Meditators Self-Induce High-Amplitude Gamma Synchrony During Mental Practice," *Proceedings of the National Academy of Sciences* 101 (2004): 16369-73.

63 Richard Davidson과 Krista Tippett의 인터뷰, *On Being*, American Public Media, 2011년 6월 23일, www.onbeing.org.

64 Marc Kaufman, "Meditation Gives Brain a Charge, Study Finds," *The Washington Post*, 2005년 1월 3일, www.washingtonpost.com.

65 Frankie Taggart, "Buddhist Monk Is World's Happiest Man," *Agence France-Presse*, 2012년 10월 29일.

66 Matthieu Ricard, "Buddhist Perspective" (panel at Mind and Life XXVII: Craving, Desire and Addiction, Dharamsala, India, 2013년 10월 31일).

67 Taggart, "Buddhist Monk Is World's Happiest Man."

68 Matthieu Ricard와 Krista Tippett의 인터뷰, *On Being*, American Public Media, 2011년 10월 27일, www.onbeing.org.

69 Christopher Gill, trans., *Marcus Aurelius: Meditations, Books 1-6* (New York: Oxford University Press, 2013), 20.

70 J. David Creswell, Michael R. Irwin, Lisa J. Burklund, Matthew D. Lieberman, Jesusa M. G. Arevalo, Jeffrey Ma, Elizabeth Crabb Breen, and Steven W. Cole, "Mindfulness-Based Stress Reduction Training Reduces Loneliness and Pro-Inflammatory Gene Expression in Older Adults: A Small Randomized Controlled Trial," *Brain, Behavior, and Immunity* 26 (2012): 1095-101.

71 Anthony P. King, Thane M. Erickson, Nicholas D. Giardino, Todd Favorite, Sheila A. H.

Rauch, Elizabeth Robinson, Madhul Kulkarni, and Israel Liberzon, "A Pilot Study of Group Mindfulness-Based Cognitive Therapy (MBCT) for Combat Veterans with Post-Traumatic Stress Disorder (PTSD)," *Depression and Anxiety* 30 (2013): 638-45.

72 Cassandra Vieten and John Astin, "Effects of a Mindfulness-Based Intervention During Pregnancy on Prenatal Stress and Mood: Results of a Pilot Study," *Archives of Women's Mental Health* 11 (2008): 67-74.

73 Filip Raes, James W. Griffith, Kathleen Van Der Gucht, and J. Mark G. Williams, "School-Based Prevention and Reduction of Depression in Adolescents: A Cluster-Randomized Controlled Trial of a Mindfulness Group Program," *Mindfulness* (2013).

74 Barbara L. Fredrickson, Michael A. Cohn, Kimberly A. Coffey, Jolynn Pek, and Sandra M. Finkel, "Open Hearts Build Lives: Positive Emotions, Induced Through Loving-Kindness Meditation, Build Consequential Personal Resources," *Journal of Personal and Social Psychology* 95 (2008): 1045-62.

75 "Mindfulness Based Cognitive Therapy and the Prevention of Relapse in Depression," University of Oxford Centre for Suicide Research, 2013년 12월 1일 확인, www.cebmh.warne.ox.ac.uk.

76 Penelope Green, "This is Your Brain on Happiness," *O, The Oprah Magazine*, March 2008, www.oprah.com.

77 Peter S. Goodman, "Why Companies Are Turning to Meditations and Yoga to Boost the Bottom Line," *The Huffington Post*, 2013년 7월 26일, www.huffingtonpost.com.

78 Taggart, "Buddhist Monk Named Happiest Man in the World."

79 (1) "Can Meditation Make You a More Compassionate Person?" Northwestern University press release, 2013년 4월 1일, www. northeastern.edu: (2) Paul Condon, Gaelle Desbordes, Willa Miller, and David DeSteno, "Meditation Increases Compassionate Responses to Suffering," *Psychological Science* 24 (2013): 2125-27.

80 David Lynch, *Catching Big Fish: Meditation, Consciousness, and Creativity* (New York: Tarcher, 2007), 1.

81 Walter Isaacson, *Steve Jobs* (New York: Simon & Schuster, 2011), 9.

82 Giuseppe Pagnoni, Milos Cekic, and Ying Guo, "'Thinking About Not-Thinking': Neural Correlates of Conceptual Processing During Zen Meditation," *PLoS ONE* 3 (2008): e3083.

83 "Zen Training Speeds the Mind's Return After Distraction, Brain Scans Reveal," Woodruff Health Sciences Center News press release, 2008년 9월 9일, www.shared.web.emory.edu.

84 Asa Bennett, "Bank of England Runs Meditation Classes for Staff Mindfulness," *The Huffington Post*, 2013년 11월 20일, www. huffingtonpost.com.

85 Julie Watson, "Marines Studying Mindfulnessbased Training Can Benefit Troops," Associated Press, 2013년 1월 19일, www.bigstory.ap.org.

86 "Operation Warrior Wellness: Building Resilience and Healing the Hidden Wounds of War," David Lynch Foundation for Consciousness-Based Education and World Peace, 2013년 12월 10일 확인, www. davidlynchfoundation.org.

87 Tatiana Serafin, "Sit. Breathe. Be a Better Leader." *Inc.*, 2011년 10월 18일, www.inc.com.

88 Megan Rose Dickey, "The Secret Behind the Silicon Valley Elite's Success: Meditation," *Business Insider*, 2013년 6월 25일, www.businessinsider.com.

89 Mark Bertolini와 Arianna Huffington의 인터뷰, "Squawk Newsmaker," *Squawk Box*, CNBC, 2013년 3월 12일, www.huffingtonpost.com.

90 Sarah Perez and Anthony Ha, "Marc Benioff Says, 'There Would Be No Salesforce.com Without Steve Jobs,'" *Tech Crunch*, 2013년 9월 10일, www.techcrunch.com.

91 Megan Rose Dickey, "The Secret Behind the Silicon Valley Elite's Success: Meditation."

92 "George Stephanopoulos Talks Benefits of Meditation at the Third Metric Women's Conference," *The Huffington Post*, 2013년 6월 7일, www.huffingtonpost.com.

93 Marcus Baram, "Ray Dalio, Hedge Fund Genius, Says Meditation Is Secret to His Success," *International Business Times*, 2013년 11월 12일, www.ibtimes.com.

94 Jerry Seinfeld와 George Stephanopoulos의 인터뷰, *Good Morning America*, 2012년 12월 13일, www.abcnews.go.com.

95 Crystal G. Martin, "Kenneth Branagh's Aha! Moment: How I Learned to Meditate," *O, The Oprah Magazine*, May 2011, www.oprah.com.

96 "Oprah Winfrey and Deepak Chopra Launch 21-Day Meditation Experience on Desire and Destiny," OWN: Oprah Winfrey Network press release, 2008년 10월 28일, www.press.discovery.com.

97 "Rupert Murdoch is Giving Transcendental Meditation a Try," *The Huffington Post*, 2013년 4월 23일, www.huffingtonpost.com.

98 Bob Roth(Executive Director, David Lynch Foundation)와 저자가 2013년 12월 3일 뉴욕에서 가진 대화.

99 Carolyn Gregoire, "Lena Dunham: 'I've Been Meditating Since I Was 9 Years Old,'" *The Huffington Post*, 2013년 10월 9일, www.huffingtonpost. com.

100 Matt Richtel, "Silicon Valley Says Step Away from the Device," *The New York Times*, 2012년 7월 23일, www.nytimes.com.

101 Penny George, "What Is Integrative Medicine and Why Is It Critical to Today's Healthcare Discussion?", *The Huffington Post*, 2013년 5월 14일, www.huffingtonpost.com.

102 Bernard Down, "Death in Classical Daoist Thought," *Philosophy Now*, 2000, www.philosophynow.org.

103 Lawrence S. Cunningham and Keith J. Egan, *Christian Spirituality: Themes from the Tradition* (Mahwah, NJ: Paulist, 1996), 38.

104 "Quakers," BBC Religions, 2009년 7월 3일 업데이트, www.bbc.co.uk.

105 Ibid.

106 Mark Finley, "Biblical Spirituality: Rediscovering Our Biblical Roots or Embracing the East?" *Ministry: International Journal for Pastors*, August 2012, www.ministrymagazine.org.

107 Al-Mamum Al-Suhrawardy, *The Wisdom of Muhammad* (New York: Citadel, 2001), 81.

108 Les Lancaster, "The Essence of Jewish Meditation," BBC Religions, 2009년 8월 13일, www.bbc.co.uk.

109 Frumma Rosenberg-Gottlieb, "On Mindfulness and Jewish Meditation, Part I," Chabad.org, 2013, www.chabad.org.

110 창세기 24장 63절.

111 Tessa Watt, *Mindful London* (London: Virgin, 2014).

112 P. C. Mozoomdar, ed., *The Interpreter* (1885): 76.

113 Jessica Stillman, "Sheryl Sandberg Leaves Work at 5:30. Why Can't You?," *Inc.*, 2012년 4월 9일, www.inc.com.

114 Charlotte McDonald, "Are Greeks the Hardest Workers in Europe?", *BBC News Magazine*, 2012년 2월 25일, www.bbc.co.uk.

115 Caitlin Kelly, "O.K., Google, Take a Deep Breath," *The New York Times*, 2012년 4월 28일, www.nytimes.com.

116 David Gelles, "The Mind Business," *Financial Times*, 2012년 8월 24일, www.ft.com.

117 Ibid.

118 "Aon Hewitt 2013 Health Care Survey," Aon, 2013년 11월 22일 확인, www.aon.com.

119 Gelles, "Mind Business."

120 Wallace Immen, "Meditation Finds an Ommm in the Office," *The Globe and Mail*, 2012년 11월 27일, www.theglobeandmail.com.

121 "Nike Tennessee Recognized For Employment Practices," Nike, Inc. press release, 2008년 3월 10일, www.nikeinc.com.

122 Scott Thompson, "The Advantages of a Meditative Space in the Workplace," *Demand Media: Work*, 2013년 11월 20일 확인, www.work.chron.com.

123 Jacquelyn Smith, "The Top 25 Companies for Work-Life Balance," *Forbes*, 2012년 8월 10일, www.forbes.com.

124 "100 Best Companies to Work for," *Fortune*, 2013, www.money.cnn.com.

125 Goodman, "Why Companies Are Turning to Meditation and Yoga to Boost the Bottom Line."

126 Sarah McKenzie, "Transforming the Workplace into a Blue Zone," *Southwest Journal*, 2013년 1월 14일, www.southwestjournal.com.

127 "Blue Zone Communities-Creating Environments of Health," Blue Zones, 2013년 12월 1일 확인, www.bluezones.com.

128 McKenzie, "Transforming the Workplace into a Blue Zone."

129 Jillian Berman, "Wegmans Improves its Bottom Line by Helping Employees Shrink Their Waistlines," *The Huffington Post*, 2013년 8월 5일, www.huffingtonpost.com.

130 Russ Britt, "Aetna Completes Coventry Buyout, Raises Full-year Outlook," *The Wall Street Journal*, 2013년 5월 7일, blogs.marketwatch.com.

131 Jeffrey Young, "Company Wellness Programs May Boost Bottom Lines, Aetna CEO Mark Bertolini Says," *The Huffington Post*, 2013년 6월 6일, www.huffingtonpost.com.

132 "Aetna Delivers Evidence-based Mind-Body Stress Management Programs," Aetna News Hub press release, 2012년 2월 23일, www.newshub.aetna.com.

133 Jeffrey Young, "Company Wellness Programs May Boost Bottom Lines, Aetna CEO Mark Bertolini Says."

134 "Aetna Delivers Evidence-Based Mind-Body Stress Management Programs."

135 Courtney Comstock, "Ray Dalio is Too Modest to Admit He Returned 38% YTD Using Transcendental Meditation," *Business Insider*, 2010년 10월 25일, www.businessinsider.com.

136 Aleksandr Isaevich Solzhenitsyn, *The Solzhenitsyn Reader: New and Essential Writings, 1947-2005*, eds. Edward E. Ericson and Daniel J. Mahoney (Wilmington, DE: Intercollegiate Studies Institute, 2009), 623.

137 Jeff Weiner, "Managing Compassionately," LinkedIn, 2012년 10월 15일, www.linkedin.com.

138 Arianna Huffington, "Redefining Success: Takeaways from Our Third Metric Conference," *The Huffington Post*, 2013년 6월 14일, www.huffingtonpost.com.

139 Ben Weiss, "The Four Cool Ways the Top Employers Create Work-Life Balance," *U.S. News and World Repor*, 2013년 6월 19일, www.money.usnews.com.

140 Gregory Berns, "Neuroscience Sheds New Light on Creativity," *Fast Company*, 2008년 10월 1일, www.fastcompany.com.

141 Williams and Penman, *Mindfulness*, 26-27.

142 Rolf Dobelli, *Arretez de vous tromper: 52 erreurs de jugement qu'il vaut mieux laisser aux autres* (Paris: Eyrolles, 2012), 171.

143 James Roberts and Stephen Pirog, "A Preliminary Investigation of Materialism and Impulsiveness as Predictors of Technological Addictions Among Young Adults," *Journal of Behavioral Addictions* 2 (2012): 56-62.

144 Gary Small and Gigi Vorgan, *iBrain: Surviving the Technological Alteration of the Modern Mind* (New York: William Morrow, 2009), 2, 20.

146 David Roberts, "Goodbye for Now," *Grist*, 2013년 8월 19일, www.grist.org.

146 Michael Chui, James Manyika, Jacques Bughin, Richard Dobbs, Charles Roxburgh, Hugo Sarrazin, Geoffrey Sands and Magdalena Westergren, "The Social Economy: Unlocking Value and Productivity Through Social Technologies," McKinsey Global Institute Report, July 2012,

www.mckinsey.com.

147 Jennifer Senior, "How Email is Swallowing Our Lives," *New York*, 2013년 7월 31일, www.nymag.com.

148 Linda Stone이 저자에게 보낸 이메일 2013년 12월 17일.

149 Linda Stone, "Just Breathe: Building the Case for Email Apnea," *The Huffington Post*, 2008년 2월 8일, www.huffingtonpost.com.

150 Ibid.

151 Tim Harford, "Ten Email Commandments," *Financial Times*, 2013년 9월 13일, www.ft.com.

152 Kimberly Brooks, "Let's Take the Phone Stacking Game One Step Further: Ban the Meal Shot," *The Huffington Post*, 2013년 9월 24일, www.huffingtonpost.com.

153 Caroline Tell, "Step Away From the Phone!," *The New York Times*, 2013년 9월 20일, www.nytimes.com.

154 Leslie A. Perlow and Jessica L. Porter, "Making Time Off Predictable-And Required," *Harvard Business Review*, October, 2009, hbr.org.

155 "Sustainable Intensity," The Boston Consulting Group, 2013년 12월 1일 확인, www.bcg.com.

156 Chuck Leddy, "Slowing the Work Treadmill," *Harvard Gazette*, 2013년 8월 27일, www.news.harvard.edu.

157 Gloria Mark, Stephen Voida, and Armand Cardello, "A Pace Not Dictated by Electrons: An Empirical Study of Work Without Email" (Computer-Human Interaction Conference 2012, Proceedings of the SIGCHI Conference on Human Factors in Computing Systems, May 5-10, 2012), 555-64.

158 Shayne Hughes, "I Banned All Internal Emails at My Company for a Week," *Forbes*, 2012년 10월 25일, www.forbes.com.

159 (1) David Burkus, "Sleepless in Senior Leadership: The Workplace Effects of Sleep Deprivation," *Smart-Blog on Leadership*, 2012년 7월 2일, www.smartblogs.com; (2) Volkswagen 직원과 저자와의 전화 대화, 2013년 12월 19일.

160 Bart Lorang, "Paid Vacation? That's Not Cool. You Know What's Cool? Paid PAID Vacation," *FullContact Blog*, 2012년 7월 10일, www.fullcontact.com.

161 Esther Sternberg와 Krista Tippett의 인터뷰, "The Science of Healing Places with Esther Sternberg," *On Being*, American Public Media, 2012년 9월 27일, www.onbeing.org.

162 Jeremy Hogeveen, Michael Inzlicht, and Sukhvinder Obhi, "Power Changes How the Brain Responds to Others," *Journal of Experimental Psychology: General* (2013).

163 (1) Adam Galinsky, Joe Magee, M. Ena Inesi, and Deborah Gruenfeld, "Power and Perspectives Not Taken," *Psychological Science* 17 (2006): 1068-74; (2) Vivek K. Wadhera, "Losing Touch," *Kellogg Insight*, 2009년 11월 1일, www.insight.kellogg.northwestern.edu.

164 Sheryl Sandberg가 저자에게 2013년 12월에 보낸 이메일.

165   "*The Huffington Post's* Oasis 2012: First Looks at Our DNC Retreat Center," *The Huffington Post*, 2012년 9월 2일, www.huffingtonpost.com.

166   Aleksandr Solzhenitsyn, *In the First Circle* (New York: Harper Perennial, 2009).

167   출애굽기 20장 8-10절.

168   "The Thirty-Nine Categories of Sabbath Work," *Orthodox Union,*, 2013년 12월 1일 확인, www.ou.org.

169   "Shabbat Conclusion Worship Service: Hav dallah Blessings," *Reform Judaism*, 2013년 12월 1일 확인, www.reformjudaism.org.

170   Julianne Holt-Lunstad, Wendy Birmingham, Adam M. Howard, and Dustin Thoman, "Married with Children: The Influence of Parental Status and Gender on Ambulatory Blood Pressure," *Annals of Behavioral Medicine* 38 (2009): 170-79.

171   "Stress by Generations: 2012."

172   Ibid.

173   Eleanor Bradford, "Half of Teenagers Sleep Deprived, Study Says," *BBC News*, 2013년 8월 25일, www.bbc.co.uk.

174   Laura Manenschijn, L. Schaap, N. M. van Schoor, S. van der Pas, G. M. E. E. Peeters, P. Lips, J. W. Koper, and E. F. C. van Rossum, "High Long-Term Cortisol Levels, Measured in Scalp Hair, Are Associated with a History of Cardiovascular Disease," *The Journal of Clinical Endocrinology & Metabolism* 98 (2013): 2078-83.

175   Masuma Novak, Lena Bjorck, Kok Wai Giang, Christina Heden-Stahl, Lars Wilhelmsen, and Annika Rosengren, "Perceived Stress and Incidence of Type 2 Diabetes: A 35-Year Follow-up Study of Middle-Aged Swedish Men," *Diabetic Medicine* 30 (2013): e8-e16.

176   Susan Melhorn, Eric Krause, Karen Scott, Marie Mooney, Jeffrey Johnson, Stephen Woods, and Randall Sakai, "Meal Patterns and Hypothalamic NPY Expression During Chronic Social Stress and Recovery," *American Journal of Physiology: Regulatory, Integrative and Comparative Physiology* 299 (2010): 813-22.

177   Sharon Jayson, "Who's Feeling Stressed? Young Adults, New Survey Shows," *USA Today*, 2013년 2월 7일, www.usatoday.com.

178   "Stress by Generations: 2012."

179   Anand Giridharadas, "Women Are at the Table, So Now What?" *The New York Times*, 2013년 6월 14일, www.nytimes.com.

180   Cheryl Powell, "Latest Cleveland Clinic Venture a Real Sleeper," *Akron Beacon Journal Online*, 2011년 8월 8일, www.ohio.com.

181   Weston Kosova, "Running on Fumes: Pulling All-Nighters, Bill Clinton Spent His Last Days Obsessing Over Details and Pardons," *Newsweek*, 2001년 2월 26일, www.newsweek.com.

182   Antonis Polemitis and Andreas Kitsios, "Cyprus Bailout: Stupidity, Short-Sightedness,

Something Else?," *Cyprus.com*, 2013년 12월 1일, www.cyprus.com.

183　Felix Salmon, "The Cyprus Precedent," *Reuters*, 2013년 3월 17일, www.blogs.reuters.com.

184　Arianna Huffington, "Why We All Need More Sleep," *The Telegraph*, 2013년 1월 28일, www.telegraph.co.uk.

185　Edward Suarez, "Self-Reported Symptoms of Sleep Disturbance and Inflammation, Coagulation, Insulin Resistance and Psychosocial Distress: Evidence for Gender Disparity," *Brain, Behavior and Immunity* 22 (2008): 960-68.

186　Till Roenneberg, "Five Myths About Sleep," *The Washington Post*, 2012년 11월 21일, www.articles.washingtonpost.com.

187　Mareen Weber, Christian Webb, Sophie Deldonno, Maia Kipman, Zachary Schwab, Melissa Weiner, and William Killgore, "Habitual 'Sleep Credit' Is Associated with Greater Grey Matter Volume of the Medial Prefrontal Cortex, Higher Emotional Intelligence and Better Mental Health," *Journal of Sleep Research* 22 (2013): 527-34.

188　Maiken Nedergaard와 Jon Hamilton의 인터뷰, "Brains Sweep Themselves Clean of Toxins During Sleep," *All Things Considered*, NPR, 2013년 10월 17일, www.npr.org.

189　James Gallagher, "Sleep 'Cleans' the Brain of Toxins," *BBC News*, 2013년 10월 17일, www.bbc.co.uk.

190　"The Great British Sleep Survey 2012," *Sleepio*, 2013년 11월 1일 확인, www.greatbritishsleepsurvey.com.

191　Ronald Kessler, Patricia Berg lund, Catherine Coulouvrat, Goeran Hajak, Thomas Roth, Victoria Shahly, Alicia Shillington, Judith Stephenson, and James Walsh, "Insomnia and the Performance of US Workers: Results from the America Insomnia Survey," *SLEEP* 34 (2011): 1161-71.

192　Daniel Kahneman, Alan Krueger, David Schkade, Norbert Schwarz, and Arthur Stone, "A Survey Method for Characterizing Daily Life Experience: The Day Reconstruction Method (DRM)," *Science* 306 (2004): 1776-80.

193　Richard Easterlin, "Will Raising the Incomes of All Increase the Happiness of All?" *Journal of Economic Behavior and Organization* 27 (1997): 35-47.

194　Charlie Rose와 저자의 대화, 2014년 1월 9일.

195　David K. Randall, "Rethinking Sleep," *The New York Times*, 2012년 9월 22일, www.nytimes.com.

196　Brittany Wood, Mark Rea, Barbara Plitnick, and Mariana Figueiro, "Light Level and Duration of Exposure Determine the Impact of Self-Luminous Tablets on Melatonin Suppression," *Applied Ergonomics* 44 (2013): 237-40.

197　Anne-Marie Slaughter, "Why Women Still Can't Have It All," *The Atlantic*, 2012년 6월 13일, www.theatlantic.com.

198 "Women and Sleep," National Sleep Foundation, 2013년 12월 1일 확인, www.sleepfoundation.org.

199 "Yawn! Most Mothers Don't Get Enough Sleep," *Reuters/NBC News*, 2006년 10월 20일, www.nbcnews.com.

200 Michael Breus와 저자의 대화, 2010년 7월 23일.

201 Jenny Stamos Kovacs, "Lose Weight While You Sleep!," *Glamour*, 2009년 2월 2일, www.glamour.com.

202 Michael Breus와 저자의 대화, 2010년 7월 23일.

203 Robert L. Snow, *Deadly Cults: The Crimes of True Believers* (Westport, Conn.: Praeger, 2003), 161.

204 Roenneberg, "Five Myths About Sleep," *The Washington Post*.

205 Ibid.

206 Kelly Glazer Baron, Kathryn Reid, and Phyllis Zee, "Exercise to Improve Sleep in Insomnia: Exploration of the Bidirectional Effects," *Journal of Clinical Sleep Medicine* 9 (2013): 819–84.

207 Kovacs, "Lose Weight While You Sleep!"

208 Cindi Leive, "Sleep Challenge 2010: Three Tiny Things I Wish I Had Known Years Ago," *Glamour*, 2010년 1월 7일, www.glamour.com.

209 Michael J. Breus는 2010년 1월 19일 *The Huffington Post*에 기고한 "Sleep Challenge 2010: Perchance to Dream"에 대해서 2010년 1월 20일 오후 12시 51분 이렇게 논평했다. www.huffingtonpost.com.

210 Jalalal-Din Rumi, *The Essential Rumi: New Expanded Edition*, trans. Coleman Barks and John Moyne (New York: HarperOne, 2004), 255.

211 Stephani Sutherland, "Bright Screens Could Delay Bedtime," *Scientific American*, 2013년 2월 1일, www.scientificamerican.com.

212 Mika Brzezinski, "Unplugging Is Easier Said Than Done," *The Huffington Post*, 2014년 1월 7일, www.huffingtonpost.com.

213 Cindi Leive, "My Digital Detox: How I Ditched My Email and Social Media for a Week and the Cold Sweats Weren't So Bad," *The Huffington Post*, 2014년 1월 8일, www.huffingtonpost.com.

214 Peter Keating, "Sleeping Giants," *ESPN The Magazine*, 2012년 4월 5일, www.espn.go.com.

215 Ibid.

216 Ibid.

217 Erin Allday, "Stanford Athletes Sleep for Better Performance," *San Fransisco Chronicle*, 2011년 7월 4일, www.sfgate.com.

218 Keating, "Sleeping Giants."

219 Kimberly Boyd, "3 Sleep Lessons We Can Learn from Olympians," One Medical Group, 2012

년 8월 10일, www.onemedical.com.

220 Jeff Caplan, "Mavs First to Dive into Fatigue Analysis," *Hang Time Blog*, 2013년 10월 16일, hangtime.blogs.nba.com.

221 Keating, "Sleeping Giants."

222 "Athletes Who Meditate: Kobe Bryant and Other Sports Stars Who Practice Mindfulness," *The Huffington Post*, 2013년 5월 30일, www.huffingtonpost.com.

223 Phil Jackson과 Oprah Winfrey의 인터뷰, *Super Soul Sunday*, Oprah Winfrey Network, 2013년 6월 16일.

224 George Mumford와 Lineage Project의 인터뷰, 2013년 12월 1일 확인, www.lineageproject.org/.

225 "Athletes Who Meditate."

226 "Athletes Who Meditate."

227 Jim Loehr and Tony Schwartz, *The Power of Full Engagement: Managing Energy, Not Time, Is the Key to High Performance and Personal Renewal* (New York: Free Press, 2003), Kindle edition, 2731–36.

228 Charlie Rose와 Andy Murray의 인터뷰, *Charlie Rose*, Public Broadcasting Service, 2012년 9월 11일.

229 Tony Schwartz, "How to Recover Your Core Rhythm," *Harvard Business Review*, 2011년 10월 26일, www.blogs.hbr.org.

230 Ibid.

231 David Levy, Jacob Wobbrock, Alfred Kaszniak, and Marilyn Ostergren, "The Effects of Mindfulness Meditation Training on Multitasking in a High-Stress Information Environment," *Proceedings of Graphics Interface* (2012): 45–52, www.faculty.washington.edu.

232 Anita Bruzzese, "Meditation Can Keep You More Focused at Work, Study Says," *USA Today*, 2012년 7월 10일, www.usatoday30.usatoday.com.

233 David Hochman, "Hollywood's New Stars: Pedestrians," *The New York Times*, 2013년 8월 16일, www.nytimes.com.

234 "Solvitur ambulando," *Online Etymology Dictionary*, www.dictionary.reference.com.

235 Judith Lothian, "Safe, Healthy Birth: What Every Pregnant Woman Needs to Know," *The Journal of Perinatal Education* 18 (2009): 48–54.

236 C. P. Cavafy, *Collected Poems*, trans. Edmund Keeley, Philip Sherrard, ed., and George Savidis, rev. ed. (Princeton, NJ: Princeton University Press, 1992), 36.

237 Thomas Jefferson이 Peter Carr에게 1785년 8월 19일, *The Avalon Project: Documents in Law, History and Diplomacy*, 2013년 12월 1일 확인, www.avalon.law.yale.edu.

238 Ernest Hemingway, *A Moveable Feast: The Restored Edition* (New York: Scribner, 2009), 37.

239 Friedrich Nietzsche, *Sämtliche Werke: kritische Studienausgabe in 15 Bänden / 6 Der Fall*

Wagner. Götzen-Dämmerung. Der Antichrist. Ecce homo. Dionysos-Dithyramben. Nietzsche contra Wagner, eds. Giorgio Colli and Mazzino Montinari (Munich: Deutscher Taschenbuch Verlag, 1988), 64.

240 Henry David Thoreau, "Walking," *The Atlantic*, 1862년 6월 1일, www.theatlantic.com.

241 Kim Painter, "Exercise Helps Fight Anxiety, Depression," *USA Today*, 2010년 4월 26일, www.usatoday30.usatoday.com.

242 "Ecotherapy: The Green Agenda for Mental Health," *Mind Week Report*, May 2007, www.mind.org.uk.

243 Hochman, "Hollywood's New Stars: Pedestrians."

244 "Depression," World Health Organization Fact Sheet, October 2012, www.who.int.

245 Amanda Gardner, "Being Near Nature Improves Physical, Mental Health," *USA Today*, 2009년 10월 15일, www.usatoday30.usatoday.com.

246 Netta Weinstein, Andrew Przybylski, and Richard Ryan, "Can Nature Make Us More Caring? Effects of Immersion in Nature on Intrinsic Aspirations and Generosity," *Personality and Social Psychology Bulletin* 35 (2009): 1315-29.

247 Jolana Maas, Robert Verheij, Peter Groenewegen, Sjerp de Vries, and Peter Spreeuwenberg, "Green Space, Urbanity, and Health: How Strong is the Relation?," *Journal of Epidemiology and Community Health* 60 (2006): 587-92.

248 Gardner, "Being Near Nature Improves Physical, Mental Health."

249 (1) Alpa Patel, Leslie Bernstein, Anusila Deka, Heather Spencer Feigelson, Peter T. Campbell, Susan M. Gapstur, Graham A. Colditz, and Michael J. Thun, "Leisure Time Spent Sitting in Relation to Total Mortality in a Prospective Cohort of US Adults," *American Journal of Epidemiology* 172 (2010): 419-29; (2) James A. Levine, "What Are the Risks of Sitting Too Much?" Mayo Clinic: Adult Health, 2013년 12월 1일 확인, www.mayoclinic.com.

250 William Hudson, "Sitting for Hours Can Shave Years off Life," *CNN*, 2011년 6월 24일, www.cnn.com.

251 (1) Michelle Voss, Ruchika Prakash, Kirk Erickson, Chandramallika Basak, Laura Chaddock, Jennifer S. Kim, Heloisa Alves, Susie Heo, Amanda Szabo, Siobhan White, Thomas Wojcicki, Emily Mailey, Neha Gothe, Erin Olson, Edward McAuley, and Arthur F. Kramer, "Plasticity of Brain Networks in a Randomized Intervention Trial of Exercise Training in Older Adults," *Frontiers in Aging Neuroscience* 2 (2010): 32; (2) "Attention, Couch Potatoes! Walking Boosts Brain Connectivity, Function," University of Illinois at Urbana-Champaign press release, 2010 년 8월 27일, on *Science Daily*, www.sciencedaily.com.

252 Henry David Thoreau, *Thoreau: A Book of Quotations*, ed. Bob Blaisdell (Mineola, N.Y.: Dover, 2000), 26.

253 Rebecca Solnit, *Wanderlust: A History of Walking* (New York: Penguin, 2001), 29.

주

254 Isao Tsujimoto, "The Concept of 'Ma' in Japanese Life and Culture," video lecture, JapanNYC from Carnegie Hall, New York, NY, 2011년 4월 27일.

255 Manmohan K. Bhatnagar, ed., *Twentieth Century Literature in English, Volume 2* (New Delhi: Atlantic Publishers and Distributors, 2000), 56.

256 Alan Fletcher, *The Art of Looking Sideways* (London: Phaidon, 2001), 370.

257 Geoff Nicholson, *The Lost Art of Walking: The History, Science, and Literature of Pedestrianism* (New York: Riverhead Books, 2008), 27.

258 Thoreau, "Walking."

259 Wayne Curtis, "The Walking Dead," *The Smart Set*, 2013년 8월 19일, www.thesmartset.com.

260 Leah Thompson, Frederick Rivara, Rajiv Ayyagari, and Beth Ebel, "Impact of Social and Technological Distraction on Pedestrian Crossing Behaviour: An Observational Study," *Injury Prevention* 19 (2012): 232–37.

261 Eric Lamberg and Lisa Muratori, "Cell Phones Change the Way We Walk," *Gait and Posture* 35 (2012): 688–90.

262 Oliver Burkeman, "Together We Can Fight the Scourge of Texting While Walking," *The Guardian*, 2013년 10월 28일, www.theguardian.com.

263 "Tourist Walks off Australia Pier While Checking Facebook," *BBC News*, 2013년 12월 19일, www.bbc.co.uk.

264 "Distracted Walking: Injuries Soar for Pedestrians on Phones," Ohio State Research and Communications press release, 2013년 6월 19일, www.researchnews.osu.edu.

265 Oliver Burkeman, "This Column Will Change Your Life: A Step in the Right Direction," *The Guardian*, 2010년 7월 23일, www.theguardian. com.

266 Gregory Berns, "Neuroscience Sheds New Light on Creativity," *Fast Company*, 2008년 10월 1일, www.fastcompany.com.

267 Allen McConnell, "Friends with Benefits: Pets Make Us Happier, Healthier," *Psychology Today*, 2011년 7월 11일, www.psychologytoday. com.

268 Allen McConnell, Christina Brown, Tony Shoda, Laura Stayton, and Colleen Martin, "Friends with Benefits: On the Positive Consequences of Pet Ownership," *Journal of Personality and Social Psychology* 101 (2011): 1239–52.

269 McConnell, "Friends with Benefits."

270 Ibid.

271 Kathleen Doheny, "Pets for Depression and Health," WebMD, 2103년 12월 1일 확인, www.webmd.com.

272 Glenn N. Levine, Karen Allen, Lynne T. Braun, Hayley E. Christian, Erika Friedmann, Kathryn A. Taubert, Sue Ann Thomas, Deborah L. Wells, and Richard A. Lange, "Pet Ownership and Cardiovascular Risk: A Scientific Statement from the American Heart Association," *Circulation*

127 (2013): 2353-63.

273 "Dog's Best Friend? You!," *Daily Mail*, 2013년 12월 1일 확인, www.dailymail.co.uk.

274 Randolph Barker, Janet Knisely, Sandra Barker, Rachel Cobb, and Christine Schubert, "Preliminary Investigation of Employee's Dog Presence on Stress and Organizational Perceptions," *International Journal of Workplace Health Management* 5 (2012): 15-30.

275 Sathya Abraham, "Benefits of Taking Fido to Work May Not Be Far-Fetched," VCU Medical Center press release, 2012년 3월 30일, www.news.vcu.edu.

276 Ibid.

277 Claire Suddath, "The Shaggy, Slobbery World of Pet-Friendly Offices," *Businessweek*, 2012년 6월 1일, www.businessweek.com.

278 "Google Code of Conduct," Google Investor Relations, 2012년 4월 25일 최종 수정, www.investor.google.com.

279 "Newtown Says Thank You to Therapy Dogs," *The Huffington Post*, 2013년 6월 25일, www.huffingtonpost.com.

280 Jane Teeling and Aine Pennello, "Sandy Hook student, rescue dog bond: 'She just feels safe,'" *Today News*, 2013년 8월 25일, www.today.com.

281 *On Looking: Eleven Walks with Expert Eyes*, Simon & Schuster, 2013년 12월 1일 확인, www.pages.simonandschuster.com.

282 John Grogan, *Marley and Me* (New York: William Morrow, 2005), 279.

283 "FAQ," JonathanCarroll.com, 2013년 11월 13일 확인, www.jonathancarroll.com.

284 Peter Whoriskey, "If You're Happy and You Know It ⋯⋯ Let Your Government Know," *the Washington Post*, 2012년 3월 29일, articles.washingtonpost.com.

285 Robert F. Kennedy, "Remarks at the University of Kansas" (speech, Lawrence, Kansas, 1968년 3월 18일), John F. Kennedy Presidential Library and Museum, www.jfklibrary.org.

286 (1) Joseph E. Stiglitz, Amartya Sen, and Jean-Paul Fitoussi, "Report by the Commission on the Measurement of Economic Performance and Social Progress," 2009년 9월 14일, www.stiglitz-sen-fitoussi.fr; (2) Peter Whoriskey, "If You're Happy and You Know It ⋯⋯ Let Your Government Know."

287 Allegra Stratton, "David Cameron Aims to Make Happiness a New GDP," *The Guardian*, 2010년 11월 14일, www.theguardian.com.

288 Helene Mulholland and Nicholas Watt, "David Cameron Defends Plans for Wellbeing Index," *The Guardian*, November 25, 2010년 11월 25일, www.theguardian.com.

289 Irene Chapple, "Survey: Australia the 'Lucky Country' for a Better Life," *CNN*, 2013년 5월 31일, www.cnn.com.

290 "Report Calls on Policymakers to Make Happiness a Key Measure and Target of Development," United Nations Sustainable Development Solutions Network press release,

2013년 12월 1일 확인, UNSDSN website, www.unsdsn.org.

291 Whoriskey, "If You're Happy and You Know It …… Let the Government Know."

292 "No Longer the Dismal Science?" *The Economist*, 2012년 4월 6일, www.economist.com.

293 "Personal Well-being Across the UK, 2012/13," Office of National Statistics, 2013년 12월 1일 확인, www.ons.gov.uk.

294 Patrick Collinson, "UK Population's Happiness is on the Up," *The Guardian*, 2013년 7월 30일, www.theguardian.com.

295 Mark Easton, "The North/South Divide on Antidepressants," *BBC News*, 2012년 8월 2일, www.bbc.co.uk.

지혜

1 Cleanth Brooks, *The Hidden God: Hemingway, Faulkner, Yeats, Eliot, and Warren* (New Haven, CT: Yale University Press, 1963), 84.

2 B. F. Skinner, *The Behavior of Organisms: an Experimental Analysis* (New York: Appleton-Century-Crofts, 1938).

3 Christopher Booker, *The Seven Basic Plots: Why We Tell Stories* (New York: Continuum, 2004), 330.

4 마태복음 10장 29절, NLT.

5 Rainer Maria Rilke, *Letters to a Young Poet*, trans. Reginald Snell (New York: Start Publishing, 2013), Kindle edition, 623-24.

6 Marcus Aurelius: Jonathan Star, *Two Suns Rising: A Collection of Sacred Writings* (New York: Bantam Books, 1991), 105.

7 Carrie Fisher, *Wishful Drinking* (New York: Simon & Schuster, 2008), 153.

8 Blaise Pascal, *Pensees* (Paris: Societe Francaise d'imprimerie et de Librairie, 1907), 345.

9 Christina Huffington, "Addiction Recovery: Getting Clean At 22," *The Huffington Post*, 2013년 4월 13일, www.huffingtonpost.com.

10 Christina Huffington, "Cocaine Almost Killed Me," *Glamour*, September 2013, 290.

11 Stephen Nachmanovitch, *Free Play: Improvisation in Life and Art* (New York: Tarcher, 1991), 64.

12 Williams and Penman, *Mindfulness*, 109.

13 Joyne Bono, Theresa Glomb, Winny Shen, Eugene Kim, and Amanda Koch, "Building Positive Resources: Effects of Positive Events and Positive Reflection on Work-Stress and Health," *Academy of Management Journal* 56 (2012): 1601.

14 John-Roger and Paul Kaye, *The Rest of Your Life: Finding Repose in the Beloved* (Los Angeles: Mandeville, 2007), Kindle edition, 1983-85.

15 Daniel Ladinsky, trans., *Love Poems from God: Twelve Sacred Voices from the East and West*

(New York: Penguin, 2002), 79.

16   Thomas Merton, *Conjectures of a Guilty Bystander* (New York: Doubleday, 1966), 154.

17   Robert A. Emmons and Michael E. McCullough, eds., *The Psychology of Gratitude* (Oxford: Oxford University Press, 2004), Kindle edition, 152–73.

18   Andrew Wallace-Hadrill, "Pompeii: Portents of Disaster," BBC History, 2011년 3월 29일, www.bbc.co.uk.

19   William Hermans, *Einstein and the Poet: In Search of the Cosmic Man* (Wellesley, Mass.: Branden Books, 2013), 17.

20   Caroline Spurgeon, *Mysticism in English Literature* (Cambridge, Eng.: Cambridge University Press, 2011), 154.

21   Gary Klein, *Sources of Power: How People Make Decisions* (Cambridge, Mass.: MIT Press, 1999), 3.

22   Martin Seligman and Michael Kahana, "Unpacking Intuition: A Conjecture," *Perspectives on Psychological Science4* (2009): 399–402.

23   Malcolm Gladwell, *Blink: The Power of Thinking Without Thinking* (New York: Little, Brown, and Company, 2005), 11.

24   Ibid., 8.

25   *Sources of Power*: Gary Klein, *Sources of Power*, 32.

26   Ibid., 40.

27   Gary Klein, *Intuition at Work: Why Developing Your Gut Instinct Will Make You Better at What You Do* (New York: Doubleday Business, 2002), 35.

28   Killgore, Kahn-Greene, Lipizzi, Newman, Kamimori, and Balkin, "Sleep Deprivation Reduces Perceived Emotional Intelligence and Constructive Thinking Skills."

29   Christopher M. Barnes, John Schaubroeck, Megan Huth, and Sonia Ghumman, "Lack of Sleep and Unethical Conduct," *Organizational Behavior and Human Decision Processes* 115 (2011): 169–80.

30   Paramhansa Yogananda, *Autobiography of a Yogi* (Nevada City, CA: Crystal Clarity Publishers, 2003), Kindle edition, 2348–50.

31   Isaacson, *Steve Jobs*, 48.

32   Pierre Hadot, *The Inner Citadel: The Meditations of Marcus Aurelius*, trans. Michael Chase (Cambridge, MA: Harvard University Press, 2002).

33   Jean Pierre Camus, *The Spirit of S. Francis de Sales: Bishop and Prince of Geneva* (London: Rivingtons, 1880), 3.

34   Matt Richtel, "Silicon Valley Says Step Away from the Device," *The New York Times*, 2012년 7월 23일, www.nytimes.com.

35   Mark Williams, "Stress and Mindfulness," *Mindful*, 2013년 12월 1일, www.mindful.org.

36   Ibid.

37   Nassim N. Taleb, "Beware the Big Errors of 'Big Data,'" *Wired*, 2013년 2월 8일, www.wired.com.

38   David Brooks, "What Data Can't Do," *The New York Times*, 2013년 2월 18일, www.nytimes.com.

39   Nancy F. Koehn, "Crisis Leadership: Lessons from Here and Now," presentation, Aspen Ideas Festival, Aspen, 2013년 6월 28일, www.aspenideas.org.

40   "What is Distracted Driving?," Distraction.gov, 2013년 12월 1일 확인, www.distraction.gov.

41   Lori Leibovich, "Mom's Digital Diet," *The Huffington Post*, 2012년 10월 24일, www.huffingtonpost.com.

42   (1) Caroline Knorr, "Study Reveals Just How Much Our Kids Love Digital Devices," *The Huffington Post*, 2013년 10월 30일, www.huffingtonpost. com; (2) "Zero to Eight: Children's Media Use in America 2013," Common Sense Media, 2013년 10월 28일, www.commonsensemedia. org.

43   Rebecca Jackson, "How Changes in Media Habits Could Transform Your Child's Mental Health," *The Huffington Post*, 2013년 10월 9일, www.huffingtonpost.com.

44   "Policy Statement: Children, Adolescents, and the Media," *Pediatrics: Official Journal of the American Academy of Pediatrics* 132 (2013): 959.

45   Louis C. K., *Oh My God: An HBO Comedy Special* (2013; Phoenix, AZ: HBO).

46   Rachel Macy Stafford, "The Day I Stopped Saying 'Hurry Up,'" *The Huffington Post*, 2013년 8월 6일, www.huffingtonpost.com.

47   William Wordsworth, *The Collected Poems of William Wordsworth* (Hertfordshire: Wordsworth Editions, 1998), 91.

48   Lijing L. Yan, Kiang Liu, Karen A. Matthews, Martha L. Daviglus, T. Freeman Ferguson, and Catarina I. Kiefe, "Psychosocial Factors and Risk of Hypertension: The Coronary Artery Risk Development in Young Adults (CARDIA) Study," *The Journal of the American Medical Association* 290 (2003): 2138–48.

49   Kathleen M. Zelman, "Slow Down, You Eat Too Fast," *WebMD*, 2013년 12월 1일 확인, www.webmd.com.

50   Janis Graham, "8 Reasons to Slooow Down," *WebMD*, 2013년 12월 10일 확인, www.webmd.com.

51   Teresa M. Amabile, Constance N. Hadley, and Steven J. Kramer, "Creativity Under the Gun," *Harvard Business Review*, August 2002, hbr.org.

52   *Faster: The Acceleration of Just About Everything*, Random House, 2013년 12월 1일 확인, www.randomhouse.com.

53   Leslie Perlow, "The Time Famine: Toward a Sociology of Work Time."

54 Christina Rossetti, *Selected Poems*, ed. C. H. Sisson (New York: Routledge, 2002), 106.

55 Paul Davies, "That Mysterious Flow," *Scientific American*, September 2002, 42.

56 Keith O'Brien, "How to Make Time Expand," *The Boston Globe*, 2012년 9월 9일, www.bostonglobe.com.

57 Magali Rheault, "In U.S., 3 in 10 Working Adults Are Strapped for Time," *Gallup*, 2011년 7월 20일, www.gallup.com.

58 "Free Time: Middle America's Top Priority," *Pew Research Center*, 2008년 7월 9일, www.pewresearch.org.

59 Vatsal G. Thakkar, "Diagnosing the Wrong Deficit," *The New York Times*, 2013년 4월 27일, www.nytimes.com.

60 William Faulkner, *The Sound and the Fury* (New York: Vintage Books, 1990), 76.

61 Carl Honor?, *In Praise of Slowness: How a Worldwide Movement Is Challenging the Cult of Speed* (New York: HarperOne, 2004), 275.

62 Ibid., 3.

63 Ibid.

64 "Our History," Slow Food International, 2013년 12월 1일 확인, www.slowfood.com.

65 Carl Honore, "In Praise of Slow Thinking," *The Huffington Post*, 2009년 10월 23일, www.huffingtonpost.com.

66 (1) United States War Department, Henry Martyn Lazelle, and Leslie J. Perry, *The War of the Rebellion: A Compilation of the Official Records of the Union and Confederate Armies* (Washington: Government Printing Office, 1899), 786. (2) deadline에 대한 어원 설명, *Online Etymology Dictionary*, www.etymonline.com.

67 Brian Andreas, *Enough Time (Female)*, print.

68 Department of Homeland Security: Science and Technology, "Lessons Learned–Social Media and Hurricane Sandy: Virtual Social Media Working Group," www.naseo.org.

69 Eric Schmidt and Jared Cohen, *The New Digital Age: Reshaping the Future of People, Nations and Business* (New York: Alfred A. Knopf, 2013), 230.

70 Zachary Sniderman, "Do Celebrities Really Help Online Causes?," *Mashable*, 2011년 6월 29일, www.mashable.com.

71 Tara Parker-Pope, "Showing Gay Teenagers a Happy Future," *The New York Times*, 2010년 9월 22일, www.well.blogs.nytimes.com.

72 Steve Annear, "Fundraiser Started for Homeless Man Who Turned in $40,000, Passport," *Boston Magazine*, 2013년 9월 16일, www. bostonmagazine.com.

73 Michael Calderone, "GOP Primary Show: Non-Stop News and Noise in the Age of Twitter," *The Huffington Post*, 2012년 2월 7일, www. huffingtonpost.com.

74 Henry David Thoreau, *Walden (Or Life in the Woods)*, (Radford, VA: Wilder Publications,

2008), 34.

75   Omid Ashtari, "The Super Tweets of #SB47," *Twitter Blog*, 2013년 2월 4일, www.blog.twitter.com.

76   "Twitter Recap: Grammys 2012," *Twitter Blog*, 2012년 2월 15일, www.blog.twitter.com.

77   Rachael Horwitz (Senior Manager, Twitter Communications)가 저자에게 보낸 이메일.

78   Fred Graver, "#VMAs 2013," *Twitter Blog*, 2013년 8월 26일, www.blog.twitter.com.

79   Robert Reich, "The Downward Mobility of the American Middle Class," *Christian Science Monitor*, 2012년 2월 7일, www.csmonitor.com.

80   Yuki Noguchi, "Economists, Unemployed Fret Over Long-Term Jobless Aid Lapse," NPR, 2013년 12월 17일, www.npr.org.

81   "Report Finds 400 Million Children Living in Extreme Poverty," 세계은행그룹의 2013년 10월 10일 기자회견. www.worldbank.org.

82   Viral Mehta, "Lessons in Living on the Edge from Mahatma Gandhi," *The Huffington Post*, 2012년 8월 31일, www.huffingtonpost.com.

83   Greg McKeown의 표현대로 우리는 '더 많은 것의 무절제한 추구'의 희생양이 되기 쉽다. 이런 이유에서 Greg McKeown은 정기적인 '과거 청문회'가 필요하다고 강조한다. Greg McKeown, "The Disciplined Pursuit of Less," *Harvard Business Review*, 2012년 8월 8일, www.blogs.hbr.org.

84   Stephen Colbert, 저자와의 인터뷰, *Colbert Report*, Comedy Central, 2006년 9월 25일, www.colbertnation.com.

85   Dale Ahlquist, *G. K. Chesterton: The Apostle of Common Sense* (San Francisco, CA: Ignatius, 2003), 30.

86   Julian of Norwich, *Revelations of Divine Love*, ed. Roger Hudleston (Mineola, NY: Dover, 2006), XXII.

87   Albert Camus, *The Myth of Sisyphus: And Other Essays*, trans. Justin O'Brien (New York:Random House, 1991), 122에서 인용.

88   John-Roger, "Loving Each Day: Reflections on the Spirit Within," Movement of Spiritual Inner Awareness, 2012년 11월 21일, www.msia.org.

89   John-Roger, *Timeless Wisdom* (Los Angeles: Mandeville, 2008), 155.

90   "My Motherboard, My Self," *Sex and the City*, HBO (July 15, 2001).

91   Karen Horneffer-Ginter, "Full Cup, Thirsty Spirit: Why We Stink at Taking Breaks," *The Huffington Post*, 2012년 4월 2일, www. huffingtonpost.com.

92   Alfred North Whitehead, *An Introduction to Mathematics* (Whitefi sh, MT: Kessinger, 2010), 61.

93   John A. Bargh and Tanya L. Chartrand, "The Unbearable Automaticity of Being," *Social Cognition: Key Readings*, ed. David Hamilton (New York: Psychology Press, 2005), 228-49.

94   C. C. Wills, *A Cherokee Wish* (Victoria, BC: FriesenPress, 2013), Kindle edition, 33-43.

95   Aristotle, *The Nicomachean Ethics*, trans. David Ross (Oxford: Oxford University Press, 2009), Kindle edition, 3375-76.

96   John Bartlett and Geoffrey O'Brien, *Bartlett's Familiar Quotations*, 18th ed. (New York: Little, Brown and Company, 2012), 102.

97   Benjamin Franklin, *Poor Richard's Almanack* (Waterloo, IA: U.S.C. Publishing Co., 1914), 54.

98   Charles Duhigg, "The Habit Loop," in *The Power of Habit: Why We Do What We Do in Life and Business* (New York: Random House, 2012), 3-10.

99   Mark Nepo, *The Book of Awakening: Having the Life You Want by Being Present to the Life You Have* (San Francisco, CA: Conari Press, 2011), Kindle edition, 3329-30.

100   Duhigg, *The Power of Habit*, 100-01.

101   심리학 관련 연구에 대해서는 Ibid., 137.

102   Judson Brewer, "Self-Control Is a Non-Renewable Resource," *The Huffington Post*, 2013년 4월 15일, www.huffingtonpost.com.

103   Bev Betkowski, "Risks Hold Little Weight When It Comes to Bad Behaviour," *Folio*, December 1, 2006년 12월 1일, www.folio.ualberta.ca.

104   Charles Duhigg, *The Power of Habit*, 124-25.

105   Ibid., 68.

106   National Highway Traffic Safety Administration, "America's Experience with Seat Belt and Child Seat Use," *Presidential Initiative for Increasing Seat Belt Use Nationwide* (1997), www.nhtsa.gov.

107   National Highway Traffic Safety Administration, "Seatbelt Use in 2012-Use Rates in the States and Territories," *Traffic Safety Facts* (July 2013), www-nrd.nhtsa.dot.gov.

108   Bas Verplanken and Wendy Wood, "Interventions to Break and Create Consumer Habits," *Journal of Public Policy & Marketing* 25 (2006): 90-103.

109   Dirk Baltzly, "Stoicism," *The Stanford Encyclopedia of Philosophy*, ed. Edward N. Zalta (2013), www.plato.stanford.edu.

110   Rob Goodman and Jimmy Soni, "Five Reasons Why Stoicism Matters Today," *The Huffington Post*, 2012년 9월 29일, www.huffingtonpost.com.

111   Wes D. Gehring, *Groucho and W. C. Fields: Huckster Comedians* (Jackson, Miss.: University Press of Mississippi, 1994), 49.

112   Marcus Aurelius, *Meditations*, trans. Gregory Hays (New York: Modern Library, 2012), Kindle edition, 926-29.

113   George Long, trans., *The Discourses of Epictetus: With the Encheiridion and Fragments* (London: Long Press, 2007), 7.

114 Walt Kelly, *Pogo: We Have Met the Enemy and He Is Us* (New York: Simon & Schuster, 1972).

115 Jan Nicolaas Sevenster, *Paul and Seneca* (Leiden, Netherlands: E.J. Brill, 1961), 117.

116 Andy Warhol, *The Philosophy of Andy Warhol (From A to B and Back Again)* (San Diego: Harvest, 1977), 112.

117 Viktor Frankl, *Man's Search for Meaning* (Boston: Beacon, 2000), 66.

118 Ibid., 67.

119 욥기 1장 21절.

120 "Oprah and Sandy Hook Parents Francine and David Wheeler: Ben's Light," *Super Soul Sunday*, Oprah Winfrey Network, 2013년 11월 24일, www.oprah.com.

121 Arwa Damon and Faith Karimi, "Nelson Mandela Death: World Mourns South Africa's First Black President," *CNN*, 2013년 12월 6일, www.cnn.com.

122 Salvatore R. Maddi and Deborah M. Khoshaba, *Resilience at Work: How to Succeed No Matter What Life Throws at You* (New York: AMACOM, 2005), 17.

123 Ibid., 50-65.

124 Laurence Gonzales, *Deep Survival: Who Lives, Who Dies, and Why : True Stories of Miraculous Endurance and Sudden Death* (New York: W.W. Norton, 2004), Kindle edition, 24.

125 Ibid., 289.

126 Ibid., 240-1.

127 Ibid., 289.

128 Reinhold Niebuhr, *Reinhold Niebuhr: Theologian of Public Life*, ed. Larry Rasmussen (Minneapolis: Fortress Press, 1991), 15.

경이

1 St. Augustine, *The Confessions of St. Augustine, Bishop of Hippo*, trans. J. G. Pilkington (Edinburgh: T. & T. Clark, 1876), 248.

2 Albert Huffstickler, "Within and Without: Revelation," *Beneath Cherry Blossoms-The Lilliput Review Blog*, 2007년 8월 31일 포스팅, www.donw714.tripod.com/lilliputreviewblog.

3 Aristotle, *Aristotle on His Predecessors: Being the First Book of His Metaphysics*, trans. A. E. Taylor (Chicago: Open Court Publishing, 1910), 75.

4 Arthur Koestler, *The Act of Creation* (London: Pan Books Ltd., 1964), 260.

5 Richard M. Bucke, *Walt Whitman* (Glasgow: Wilson & McCormick, 1884), 60.

6 Wu-Men, *The Enlightened Heart: An Anthology of Sacred Poetry*, ed. Stephen Mitchell (New York: Harper Perennial, 1993), 37.

7 George Henry Lewes, *The Life of Goethe*, ed. Nathan Haskell Dole (Boston: Francis A.

Niccolls & Company, 1902), 129.

8　Jesse Prinz, "How Wonder Works," *Aeon Magazine*, June 21, 2013년 6월 21일. www.aeon.co.

9　Koestler, *The Act of Creation*, 260.

10　Arthur Koestler, *The Roots of Coincidence* (New York: Random House, 1972), 140.

11　"Astronaut Quotes," The Overview Institute, 2013년 12월 1일 확인. www.overviewinstitute.org.

12　Thomas Merton, *The Wisdom of the Desert* (New York: New Directions, 1970), 11.

13　Ashlee Vance, "Elon Musk, the 21st Century Industrialist," *Bloomberg Businessweek*, 2012년 9월 13일. www.businessweek.com.

14　Kurt Vonnegut, *The Sirens of Titan* (New York: RosettaBooks, 2010), Kindle edition, 320.

15　George E. Vaillant, *Triumphs of Experience: The Men of the Harvard Grant Study* (Cambridge, MA: The Belknap Press, 2012), Kindle edition, 805-8.

16　Ted Hughes, *Letters of Ted Hughes*, ed. Christopher Reid (London: Faber and Faber, 2007), 514.

17　Alain de Botton, "Art for Life's Sake," *The Wall Street Journal*, 2013년 11월 3일. www.online.wsj.com.

18　Maxwell L. Anderson, "Metrics of Success in Art Museums," The Getty Leadership Institute, 2004. www.cgu.edu.

19　Aristotle, *Poetics*, trans. Anthony Kenny (Oxford: Oxford University Press, 2013).

20　Susan Sontag, *Styles of Radical Will* (New York: Picador, 2002), 3.

21　〈뉴욕타임스〉의 평론가 Edward Rothstein은 "예술품, 화석, 자료는 관광 명소이고, 사진은 기념품이다. 관람은 시작하기도 전에 추억이 된다"라고 말했다. Edward Rothstein, "From Picassos to Sarcophagi, Guided by Phone Apps," *The New York Times*, 2010년 10월 1일. www.nytimes.com.

22　Sherry Turkle, "The Documented Life," *The New York Times*, 2013년 12월 15일. www.nytimes.com.

23　Nicholas G. Carr, *The Shallows: What the Internet Is Doing to Our Brains* (New York: W.W. Norton, 2010), 168.

24　*Unframed*, 2013년 12월 1일 확인. www.lacma.wordpress.com/.

25　"Reading Room," LACMA, 2013년 12월 1일 확인. www.lacma.org.

26　David Scott, "Museums, MOOCs and MoMA: The Future of Digital Education Realised?," *The Age*, 2013년 12월 9일. www.theage.com.au.

27　ArtBabble, 2013년 12월 1일 확인. www.artbabble.org.

28　The Walker Channel, 2013년 12월 1일 확인. www.walkerart.org.

29　"Apps," Tate, 2013년 12월 1일 확인. www.tate.org.uk.

30 T. F. Foss, "Mash Up a Masterpiece, Courtesy of Amsterdam's Rijksmuseum," The Richard and Veryl Ivey Visual Resources Library, 2013년 12월 6일, www.iveyvrl.wordpress.com.

31 Kabir, *Kabir: Ecstatic Poems*, trans. Robert Bly (Boston: Beacon Press, 2011), Kindle edition, 530-32.

32 Mitchell Cohen and Nicole Fermon, eds., *Princeton Readings in Political Thought: Essential Texts Since Plato* (Princeton, NJ: Princeton University Press, 1996), 39.

33 Alan Watts, *This Is It: And Other Essays on Zen and Spiritual Experience* (New York: Pantheon Books, 1973), 32.

34 Paul McCartney, "Let It Be," *Let It Be* (LP), Capitol Records, 1970년 5월 8일.

35 Hana Volavkova, ed., *I Never Saw Another Butterfly: Children's Drawings and Poems from Terenzien Concentration Camp, 1942-1944* (New York: Schocken Books, 1994).

36 Booker, *The Seven Basic Plots of Literature*, 240-42.

37 Ibid.

38 Hermann Hesse, *My Belief: Essays on Life and Art*, trans. Denver Lindley (New York: Farrar, Straus and Giroux, 1974), 44.

39 Paulo Coelho, *Manuscript Found in Accra* (New York: Random House, 2013), 129.

40 암필로키오스 수도원장과 저자의 대화, 1996년.

41 Randi Zuckerberg, *Dot Complicated: Untangling Our Wired Lives* (New York: HarperOne, 2013), 105.

42 Earl Mac Rauch, *The Adventures of Buckaroo Banzai* (New York: Pocket Books, 2001), 69.

43 Julie Beck, "How to Build a Happier Brain: A Neuropsychological Approach to Happiness, by Meeting Core Needs (Safety, Satisfaction, and Connection) and Training Neurons to Overcome a Negativity Bias," *The Atlantic*, 2013년 10월 23일, www.theatlantic.com.

44 Martin Plimmer and Brian King, *Beyond Coincidence: Stories of Amazing Coincidence and the Mystery Behind Them* (New York: Thomas Dunne Books, 2013), Kindle edition, 903-04.

45 Ibid., 133-34.

46 Ibid., 781-82.

47 Ibid., 213-15.

48 Sarah Koenig, "No Coincidence, No Story!," *This American Life*, Chicago Public Media, 2013년 3월 1일, www.thisamericanlife.org.

49 Ibid.

50 Ibid.

51 Ibid.

52 Ibid.

53 Agapi Stassinopoulos, *Unbinding the Heart: A Dose of Greek Wisdom, Generosity, and Unconditional Love* (Carlsbad, CA: Hay House, 2012), Kindle edition, 185-93.

54 Margaret P. Battin, "July 4, 1826: Explaining the Same-day Deaths of John Adams and Thomas Jefferson," *Historically Speaking: The Bulletin of the Historical Society* 6 (2005), www.bu.edu.

55 Plimmer and King, *Beyond Coincidence*, 82-84.

56 Ruma Falk, "Judgment of Coincidences: Mine versus Yours," *The American Journal of Psychology* 102(1989): 477-3.

57 Plimmer and King, *Beyond Coincidence*, 136-41.

58 Koenig, "No Coincidence, No Story!"

59 Carl G. Jung, *Synchronicity: An Acausal Connecting Principle*, trans. R.F.C. Hull (Princeton: Princeton University Press, 2010), Kindle edition, 509-10.

60 Ibid., 1942-43.

61 Plimmer and King, *Beyond Coincidence*, 223-6.

62 Pradeep Mutalik, "Numberplay: Rare Coincidences Are Very Common!," *The New York Times*, 2010년 7월 19일, www.wordplay.blogs.nytimes.com.

63 "World Death Rate Holding Steady at 100 Percent," *The Onion*, 1997년 1월 22일, www.theonion.com.

64 Larry Witham, *Picasso and the Chess Player: Pablo Picasso, Marcel Duchamp, and the Battle for the Soul of Modern Art* (Lebanon, NH: University Press of New England, 2013), 256.

65 Paul Johnson, *Creators: From Chaucer and Dürer to Picasso and Disney* (New York: Harper, 2006), 257.

66 Plato, *Plato: Complete Works*, eds. John M. Cooper and D. S. Hutchinson (Indianapolis: Hackett Publishing Company, 1997), 55-9.

67 Anthony W. Marx, "Address by President Anthony W. Marx," 애머스트 대학 졸업식, 2007년 5월 27일, www3.amherst.edu.

68 Elisabeth Kubler-Ross, *Death: The Final Stage* (New York: Scribner, 2009), Kindle edition, 293-94.

69 "Jewish Funeral Traditions & Customs," Brighton Memorial Chapel, 2013년 12월 1일 확인, www.brightonmemorialchapel.com.

70 Joan Halifax, *Being with Dying: Cultivating Compassion and Fearlessness in the Presence of Death* (Boston: Shambhala, 2008), Kindle edition, 1111-13, 2980-83.

71 Ira Byock, *Dying Well: Peace and Possibilities at the End of Life* (New York: Riverhead Books, 1998), 86.

72 Halifax, *Being with Dying*, 197-99, 345-46.

73 Ibid., 665-68.

74 Ibid., 1777-80.

75 Ibid., 355-56, 2845-46.

76 Elisabeth Kubler-Ross, *Death*, 268-81, 2349-50.

77 Ibid., 267-8.

78 Stan Goldberg, "The Hard Work of Dying," Stan Goldberg, Ph.D.: *Aging, Caregiving, Dying, and Recovering Joy*, 2009, stangoldbergwriter. com.

79 Mike Fleeman, "Inside *Spartacus* Star Andy Whitfield's Brave Final Fight Against Cancer," *People*, 2012년 6월 26일, www.people.com.

80 Tony Judt와 Terry Gross의 인터뷰, "A Historian's Long View on Living with Lou Gehrig's," *This American Life*, Chicago Public Media, 2010년 3월 29일, www.thisamericanlife.org.

81 Jaweed Kaleem, "Death Over Dinner Convenes as Hundreds of Americans Coordinate End of Life Discussions Across U.S.," *The Huffington Post*, 2013년 8월 18일, www.huffingtonpost.com.

82 Paula Span, "Death Be Not Decaffeinated: Over Cup, Groups Face Taboo," *The New York Times*, 2013년 6월 16일, www.newoldage.blogs. nytimes.com.

83 Jaweed Kaleem, "Death Over Dinner, The Conversation Project Aim to Spark Discussions about the End of Life," *The Huffington Post*, 2013년 12월 23일, www.huffingtonpost.com.

84 Ellen Goodman이 저자에게 2013년 12월 27일에 보낸 이메일.

85 Ellen Goodman, "The Most Important Conversation You'll Ever Have," *O, The Oprah Magazine*, 2012년 9월 17일, www.oprah.com.

86 Jaweed Kaleem, "Deathbed Singers, Threshold Choirs, Grow to Comfort Sick and Dying," *The Huffington Post*, 2013년 5월 2일, www. huffingtonpost.com.

87 Jaweed Kaleem, "My Gift of Grace Card Game about Death Aims to Spark Conversations," *The Huffington Post*, 2013년 7월 29일, www.huffingtonpost.com.

88 Jaweed Kaleem, "Scott Simon's Tweets about Dying Mother Spur Conversation on Public Grief, Death on Social Media," *The Huffington Post*, 2013년 8월 9일, www.huffingtonpost.com.

89 Ibid.

90 Todd Kashdan, "Confronting Death with an Open, Mindful Attitude," *The Huffington Post*, 2011년 3월 2일, www.huffingtonpost.com.

91 Ibid.

92 Ibid.

93 Prachi Gupta, "Laurie Anderson on Lou Reed's Death: 'We Had Prepared for This,'" *Salon*, 2013년 11월 6일, www.salon.com.

94 Laurie Anderson, "Laurie Anderson's Farewell to Lou Reed: A Rolling Stone Exclusive," *Rolling Stone*, 2013년 11월 6일, www.rollingstone.com.

95 Halifax, *Being with Dying*, 1080-81.

베풂

1 David J. Skorton, "144th Cornell University Commencement Address," 코넬 대학교 졸업식, 2012년 5월 27일, www.cornell.edu.

2 Carmen DeNavas-Walt, Bernadette Proctor, and Jessica Smith, "Income, Poverty, and Health Insurance Coverage in the United States: 2012," *Current Population Reports*, September 2013, www.census.gov.

3 Michelle Chau, Kalyani Thampi, and Venessa R. Wight, "Basic Facts about Low-Income Children, 2009," National Center for Children in Poverty, October 2010, www.nccp.org.

4 Sophia Addy, William Engelhardt, and Curtis Skinner, "Basic Facts About Low-Income Children," National Center for Children in Poverty, January 2013, www.nccp.org.

5 Helen Y. Weng, Andrew S. Fox, Alexander J. Shackman, Diane E. Stodola, Jessica Z. K. Caldwell, Matthew C. Olson, Gregory M. Rogers, and Richard J. Davidson, "Compassion Training Alters Altruism and Neural Responses to Suffering," *Psychological Science* 24 (2013): 1171-80.

6 Paul Condon, Gaölle Desbordes, Willa B. Miller, and David DeSteno, "Meditation Increases Compassionate Response to Suffering," *Psychological Science* Short Report (2013): 1-3.

7 Sara Yin, "Laid-Off Lawyer Finds New Purpose in Pro Bono Foreclosure Work," *The Huffington Post*, 2010년 9월 22일, www.huffingtonpost.com.

8 Pablo Neruda and Cesar Vallejo, *Neruda and Vallejo: Selected Poems*, trans. Robert Bly (Boston: Beacon Press, 1993), 12-13.

9 Jacqueline Novogratz, "How One Blue Sweater Started a Book Club and Changed Lives," *The Huffington Post*, 2010년 2월 16일, www.huffingtonpost.com.

10 "Children Dying Daily Because of Unsafe Water Supplies and Poor Sanitation and Hygiene, UNICEF Says," UNICEF 공식 발표, 2013년 3월 22일, www.unicef.org.

11 "Hunger Statistics," World Food Programme, 2014년 1월 1일 확인, www.wfp.org.

12 "Seven Key Reasons Why Immunization Must Remain a Priority in the WHO European Region," European Immunization Week, 2013년 12월 1일 확인, www.euro.who.int.

13 마태복음 7장 24-27절.

14 Diana Nyad와 Oprah Winfrey의 인터뷰, *Super Soul Sunday*, Oprah Winfrey Network, 2013년 10월 13일, www.oprah.com.

15 John Burroughs, "The Divine Soil," *The Atlantic*, April 1908, www.theatlantic.com.

16 Anthony de Mello, *One Minute Wisdom* (New York: Doubleday, 1986), 153.

17 "David Foster Wallace, In His Own Words," *The Economist: Intelligent Life*, 2008년 9월 19일, www.moreintelligentlife.com.

18 누가복음 12장 48절.

19 Eknath Easwaran, trans., *The Bhagavad Gita* (Tomales, Calif.: Nilgiri, 2007), Kindle edition.

105.

20   David J. Wolpe, *Why Faith Matters* (New York: HarperCollins, 2008), Kindle edition, 1132-
44.

21   Caroline Hsu, "Entrepreneur for Social Change," *U.S. News and World Report*, 2005년 10월 31
일, www.usnews.com.

22   Sally Osberg, "Social Entrepreneurship: Why It Matters," *The Huffington Post*, 2012년 3월 28
일, www.huffingtonpost.com.

23   Seth Godin, "Quid Pro Quo (You Can't Play Ping Pong by Yourself)," *Seth's Blog*,
www.sethgodin.typepad.com.

24   Lucius Annaeus Seneca, *Ad Lucilium Epistulae Morales, vol. 1*, trans. Richard M. Gummere
(London: William Heineman, 1917), 315.

25   Dave Itzkoff, "A Traitor to His Class? Such Good Fun," *The New York Times*, 2013년 11월 4
일, www.nytimes.com.

26   "Einstein Is Terse in Rule for Success," *The New York Times*, 1932년 6월 20일,
www.query.nytimes.com.

27   Navneet Magon and Sanjay Kalra, "The Orgasmic History of Oxytocin," *Indian Journal of
Endocrinology and Metabolism* 15 (2011): 156-1.

28   M. J. Stephey, "Can Oxytocin Ease Shyness?," *Time*, 2008년 7월 21일,
www.content.time.com.

29   Wynne Parry, "Naughty or Nice? A Brain Chemical May Tell," *Live Science*, 2012년 12월 17일,
www.livescience.com.

30   Magon and Kalra, "The Orgasmic History of Oxytocin: Love, Lust, and Labor," 156-1.

31   Richard Davidson이 2014년 1월 1일에 저자에게 보낸 이메일.

32   Daniel Goleman, "Hot to Help: When Can Empathy Move Us to Action?," *Greater Good*,
2008년 3월 1일, www.greatergood.berkeley.edu.

33   Matthew D. Lieberman, *Social: Why Our Brains Are Wired to Connect* (New York: Crown
Publishers, 2013), Kindle edition, 3489-93.

34   Lara B. Aknin, Christopher P. Barrington-Leigh, Elizabeth W. Dunn, John F. Helliwell, Robert
Biswas-Diener, Imelda Kemeza, Paul Nyende, Claire Ashton-James, and Michael I. Norton,
"Prosocial Spending and Well- Being: Cross-Cultural Evidence for a Psychological Universal,"
Harvard Business School working paper, 2010, www.hbs.edu.

35   Mark Wheeler, "Be Happy: Your Genes May Thank You for It," UCLA Cousins Center for
Psychoneuroimmunology 언론발표, 2013년 7월 29일, UCLA 공보국 웹사이트,
www.newsroom.ucla.edu.

36   도마복음 76.

37   Caroline E. Jenkinson, Andy P. Dickens, Kerry Jones, Jo Thompson-Coon, Rod S. Taylor,

Morwenna Rogers, Clare L. Bambra, Iain Lang, and Suzanne H Richards, "Is Volunteering a Public Health Intervention? A Systematic Review and Meta-Analysis of the Health and Survival of Volunteers," BMC Public Health 13 (2013).

38 Alex H. Harris and Carl E. Thoresen, "Volunteering is Associated with Delayed Mortality in Older People: Analysis of the Longitudinal Study of Aging," *Journal of Health Psychology* 10 (2005): 739-52.

39 John Wilson and Marc Musick, "The Effects of Volunteering on the Volunteer," *Law and Contemporary Problems* 62 (1999): 141-68.

40 Camille Noe Pagan, "How Volunteering Boosts Your Brain," *Prevention*, November 2011, www.prevention.com.

41 "Doing Good Is Good for You: 2013 Health and Volunteering Study," UnitedHealth Group, 2013년 12월 1일 확인, www.unitedhealthgroup. com.

42 "Virtue Rewarded: Helping Others at Work Makes People Happier," University of Wisconsin-Madison, 2013년 7월 29일, University of Wisconsin-Madison 공보국 웹사이트, www.news.wisc.edu.

43 Sara Konrath, "How Volunteering Can Lessen Depression and Extend Your Life," *Everyday Health*, 2013년 8월 22일, www.everydayhealth.com.

44 Adam Grant, *Give and Take: A Revolutionary Approach to Success* (New York: Viking, 2013), 7.

45 Ibid., 252.

46 Ibid., 31.

47 Joe Nocera, "We Can All Become Job Creators," *The New York Times*, October 17, 2011년 10월 17일, www.nytimes.com.

48 "Create Jobs for USA Fund: Overview," Opportunity Finance Network, accessed December 1, 2013년 12월 1일 확인, www.ofn.org.

49 Ibid.

50 Lee Brodie, "Invest in America," *Mad Money with Jim Cramer*, CNBC, 2013년 7월 27일, www.cnbc.com.

51 Howard Schultz, "Message from Howard to Partners: Come Together," Starbucks Newsroom, 2013년 10월 8일, www.news.starbucks.com.

52 "Study: Students more stressed now than during Depression?," Associated Press, 2010년 1월 12일, www.usatoday30.usatoday.com.

53 Mary Gordon('공감의 뿌리' 창립자)과 저자의 대화, 2013년 8월 30일.

54 "Mary Gordon," *Ashoka: Innovators for the Public*, 2013년 12월 1일 확인, www.ashoka.org.

55 Maia Szalavitz and Bruce D. Perry, "Born for Love: Welcome," *Psychology Today*, 2010년 2월 11일, www.psychologytoday.com.

56 Bill Drayton(아쇼카 재단의 최고경영자)과 저자의 대화, 2013년 8월 20일.

57 Laura Arrillaga-Andreessen, *Giving 2.0: Transform Your Giving and Our World* (San Francisco: Jossey-Bass, 2012), Kindle edition, 879-81.

58 Dennis Whittle, "Online Giving Challenge with $500,000 in Prizes," *Pulling for the Underdog: A Blog from Dennis Whittle*, December 13, 2007년 12월 13일, www.denniswhittle.com.

59 Henry Timms ('베풂의 화요일' 창립자)가 저자에게 2013년 12월 4일에 보낸 이메일.

60 "Global Giving," Giving Tuesday, 2014년 1월 1일 확인, www.community.givingtuesday.org.

61 The Carnegie Hall Orchestra, "Improv Everywhere's 'Conduct Us' Lets Random People Lead the Orchestra," *The Huffington Post*, September 25, 2013년 9월 25일, www.huffingtonpost.com.

62 Joe Van Brussel, "Monica Yunus, Camille Zamora of Sing for Hope Share Why They Placed 88 Pianos throughout New York City (VIDEO)," *The Huffington Post*, 2013년 6월 6일, www.huffingtonpost.com.

63 Robert Egger, *Everyday Heroes: 50 Americans Changing the World One Nonprofit at a Time*, ed. Katrina Fried (New York: Welcome Books, 2012), 61.

64 David Kelley and Tom Kelley, *Creative Confidence: Unleashing the Creative Potential within Us All* (New York: Crown Publishers, 2013), 2-3.

65 Kelley and Kelley, *Creative Confidence*, 55.

66 Henry Miller, *Henry Miller on Writing* (New York: New Directions, 1964), 25.

67 Stassinopoulos, *Unbinding the Heart*, 45-47.

68 Ralph Waldo Emerson의 말로 흔히 여겨지지만 실제로는 확실하지 않다. "Success," The Ralph Waldo Emerson Society, 2013년 12월 1일 확인, www.emerson.tamu.edu.

69 Katherine Fung, "NPR's Scott Simon Live Tweeting His Mother's Final Days," *The Huffington Post*, 2013년 7월 29일, www.huffingtonpost.com.

70 Ron Fournier, "The Outsiders: How Can Millennials Change Washington if They Hate It?," *The Atlantic*, 2013년 8월 26일, www.theatlantic.com.

71 "America's Civic Health Index," The National Conference on Citizenship, Executive Summary, 2009년 8월 27일, www.ncoc.net.

72 Fournier, "The Outsiders."

73 "Franklin Project: About Us," The Aspen Institute, 2013년 12월 16일 확인, www.aspeninstitute.org.

74 "Our History," Points of Light Foundation, 2013년 12월 1일 확인, www.pointsoflight.org.

75 "Secretary General's MDG Advocacy Group," UN News Center, 2013년 12월 1일 확인, www.un.org.

76 Amanda Terkel, "National Service Ignored in 2012 Candidates' Discussion of Jobs Crisis," *The Huffington Post*, 2012년 5월 30일, www.huffingtonpost.com.

77   "Choosing to Rescue," *Facing History and Ourselves*, 2013년 12월 1일 확인, www.facinghistory.org.

78   Henry Delaney와 저자의 대화, 1993년.

에필로그

1   "David Foster Wallace, in His Own Words," *The Economist: Intelligent Life*, 2008년 9월 19일, www.moreintelligentlife.com.

부록 A

1   Ben Popper, "Steve Jobs and the Value of Saying No," The New York Observer, 2011년 8월 25일, www.betabeat.com.

2   Carolyn Gregoire, "In a World of Constant Digital Distractions, These Tools Can Help You Stay Focused and Be More Present," *The Huffington Post*, 2013년 12월 20일, www.huffingtonpost.com.

3   Belinda Luscombe, "Why We Talk about Ourselves: The Brain Likes It," *Time*, 2012년 5월 8일, www.healthland.time.com.

4   Steve Lohr, "Smartphone Rises Fast from Gadget to Necessity," *The New York Times*, 2009년 6월 9일, www.nytimes.com.

5   Diana Yates, "Brief Diversions Vastly Improve Focus, Researchers Find," University of Illinois News Bureau, 2011년 2월 8일, www.news.illinois. edu.

6   "About This Project," Higby, 2013년 12월 30일 확인, wolffolins.com/ higby.

부록 B

1   Carolyn Gregoire, "These Digital Meditation Tools Can Be Your Gateway to a Calmer, More Effective Life," *The Huffington Post*, 2013년 12월 30일.

2   Mark Williams, John Teasdale, Zindel Segal, and Jon Kabat-Zinn, The Mindful Way Through Depression: Freeing Yourself From Chronic Unhappiness (New York: Guilford Press, 2007), 46.

3   Stephen Fortune, "Rohan Gunatillake," Protein, 2013년 12월 20일 확인, www.prote.in.

4   "What People Think of Buddhify," Buddhify, 2013년 12월 1일 확인, buddhify.com.

5   "Meditation and Spiritual Exercises," Movement of Spiritual Inner Awareness, 2013년 12월 1일 확인, www.msiaonlineclasses.com.

6   "Oprah Winfrey and Deepak Chopra Launch 21-Day Meditation Experience on Desire and Destiny," OWN: Oprah Winfrey Network press release.

7   Eckhart Tolle, *The Power of Now: A Guide to Spiritual Enlightenment* (Novato, CA: New World Library, 2004).